出版资助

浙江省属高校基本科研业务费"优秀青年学者"专项
《框架理论在华三十年旅行的思想嬗变史（1990—2020）》
（编号：GB202002008）

浙江省高校国内访问学者"教师专业发展"项目
《经典传播理论在华旅行 40 年：回顾与启示》
（编号：FX2022004）

浙江工业大学人文社会科学研究基金马克思主义理论研究和建设工程后期资助专项
《媒介框架理论的前世、今生与未来：华人传播学术社群的追古溯今》
（编号：202202）

Media Framing Research in the Greater China:
Landing, Diffusing, and Reflection

媒介框架研究
在中国

落地 · 扩散 · 反思

王 彦 —— 著

ZHEJIANG UNIVERSITY PRESS
浙江大学出版社
· 杭州 ·

图书在版编目（CIP）数据

媒介框架研究在中国：落地·扩散·反思 / 王彦著
. —杭州：浙江大学出版社，2023.12（2025.2 重印）
ISBN 978-7-308-24493-0

Ⅰ. ①媒⋯ Ⅱ. ①王⋯ Ⅲ. ①传播媒介－研究－中国
Ⅳ. ①G219.2

中国国家版本馆 CIP 数据核字（2023）第 246989 号

媒介框架研究在中国：落地·扩散·反思

王 彦 著

责任编辑	李海燕	
责任校对	朱梦琳	
封面设计	雷建军	
出版发行	浙江大学出版社	
	（杭州市天目山路 148 号　邮政编码 310007）	
	（网址：http://www.zjupress.com）	
排　　版	杭州好友排版工作室	
印　　刷	浙江新华数码印务有限公司	
开　　本	710mm×1000mm　1/16	
印　　张	25.75	
字　　数	462 千	
版 印 次	2023 年 12 月第 1 版　2025 年 2 月第 2 次印刷	
书　　号	ISBN 978-7-308-24493-0	
定　　价	99.00 元	

关于本书

本著作讲述当代重要传播学者的生命故事与精神世界，是海内外中国媒介框架关键研究者的一部心灵史合辑。本著作依循"理论嬗变—落地扩散—典范反思"三个编次，穿越框架概念诞生近 70 载的学理争议迷雾森林，溯源框架研究在华旅行逾 30 年的前世、今生、未来，探索知识社会学思想史上的有趣谜题：

西方社会科学理论如何东游至中文世界？

中国传播学术社群怎样做媒介框架研究？

理论思想如何嬗变？生命故事怎样起伏？

共同的本土化脉络会养成千树一面吗？还是，

经由不同"种树的人"栽培形貌各异的理论之树？

媒介框架是理论吗？是典范吗？已过时、将退休了吗？

沉默的贝特森、沉默的泛框架、沉默的中国框架研究

等"沉默的框架"何以浮沉在众声喧哗的国际传播学界？

"理论的破碎"是整个社会科学界"房间里的大象"吗？

社会科学的站台能不能等到社会科学界的"爱因斯坦"？

……

为反思并反哺传播研究与教学的典范异动，本著作以"媒介框架研究在中国"为个案树立理论有机循环范例，检验生命故事法对"讲好中国（研究）故事"的效用，兼也践行"美"而有"人味儿"的叙事转向学术写作。

关于作者

王彦

生于1981年3月。早年就读于温州市龙港一小、龙港一中、浙江省苍南中学（1987—1998）。浙江大学学士（获2002届校级优秀毕业论文奖）、硕士（2007），香港中文大学、新加坡南洋理工大学研究型交换博士生（2016—2017），台湾政治大学博士（2021）。

自2002年入职浙江工业大学至今，历任实习记者、助理编辑、副研究员，现任副教授（2012—）、智慧树网慕课"学术规范与论文写作"课程负责人（2023—），兼任国家级普通话水平测试员（2022—）、教育部高等学校国内访问学者（复旦大学，2022—2023）、浙江省舆情研究中心特约研究员（2017—）。获评"最受留学生欢迎"的全校十佳教师（2022）。

主要研究兴趣为政治传播、传播思想史。次要方向为人际传播、媒介演播、新闻教育。研究成果与艺文作品获权威期刊全文转载、政府决策采纳、海内外奖彰多篇次。其中，独撰论文《沉默的框架：框架理论六十年的时间脉络与空间想象》获浙江省第二十届哲学社会科学优秀成果"基础理论研究类"二等奖（2019）。同年入选浙江省第四期"之江青年社科学者"行动计划。

封面彩图绘制：蔡琰

自序

"浙江潮""伊萨卡岛"以及我的框架研究故事

— 庐山烟雨浙江潮,未至千般恨不消。到得还来别无事,庐山烟雨浙江潮。　　　　　　　——《观潮》(苏轼,1037—1101)

— 当你启航前往伊萨卡,但愿你的旅途漫长,充满冒险,充满发现。……愿你走访众多埃及城市,向那些有识之士讨教再讨教。让伊萨卡常在你心中,抵达那里是你此行的目的。但千万不要匆促赶路,最好多延长几年,那时当你上得了岛你也就老了,一路所得已经教你富甲四方,用不着让伊萨卡来让你财源滚滚。是伊萨卡赐予你如此神奇的旅行,没有它你可不会启航前来。而如果你发现它原来是这么穷,那可不是伊萨卡想愚弄你。既然你已经变得很有智慧,并且见多识广,你也就不会不明白,这些伊萨卡意味着什么。——《伊萨卡岛》(Kavafis,1911;转引自:黄灿然译,2021,页4)

— 十年一觉,梦中,我仿佛正在涂抹着一幅巨大的、无法一目了然的壁画。——《十年一觉电影梦:李安传》(李安,2013;转引自:张靓蓓,2013,页297)

一千年以前

　　农历辛丑年岁末,我在杭州,这座一千年以前由北宋文豪苏轼两度任父母官的中国江南古城里,孜孜矻矻地为这篇自序草拟着记不清已经是第几版的开头。苏轼的《观潮》、希腊诗《伊萨卡岛》不经意间掠过脑海,令人犹疑这是否上天暗示的自序的开头。

　　如同已完成的正文其他部分,每章、每节、每段写作背后都是塞满了十几个甚至几十个失败的开头的废纸篓,怎么写也写不到一触即发、像拧开的水龙头般能让文字源源不断的理想开头。而学术之旅何止开头难!资料搜集难、方法设计难、研究执行难、论文撰写难、关关难、难于上青天……反复试错的摸索中,时光呼啸,我喘吁吁赶不上,失信于一个又一个截稿日之约。

　　引语是本书每章开篇的惯例。本序引语《伊萨卡岛》源自《荷马史诗》,古希腊岛国"伊萨卡"的国王奥德修斯(Odysseus)因特洛伊战争十年远征而流亡,海上漂泊历险十年后重返阔别二十年的故土伊萨卡岛。这旅途使他"变得很有智慧并且见多识广",让他顿悟到,伊萨卡是到达的目标、出发的原因,更是馈赠旅途与途中阅历的施主。这些阅历千金难买。假使人生中每段旅程的终点就是一个伊萨卡,我们当明白,"这些伊萨卡意味着什么"(Kavafis,1911;转引自:黄灿然译,2021,页4)。

　　中国河山壮丽。江西庐山的浩渺烟雨、浙江钱塘江的宏伟潮涌也曾是苏轼魂牵梦萦的"伊萨卡岛"。然而,当他走过一世繁华,终于抵达"未至千般恨不消"的旅行目的地,却只看到庐山的烟雨不过是庐山的烟雨、浙江的潮涌不过是浙江的潮涌。没有旅事发生,"到得还来别无事",欲望满足时所感知的生命脉络不过"看山还是山,看水还是水"。"庐山烟雨浙江潮","庐山烟雨浙江潮",苏诗第一句与最后一句内容重复但心境截然相反,从迷到悟,从"冲动妄念"到"不过如此"(意公子,2021年12月29日)。大梦将醒始觉空。还有什么用得着刻骨铭心?

　　在中式哲学的沉思中我们回到古希腊的奇美岛国。后者(《伊萨卡岛》)象征的旅行故事,正对症着前者(《观潮》)所指人生目标虚无的真相之解药。要想不虚此行,唯有在发生身体地理位移的同时也"让心灵去旅行",敝帚自珍

"沿途的风景"与"看风景的心情"了吧？①

七年读博旅程

本书由我的博士学位毕业论文修改而来。我的博班求学地，我的政治大学，我的传播学院，也曾是我和同窗好友们的"浙江潮"和"伊萨卡岛"。7 年前刚入学时，某学姐和我在政大校门口的罗马广场荡着秋千，吐槽着通往半山腰传播学院的地势太陡峭，路难走，书难读，校容校貌也有点丑。"早知道政大长这副小小的、旧旧的、破破的鬼样子，当初一定一定不会考过来"，我们倍觉幻灭而愤愤意难平。但是，天知道！当求学之旅依次收官，一起苦读的岁月开始熠熠生辉。最后，我们竟然都爱上了这个小小的、旧旧的、破破的、没什么漂亮建筑、毕业路迢迢，却四季盛长着奇花异草、迸发着热情与欢笑与眼泪、充满着光荣与梦想的地方。

7 年前与 7 年后，政大看起来都一样"穷"。政大没有"财源滚滚"，也从未传授过任何世俗意义上的生财之道，却能神奇地教我们在智识上和阅历上"富甲四方"。

7 年前，我构想博论学思旅程所追寻的"浙江潮"和"伊萨卡岛"，原是一个陆台两地媒体恐怖主义新闻框架个案研究。2014 年 3 月 1 日晚 21 时许，我在浙江家中滑到台湾大学校院招收大陆地区学生的甄试公告，为符合全部报考条件而雀跃，立马决定在极其有限的一个月倒计时中紧锣密鼓备考，同时为尚无合适的甄选入学研究计划而焦虑。直至次日凌晨，各大媒体争相报道云南省会火车站突发砍杀无辜平民的"昆明三〇一事件"，个人求学际遇和暴恐集体行动就此因共时性而被联结。这就是我的入学研究计划《中国恐怖主义事件新闻的媒体框架研究：基于大陆、香港、台湾的比较分析》的缘起，也是本书前身、博论研究的初样貌。

有些事是那年春天就已想到的，譬如，这趟读博旅程的终点应为毕业无误吧？

还有一些事则始料未及。譬如，截至 2014 年秋我入学时，成立于 1983 年的政大传院博士班 30 年多来毕业率仅 50%，平均毕业年限 7.5 年。我用了 7

---

① 此处引用典故，源自风行一时的"利群"品牌电视广告。原广告词是："人生就像一场旅行，不必在意目的地，在乎的是沿途的风景和看风景的心情。利群，让心灵去旅行！"

年洪荒之力才毕业。

再譬如,毕业并非博士研究旅程的终点,甚至修订出书也未必是终点。

又譬如,从研究发想走到付梓的当下,回看这 7 年,不过是白驹过隙的一刹那。

尽管截至博四(2018 年),我的多篇恐怖主义新闻框架个案研究中英文论文(王彦,2014.07;王彦,2016.10;Wang,2016.07;Wang,2016.09;Wang,2017.05;Wang & Guo,2018.11)次第出炉,在数个中外研讨会上宣读。看似诸事顺遂,框架个案博论研究蓄势待发。

而思考转弯的地方却早在 2014 年春就已种下因缘。当我写完入学研究计划初稿,请老友潘祥辉教授帮忙参谋指导时,老潘忠告"做框架要引用臧国仁",那是我第一次听闻臧师的名字,暂时借不到他未在大陆正式流通的台版著作(臧国仁,1999),只好人云亦云转引"高、中、低三层次框架"来救急入学甄试项目的撰写。

甫入学,为完成博班"学术志业导论"课的访问本院(政治大学传播学院)教授、观察教学研究的课程作业,电邮联系臧师采访和旁听他的大学部"研究方法"课。他的热情似一盆火,以光的速度第一时间回邮接纳我。及至 2015 年秋通过博班资格考试,加入臧师和蔡琰教授联袂主持的"新闻美学/老人/人老传播研究群"(2000—2020)(下文简称"人老传播研究群"),师生互动更多。除了共同感兴趣的框架后设(元)理论研究①,臧师近年来转向深耕的人老传播、叙事传播、生命故事书写等研究旨趣亦打开新知新窗,对我影响至深。

彼时同步修习着博班"传播理论研究"必修课,一学期的文献视域融合、阅读写作高强度密集训练下来,察觉到框架理论的叙事起点、基本内涵、相关命题存在诸多误读,由此转向后设理论创新、历史书写求解。结课论文《沉默的框架:框架理论 60 年的时间脉络与空间想象》受到主讲教授徐美苓老师的肯定,其敦勉话语"希望有一天,Bateson 因你而正名"今犹在耳。

次年(博二),该文在臧师主讲的"学术论文写作与发表研究"课上闯过"同学评议关",经博班同学戴海波、黄茂勇评议精进,受助于孙群编修审校英文摘要,投稿发表于《浙江大学学报(人文社会科学版)》(2017),获浙江省第二十届

---

① "meta"一词适用于对自然科学和社会科学研究现象的各种穷究式追问,在台湾多译为"后设",在大陆则多为"元"(按:"元"字亦与"原初"谐音和同义),追溯到源于希腊语前词意思则是"之后""之外""之上""之间"等意,可说是"高一个层次的""背后的"。穷尽"元"字在中文里的"为首""第一""开始""主要""基本"等所有形容意涵实都无法表达出"meta"的"后台"之意。本书故译"meta"为"后设",应用于"后设理论""后设传播""后设研究"等概念。

哲学社会科学优秀成果"基础理论研究类"二等奖。

就这样，最初的个案研究计划、读博后转向的后设理论旨趣皆成果可观。花开两朵，各表一枝。贪心的我不愿舍弃任一而妄图两全其美，遂在博班"方法论"课作业《一个博论提案的前世今生来日之方法论批判》中，跃跃欲试将计划脱胎换骨成"以框架理论变迁作为自变项，以不同年代的恐怖主义事件媒体框架研究作为依变项"的"理论建构与经验研究并重"的巨无霸型研究。但是，任课老师方孝谦教授的评语让我稍许冷静："本文格局甚大，逻辑关系多有不清楚之处，尤其翻转研究设计时没有从时间限制与可行性仔细思考，是为隐忧。"

而后一年里辗转于中国台湾、中国香港、新加坡三地交换学习，异动于美、英、马来西亚等国作 ICA、IAMCR、i'COME 国际研讨会发表。其间，一次次与苏蘅教授（中国台北）、陈韬文教授（中国香港）、汪炳华（Ang Peng Hwa）教授（新加坡）等三位在地业师论证此恐怖主义框架个案博论研究。每一次的讨论都令我从中层理论和方法设计层面受益匪浅，却也更迷茫于具体研究切入视角的取舍。

美好的一仗

选题何去何从？其时身边有同学劝退，因觉臧师框架专著"已经把框架做透了"，后来者恐怕很难有空间。也有老师劝进，曰，"题目难易皆相对，重点是认准以后不要轻易变"。

2018 年 1 月，返回杭州重执教鞭，开始边工边读的辛苦日子。日常白昼忙于本职无法分身，只能在夜深人静时挤出时间，伏案至凌晨四五点，陆陆续续写就近 20 万字的前两章综述。经由指导教授的远程讨论，仅研究题目就依次经历了"框架理论及分析法的传播学考察""框架理论的历史脉络考察与典范反思：以两岸不同新闻媒介之恐怖报道框架比较为例""媒介框架理论的前世、今生与未来：华人传播学术社群的追古溯今"等多次蜕变。

一锤定音是在 2019 年 12 月，新冠疫情暴发之前，我赴台参加"人老传播研究群"荣退群英会，在传院二楼 206 室面见陈百龄、臧国仁两位指导教授，汇报进度。臧师帮画出研究架构图。百龄师的"区分已知未知，找到真正兴趣""口述史应属未知，在华的概念、中国研究问题才是你真正感兴趣的"提点，令我醍醐灌顶。

　　至此，始于 2014 年春的恐怖主义个案研究入学计划，同年秋天臧师播下的叙事传播、生命故事研究"种子"，历经五年等待，才终于跟中国研究议题胜利会师，敲定了以生命故事研究法解谜媒介框架理论在华之旅时空框架的博论总设计。

　　自 2019 年冬自台北回杭至 2021 年秋这两年间，我的博论依然像个一病不起的亲人，把我牢牢困在每天午夜至凌晨四五点的小黑屋里，害得我哪儿也去不了，疲累到数度透支。

　　在健康、自由、开放都变得身不由己的高度不确定中，与指导教授逾百次的导学交流、与九位关键研究者的生命故事访问、提案口试、学位考试，均在云端远距进行。此间，全赖所上助教陈梅芳小姐、刘正华先生忠于职守，博班学妹陈瑜细致张罗，班代周瑄博士奔走化解财务难题，才得以百密无疏，逐项顺利落实台北现场的公文流转、视讯软件、网络、录像、教室等各烦琐地面细节。

　　终于打完这"美好的一仗"！终于写定论文，去换一纸毕业证书。终于改定书稿，迎来出版时刻。这一纸这一书就是 7 年读博旅程的全部目标吗？假使叙事逻辑不变而情境转换，把引语小诗中的"浙江潮""伊萨卡岛"换成博士学位，把"埃及城市"换成台北、香港和新加坡，把"有识之士"换成指导教授、口委教授，再回味"但愿你的旅途漫长"这临别祝福，那么，我当明白入学时，政治大学新闻馆"猴山王"冯建三教授所言"读博不能太快也不能太慢"意味着什么。快则浮皮潦草，慢则时不我待。

　　回望这一路寻寻觅觅的漫长研究故事，10 年，正好。感恩，却太多。我必须谢谢很多很多人。本书以谢辞作后记。性急的读者可直接跳到书末倒数页先睹为快。

研究作为花园

　　我的老师钟蔚文教授曾对我说："你要知道，这世上最快乐的事总是眼泪伴随着欢笑的。"

　　读博的 7 年来，做框架研究的 10 年来，无论是白日纷扰还是夜深人静，时时刻刻，每当重拾起框架研究的学思，进入研究与书写的创作状态中，我整个人就陶醉在微醺的状态里，沉浸到战栗的心流中、一种深刻的快乐里，深觉人生如梦、研究如梦。

　　这种快乐并非来自诸事顺意。相反的，它伴随着无数挫折，无数个失意、落寞到"长太息以掩涕，叹吾生之多艰"的蓝调时刻。当研究思路轮廓未清晰浮现，挤不出整块时间、写作进度也卡顿，而苦苦求索时；当多方联系受访候选人未果，肺腑之言诚邀只换来一句婉转而坚定的"No"时；当浩浩汤汤近 40 万字的初稿终于竣工，却惊闻可能因校方伦理审查而前功尽弃，陡变一堆废纸时；当临门一脚的毕业前夜突然发现自己换算失误，错输了毕业年度，将影响到次日的离校手续时……总有贵人及时拉我一把，助我化险为夷、变不可能为可能。借由这些共同经历，我们创造百转千回的热情故事，体会比快乐本身更深刻的快乐。

这种快乐也并非来自半梦半醒之间。多年以前，我总是重复做同一个梦。在梦里，天地荒凉，一个女人孤独仁立在海边，无助、凄惶，惊涛骇浪逼近，像人生中的很多个艰难时刻。这梦境写意出我的真实人生：这样晚熟的人，这样笨拙地生活着，捉摸不透玄秘奥妙的大自然，在复杂的社会面前像微生物一样渺小。

与这老天爷设计的凡人无法掌控的现实世界相比，学者们自主设计的研究世界总是更可控也更纯粹、更理想、更讲道理、更看本事，不太会欺负有素质的老实人，也一定会尊重好研究、好作品。只要掌握了一定的理论与方法，只要功夫到，就算做不出即便埋地三尺也会被重掘出的经典之作，至少也能达到基本合规的尊严底线。研究世界因此甜美，宛然灵魂迷路时可投奔的秘密花园。

在研究作为花园的怡然时刻里，我心满意足，满足于有幸以学术为生，有幸在此生此世之外还拥有另一个研究的世界、精神的世界、公义的世界、梦中的世界。尽管，大多数时候，我并不知道自己的梦中有什么。如曾做"十年一觉电影梦"的华人导演李安所坦白：

> "十年一觉，梦中，我仿佛正在涂抹着一幅巨大的、无法一目了然的壁画。我在不同的地方画着。当我画这边时，看不到那边；画那边时，又看不到这边。但在我的心底，它们互相撞击、彼此呼应。虽然支离破碎，但冷暖自知。十年来，当我第一次抽身远观，朦胧地感觉到，好似有什么在其中酝酿、穿梭、联系、逐步累积，可又指不出一个名堂。"（李安，2013；转引自：张靓蓓，2013，页 297）

李安最终发现，决定他的十年电影梦图景的是努力，"越努力，找到的东西就越好"，"努力与否，结果会很不一样"（页 291）。确实，做电影也好，做研究也罢，所有创造性工作的本质其实异曲同工，莫不无限尽善、尽美。对照我自己的框架研究历程,何尝不也是竭尽全力,在柳暗花明中步步为营,一心求真、求好,才走到九位关键研究者的生命故事书写? 这一切看似命中注定,实则事在人为。如果不曾挣扎,不曾自我要求,不曾一次次自己抓着自己的头发脱离地心引力,凌空而起,去俯瞰地球,去创造研究的奇迹、写作的奇迹、生命的奇迹,今天这本书不会存在。

正是在这样不断努力、挫折、再努力的过程中,我渐渐体会到知识的意境、研究的魅力、快乐的真谛,终于理解钟蔚文老师为何也觉得"努力最重要"。因为"思考的渗透是长久的工夫","努力是长期的工夫",学知识需要"努力",读书则是要"踏稳了一个领域往前走"(钟蔚文,2017,转引自:钟蔚文、王彦,2017,页 31-32;钟蔚文,本研究,2021 年 8 月 24 日)。

那年冬季在台北

本书提案时,提案主席倪炎元教授开门见山地表示:"首先,我非常羡慕臧国仁老师。我太羡慕他了! 如果将来我有个孩子、学生能把我的著作写进他的博士论文里,我真是睡在床上都会笑醒过来!"(本研究,2020 年 4 月 24 日)①

我是在提案口试现场才初识倪公,听"见"倪公谈及他专长的论述分析领域也多有类似框架研究的"学术奇观"。然而,真正听"懂"他的话,却是在他因病遽逝一年后、我学位考试结束半年后的 2022 年春天,细读他的专著《再现的政治:台湾报纸媒体对"他者"建构的论述分析》(倪炎元,2003)时(原谅我读得太晚! 未毕业的博士生根本无心读任何看似与博论非核心相关的读物)。我读的版本,是我在 2017 年圣诞季离台返杭前夕,从政治大学传播学院图书馆借出,再委托校外小店影印而成的电子版。当我读到他早在 17 年前就已写出此刻我最想说的话,我终于明白了他在提案现场令我醍醐灌顶的洞若观火从何而来:

　　"尝试梳理相关理论的系谱与矛盾不是件容易的工作……在这个探索过程中我也确实获得不少乐趣,只不过很遗憾这些乐趣很难

---

　　① 倪炎元(1957.11.23—2021.04.06)是已故的我国政治传播学者,生前曾任台湾《中国时报》总主笔,铭传大学传播学院院长、教授,也应本研究指导教授陈百龄、臧国仁之邀作提案口试委员会主席。其所提建议极富创意与启示,对本研究贡献甚大。敬忱致谢,并寄哀思。

与他人分享……忙碌的报社生涯，又没有研究助理的协助，我等于是在相当孤独中完成所有研究。"(倪炎元，2003，页 v)

"所有寻求整合与开发分析架构的意图最终也不过是一家之言。但迷人的地方也在这里，它使得理论的梳理工作必须经常、持续地进行。"(页 80-81)

此前，我只在倪老师的孩子们为他制作的追思影片中看到他居家写作时有猫和音乐做伴的惬意的样子，未知他也曾如我一般边工边读，默默咬牙承受了那么久的超负荷的拥乱、孤独以及令他更孤独的智识乐趣之曲高和寡。

他是如何从热火朝天的新闻现场一次次切换到冷静的学术世界，在无数个深夜，在报社大楼的格子间里就着校对室的纷沓脚步、印刷间的油墨香以及东方渐白的晨曦，才一点一点写出来那本小书的？我想象那些画面，觉得无比动人。

画面快进 17 年(2020 年)。他来到我的口试现场，提醒我一定要先读原典，告诉我论述分析的状况跟我正在研究的框架理论很像。他说得如此急切、如此澎湃、如此深挚，好像不忍看我在思想史研究的迷雾森林里翻山越岭太久，不由分说先塞给我一张地图、一把手电筒。

而我却直到与他阴阳两隔整整半年后，才打开手电筒照亮、看清楚他给的地图。我自己在学位考试时所报告的结论，今天才面世的此书，我因为晚读到他的书而未曾纳入学位论文、只能补写进此书的来自他的论述分析研究洞见的启迪，却不能让已在天国的他听到、读到了。

我如此伤感，如此痛心，如此惭愧！我多想穿越回五年前，暂停匆匆赶路的焦急步伐，先把他的论述分析研究读完、读懂、读通，再继续踏稳了我自己的博论领域往前走。

我才知道，原来与框架研究和论述分析的缘分，早在 2017 年冬季的台北，在我从政大传图的书架丛林里抽出倪老师那本薄薄的、迷人的小书时，就已经悄悄结下。

写一本书，结一个缘

臧国仁老师则好奇，在两岸交流一度局部阻隔的台海地缘政治历史时空中，他写于 1999 年、印于台北三民出版社的著作《新闻媒体与消息来源——媒介框架与真实建构之论述》(臧国仁,1999)究竟是如何进入大陆,成为中文传播学界高引且长引的框架研究经典文献?

我问到了全部的答案并写进本书第七、八章,以确保有类似疑问的读者朋友不至于入宝山而空手归。在此还可"剧透"的是,每次访问结束,总有汇报研究进展的邮件从杭州出发,向一千公里之远的台北飞去。臧师的回信总是快如闪电,落款"国仁"。"国仁"曾写道:

> "王彦早:昨晚看到你写张洪忠老师的故事,让我顿时觉得我与他的结缘甚至早于 1999 年他买到我的书的时间。……我先将附件寄上,你可看看我前两年写给厦门大学的一篇文章,那是 1997 年我随徐佳士老师去厦门开会,第一次进大陆,几位参与者的名字深刻地记在我脑海里,就在那儿遇到了张洪忠的博导喻国明老师。……待我看了你写的摘述才知,其实那个厦门研讨会还有张洪忠的硕导林之达教授。有趣罢。……

> "当时我手上仅有的一张照片,后来还被厦门大学拿去当成某个期刊的封面了……我旁边的是陈世敏老师(台北)、尹韵公(北京社科院,现任湖南大学传播学院院长)、余也鲁老师、徐佳士老师(他们俩不但是小同乡,且还都是施兰姆①弟子,真是令人钦羡的友情)、中国社科院新闻所孙旭培、台北师范大学胡幼伟教授、中国社科院新闻所的闵大洪教授。后来,厦大新闻系一直发展'华夏传播学',也跟这个研讨会有关。……

> "无论喻国明或林之达当年为何会跟我在厦门碰面,我从来不知道,而徐佳士老师当年为何找我跟陈世敏、胡幼伟教授去厦门,我也从没问过,这些事情都没有前因后果,只有缘分(短暂的结缘)。因而,一切随缘,让'缘'自己来来去去,可能是最好的生活态度了。……我做生命故事愈久,愈发觉得人生的缘分不可思议,而写论文或写书,就像佛家讲的,也不过是结个缘分,静候有缘人的到来。……国仁(别忘了看附件)。"(臧国仁,电子邮件,2020 年 7 月 17 日)

为了厘清、消化臧师如上邮件中谈及的文献、理论、人物所涉信息量,我常

---

① "施兰姆"是国际传播学集大成学者威尔伯·施拉姆(Wilbur Schramm)的台译名之一。亦有港台学者(如:朱立)译之为"宣伟伯",详见:王彦,2017,页 93。

需来回读信好几遍。他在信中讲古,以他自己的研究往事与生命故事与我访问得来的经验数据互文,让我原本单向度、焦灼的访问过程变得温情、诙谐且时空交错。

更惊喜的是,此信还有后续。翌年春天,臧师竟找到1997年会议的第二张存照——他与四川社科院林之达教授在厦门大学一面之缘的合影——立即发给我"请转给那位他的学生,张洪忠教授"(臧国仁,电子邮件,2022年2月28日)。

知交零落原是人生常态,臧师却能以书会缘,"静候有缘人的到来"。他自1991年起做框架研究,于1999年出版框架著作,随后跨界到其他先驱性领域,放任播下的框架学思种子随云来云去二十多年。这么多年,老师身体力行地示范着研究、教书、做人的真义:

结缘。随缘。往前走。莫愁前路无知己。

请跟我来

本书之所以能够在此时、此地、此身与读者见面,其实是取舍的结果。我一度卷入项目角逐的诱惑,代价是推迟出版。出于在学术而论学术的考量,最终,我在资源的名利和发表的效率之间选择了后者。我深知,理论长青,故事永恒,唯研究和人生却有时效性。早一日面世,即可早一日贡献于学术社群、对话于同好。

而此刻,亲爱的读者,谢谢你的到来!请跟我来,一起走进框中世界。

王 彦

2023 年 10 月 17 日

目　录

第二编　落地扩散篇

第三编 典范反思篇

绪论 框中世界

— 新闻是世界之窗。通过其框架，美国人可以了解自己
和他人，包括自己的机构、领导人和生活方式以及其他
国家和人民的生活方式（Tuchman，1978. p. 1）。

— 人类传播史上许多瑰丽的篇章，深刻的思想、决策和发
明都深深隐匿于时间与空间的迷雾之中，我们对其所
知极其有限（Schramm，1997；转引自：王金礼译，2016，
页3）。

— 我们要共同去探索和经验的，就是这种"有情有义"的知
识。"有情有义"的知识需要身心具足的思考。艺术创
作和学术研究，只有在我们生命经验的测量与演练中，
才能够做到"有情有义"（高世名，2021年9月17日）。

  我们生活在一个个的框中世界。世界和事实本身既不说话亦不输出固有
意义，意义是由框架和故事赋予的。看戏时，我们甄别音画中的框架；与谈时，
我们用话语交换框架；写作时，我们借由文字承载框架；读报时，我们则透过盖
伊·塔奇曼（Gaye Tuchman）谓之"新闻是世界之窗框"（News is a window on
the world）中的媒介真实，来理解社会真实，反思主观真实（Tuchman，p. 1）。

  此刻我正敲打出本书开篇的第一段文字，与哒哒键盘音一起发出声响的
还有窗外冷雨滴答。伏案的书桌正位于陋室窗前，窗外天光影暗沉混沌，氤氲
秋冬不散的是中国江南的雨。每当我抬头透过窗框观察自然界万物在雨中喧
闹生长，电脑屏幕框中不同学术观点的喧哗交锋似在耳畔回荡。每当我将视
线收回，凝视框中文本节节生长时，都会不禁扪心自问：

  正对我的屏幕框中的符号世界与窗框外的雨中世界，有什么关联？

不同框中的世界与框外的世界有何区别?

是什么在决定框里、框外?

不同虚实形态之"框"引发我在学术的缝隙间浮想联翩,这是否说明"框架"原本就是童叟乐闻的生活哲学概念?

不同个体分按各自理解的意义选出并强调一部分,同时却又忽略另一部分事实要件来重新组织连贯的叙事线索,是为框架。不同个体为各自的直接和间接经验所形塑,最终对不同社会事件形成的"初级框架"不尽相同。这是否意味着个体初级框架的"主观真实"之于"社会真实"不过是管中窥豹、盲人摸象? 而这些带有偏向的个体框架可以拼盘出总体社会真实吗? 以及,作为常人哲学的框架现象何以跨界到学术领域,嬗变成富于启发的框架理论?

框架理论曾经影响并形塑过哪些学科、哪些研究?

这些学科和研究又如何反哺于框架理论的建构?

以传播学科为例,有多少关于框架理论的"瑰丽的篇章"和"深刻的思想"仍隐匿于人类传播史的"时空迷雾之中",不为传播学者所知? (Schramm,1997;转引自:王金礼译,2016,页3)。

一代又一代学者前赴后继致力于框架理论的典范建构,为何至今未有典范共识反而被斥为"破碎的典范"(Entman,1993)? 它们原属同一典范吗? 为何破碎? 能否破镜重圆?[①]

雨打窗棂,将我从符号世界拉回现实世界,提醒写作进度停摆多时,叩问我再续框架理论研究的想象与热情来自何方。

无他,唯"真"。作为近年来最重要、最实用、最特殊、最具代表性(按:下文将证实此"四最")的传播理论,框架理论既成熟又复杂,兼具思想深刻与方法多元,关切媒介真实、主观真实与社会真实的互动,尤其是大众传播事业如何建构新闻框架的媒体再现。

做学问本质上也是追寻"'我'和真实的互动"(钟蔚文,2002,页31)。每位学者穷尽一生都从自身"生命经验的测量与演练"中探索着、经验着"身心具

---

　① "典范"(paradigm)概念源自 Kuhn(1962)。在中文学术作品中,译为"典范"者有之(如钟蔚文,2002,页28;臧国仁、蔡琰,2017,页25;臧国仁、蔡琰,2019,页19;孙彩芹,2010,页19),译为"范式"者亦有之(如潘忠党,2006,页19)。总体而言,台湾多译"典范",大陆多译"范式"。本书在台起笔、在杭出版,故在平衡两岸传统的原则上,进一步考量转译契合度原则(具体论证详见本书第四章第二节),最终采"典范"译法。

足""有情有义"的知识(高世名,2021 年 9 月 17 日)。

而像框架理论这样,紧密地结合了传播学专业特性和学术研究活动之真谛的题目,对于传播研究来说无疑具有极大吸引力。

而我读博求学所在的政治大学传播学院,自 1990 年代起就是亚洲传播教育重镇、中国媒介框架研究的发轫地。业已"身在此山中"的近水楼台便利,为本研究开展奠定了可行性基础。

只是,毫无疑问地,所有研究都会过时。怕不怕"真理无穷"? 有没有"进一寸的欢喜"(胡适,2014)? 倘若本书以媒介框架理论历史考察与典范反思为职志,是未来可期,还是沦为后来者文献回顾的又一片破碎典范?

窗棂迷思像窗外的雨幕,绵密,神秘,吸引着我向媒介框架理论史之迷雾森林深处前去。

第一编　理论嬗变篇

第一章　众声喧哗：
回顾框架研究的争议与迷思

—— 众声喧哗中的各家语言……都是观看世界的角度，都是特定的世界观，代表了用文字呈现世界的特定形式，各有其特定的对象、意义和价值。它们互相比较、互补、对话、对抗（Bakhtin，1986，p. 151）。

—— 框架研究警示世人要慎用可能引起潜在伤害的框架，因为所有不公平的歧视均肇始于框架。好研究倒逼社会更严肃地看待科学（Ang[汪炳华]，2018，p. 4）。

—— "框架"是一个有力的概念，具有丰富的理论意识，引入传播领域后，"框架分析"竟逐渐沦为简单而机械的分析工具……在各种学术会议上，我们看到"框架分析"满场飞（李金铨，2019，页88-89）。

文似看山不喜平。本书安排每章开篇前都先出场几段引语"先声夺人"，吸引读者在先睹为快中隐隐憧憬全貌；再将这些引语嵌入下文的文脉进一步诠释，使读者在正文中与开篇引语"重逢"后更加深印象与理解，令整个阅读之旅充满探险的惊奇和收获的喜悦。

引语何来？本书固然重视正式出版文献（或称"白色文献"），也不放过私人书信、组织档案、社群会议等"灰色文献"。后者（灰色文献）的可得性，如前文所述，受益于地缘优势带来的信息优势。曾是中国媒介框架研究发轫地的政治大学传播学院，于本书是再合适不过的写作坐标。

与埃弗雷特·罗杰斯（Everett M. Rogers，1994）当年置身于传播学科的"思想交汇处"、美国斯坦福大学（Stanford University，又译"史丹佛大学"）的红瓦建筑群中撰写《传播学史：一种传记式的方法》(*A History of Communication Study：A Biographical Approach*)(1994/1997)的情境何其相似，如今，本书也是身心俱在一个"合适的地方"，开始一部"合适的著作"(殷晓蓉译，2005，页1)。

第一节　智识贫瘠：框架理论与传播研究的共同命运

文本标题和引语往往具有触发阅听人认知基模的框架效应。当我写下本章题目"众声喧哗：回顾框架研究的争议与迷思"和本章引语"众声喧哗……框架研究……理论意识……传播领域"时，我的头脑中被点亮的认知基模不仅有框架理论并也有传播研究的含意。因为本书是一部传播学专业的专著，还因为本书核心正是传播研究视角中的框架理论史。框架理论、传播研究二者本身也存在诸多相似。

一、"学术界的台湾"：理论住进来以后就不再搬出去

框架理论之所以成为传播研究领域持续解读的经典，除了其实用性外还有命运相近的惺惺相惜，亦即均诞生于诸多学科的十字路口，也均在众声喧哗中妾身未明，更均处于概念不清、理论混沌的状态。

传播研究滥觞于20世纪三四十年代，当时仅是一个"很多人经过""很少人停留"(where many have passed but few have tarried)的研究领域"十字路口"(an academic crossroad)(Schramm，1963，p. 2)。来自其他学科的奠基学者带来各自的真知灼见和现成的政治学、心理学、社会学等其他社会科学理论，为传播研究招兵买马、添砖加瓦后却都相继回到其原属学科更为关心的研究问题而不复讨论传播现象。

尽管传播学科在学科建制过程中逐渐正当化，但是这些来自"别人家"的理论并未在此生根发芽。尽管这些理论"实用""好用"且"够用"，众多传播学者也只是"把更多精力用于进行实践性的调查研究，而非放在推进理论的发展"(Rogers & Dearing，1988)。

对理论推进的轻忽，令整个传播学科屡次遭遇"理论匮乏"的危机，迄今犹然(Berger，1991)。早在20世纪50年代末，曾以内容分析法为传播研究作出方法论贡献的学者伯纳德·贝雷尔森(Bernard Berelson)就曾发现(1952，pp.1-6)，那些早期供给传播学科发展的思想养分实际上已经消磨殆尽，亦无

足可匹敌的新理论脱颖而出，导致整个传播研究"逐渐凋零"（withering away），长期处于理论稀薄的高原地带。

1980 年代中期，在拥有传播学集大成学者威尔伯·施拉姆（Wilbur Schramm）亲创的传播学博士学位点也是全世界首个博士学位点的美国斯坦福大学，博士生约翰·彼得斯（John D. Peters）即曾撰文戳穿各大传播院校课程繁荣之表象，揭示传播学科发展 40 年后已经陷入"智识贫瘠"（intellectual poverty）窘状，具体表现在"传播概念"包山包海难有共识、"传播研究"众声喧哗各执己见、"传播学者"精于操弄计量方法而不甚闻问理论，长久下来整个领域渐失学术活力，有如"学术界的台湾——宣称代表全中国，实际上，却被孤立在一座小岛上"（…the field was an academic Taiwan—Claiming to be all of China when, in fact, it was isolated on a small island）（Peters，1986，p. 544）。

1990 年代末期，看似众声喧哗、百花齐放的传播研究繁荣，犹掩不住理论的苍白。如罗伯特·克雷格（Robert T. Craig）便曾忧虑传播学科学术活力疲态减生（Craig，1999，p. 152），因专业主义而"与日常生活渐行渐远"（p. 129），以至于理论像蟑螂汽车旅馆（Roach Motel）广告所宣传的那样"住进来以后就不再搬出去"（Theories check in, but they never check out）（p. 122）。

2000 年过后，智慧手机、社群媒体、通信软件等 21 世纪新沟通工具的出现，造成 20 世纪中叶信息匮乏时代发展的传统传播理论"陷于渐无用武之地""理论内涵大多已褪色"，而新理论不知"尚在何处"（臧国仁、蔡琰，2019，页 4）。

二、台湾传播学界：典范已逝，未逝？

2000 年之初，彼得斯的斯坦福大学博士班学长，已回到家乡台湾任教多年的钟蔚文（2002），亦曾觉察到"系所林立"的台湾传播学界"空气中的骚动"：

> "过去，我们可以明确界定传播学门的核心知识……[①]在行为科学当道的年代，传播学者的主要语言是卡方、变项，如今则南腔北调，文学、心理、科技各种语言百家争鸣……我们不难感知到空气中的骚动……这也是一个众声喧哗的时代……各家典范、理论、方法纷涌而

① "学门""学科"分别为中国台湾、大陆学界的专门用语，二者同义。因本书在大陆出版，故在行文时采"学科"；但在引用台版文献时尊重原典，仍以"学门"直引。

出,对传播为何各持己见……传播学者之间沟通逐渐如鸡同鸭讲,传播研究进入了巴伯塔的世纪。"(钟蔚文,2002,页28)

时间再走过近20年后的今天,随着互联网和新媒体逐渐普及,传播扮演的社会角色愈显重要,而传播研究这个"十字路口"的热闹有过之而无不及。实证论研究始终势力最大。实证论中的量化分析因数字科技而走到数字法、文本勘探,堪称百花齐放。与实证论分庭抗礼的建构论,因涵盖叙事法、符号法、文本分析、框架分析、论述分析、话语分析等各种取径,在各自的山头上有各自的社群、期刊,百花齐放更甚。

政治传播学者倪炎元(2003)曾以论述分析取径的庞杂理论系谱为例,为"百花齐放"注脚:

"必须面对庞杂理论系谱并置的局面……以论述分析为例,它一开始就与实证典范下的内容分析途径不同,没有一组与足堪共享的理论基设与操作程序可供依循,而源自英美与欧陆的语言学、史学、哲学、社会学、文学批评与女性研究等领域都发展出某种论述理论与论述分析的途径,所有寻求整合与开发分析架构的意图最终也不过是一家之言。"(倪炎元,2003,页80-81)

如果说,钟蔚文(2002)所见的"众声喧哗"只是"对传播为何各持己见",实际上仍在追求一个叫作"传播"的典范,至少还信仰着典范尚在。那么,倪炎元(2003)以论述分析之庞杂系谱所注脚的不同研究取径之间及各自内部的"百花齐放",却是争妍斗艳而不分伯仲,任何寻求整合与开发的分析架构"最终也不过是一家之言",任何理论都不可能独当一面成为典范转移中的老大。既然典范早已随风而逝,而成为一阕时代的挽歌,后进学者们还需"莫待无花空折枝"吗?追逐不存在的虚无将注定是一场徒劳罢?!

二、本土化焦虑:理论破局路,在何方?

在素有传播研究本土化焦虑的中国传播学界,原有的旧理论储备"精确但却贫瘠"如"教科书"一般,拘囿了研究的理论视野与问题意识(胡翼青、吴雷,2012,页7)。在主动发掘新理论和新思想方面,连记录学科发展的传播期刊都不得不承认确实做得"非常欠缺",失望于传播研究"在过去的二十年间没有什么重大突破""鲜有重大理论的提出""带来的惊喜不多"(郝晓鸣语,2016年9月17日;转引自陈韬文、程晓萱,2017,页33)。

在为数不多的"惊喜"中,框架理论约略可占一席。与绝大多数自其他学科舶来的传播理论一样,框架理论住进传播领域就不再搬出去了(Craig,1999,p. 129)。个中原因,除了前文所述与传播研究的相似性,本章后续还将铺陈次级数据,证实框架理论已成为近年来最重要、最实用的传播理论。除了应用广泛,框架理论兼具方法多元和思想深刻,可谓传播学科"唯一横跨理论课和方法课"的特殊理论(Pan & Kosichi,1993;陈阳,2007),其所指的媒介真实建构问题也是"新闻领域唯一的哲学问题"("一袋麻瓜"语;转引自豆瓣,2019 年 3 月 6 日)①。

在本书成稿之际(2021 年 12 月),华人传播学界第一部框架理论后设研究专书《新闻媒体与消息来源——媒介框架与真实建构之论述》(臧国仁,1999)竟穿越 22 年的时空,出现在热播的台剧《华灯初上》第四集第 22~29 分钟处。剧中的大学课堂场景里,任课教师手持明黄色封皮的书,身后黑板上手绘"框架的中层结构简图"分毫无差拷贝自原书第 38 页。看似做足案头功课的原汁原味道具布景,却为时任台北艺术大学教授(现任副校长)的刘蕙苓一眼揪出"时空错置"之误:该剧时代背景是 1988 年前后,臧书却在 11 年后的 1999 年方才面世。盖因编剧读过却未读透框架理论,还仅仅是疏忽了出版年份的核实?刘蕙苓的严谨考证引发政治大学新闻系教授徐美苓等同行的热议,令沉寂多年的媒介框架后设理论研究在台湾传播学界重起微澜(陈冠宇,2021 年 12 月 6 日)②。

看似框架理论理应成为或已经成为传播研究领域最具发展潜质、最具跨领域话题价值、长盛亦常新的好理论,至少是之一。

第二节 好理论,最实用: 框架研究之繁荣成就了"最好的时代"

没有什么比一个好理论更为实用,传播学研究先驱库尔特·勒温(Kurt

---

① 取自《〈新闻媒体与消息来源——媒介框架与真实建构之论述〉短评》,载在线读书小组"豆瓣"网站,见 https://book.douban.com/subject/5358174/comments/。

② 取自:陈冠宇(2021 年 12 月 6 日),《〈华灯初上〉火红竟有时空错误》,载"中时新闻网",见 https://www.chinatimes.com/realtimenews/20211206001001-260402? chdtv。

Lewin)（1951，p.169)曾经如是说。① 考虑一个理论是否实用，其主要面向之一与其学理的创新性、开拓性密不可分，后者的具体指标有"赋予旧环境以新的观察角度"以及"扩大（而非抑制）领域的发展空间"等（Farr，1993：17)②，如框架理论为传播研究尤其是新闻研究开启社会建构论的新鲜视角，引发思考媒介真实与社会真实的辩证关系。

另则体现在应用研究的广泛性和重要性。传播学界一度有"无'框架'不成刊"的说法，主流的传播研究期刊"大都每期都有框架分析论文发表"，尤其媒介框架个案研究题材多为"在国际或国内有争议的""吸引传媒注意力的重大事件"（陈怀林，2014，页929、935)。而有别于某些学院派理论的阳春白雪，即便在学术话语场域之外，框架概念也依然经常被"使用"且"常用"，足见其实用性（Entman，1993，p.52)，亦即框架理论的实用不仅体现在学术研究的启发性，且也渗透在学术的缝隙之间、日常生活的点滴之中（参见本书"绪论")。

再者体现在研究立意的向善性。好研究当能让世界变得更美好。框架研究的重要功能之一就是"警示世人要慎用可能引起潜在伤害的框架"，有效敲打人们警惕"肇始于框架"的"所有不公平的歧视"，进而"倒逼社会更严肃地看待科学"（Ang，2018，p.4)。

一、框架作为常人哲学

出于界定研究对象和范围的需要，每个研究的开端都应出场定义。然而，框架研究领域中的框架，却是一个"连定义都没有共识的含混概念"（Entman，1993，p.51；D'Angelo，2002，883；潘忠党，2006，页19；Scheufele 语，引自 Liang，2014，页22；D'Angelo，Lule，Neuman，Rodriguez，Dimitrova & Carragee，2019，p.12)。个中原因，本书将于后续引进学理探讨时具体展开剖析。在试图从常人哲学切入框架思考的当下，并不适于给出常规的操作性定义，而更需要从感性的角度锚定一致对框架思想的认知坐标。

顾名思义，"框架"系借喻"镜框""窗框""画框"，指不同主体对世界的框

---

① 此句原文是"There is nothing so practical as a good theory"，详见 Lewin(1951，p.169)。原句直译成中文是"没有什么比一个好的理论更实用"，也有意译"好理论，最实用"（朱立译；转引自郭贞，2016，页1)。

② 如何测试一个新理论？Farr(1993：17)曾举例心理学科，指出正是"行为主义"(behaviorism)造成了心理学研究领域的"贫瘠发展"(impoverishment)，证明"是扩大了还是限制了领域的发展空间"是考察新理论是否具备实用性的重要标准。该标准为后来学者认同，甚至被臧国仁(1999)认为适用于"任何新理论"（页65)。

限、架构和再现。无论是中文"框架"还是英文原字"frame"，均既是名词又可作动词；既是诠释客观真实的原则和工具，又是建构主观真实的过程和结果。

诚如"镜框""窗框""画框"无法容纳整个外部世界，"框架"亦无法客观反映真实世界。相反地，正是框架现象的存在才体现了社会建构论的世界观。

在框架形成过程中，第一发生的是筛选机制，即，将一些事物排除在框外却纳入另一些事物。第二是框材机制，框的大小、形状、材质能赋予被切割的边界、被取舍的景象以不同观感。第三是组合机制，框内元素能组合成不同排列产生蒙太奇效果。第四是滤镜调音机制，天气、光线、文化等滤镜机制以及声量、隐喻、反讽等调音手法，亦能臧否好恶、烘托基调、营造氛围。

若以上所述确是框架过程之要旨，那么其实框架现象古已有之。古希腊先哲亚里士多德曾发表"迄今为止最伟大的事就是应用好隐喻，因为作出好的隐喻意味着拥有一双能发现相似之处的慧眼""悲剧的结构具有唤起情绪的效果"[①]等名言，或是现今可考的"关于框架现象的较早论述"（钟蔚文、臧国仁、陈韵如、张文强、朱玉芬，1995）。

但无论是隐喻还是结构，框架本质上都是创作者自身心像的投射，透过筛选、切割、组合、过滤等框架过程，使自己对客观事件的主观看法通过"隐喻"或"悲剧的结构"得以再现，最终起到"唤起"读者或阅听人的"情绪"效果。

除了情绪效果，文学艺术作品对读者的框架还会导向认知、行动等其他效果面向，不可谓不"伟大"。类似的框架手法在莎士比亚的戏剧、孔夫子师生在《论语》中的对话、历届美国总统的竞选演说以及其他虚构或非虚构作品中俯拾皆是，在日常生活中更唾手可得。

而新闻报道的框架[②]现象为人觉察则源于1922年，美国著名新闻记者和

---

　①　此句"悲剧的结构具有唤起情绪的效果"转引自钟蔚文等（1995）。张琬榆（2012）专研亚里士多德"悲剧论"的毕业论文亦可见类似记录，如："当我们在欣赏一出悲剧时，主角的呈现及剧情的安排使我们的心境从恐惧、害怕，进而回忆起过往不愉快的经验或担忧。担心悲剧事件发展会发生在自身或亲朋好友身上。人们恐惧这些悲剧是否会发生在自己身上或是周遭，怜悯悲剧主角，进而怜悯自身，从中得到情绪的宣泄，情感的抒发，获得净化。这样达到心理洗涤的过程同样的状况也曾发生在笔者身上，使笔者不禁怀疑，为何悲剧不同于其他戏剧，有上述之效果？因此，将藉由分析亚里士多德的'悲剧论'观点，论证悲剧达到'净化'（亚里士多德所提出之悲剧效果）目的的过程。"

　②　学界素有混用"新闻框架（news frame）"（Gamson，1989）与"媒介/媒体框架（media frames）"（Gitlin，1980）之传统。为尊重文献原典，本书采二者混用模式，不作区分。臧国仁（1999）也曾视上述两组名称为同义而交换使用之（页26）。

政论作家沃尔特・李普曼（Walter Lippmann）①在专著《公众舆论》（*Public Opinion*）中所描述之信息传受、新闻产制过程中无处不在的框架作用。作为畅销且长销的经典名著，《公众舆论》中传诵最广的论断当属这两句："任何语言或图像表达都有赖于对我们头脑中的图景（picture exists in the mind）的记忆""我们并非先看见而后定义，而是先定义而后看见……我们挑选出文化事先给定的东西，尤其倾向于认知文化里已经为我们分类的形式"（Lippmann，1922，p. 33）。

上文只字未提"框架"一词，其洞见却暗含框架思想。李普曼所指"头脑中的图景"或可归结为框架，"挑选"是一种筛选框架机制，所指"定义"是人们头脑里固有的认知框架，这种认知框架某种程度上则由个体所处社会的文化框架所"给定"。

换言之，社会文化框架塑造了个体框架，个体框架决定了人们对不同社会现实的定义，正是这些定义决定了人们看见什么、看不见什么以及怎样去看见。如上"看见"与"定义"之思辨惊醒人们反思，生活中习以为常的"看见"并非自然而然，而很可能是文化潜移默化之结果。

除了"文化框架"之思想萌芽，李普曼反思了语言作为框架工具的抽象性和局限性，指陈经由语言的框架效果无法容纳整个世界："记者面对五十万个读者的时候，只能写出一个模糊的图景。讲者的话语在遥远的村庄和海面上稍纵即逝。它们都无法奢望有限的词汇能负荷全部的意义。"（Lippmann，1922，p. 27）

引申框架工具的局限至框架主体的差异，李普曼进一步指出每个人、每个机构都应成为自己的"探照灯"（searchlight）②，才能拥有稳定的认知并作出明智的决策：

> "新闻界不能替代任何机构。新闻工作如同探照灯的光束，永不止息地移动，照亮黑暗中的一个又一个区域，使之为人们所见。然而，人们却无法只倚赖新闻再现的片段性、突发性事件，而是必须形

---

① 本节有关 Lippmann 之论述，已刊于《社会科学报》并全文转载于"之江青年学社"（数字版），详见：王彦，2019.05.16/2020.01.19。

② 李普曼原文"searchlight"，有台湾学者译"手电筒"（彭家发，1994，页 29；转引自：臧国仁，1999，页 68；汪子锡，2009，页 374），另有大陆学者译"探照灯"（黄旦，2005b，页 170；阎克文、江红 译，2002，页 259；林珊，1984，转引自：王辰瑶，2009，页 40）。由于"手电筒"在英文中通常指"flashlight"或"torch"（而非"searchlight"），且"探"的寻觅意涵与"search"最接近，本书拟译"探照灯"。

成自己的稳定光束,才能在新闻的探照灯作用下进行足够明智的决策。"(Lippmann,1922,pp.142-143)

有别于传统社会科学客观主义强调的"镜子隐喻(mirror metaphor)"(Leehy,1987),李普曼(1922)之"探照灯隐喻"(searchlight metaphor)暗示新闻工作的本质是框架而非镜像、是主观建构而非客观映照。

李普曼的"探照灯"论述至少包含三种框架思想:一是框架具有筛选机制,指新闻工作筛选社会现实的手法如"探照灯的光束"一般"永不止息地移动",在移动中"照亮黑暗中的一个又一个区域",在被照亮的区域中选择"片段性、突发性事件"进行新闻再现。最终人们所见之新闻只是经由媒体筛选而框架的世界之局部,远非真实、客观、全部的世界。

二是框架具主体性:不同主体如新闻界、其他机构、公众等均有各自不同的认知框架,均作为不同的"探照灯"发射出不同的"光束",照亮各不相同的"区域",是以不同主体之间的框架无法互相替代,亦无法仅"倚赖"他人的框架作出自己的"决策"。

三是认知层面的框架能指导行为层面的决策:作为阅听人的公众必须首先拥有足够"稳定"的先验认知个体框架,才能更好地理解和善用新闻框架,进而作出足够"明智"的"决策"。此间框架与决策之辩证关系,可窥见经济学"展望理论"[①]之雏形思想。

无论文化框架的潜移默化、语言作为框架工具的局限性、框架的筛选机制和主体性特征及其指导决策的功能,还是像黑暗中的探照灯一样框架社会真实的新闻界,李普曼所描述的框架现象和建构论思想具有很强的学理预见性和前瞻性。

要知道,李普曼甫一暗示新闻的建构论本质时,新闻界并未会其意,反倒在其后长达半世纪始终信奉新闻客观论(objective conditions),认定多个单篇

---

① "展望理论"(prospect theory)又译"前景理论",属行为经济学概念。该理论受框架理论启发,打破长久以来主流经济学假设每个人都会理性决定的笼统认知,重新假设对风险与报酬的信息框架会影响经济活动选择,成功解释了许多看似不理性的现象(Kahneman & Tversky,1979,1984,2013)。

新闻所报道的微观社会真实可以汇聚成总体宏观真实[①]，坚信新闻可以呈现真实、客观、全部的世界，社会事件亦能如镜子般地在新闻媒体中完整反射或具体投影。

逻辑上，新闻报道机构确需将客观性作为追求原则，但新闻作品作为新闻工作者的"思考结晶"做到全然客观谈何容易，至多只能"存有主观而逻辑客观"罢了（臧国仁，1999，页 95-96），本质上更接近"倒果为因""误将手段视为目的"的真假错位（臧国仁，1995a）。

是以这种"镜子理论"被后来学者斥责为"过分天真""可见的谬误（fallacy of transparency）"（Roeh，1989；Buonanno，1993），甚至有学者呼吁急需戳破"镜子理论"神话而提倡"破碎的镜子理论"（李金铨，1981，页 81）。尽管如此，在很长的时间里以"镜子理论"为代表的客观主义仍是主宰新闻学研究的主流观点。

直到 1978 年社会学家盖伊·塔奇曼明示，新闻是社会真实的建构过程，且是媒介组织与社会文化妥协的产品。又及 1990 年代框架理论盛行于国际传播学界，主张新闻是"框限后的媒介现实""从传者认知基模出发的主观建构活动"，方才戳破新闻客观论的镜子隐喻，取而代之为接近探照灯隐喻的新闻建构论思想，并随着媒介框架理论的普及而广为人知（Wolfsfeld，1991，p.18；Davis，1990，pp.159-160）。

而一旦抛弃"仅关心如何完整地对映现实"的镜子隐喻，转向"较具深度""较具问题性"的探照灯隐喻，研究范围反而"更加宽广"，可供研究之素材"也随之增多"（Potter，1996：98；Moscovici，1984：43）。

如华人传播学界的第一本框架后设理论（元理论）研究专著《新闻媒体与消息来源——媒介框架与真实建构之论述》（臧国仁，1999），顾名思义，就是运用媒介框架理论探讨消息来源对新闻媒体真实建构的作用。书中以新闻记者与消息来源的互动为例，枚举相应的研究者视角可拓展至"两者的演说或论述偏见以及造成此类偏见之时机与情境""两者如何采取步骤以缩小彼此差异"等取径，证实舍弃绝对客观论点之后的研究视角之多元化（页 65）。

类似思想的萌芽还在 20 世纪中叶得以检验。传播研究先驱、心理学家卡

---

① 　新闻客观论中的"微观真实"指每一篇新闻的真实（即 What[何事]、Who[何人]、Where[何地]、When[何时]、Why[为何]等"五 W"要素完全与事实相符），"宏观真实"指新闻报道从总体上能够真实反映社会发展主流。也可以说，微观真实对记者个人的职业素养有要求，而宏观真实则要通过每个记者、每个媒介组织以及整个新闻事业的努力方能达成。是以即便做到每篇新闻的微观真实，仍有可能失守宏观真实。见：邵志择，2003，页 116-118。

尔·霍夫兰（Carl Hovland）早期在美国耶鲁大学（Yale University）任教，与同事合作设计实验法邀请第二次世界大战的部队新兵列队进入军队食堂，观看《我们为何而战》影片，测试媒介内容如何影响阅听人态度改变的传播效果。

其研究成果写成《传播与说服》（*Communication and Persuasion*）（Hovland，Janis & Kelley，1953）一书，探讨不同信息对态度的影响，与新闻文本框架激活阅听人基模的框架互动过程十分接近，亦可被界定为"广义的框架效果"（钟蔚文、臧国仁、陈韵如、张文强、朱玉芬，1995；Entman，Matthes & Pellicano，2009）。

二、框架作为学理概念

框架理论的学术渊源通常可追溯至 1974 年出版的专著《框架分析：经验组织论》（*Frame Analysis：An Essay on the Organization of Experience*）（Goffman，1974），然而作者欧文·戈夫曼（Erving Goffman）却在书中坦承，他的框架概念"沿用"（use）自人类学家格雷戈里·贝特森（Gregory Bateson）（p. 10）。①

远在更早的 1954 年，贝特森（Bateson，1954，March）的论文《一个关于游戏和幻想的理论》（"A theory of play and fantasy"）②就提出了"框架"概念。该文最初在 A. P. A.③墨西哥城区域会议宣读（1954，March），次年发表于 A. P. A. 主办的《精神医学研究报告》（*Psychiatric Research Report*）期刊（1955），后收录到作者主编的《迈向精神生态学：人类学论文集——精神病、演化、认知》（1972）一书。

---

① 由于所从事研究在精神医学中的实用性，贝特森亦被认为是"精神医学家"（郑为元，1992）。但事实上，贝特森对理论的兴趣和实作远远大于临床治疗，故本书从俗，将贝特森归类为人类学家。

② 同名论文先后以研讨会论文宣读、期刊论文、专著篇章等三种形式发表，但内容容并不完全重合。譬如关于"隐喻"（metaphor），1954 年春会议报告版本有较详细论述，但在 1972 年版的专著篇章中却对此简化略过（Bateson，1972，p. 196）。

③ 在 1972 版的《迈向精神生态学：人类学论文集——精神病、演化、认知》脚注（p. 184）中，贝特森记录了该文最早发表于 1954 年 3 月 11 日的 A. P. A. 学术会议的经历，但并未给出"A. P. A."缩写的全称为何。在美国人文社会科学界，简称为 A. P. A. 的学术组织有两个，一是"美国精神医学学会"（American Psychiatric Association），二是"美国心理学会"（American Psychological Association），详见：教育研究院，2016，页 14。由于贝特森此文基于精神病学理论讨论认知心理学现象，跨界精神医学、认知心理学两大领域，故在获得进一步史料细节之前无法明确 1954 年春 A. P. A. 会议的具体归属组织。目前仅核实到，贝特森于次年发表于《精神医学研究报告》的同名论文确为"美国精神医学"学会主办（取自 ResearchGate 网站）。

　　无论从发表园地还是学术社群来看,贝特森都是一个跨越精神医学、心理学、传播学等多领域的学者。基于跨领域的融会贯通,贝特森(Bateson,1954,March /1955/1972)将框架概念嵌在"后设传播""关系传播""脉络""悖论""自相矛盾的命题"等一组心理学概念中,假设并论证精神病患者是"无法正常使用框架"的人,而治疗师可通过"操弄框架"来进行医患沟通(pp.194,196,198)。

　　至于什么是框架,贝特森文中多处界定其"是隐藏在(信息)背后的解释的原则"(p.189)、"每一个'后设传播'信息就是一个心理框架"(p.194)、"所谓框架,或似是而非之处……,存在于三种类型的信息:一是感官讯号信息,二是伪装(simulate)成感官讯号的其他信息,三是(作为解释的原则)区分上述两类信息的第三类信息,第三类信息正是框架"(p.195;括号内文字出自原文)。

　　如果说,上文所指第一类和第二类信息传播属"前台"层面,那么决定台前意义为何的第三类信息——框架——便居于"后台"层面。只有传受双方对"后台"的框架达成共识,才可能超越字面信息去理解"前台"的外延信息(denotative information),有效传播也才可能。

　　就这个意义而言,框架即前引之"后设传播"(metacommunication,即"元传播")(p.194)。"meta"在台湾译为"后设",在大陆则为"元"(按:"元"字亦与"原初"谐音和同义),追溯到源于希腊语前置词意思则是"之后""之外""之上""之间"等意,可说是"高一个层次的""背后的"。

　　"meta"一词适用于对自然科学和社会科学研究现象的各种穷究式追问,如用来描述语言、语法规则的语言叫"metalanguage",用来生成前台数据的后台数据叫"metadata",用来描述超越物理学的学问叫"metaphysics",用来解释理论生成机制的理论叫"metatheory",用来定义"隐藏在(信息)背后的解释的原则"(Bateson,1955,p.189)叫"metacommunication"。

　　相形之下,穷尽"元传播"的"元"字在中文里的"为首""第一""开始""主要""基本"等所有形容意涵,实都无法表达出贝特森所定义的"metacommunication"居于"后台"层面决定"前台"意义的接口感。这也是本书采"后设传播"(而非"元传播")来译"metacommunication"的原因。个案演绎可如表 1-1 所示。

　　举例而言。表 1-1 中的个案"猫在毯子上"(The cat is on the mat)是一句刺激听觉感官的口头语言讯号。在"前台"传播层面,字面信息直截了当,就是"猫在毯子上";外延信息却可能有"猫真的在毯子上,但你不知道,现在我来告诉你""猫其实并不在毯子上,我是在跟你开玩笑"等多种解读。不同解读对应不同的"后台"框架，是"我对你是善意的"框架，还是"这是一个游戏"框架（见表 1-1）(p. 67)。

贝特森演绎的框架示例包含了关系陈述，如表 1-1 所列两类框架分别代表友善的关系、轻松幽默的关系，引申出"我好心来告诉你猫在哪里""我故意用不实信息来逗你"这两种行为动机，而如何理解动机则取决于传受双方的"关系"(relationship)。无怪乎贝特森总结，作为"后设传播"的框架，也是一种基于"心理情境"(psychological context)的关系传播(p. 73)。

表 1-1　贝特森的后设传播（元传播）关系

层面类型	前台		后台
传播类型	传播		后设传播
信息类型	讯号信息	外延讯息	框架
个案	"猫在毯子上"	"猫真的在毯子上，但你不知"	我对你是善意的
		"猫并不在毯子上，我是在跟你开玩笑"	这是游戏

* 1. 来源：本研究整理；2. 猫的例子出自 Bateson(1955，p. 67)。

三、框架作为学术理论

博学如罗杰斯(1994/殷晓蓉译，2005，页 80)亦未能知晓贝特森为何"用如此复杂的语言表达他的概念思想"，但十分明显的是，将框架、后设理论（元理论）等概念变成研究性的问题，对于"强调个人研究方法""以量化技术为中心"的社会科学学者来说"极其困难"。正所谓独木不成林，单个概念无法投入理论使用，乃因理论必须是一组多个相关概念的集合，同时具备"有既定意图""透过逻辑思考运作整合而成的""具可验性的"等充要条件(陈秉璋，1985，页 9)。

直到 20 年后《框架分析：经验组织论》(Goffman，1974)出版时，一度"养在"精神病医学、认知心理学深闺而无人识、无人用的框架概念终于升华成实用的框架理论。作者戈夫曼将原本缩限于精神医学诊疗访谈实验室的"心理框架(psychological frame)"(Bateson，1954/1955/1972，p. 192)放到更广阔的社会文化脉络中，指出框架既源自个体过去的经验，又受到社会文化的影响。在贝特森"信息背后的解释的原则"框架定义基础上，戈夫曼(Goffman)

(1974)将框架过程分解成"固定(anchoring)""调音(keying)""音调(the key/keys)"①"逆换性(reversibility)""复印(copy)"等多种机制(pp. 47，79；中文译文转引自臧国仁，1999，页 28-29)，明确地指出框架的实质是"经验的组织"(p. 11)。

经由戈夫曼的社会学诠释和理论建构，框架作为"个体面对社会所建立的思想架构"之定义为社会科学界广泛接受(臧国仁，1999，页 28)。框架理论以思想启发、方法多元以及应用广泛而渐受社会科学领域多方瞩目，分别给"社会科学、哲学、心理学、语言学、历史学、艺术学、文学、宗教"等诸多学科领域各自注入不同发展机遇②(杜涛，2014，页 2)。

举例来说，经济学家曾针对经济行为的框架现象展开研究，发现相同信息的不同表述会影响人们对前景的预估进而左右经济决策，因此建构了"前景理论"(Kahneman & Tversky，1979，1984，2013)。另有心理学实验设计个体框架刺激物，证明似曾相识的讯号能触发人们头脑中的相关认知基模，从局部迅速联想出整体，产生"启动效应"(priming effect，又译"触发效应")(Herr，Sherman & Fazio，1983)。

而在传播学科，学者们自 20 世纪 70 年代起就受到框架思想的影响，以大众媒体如何通过框架社会真实来建构媒介真实为核心议题，探讨新闻业与社会结构、与消息来源、与阅听人间无所不在的互动，以及这些互动如何造就新闻生产和消费环节中无处不在的框架(Tuchman，1978；Gitlin，1980；Gamson，1984，1988，1989，1992；Reese，2001；Tankard，Hendrickson，Silberman，Bliss & Ghanem，1991，August.，2001；Chung & Tsang［钟蔚文、臧国仁］，1993，August.，1997，Ocotober；Pan［潘忠党］& Kosicki，1993，2001，2005；Entman，1993，1999，2004，2007；D'Angelo，2002；Scheufele，1999，2004；Scheufele & Tewksbury，2006；Scheufele & Scheufele，2010；van Gorp，2005，2007，2010；van Gorp & Van der Goot，2012；van Gorp & Vercruysse，2012，臧国仁，1999；潘忠党，2006，et al.)③。

---

① 潘忠党也将"keying"译为"调音"，但将"the key/keys"译为"基调"，参见：潘忠党，2006，页 23。与潘译"基调"相比，臧译"音调"更接近一个听觉上的概念、与"调音"(keying)的语境更连续一致。本书故采用臧的译法。

② 学科排序按以"framing"为关键词在 EBSCO 数据库、ProQuest 数据库搜索，见：杜涛，2014，页 2。

③ 这些框架专研代表性学者的遴选标准，主要综合框架理论的后设理论建构、对新闻框架理论的贡献、对中文传播学界的引介和本土化取向等三方面考虑。

　　这些研究直指媒介真实与社会真实的辩证关系,揭示专业新闻生产过程中的不同主体"框架"所见的事物是有局限的、部分的、主观的、建构的而非全面客观的,抛出新闻是镜子还是框架的争论,提了一个哲学大问题。

　　及至 2001 与 2004 年间,框架理论取代 1956 至 2000 年近半世纪稳居国际核心传播学刊理论运用前三的议程设置、使用与满足、涵化等理论,成为最流行、引用率最高的传播理论(Bryant & Miron,2004)。而在 1991 到 2010 年间,汤森路透科学数据库(Thomson Reuters' Web of Science)中的每期主流国际传播学刊几乎都刊登媒介框架或框架效果的相关研究论文,其中《政治传播》(*Political Communication* [PC])和《传播学刊》(*Journal of Communication* [以下简称 *JoC*])这两本知名期刊的框架研究发表量自 1991 年至 2000 年合占全部发表量的 2/3(按:折算成百分比约 67%),自 2001 年至 2010 年更飙升到 86%(Scheufele & Iyengar,2012)。

　　框架理论也是近年来在"国际传播学会"(International Communication Association,ICA)和"新闻与大众传播教育年会"(Association for Education in Journalism and Mass Communication,AEJMC)上"最受欢迎的理论",广泛应用于"大众传播、新闻学、健康、风险、环境和科学传播、政治传播、流行传播、视觉传播以及宗教与媒体"等领域的实证研究中(黄冠雄,2014)。

　　而在传播学研究典范已从传统媒体一统天下的大众传播时代转型到传播形态多元的媒介融合时代,框架理论被视为"连结多种典范转型的桥梁"(Cacciatore,Scheufele & Iyengar,2016,p.8),广泛应用在"社会权力、新闻媒体、记者、文本、受众与社会文化相关的研究"中,并在这些研究之间"建立微妙的学术关联"(杜涛,2014,页 5)。在媒介效果研究领域,框架理论已经超越魔弹论、有限效果论、强大效果回归论等传统效果研究而进入"协商性媒介影响"的效果研究新阶段(McCombs,2000;转引自:崔保国、李琨译,页 357-358)。

　　上述研究数量、研究范围、研究命题上的"繁荣",显示框架理论正在大显身手,看似正逢"最好的年代"。

第三节　房间里的大象:典范破碎之"最坏的年代"

这真的是"最好的时代"吗?

框架研究数量的繁荣伴生出"最好的年代"之错觉,让人不易察觉危机早已暗流涌动。事实上，框架理论在传播学科的实际状况犹如"房间里的大象（elephant in the room）"①，尽管相关研究数量和规模初具气象，却也因"体型"过大、难度过高而令围观者掩耳盗铃、视而不见。

一、理论探讨众声喧哗

框架是什么？框架理论是什么？框架分析是什么研究方法？本体论命题层面的"是什么"，堪称所有后设理论（元理论）学术讨论的基础和起点。传播学者们前赴后继，试图整合文献以提出整合性研究典范，结果却是收效甚微，不得不承认，框架理论研究是个百家争鸣、众说纷纭、各执一词的研究领域，"理论的混沌"（潘忠党，2006，页3）或"典范的破碎"（Entman，1993）正是它面临的现状。

举例来说，关于概念内涵，传播学者们经常引用的框架概念"达八种以上"（Matthes，2009）。单单对框架的实质作用，传播学界就有两种不同解读：第一种是"强调框架"（emphasis frames），指界定不同框架就是强调不同文本内容，即"框架＝文本内容"。第二种是"同等框架"（equivalence frames），指界定不同框架是通过不同语言或措辞来表述同等信息，即"框架＝表述"。但另有学者两种兼用，或公开表示对框架的定义要比大多数其他人窄，"只认'同等框架'"（Scheufele，1999；Liang，2014）。

关于理论定位，框架理论一度与"议程设置"（agenda-setting）和"启动效应"相提并论。支持派认为框架理论是议程设置理论的延伸，如议程设置理论先驱研究者、美国得克萨斯大学奥斯汀分校（University of Texas at Austin，UT Austin）传播学者马克斯韦尔·麦库姆斯（Maxwell McCombs）曾将框架理论称为"二级议程设置"（second-order agenda-setting）（McCombs，1997，p.37）。反对派坚持框架理论与议程设置理论是两种理论体系，否定二者合流。如我国台湾第一本框架研究专著就曾旁征博引，集气陈情反对观点，批评麦库姆斯擅将议题设定理论与框架理论合一的做法：

> Pan & Kosicki（1997，p.13）即谓，"框架化（framing）不可也不应被视为是议题设定理论中的次领域或新项目（new venue）"，因为"【议题】显著性之转换（transfer of salience）不能成为一种多目标的

① "房间里的大象"（Elephant in the room）是英语俚语，通常用来隐喻某事虽然像大象一样明显，却被集体视而不见。

理论机制而适用于所有与媒体相关的新闻处理过程中"。框架乃是新闻言说(论述)活动,受制于公共领域中不同消息来源的符号竞争手法,与媒体如何"设定"读者议题无关,因为媒体并无能力单独影响新闻议题动向。作者们认为,框架乃言说活动概念,着重于语言结构的互相影响,与议题设定强调的议题影响毫无关联。

同理,Cappella & Jamieson(1997:51-52)亦认为议题设定与框架化两者相去甚远,因为前者着重讨论议题被媒体处理的频数(frequency),而框架研究所关心者乃议题如何被处理(how a subject is treated)。Mathes & Pfetsch(1991:59)因此建议议题设定研究未来应多讨论议题如何被框架化(how issues are framed),无论是被媒体或大众均可:"框架【研究】可协助传统议题设定更为精确,也能提供更具分析性的观点。"(臧国仁,1999,页304-350)

同为议程设置理论先驱研究者的美国印第安纳大学(Indiana University)教授大卫·韦弗(David Weaver)也强调,框架理论既是认知心理学概念又连接宏观社会结构的文化,其内涵远比议程设置、触发效应要"多得多"(Weaver,2007,p.143);其他学者(Scheufele & Tewksbury,2006)亦因类似理由持反对观点。

议程设置理论的另一位先驱研究者、美国北卡罗来纳州大学(North Carolina State University)教授唐纳德·肖(Donald Lewis Shaw,1936—2021)尽管与研究伙伴麦库姆斯保持了"一生的友谊",但在框架理论、议程设置能否合一的论点立场上却"似乎更加支持对方【而非麦库姆斯】的意见"(郭镇之,2021年10月23日)(按:方括号内的文字系本书所加)[①]。肖认为,框架"更复杂",而议程设置二阶段作为"一种考虑框架的思维方法"其本质只是"不成熟的方法"("缅怀唐纳德·肖",2021年10月22日)[②]。

而在大陆,引用率最高的框架研究论文《大众传播学的议程设置理论与框

---

① 郭镇之(2021年10月23日),《纪念唐纳德·肖》,载"全球传媒学刊":https://mp.weixin.qq.com/s/wzN1rcPDE82o64CnN9yG0g。

② "缅怀唐纳德·肖"(2021年10月22日),《突发!议程设置之父唐纳德·肖去世:我就想把世界变得更美好,我仍在这么做》,载"新传考研真经":https://mp.weixin.qq.com/s/8HypQsfl-oNXlyPdgwaZOA。

架理论关系探讨》（张洪忠，2001）[1]就以厘清这两个概念为主旨，站的是反对派立场，具体观点是认为二者在理论层面上是"各自独立的理论体系"，但在具体的方法层面上"互为他山之石"（页88）。

至于研究方法，根据约尔格·马瑟斯（Jörg Matthes）（2009）对1990到2005年间的15份国际顶级传播学刊物内容分析显示，框架辨识的方法有46％基于文本的非量化研究、54％属于量化研究，另有部分使用计算器辅助方法或数据简化技术等。而自1997到2007年间的93份英文传播学期刊的379篇框架理论研究文献，最常用的框架辨识方法分别是内容分析法（61.5％）与实验法（19.8％）（Borah，2011）。

种种乱象令人费解。在概念、本质、理论定位、研究方法各个层面自说自话的学术共同体如何理性对话？若连理性对话的基本质性标准都达不到，何以研究数量欣欣向荣？是什么限制了共识的形成？如果共识可达，那么究竟要如何重新定义框架、框架理论以及框架分析法？这一串概念集合为传播学带来什么？传播学将反哺给它们什么？绕了一圈似又回到起点，回到对基本概念和理论基础的追问，可见概念的明晰和典范的共识理当是所有研究的基础。

第一篇反思框架理论的期刊论文面世于1993年，发表在《传播学刊》（*Journal of Communication*，JoC），题为《框架化：澄清破碎的典范》（"Framing：Toward clarification of a fractured paradigm"），系时任美国西北大学（Northwestern University）副教授的政治传播学者罗伯特·恩特曼（Robert M. Entman）[2]所作，被后来学者（如D'Angelo，2002；Scheufele，1999；潘忠党，2006）解读为指陈当前有关框架理论的不同研究充斥着"破碎的典范"（fractured paradigm）和"分散的概念"（scattered conceptualization）

---

[1]　截至本书定稿时的2023年10月25日，该文在中国知网引用率达882次，仍居中文框架研究论文引用率榜首。

[2]　一些传播学者（如潘忠党，2006，页19）视恩特曼为"政治学家"，盖与其教育背景多与政治科学相关。恩特曼系美国杜克大学政治学学士、加州大学伯克利分校公共政策分析学硕士、美国耶鲁大学政治学博士。尽管恩特曼未受传播学科的学术训练，但其教学研究生涯与传播学界尤其是政治传播研究领域密切。他先后任教于杜克大学、西北大学、北卡罗来纳州立大学、乔治·华盛顿大学的媒体与传播相关科系，其代表著作《丑闻与沉默：对总统不端行为的媒体响应》（*Scandal and Silence：Media Responses to Presidential Misconduct*）（2012）、《权力的投射：框架新闻、公众舆论和美国外交政策》（*Projections of Power：Framing News，Public Opinion and US Foreign Policy*）（2004）、《居间政治：未来民主中的传播》（*Mediated Politics：Communication in the Future of Democracy*）（2001，与Lance Bennett合编）、《白色心灵中的黑人形象：美国的媒体与种族》（*The Black Image in the White Mind：Media and Race in America*）（2000，与Andrew Rojecki合著）等皆关注大众媒体、公众舆论、国际政治、种族政策等政治传播核心议题。故而称恩特曼为"政治传播学者"更符合实情。

（p. 51），严重缺乏概念和方法的"可交流性"，迫切需要理论研究典范的澄清和规范的开山之作。

其他学者甚至怀疑部分研究中的框架连"清晰的、明显的、可应用的概念"都不是，充其量只是"无法言说成研究问题的隐喻"（Brosius & Eps，1995）或"多典范的研究课题"（D'Angelo，2002），尤以 2002 年时任美国纽约州立大学奥尔巴尼分校（State University of New York at Albany）助理教授保罗·迪·安格洛（Paul D'Angelo）博士的《新闻框架作为一个多典范的研究问题：回应 Entman》（News framing as a multiparadigmatic research program：A response to Entman）（2002）一文最具争议性。

该文从知识社会学出发，借用拉卡托什·伊姆雷（Lakatos Zmre）的"研究问题（research program）"思想，指出新闻框架作为一个"涵盖认知、建构、批判等三种典范"的"多典范"的"研究问题"，充分具备"对媒体框架、个体框架以及社会现实框架的解释力"，理论和方法的多元是其"应有的特征"。

既然多元理论、多元方法、多典范是新闻框架研究应有之义，看似"碎片"的表象便也不足为奇。该文就此提出与 10 年前的著名论文《框架化：澄清破碎的典范》（Entman，1993）截然相反的结论，认为完全没有必要"修修补补"所谓"破碎的典范"（mended paradigm）（D'Angelo，2002，p. 870）。

且按下不表"破碎的典范"何去何从、"修补典范"是否正当，恩特曼与迪·安格洛相距十年的隔空对话音犹在耳，框架研究之概念含混和典范危机却迄今近 20 年未有改善。

美国威斯康星大学麦迪逊分校（University of Wisconsin-Madison）的迪特兰姆·舍费勒（Dietram A. Scheufele）指出，部分传播学者研究媒介框架时犯了"概念混淆的错误"，涉猎太多"不该涉猎的理论和话题"，研究问题"随意打上框架标签"，自产自销地提出"互相矛盾的分析方法"，以致于框架概念被"近乎通货膨胀式"地"误用和滥用"，形成"灾难性的毁灭"（Scheufele 语，引自 Liang，2014，页 22；参见 Cacciatore，Scheufele & Iyengar，2016，p. 11）。

2019 年第 1 期的国际传播学旗舰期刊《新闻与大众传播研究季刊》（Journalism & Mass Communication Quarterly〔JMCQ〕）召集"超越框架"（beyond framing）论坛，发现做框架研究很挑战学者的"调适"理论、"延伸"理论以及"整合"理论的能力，学者之间"概念和操作上的不一致"导致框架理论"有时被过度使用""有时被误用"，以致于框架研究和其他媒介效果研究模型之间"界限模糊"，触发学者反思传播学界应否"超越框架"（pp. 13，14，16，17，18，23）、"撤退框架（retire framing）"（pp. 12，14），甚至"抛弃框架

(abandon framing)"(pp. 24,25),可见框架研究之典范混乱已到危及自身理论存亡的程度(D'Angelo et al.,2019)。

令人费解的还有框架理论和传播学界的关系。从1950年代基于后设传播、关系传播的心理学概念,到1970年代建构成社会学中层理论,1990年代进入传播学研究领域浮沉至今,框架理论创造了传播研究的繁荣时代,却未因此成就传播理论与框架理论的双赢。

一方面,传播学界对框架理论的核心贡献甚微。第一,非英语传播学界很少译介源于西方的框架理论英文原典。中国传播学界的中文译著出版状况亦不乐观。直到本书定稿时的2023年,有文史哲学养优势、以写作训练见长的中国传播学者才开始善用语文专长译介贝特森(Bateson)(1955)、戈夫曼(Goffman)(1974)等重要框架理论思想原典①到华语传播学界。

第二,传播学界并未传承框架理论。传播科系和教育机构也甚少引介框架理论给年轻学子。风靡传播学府多年的畅销教材②对框架理论不是只字不提就是几笔略过,令人生疑是否侧面反映出框架理论之博大精深"很难用简单的图画勾勒出来"(杜涛,2014,页187)。

第三,传播学界并未反哺框架理论。相较于经济学界、心理学界分别创新的展望理论、启动效应而对框架理论解释力的贡献,传播学界亦未结合传播专业特性拓展、建构框架理论。

另一方面,框架理论亦未拯救传播学界。自1990年代兴起的新闻框架研究至今仍处概念典范含混破碎之"自身难保"危机,引起框架研究后设理论探讨至今近30年不休,勿论对传播学界施以援手,自然也不可能"引发传播学界的理论突破"(潘忠党,2006,页20)。

综上所见框架理论与传播学界之错综复杂关系,它们之于对方互为繁荣催化剂和麻烦制造者,也互为"祝福和诅咒"(both a blessing and a curse)(Hertog & Mcleod,2001,p.141)。

二、应用研究训练无能

综观应用研究的选题,框架理论几乎是反映不同国家、地区政治经济社会

---

① 指《心灵生态学导论》(Bateson,1972;殷晓蓉译,2023)、《框架分析:经验组织论》(Gottman,1974;杨馨、姚文苑、南塬飞雪译,2023)。

② 如《大众传播模式论》(*Communication Models for the Study of Mass Communications*)(McQuail & Windahl,2015)、《传播学教程》(郭庆光,1999)、《传播学》(邵培仁,2000)、《大众传播理论:范式与流派》(刘海龙,2008)等教材,都对框架理论不是只字不提,就是几笔略过。

面貌的万花筒。举凡社会运动、群体抗争、医病（患）冲突①、恐怖袭击、总统选举等重大新闻事件，或在国家形象、一带一路、名人政治、食品安全、气候变迁等重要政经议题的大中型研究中，框架理论都是绕不开的理论基础和研究分析工具。这些研究或从新闻生产角度研究媒体框架怎样建构（生产框架），或从内容分析的角度分析媒体框架是什么（文本框架），或从效果分析角度考察阅听人如何接受和处理新闻（阅听人框架）。

然而，由于前文所述概念的分散、典范的破碎、方法的失范以及理论建构的式微，框架理论应用研究的质量直接受到连累。在 2011 年的 AEJMC 年会上的某研究单元，观众席中有人起立，语惊四座道：

> "我们必须叫停框架研究。现在有那么多框架论文，但其中有许多连框架研究都不是。"（Anonymous，2011；转引自 D'Angelo，et al，2019，p.12）

为何叫停框架？到底该不该叫停框架？无论如何，在严肃的学术会议场合，这是一种略嫌冲动的戏剧性情绪表达，然而这种情绪竟引起其他与会研究者的共鸣，其话题性延续多年不衰。

2019 年，*JMCQ* 期刊的"超越框架：框架研究者研讨会"（Beyond framing：A forum for framing researchers）专题论坛响应了 8 年前 AEJMC 会议的"叫停"冲突。与谈的多位框架专研学者检讨框架研究当前、过去以及未来发展方向，反思今天我们是否需要"抛弃""撤退""超越"框架研究，最终合议的抉择却是继续"留在"框架研究里。

这是因为近 40 年来的框架应用研究风生水起，对媒介研究和政治传播中的"记者、消息来源、社会运动领袖、阅听人"等各种社会角色，以及这些角色如何"制造、使用、寻找、分享"新闻的行为体现出很强的解释力，一方面有助于人们理解"公共领域中基于社会脉络的传播现象"，另一方面，也裨益传播研究围绕社会中的"新闻学"和"新闻"展开"实践、政治、规范的关切"（D'Angelo，et al.，2019，p.12，14）。

---

① 中国医病（患）冲突问题始于 20 世纪 80 年代末 90 年代初，政府推行了一套"少给钱、多给政策"的医疗卫生体制改革，试图建立"有激励、有约束、有竞争、有活力"的医疗体制。然而由于"医疗信息的严重不对称性""医疗市场的垄断竞争性"等诸多客观因素限制，引发诸多医患问题。《城镇医药卫生体制改革政策问答》（2001）指出，具体问题包括医药费用"上涨速度过快"、卫生服务体系"资源利用效率下降"、医患关系紧张、患者和社会对医疗卫生系统的"不信任感增强"、部分医务人员"行为扭曲""职业吸引力下降""人才流失"等（杨同卫、路文涛，2006，页 47）。

　　既然存留之争已有定论,接踵而至的就是如何"生存"、怎样应用的问题。

　　政治大学教授臧国仁是最早引介框架理论研究到中文传播学界的华人学者之一。臧国仁撰写框架研究专著《新闻媒体与消息来源——媒介框架与真实建构之论述》(1999)建构"高、中、低框架"分析路径,在大陆的新闻文本框架研究中的引用率高达 26%,仅次于美国得克萨斯大学奥斯汀分校(University of Texas at Austin)教授小詹姆斯·W. 坦卡德(James W. Tankard, Jr.)的"框架清单"(Tankard, Hendrickson, Silberman, Bliss, & Ghanem, 1991)分析路径,远远超过第三位、仅 8.8% 的"诠释包裹"分析路径(Gamson, 1989)(郭冬阳, 2014, 页 40)。

　　与此同时,臧国仁本人却发现"叶公好龙"之怪现状,即相当一部分热情学术研究者误读、误引了他的著作,错误地将新闻文本内容直接当成新闻框架本身,只有少数研究能认识到"新闻框架不是新闻本身",而是"介于新闻文本和社会真实之间的媒体认知"(臧国仁,上课讲义,2016 年 2 月 27 日)。[①]

　　先后从美国明尼苏达大学双城分校(University of Minnesota Twin Cities)和香港城市大学(City University of Hong Kong)荣休、返聘到母校政治大学任教的玉山学者李金铨(2019)坦言,他在海内外各种学术会议上看到"框架分析满场飞",不少与会者不论研究什么都要"框架分析一番",俨然掌握框架分析法就如中国武侠"一剑走天涯",或如西谚所云"有锤子的人看什么都像钉子"。至于实际研究的状况,李金铨批评,他们既未交代为何要框架分析又没阐明框架分析了什么,导致框架分析只剩"形式的躯壳"而失去"理论分析的内核"(页 88-89)。

　　臧国仁和李金铨的"隔岸"观察得到彼岸学者的认可。大陆学者杜涛(2014)检视境内的框架个案研究样貌后得出"高度同质化"的结论,具体同质模式是先"选择一个热点事件",再在文献回顾中"分析戈夫曼或贝特森的框架概念",继而"引用恩特曼或甘姆森的定义",同时"配以臧国仁或潘忠党的具体论述",最后,"使用坦卡德的甘姆森'框架列表'路径"对事件相关媒体报道进行框架分析(页 183-184)。

　　从研者群像的结构亦能预见研究成果的质素。曾有研究(如郭冬阳,2014,页 44)针对 2006 至 2013 年间的大陆框架研究者进行人口学考察,发现"高层次学者介入不足",具体表现在除了少部分研究者具中高级职称外,另外

　　[①]　此话系臧国仁于 2016 年 2 月 27 日在政治大学传播学院"人老传播研究群"例会上,点评是日报告《认同与对峙:陆台两地媒体如何再现中国恐怖主义事件》(王彦,2016.02.27)时所讲。

一半左右的研究者皆为在读硕博士研究生。

研究生尚属学术新兵，多从模仿起步研究，陷入"重方法轻理论""重应用轻建树"的"拿来主义"循环亦可想而知。研究经验丰富一些的中高级职称研究者所写文章则多为"感想类文献和书评"，显得"研究深度和规范不足"。

看起来，前引舍费勒一度批评的"误用和滥用"并非杯弓蛇影或杞人忧天，众多研究乱象正在表明，框架理论已经在众声喧哗之中成为"训练无能症"（trained incapacity）的温床，众多研究者因太过依赖框架研究路径而丧失了思考和想象的能力。①

三、本节结语：穿越最好和最坏的年代

一边是繁花似锦，研究数量高产，另一边却是理论混沌，概念不清，典范破碎，低质研究重复。关于框架理论的当下境况，小说《双城记》（*A Tale of Two Cities*）里广为流传的那句话颇为适用："这是最好的年代，这是最坏的年代。"（Dickens，1859 / 1949，p.1）

在"最好的年代"和"最坏的年代"两个平行世界来回切换，框架理论一路走来穿越无数鲜花、掌声以及同样多的质疑和反思。

为何"统一研究典范"之缺席未曾影响应用研究的繁荣？下一步该何去何从，是追求不同典范间的可交流性，是摒弃现有典范去创造新的典范，还是听之任之？

在穿越重重迷思之前，我们似有必要放缓研究跃进的步伐，爬梳理论史，追溯来时路。

第四节　问题意识与章节安排

关于史的书写，《传播学史：一种传记式的方法》的作者罗杰斯声称，写史是在他的 20 多部学术著作写作经验中"最最强烈的体验"和"最最有趣的事

---

① 关于"训练无能症"，钟蔚文（2002）有关专文介绍："'训练无能症'，就个人而言，指的是知识太过成熟反而丧失了思考和想象的能力。社会学家赖特·米尔斯（C. Wright Mills）说得最明白：'匠'最大的问题是'训练得太精准。训练只能让人知道已知，这反而阻碍了人学习新事物，也使人无法接受最初必然是松散和粗糙的新观念'（Mills，1959/2016，pp. 211-212）。Reiss（1992）也在一篇名为'社会学者的训练无能症'的文章里，批评社会学由于传统和师承，过度依赖以问卷调查的方式进行研究，反而忽视其他研究的途径如直接观察，他指出这正是典型的训练无能症。"

情"，给予他"挠抓奇痒的愉悦""知道如何走出迷宫的愉悦"（Rogers，1997/殷晓蓉译，2005，页1）。

为追问传播学科这条河流来自何方、为什么这样流淌，该书访问了47人次与传播学科早期人物有联结的学生和同事，穷尽11个图书馆的相关档案，追溯自1860年达尔文《物种起源》出版到1960年这一百年的历史，最终发现传播学史其实是"社会科学的历史"，也有"来自生物学、数学和电子工程的重要贡献"（页5）。

这个研究结论颠覆了20世纪八九十年代起就受学界公认的"四个奠基人"①主流传播学史（Schramm，1963），然而"四个奠基人"神话并未因此销声匿迹。时至今日，"四个奠基人"神话和《传播学史》这两个截然相反的叙事，依然在全世界高校传播院系的课堂并行不悖，各表一枝。

这令传播学研究队伍中坚持真相唯一的唯物论者们很不开心，纷纷批评1960年代以来的大众传播研究史与早期几十年间实际研究"并不一致""远未写清"（Chaffee & Hochheimer，1985，p.289；Wartella，1996，p.179），呼吁实有必要联系历史情境，检视实证研究文献，重新展开考察。

本书开篇详述过传播研究与框架理论各自面临理论混沌而众声喧哗、相互关系错综复杂、互为"祝福和诅咒"的现象（Hertog & Mcleod，2001，p.141）。这些众声喧哗中的各种学说、各家语言作为"特定的世界观"从不同角度折射出各自"特定的对象、意义和价值"，却也互相"比较、互补、对话、对抗"（Bakhtin，1986，p.151）。如传播学界对框架理论贡献甚微、未能传承和反哺框架理论，又如框架理论亦未能拯救传播学界，然而框架理论确在传播学界刮起研究旋风迄今30年不衰之怪现状。

行文至此，再次对比传播学科与框架理论的曲折轨迹可知，二者亦存在诸多相似。传播活动贯穿人类活动的整个过程，传播概念古老到可追溯至从动物进化到人类的劳动过程中的语言沟通，传播理论诞生于多学科的十字路口，

---

①   施拉姆（1963）确认了传播学的四位奠基人："因此，正是在20世纪30年代和40年代，四位真正的大师从社会科学中脱颖而出，成为人类传播学方面的专家，并为新闻学留下了永久的印记。阿道夫·希特勒——不是感谢他，因这纯属偶然——给我们送来了他们之中的两位：保罗·拉扎斯菲尔德和库尔特·勒温。罗伯特·M.哈钦斯——也不是感谢他，因为他没有打算做这样的贡献——给我们送来的第三位：哈罗德·拉斯韦尔。美国军事集团——或多或少它自己吃惊地——给我们送来了第四位，因为它接受了美国最有前途的年轻的心理实验学家，并在战争时期委以重任，从而使之能够在其一生中的其他时间从事传播研究，他就是卡尔·霍夫兰。"（转引自：Rogers，1994 / 1997 / 殷晓蓉译，2005，页3）这就是传播学科"四个奠基人"神话的起源。

传播发展的历史复杂到一言难尽。

然而我们也发现，框架理论同样复制了传播学科的命运：框架现象几乎也贯穿了人类活动的整个过程，框架概念则萌发于生物界的跨物种研究。此外，框架理论诞生于多学科的十字路口，而其发展历程也是一部混沌的、模糊的、错综复杂的、亟须写清的迷宫一般的历史。

一、走入迷宫，寻找沉默者

为领悟罗杰斯所称"走出迷宫的愉悦"，首先要找到迷宫的入口（1994/1997/殷晓蓉译，2005，页1）。有关框架理论历史开端的书写，由此成为迷宫探索之旅的起点。

（一）叙事起点之谜：沉默的贝特森[①]

关于"框架"一词的正史考古，当今学界大多界定叙事起点[②]始于戈夫曼专著《框架分析：经验组织论》（1974）。然如前文铺陈，若以"frame"（框架）、"framing"（框架化）、"framework"（架构）[③]等关键词首次出现在学术论著中为标准，最早可以追溯到前述贝特森的论文（Bateson，1954，March；1955；1972）。

但是，贝特森的原创贡献并未进入教科书"正史"，仅少许框架理论史或贝特森传记史的专研者（如 Goffman，1974，pp.1，40-45；臧国仁，1999，页27；潘忠党，2006；刘蒙之，2009；杜涛，2014，页32）肯定其贡献。其论文不仅鲜少被提及，而且该文核心关键词"游戏"（play）曾一度被误读或误译成"戏剧"。[④]

为何贝特森被框架理论史集体遗忘？为何其文未曾引起足够重视？

---

① 本节有关贝特森"沉默"现象之论述，已刊于浙江大学学报《（人文社会科学版）》，详见：王彦，2017。该文为《新华文摘》《中国人民大学报刊复印资料（新闻传播学）》《浙江省哲学社会科学规划论文选编（2015—2919）》《跨学科批评理论》全文转载，并获浙江省第二十届哲学社会科学优秀成果"基础理论研究类"二等奖。

② 一些教科书中界定框架效果的提出人为戈夫曼（Erving Goffman）（1922—1982），详见：梁美珊，庄迪澎，2013，页132-133。

③ 潘忠党指出，作为名词的"框架"显得过于静止，缺乏应有的动态和容量，故分别将"frame""framing"翻译成"框架""架构"，采用"架构分析（framing analysis）"来指代整个研究领域，以突出社会建构主义的后设理论（meta-theoretical）取向，参见潘忠党（2006）。但是他的"架构分析"命名迄今仅属一家之言未被广泛采用，而且不论"frame"还是"框架"在英文、中文语法中均具有动词和名词的双重词性，所以本研究仍选用"框架""框架化"作为核心理论的关键词。

④ 根据上下文语境，"play"原意应为"嬉戏""戏耍"或"玩耍"，见 Bateson，1954，March/1955/1972。

　　(二)窄泛框架之争:沉默的泛框架

　　贝特森未曾被写进框架理论史之因成谜,同样成谜的还有未能写清的框架理论基本内涵和相关命题。框架理论一度如前述被认为是传播学科"唯一横跨理论课和方法课"的特殊理论,至少覆盖三个传播学研究领域,一是从新闻生产的角度研究"媒体框架如何建构";二是从内容研究角度考察"媒体框架是什么";三是从效果研究的角度分析"受众如何接受和处理媒介信息",即"受众/阅听人框架"[①](陈阳,2007)。

　　肖伟(2016,页1)曾整合上述第一类和第二类框架,进一步细分"新闻框架"的主动和被动双重属性,既是"新闻活动者对新闻事实所持的认知模式",又是"该模式在新闻文本中外显成的特定的主题思想和话语特征",前者是主动的"框架化"(framing,又译"架构",见潘忠党,2006,页1)过程,后者是被动的"被框架"(framed,又译"被架构")的框架本身。

　　"框架化"和"被框架"的双重属性可将新闻活动者的框架过程分成"两步走":第一步是框架化框架主体,即新闻活动者自身的认知基模以及所在媒体和社会的理念、常规,形成解读社会事件的"个体框架""媒体框架"以及"文化框架"等三种框架。第二步是框架化社会事件,即运用第一步形成的三种认知框架来书写新闻报道,将社会真实转换为媒介真实,进而建构新闻文本的主题思想和话语特征,这些外显后的主题思想和话语特征是为"新闻/文本框架"。

　　综上多重主体互动,我们一方面看到新闻文本在"两步走"过程的形成顺序,亦即新闻文本如何外显"新闻/文本框架"的同时,也透露出新闻活动者和所在媒体和社会的"个体框架""媒体框架""文化框架",以及这些框架如何通过新闻扩散影响到"阅听人框架"。

　　另一方面,如将顺序转换,将上述新闻生产和消费过程的终点——新闻文本——作为推理的起点,那么,若透过分析外显在文本的主题思想和话语特征形式呈现的"新闻/文本框架",当能依次倒推出"个体框架""媒体框架"以及"文化框架"。

　　依此观之,无怪乎法国学者米歇尔·福柯(Michel Foucault)写道:

　　　　"你在说话,其实话也在说你。"(Foucault,1977,p. 227)

　　语言学者赵毅衡(2013,页1-2)同样曾从叙事学角度表达类似观点:

---

　　① "受众"系大陆传播学界专有名词,与其他华人地区传播学界的"阅听人"同义,故"受众框架"也叫"阅听人框架"。

　　"在叙述中,说者先要被说,然后才能说,……不仅叙述文本是被叙述者叙述出来的,叙述者自己也是被叙述出来的。"

　　基于框架理论的视角,我们因而也可以说,作为框架主体的传者要先框架化自己才能形塑新闻的文本框架;换言之,传者框架化新闻文本,新闻文本反过来也框架了传者。

　　上述新闻(文本)框架(news/text frame)、媒介框架(media frame)、个体框架(individuals frame),又包括传者框架(communicator frame)和阅听人框架(audiences frame)、文化框架(culture frame)[①]等多样化的框架,代表了框架理论研究的"泛框架论"(pan-frame)视角,视框架为自然界和人类社会传播行为的总体研究对象,涉及生物行为的多方面和社会活动的多领域。

　　除了"泛框架论",传播学界目前关于新闻框架的言说还有"窄框架论"(narrow-frame)与"泛框架"的广义、多元取向。前者多将视角局限于新闻(文本)框架,如博拉(Borah,2011)分析93份英文传播学期刊在1997—2007年十来年间的框架理论文献,发现占绝大多数比重的是文本框架、效果研究、新闻生产等领域,呈现鲜明的"窄框架论"研究取径;反之,广义的"泛框架论"迄今未受足够重视。

　　那些被窄框架论"剩下"的媒体框架、阅听人框架、文化框架去哪儿了?它们遭遇了时间上的"早产早夭"还是空间上的"水土不服"?如何定义这些不够"泛"的框架——缺席者、失踪者抑或沉默者?

　　(三)本土化之旅:寻找沉默的中国媒介框架研究学者

　　寻找科学思想史上的"缺席者"尤其是"失踪者",是学术研究的经典议题之一。刘海龙(2007,页29)将思想的缺席分成从未出现过、曾经出现过却中途失踪这两种情况,并将思想的失踪归因于时间上的早产、早夭或空间的水土不服,前者指出现时机太早、未受及时关注而导致渐渐消亡,后者则指出现恰逢其时、受到及时关注,却被明珠暗投到不适用的语境诠释,经过很长一段时间的锦衣夜行后,其重要性被低估甚至遗忘。事实上,思想没长腿脚,不会自己开拓领地或抹去踪迹,只会经由学者的研究发声或沉默,故而将"失踪"称为"沉默"或许更为恰切。

---

　　①　其中,主体框架和文化框架是动态的,共同决定人们如何理解世界、形塑表达、建构事件,一方面能够引导人们看得见一些事情却看不见另些事情,另一方面也被外在世界所影响和更新。文本框架是静态的,如同相框里的照片、裱框里的画作,在被生产出来的那一刻就决定了哪些事件元素分别被框住、强调、歪曲、遗漏。关于主体框架的概念出处参见:梁美珊、庄迪澎(2013),页132-133。

　　其一，从纵向、线性的时间维度来看，为什么贝特森会在传播理论、在框架理论史中沉默？为什么媒体框架、阅听人框架、文化框架等"泛框架"会在框架理论传播研究史中沉默？在这里，我们看到传播、传播学、传播学者、传播学研究与框架理论的各种谜之关联。

　　其二，从横向、平行的跨学科视角来看，框架理论因其"自身难保"屡次连累传播学界，令传播学界频繁发生"概念的混淆"和"破碎的典范"之争议。不惜得罪所在的传播学界，美国威斯康星大学麦迪逊分校教授舍费勒曾公然表示对"现实中的政治学家们"的激赏，是因为（相对有些传播学者而言）政治学家们使用框架时"很严谨"，仅限于同等框架（Liang，2014；Cacciatore，Scheufele & Iyengar，2016）。

　　其三，从纵横交错、跨时空的理论旅行视角来看，框架理论不只没有缓解素有传播研究本土化焦虑的华人传播学界，反倒令其更焦虑。这体现在应用研究是"误读、误引""高度同质化""只剩形式的躯壳而失去理论分析的内核"等各种训练无能式的"锤子症"症状（臧国仁，上课讲义，2016 年 2 月 27 日；杜涛，2014，页 183-184；李金铨，2019，页 104）。上述应用研究训练无能的可能肇因或是语言的隔阂，然而，华人传播学界看似对此既缺乏洞察又鲜有响应，至少迄今未见贝特森（Bateson，1955）、戈夫曼（Goffman，1974）等重要框架理论思想原典的译介普及。如此状况，令人不禁忧心难度更大的框架后设理论研究创新又当如何，是安于东方一隅集体沉默，还是像西方英语传播学界一样混沌、喧哗？

　　我们好奇，为何传播学者在框架理论研者群像中如此轻忽？为何框架研究纵横传播学界半世纪有余，却仍处于疆界未定的理论拓荒期？破碎的典范，贝特森的沉默，媒体框架、阅听人框架、文化框架的沉默，华人学者的可能沉默，给理论前景和学科发展构成何种挑战？有无可能利用"拓荒期的百无禁忌"发散"活泼的想象"，探索"每一条可能的取径"，整合破碎的理论典范，在"众声喧哗"中创造"学门的生机"（钟蔚文，2002，页 29）？

二、研究跨度

　　本书所欲研究的时间跨度（见图 1-1）始于"框架"概念首次出现在学术作品中的 1955 年，即人类学家贝特森发表《一个关于游戏与幻想的理论》之时，终于本研究结束的当下。值得一提的是，尽管多数学者（如 Gamson，1989；Reese，2001；陈阳，2007；杜骏飞，2017）认同传播学领域的框架研究沿袭的是戈夫曼的社会学路径，但本研究的起点试图前溯廿年，以跨学科（而非仅仅局限于社会学或传播学）的统摄视角，定锚于 1955 年的贝特森。

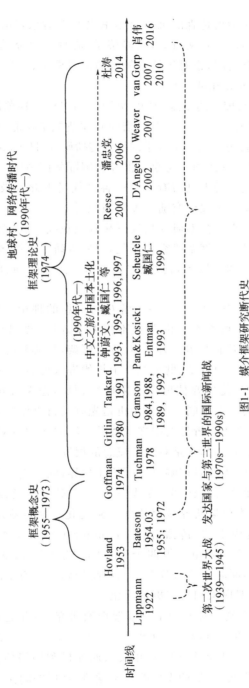

图1-1 媒介框架研究断代史

*来源：本研究整理。

　　这当然首先是因为贝特森的沉默是本书之好奇对象,其次是因为他的框架概念发想之心理学取向意义重大,对经济学、心理学研究的展望理论、启动效应等后续研究均有贡献,也对传播学领域的传者框架、阅听人框架等个体框架研究"极具启发"(Scheufele,1999)。

　　为厘清框架概念、理论的意涵,本书(见图 1-1)对框架现象的追溯至著名政论记者沃尔特·李普曼(1922)以探照灯借喻新闻业框架功能,以及发生在第二次世界大战前后、最接近广义框架效果的战争传播研究(Hovland,1953)。

　　在 1970 年代起的发达国家与第三世界的国际新闻战中,领土、话语权、意识形态等多元争夺战在看得见与看不见的各种战场上此起彼伏,大众媒介新闻框架的竞争合作及其相关研究随之轰轰烈烈展开。进入 1990 年代,地球村和网络传播时代的到来使框架研究从线下蔓延至在线,从大众延伸至分众。

　　应对分众网络时代的框架研究多元化趋势,本研究试图区隔出社会学、心理学、多学科、文化等四个取径,描绘出"泛—窄—泛"的喇叭形三代发展模型(见图 1-2 虚线)。

　　第一代(1955—1978)即《一个关于游戏与幻想的理论》(Bateson,1955)一文发想框架概念时,枚举案例涉及且不拘泥于地图、猫、猴、戏剧、幻想、威胁、心理治疗等,主张天地万物皆为主体、皆有框架,是典型的泛化框架概念。

　　第二代(1980—1999)自 20 世纪八九十年代进入传播学研究领域后(如图 1-2 黑框所指部分),窄化成媒体框架效果研究领域,框架分析法一度被误等于内容分析法。其实二者不同。内容分析是先有类目再作归类的实证主义取径,框架分析尤其是论述分析是发掘文本背后意涵的建构主义的产物,故而把框架论述等同于内容分析其实是对框架概念的误读。

　　第三代始于 2000 年左右东游至中国传播学界,同时进入新媒体时代。从消息来源角力场的角度,公众框架、在线框架、公共碎域框架、政府框架等多样化主体框架出现,倒推框架研究从窄化回归到泛化。从专业新闻产制及分发角度,原本在传播过程中的"传播者"(communicator)、"文本"(text)、"接收者"(receiver)、"文化"(culture)等四个位置的框架(Entman,1993,pp. 52-53),也可以因数据新闻时代算法分发新闻产品的到来而衍生出"分发框架"这第五个位置,而令框架现象和研究更加泛化。

　　综上,这一路走来硝烟弥漫的不只框架理论研究,还有框架应用研究。尤其将应用研究时间跨度切分成第二次世界大战(1935—1945)、发达国家与第三世界的国际新闻战(1970 年代—1990 年代)、地球村和网络传播时代(1990 年代—)等三个时代后发现,有形的无形的框架竞争、直接的间接的框架研究几乎

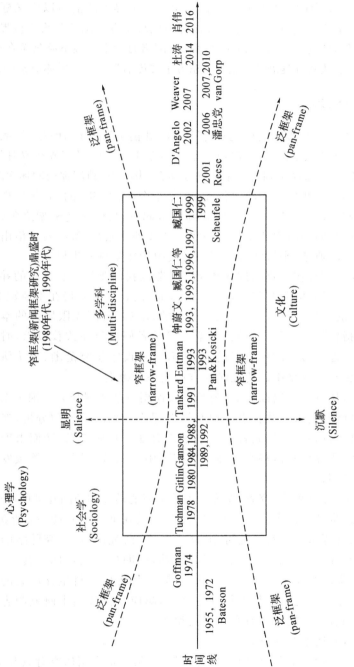

图1-2　媒介框架研究学科取径"泛—窄—泛"喇叭模型

贯穿了历次时代革命的各个战场。不论是第二次世界大战前后以广义框架效果做战争传播研究,还是在 1970 年代起国际新闻战中发达国家与第三世界媒体框架的竞争合作,抑或 1990 年代以来地球村和网络时代中从线下蔓延至在线、从大众延伸至分众、从西方英语学界旅行到东方中文传播学界的新媒体框架研究。

三、章节安排

我们一度以"向框架理论史之迷雾森林深处前去"之行动展望,封缄前言"框中世界",跃跃欲试于框架研究的回顾,寄希望于"迷雾深处"或有岁月静好。未曾想这一路探索,却穿越到另一个空气骚动、众声喧哗、硝烟弥漫的迷途险境。

在迷宫的入口,我们试图将纵深 1955 年至今(2023 年)的 68 年历史长河切割成"泛—窄—泛"三代发展模型,解锁叙事起点之谜、窄泛框架之争、寻找沉默者等迷思,观照跨时空西学东渐的华人传播理论旅行,最终希冀借由整合框架理论"破碎的典范"来激活分众网络时代中传播学科的生机。

如是研究筹划存在多重的挑战和企图。盖因我们要处理和分析的并非静态的、封闭的、完成时的公共叙事,而是一个动态的、开放的、仍在不断嬗变的、公私界限模糊的历史进行时。一方面,从开放、动态、时间无限属性的本体论层面考虑,系指框架理论仍在发展,框架专研学者们也仍在孜孜以求,时间公正地、不容置疑地以自己的步伐向前,令所有试图设定研究范围、辨认研究内容、并辐射至更宽广脉络中的传统研究方法论举步维艰。

另一方面,从方法论层面考虑,公私界限模糊将削弱解释力。因本书的问题意识来自对已经进入公共叙事的现有框架理论文献的整理和分析,然而文献本身无法自问自答。若研究者本人出于信效度互验的考虑,转而求助自主性更强的他者(研究者)时,势必面临个体叙事中私领域经历与公领域发表之相反方向的讨论张力。

上述悖论,兼之他者(研究者)作为人类的主观能动性和访问互动的或然性,注定了本研究之向迷宫行或是一趟冒险之旅,可能满载而归,也可能一无所获。

为最大限度尊重和应对研究筹划、研究范围、研究内容、研究脉络的高度不确定性,本研究在正式展开文献探讨之旅前,拟明确三大目标。其一,建构一组足可探察本研究职志的构念与方法。其二,从传播学科生存攸关的高度俯瞰上述构念方法的适切性与可行性。其三,响应过往涉猎本研究职志的书写与叙事之相关讨论,提出本研究的观点和理论主张。

围绕目标,简述章节安排如下。

第一编"理论嬗变篇"由前四章合集。其中,第一章介绍研究背景和动机,分析国内外传播学界框架研究总体状况,规划写作布局。第一节,从常人哲学、学理概念、学术理论的生长演进时间线,回顾框架理论作为一个实用的好理论,如何从虚无生长到繁荣,成了"最好的时代"。第二节,从理论探讨、应用研究两个面向分析框架研究如何因典范破碎而怪现状迭出,跌落至"最坏的年代"。第三节,提炼叙事起点之谜、窄泛框架之争、寻找沉默者等三个问题意识,划定1955年至今(2020年)的65年理论史为研究跨度,探讨研究筹划的挑战和企图,最终明确应对策略、目标及章节安排。

第二、三、四章文献探讨,追根溯源框架理论的典范变迁,从定义争鸣、华人本土化、典范转移三类数据勾连问题意识的对话场域。首先,对中西方学术社群的十一个框架定义争鸣展开比较分析,揭示其演变的过程和规律,将文献重心过渡到中文框架研究。接着,以历史重演的方式再现框架理论在大陆、台湾、香港、澳门等地旅行的本土化过程之异同。继而,先重读框架理论典范破碎之说的原典论文,再厘清典范概念及典范转移之路,最后分别考察社会科学、传播学科、框架理论的典范群像,省思框架理论如何/能否成为传播学科研究典范,反哺并破局社会科学典范破碎之现状。最后,小结文献梗概,将研究切分成框架研究之历史脉络、典范变迁以及中文框架研究等三大谱系,延伸后设世界观、方法论以及未竟之问之谜,以更周全检视研究。

第二编"落地扩散篇"的第五章研究方法,明确采纳"生命故事访谈"研究工具箱。第一节,方法论考虑,树立本书研究职志为补遗框架理论在华研究之旅的集体记忆,提出寻找后设理论提议者之省思,分析方法论面临何种挑战。第二节,研究总设计,采用质性叙事取径的"生命故事访谈"研究工具箱,以"半结构式深度访问"组合"生命故事"个案的故事化故事策略,遴选"关键研究者"作为精英个案。第三节,执行步骤,按计划访谈、正式访谈、诠释访谈三个步骤展开拟订访问题纲、进行前导性预测、立意抽样关键研究者、提前呈送提纲和访谈同意书、展开访谈等绘制记忆九部曲。

第六、七章探讨研究发现,将搜集到的资料缮誊成访谈逐字稿、研究生命故事自传的形式,付之理论诠释,书写符合信效度检验和研究伦理的研究发现。

第三编"典范反思篇"中的第八、九、十章依次反思脉络、反思理论、反思研究,是去芜存菁集大成的部分,我们试图在满足"寻根"情怀的基础上"种树",整合建构广大、细微、简而美、富于解释力和统摄性的框架理论新典范,同时开展理论的旅行、访问伦理、叙事传播、学术写作等后设探讨,补足未竟省思。

这注定是一趟冒险之旅。这也注定是一个艰巨的任务。而现在,我们就要出发。

第二章　定义的钟摆：
在理论化与操作化之间

— 我们并非先看见而后定义，而是先定义而后看见（Lippmann，1922，p. 33）。

— 框架是信息背后的解释原则（Bateson，1954，March；1955；1972）。

— 框架是选择和强调（Entman，1993）。

　　本书对古人、今人的研究等量齐观，对相同、相异的观点一视同仁，对纳入在场的所有学者都给予同样的尊重。"恰恰是因为我尊重你"才会"在如此多的文章里"选中你、凝视你、批评你，换言之，"如果我不尊重你，我看你的文章干什么呢？"如果不论在学术会议还是学术论文中都不能讨论，一讨论"就会伤感情"，那只说明了人们从一开始就只是"把写论文看做是表演，而非看做是探索真理的活动"（王晓升，2016，页16）。本着求索真理、解决问题的目的，本章将秉持平等、尊重原则展开文献探讨。

　　概念的界定是所有研究的逻辑起点。李普曼早在百年前就已洞见到常人需"先定义而后看见"（Lippmann，1922，p. 33），研究者也总是先"定义"好概念而后"看见"研究对象。然而，所有框架研究者面临的第一个谜题是，捉摸不定到底"什么是框架"。

第一节　中西方学术社群的十一个框架定义

　　概念本身在变，概念定义者的世界观和方法论也在变，以致于大多数概念都逃不掉"位移和转换"的轨迹（Foucault，1969/谢强、马月译，2003，页 3）。为呈现定义的传承、嬗变发展规律，也为避免误读误传作者原意，我们按时间先后（而非引用率高低）来排序定义，并以直接引述为主的方式呈现定义原文。

一、"二八法则"：西方英语学界的八种高频引用框架定义

诚如一千个读者心目中有一千个莎翁的哈姆雷特，每个学者对框架的定义也各不相同。约尔格·马瑟斯（Matthes，2009）采内容分析法，针对 1990 到 2005 年间的 15 种国际传播学旗舰期刊的 131 篇媒体框架研究（media framing studies）进行系统分析，发现传播学界 80％以上的媒体框架研究引用率最高的是 Entman（1993，2004）的定义，占全部引用率的 28.7％，Gamson 的定义（Gamson & Modigliani，1987，1989；Gamson，1992）以 20.2％引用率紧随其后。

吉特林（Gitlin，1980）的定义以 11.8％的引用率屈居第三。另外五个定义的引用率均为个位数，分别是艾英格（Ivengar）（6.2％）、塞梅特科（Semetko）& 瓦肯伯格（Valkenburg）（5.1％）、戈夫曼（Goffman）（4.5％）、卡佩拉（Cappella）& 贾米森（Jamieson）（3.9％）、坦卡德（Tankard）（2.2％）等。未入围前八的其他定义引用率占 17.4％，不足 20％。可见定义的引用率基本遵循"二八法则"，即接近 20％的作者创造 80％的引用率。

（一）戈夫曼（Goffman，1974）："人们或组织对事件的主观解释与思考结构"

"框架是指导事件（尤其是社会事件）的经验的组织。"（Goffman，1974，pp.10-11）（注：括号内文字系本书为便于阅读理解所加，下同）

"……'框架分析'是一句箴言（slogan），指的是对经验的组织之观察。"（Goffman，1974，p.11）

"每个人都经由主要框架得以定位（locate）、感知（perceive）、识别（identify）和标签（label）看似无穷多的具体事件。人们很可能不知道框架有这样的组织的功能……"（Goffman，1974，p.21）

"'主要框架（primary framework）'将场景中无意义的一部分渲染成有意义的东西。"（Goffman，1974，pp.21，79）

"框架过程可分解成'固定''调音''音调''逆换性''复印'等多

种机制"(Goffman，1974，pp.47，79)。

"我们西方社会中的个体认识特定事件时，都会倾向于在这个反应中(并且实际上使用)隐含一种或多种诠释框架或基模(frameworks or schemata of interpretation)……框架既源自个体过去的经验，又受到社会文化的影响。"(Goffman，1974，pp.21，47，79)

(二)吉特林(Gitlin，1980)："框架是打包信息的设备，是选择、强调、排斥的持久模式"

"框架是便于记者组织大量信息并将其有效地打包给受众的设备。"(Gitlin，1980，p.7)

"框架是认知(cognition)、解释(interpretation)和表达(presentation)，选择(selection)、强调(emphasis)和排斥(exclusion)的持久模式(persistent patterns)。"(Gitlin，1980，p.7)

"框架为记者和他们的阅听人组织信息。"(Gitlin，1980，p.7)

(三)甘姆森(Gamson，1989)："框架是中心思想，是诠释包裹"

"框架是使事件变得有意义(making sense of relevant)的中心思想(central organizing idea)，能提示人们(事件中)有什么议题。"(Gamson，1989，p.157)

"框架是赋议题予意义的'诠释包裹'(interpretative package)。包裹的核心是'一个中心思想或框架，用于理解相关事件，提出问题所在。'"(Gamson & Modigliani，1989，p.3)

"以核能发电事件中的'进步框架'为例，该框架的中心思想是抵制技术进步的紧张的人们只看到问题并忽视其中的好处。对核能的抵抗是这种对进步和变革的非理性恐惧的最新版本……发展核电的失败将阻碍我们的经济增长，使我们违背我们对穷人和子孙后代的义务。"(Gamson & Modigliani，1989，p.4)

(四)艾英格(Ivengar，1991)："框架是通过强调凸显重要性的微妙选择"

"框架是媒体通过强调某个现象的特定原因，进而使议题的某些方面显得更重要的微妙选择。"(Ivengar，1991，p.11)

（五）坦卡德等人（Tankard，et al.，1991）："框架是选择、强调、排除、详述新闻内容的中心思想"

"框架是新闻内容文本的中心思想（central organizing idea），通过选择（selection）、强调（emphasis）、排除（exclusion）、详述（elaboration）来提示议题是什么。"（Tankard，et al.，1991；转引自Tankard，2001，p. 100）①

"（上述定义源自）1990年春天，我教一门研究型专题讨论课，聚焦于框架概念的概念化（conceptualization）和测量方法（measurement）。在以往文献的基础上，研究小组提出了我们自己对框架的理论定义是'新闻内容文本的中心思想''通过选择、强调、排除、详述来提示议题是什么'。（与过往文献不同的是）我们加入了'详述（elaboration）'这个创新，以更好包容框架建构过程。"（Tankard，2001，p. 100）

（六）恩特曼（Entman，1993）："框架是选择和强调（salience/highlighting）"②

"本质上，框架包含'选择（selection）'和'强调（salience）'。"（Entman，1993，p. 52）

"框架……是选择所感知到的现实的某些方面，在传播文本中强调它们，通过这样的方式去促成一个特定问题的独有定义、因果诠释、道德评价以及对策建议。"（Entman，1993，p. 52）

"框架在传播过程中至少有四个定位：传播者（communicator），

---

① 该定义出自坦卡德（Tankard）等人在 AEJMC 年会（Boston，1991）上宣读的会议论文《媒介框架：概念化与操作化路径》（Media frames: Approaches to conceptualization and measurement）（Tankard，et al.，1991）。10 年后，坦卡德从经验研究路径再思框架理论，撰写论文《媒介框架研究的经验路径》（The empirical approach to the study of media framing），收录于专书集《框架公共生活：媒体和我们理解的社会世界》（Framing public life: Perspectives on media and our understanding of the social world）第四章。值得一提的是，坦卡德主笔的 1991 年会议论文"引用率很高但并未公开出版过"（unpublished but widely cited）（Tankard，2001，p. 100）。以致近 30 年来，包括本书作者在内的很多读者未能一睹原文。好在坦卡德曾在《媒介框架研究的经验路径》（2001）文中回顾引述《媒介框架：概念化路径》（1991）所作定义，令有遗珠之憾的读者得以管中窥豹。见 Reese, Gandy & Grant（Eds.），2001，pp. 95-106.

② 恩特曼在文中先后采"salience"和"highlighting"来表意"强调"，二者同义，区别仅在前者是名词，后者兼有动词和动名词动态化效果，其区别接近"frame"和"framing"。见 Entman，1993，p. 52-53.

文本(text)、接收者(receiver)、文化(culture)。其中,'传播者'会受自身信念系统指导下的'框架(通常也叫'基模')的指引,有意识或无意识地'框架'决定说什么。① '文本'包含框架,通过使用或不使用一定的关键词(key words)、库存词汇(stock phrases)、刻板形象(stereotyped images)、消息来源(sources of information)、句子(sentences),强调事实或判断的主题集群(thematically…cluster)。指导'接受者'思考和下结论的框架,与前述的文本框架和传播者框架有可能一致,也有可能并不一致。'文化'是通常被援引的框架的存量。事实上,文化可以定义为能够展示在社会群体中大多数人的话语和思考的普遍框架的经验证明设置(empirically demonstrable set of common frames)。以上四个定位中的框架包含相似的功能:选择(selection)和强调(highlighting),其中,强调元素的使用,能够建构对某些问题及其因果、评估、对策的论述'。"(Entman,1993,pp.52-53)

(七)卡佩拉、贾米森(Cappella & Jamieson,1997):"框架是与新闻环境一致的部分"

"新闻框架是新闻报道中能够改变主题阐释的修辞和格式选择,能被可靠地识别且连续使用……新闻框架是与新闻环境一致的部分。"(Cappella & Jamieson,1997,pp.39-40)

(八)瓦肖伯格、塞梅特科、德·弗雷斯(Valkenburg,Semetko & de Vreese,1999):"框架是创作故事的特定方式"

"媒介框架是记者通过创作(compose)新闻故事来操弄阅听人可及信息(optimize audience accessibility)的特定方式。"(Valkenburg,Semetko & de Vreese,1999,p.550)

二、新"二八法则":大陆传播学界的十个高频引用框架定义

与上述国外研究(Matthes,2009)内容分析结论揭露的,约20%的学者创

---

① 本句中第一个"框架"是名词,第二个"框架"是动词。如前文所述,为简化表述,不再以"架构""构架"替代作为名词的"框架",也不再以"架构""框架化"代替过程性的、动态的动词"框架"。故而名词、动词均可合一为"框架"。

造 82.6％的定义引用率之"二八法则"不同，来自华人传播研究社群的框架专研学者创造了新的"二八法则"，即概念起源学者、华人学者这两类定义者占据了 80％以上的引用市场。

迄今未有专门针对台湾、香港、澳门等地中文传播学界的框架研究内容分析。已有研究对大陆传播学界的 577 篇框架理论相关研究的综合期刊论文和学位论文展开内容分析（郭冬阳，2014，页 31）发现，自 1999 至 2015 年期间，创造 80％以上引用率的定义分别来自概念起源学者（Goffman，Bateson）、华人学者（臧国仁、潘忠党）这两种类型，其中 Goffman（1974）的社会学取径定义以高达 58.6％引用率占据半壁以上江山。

自第二名起的定义引用率分别出自：甘姆森（Gamson，1989）（39.9％）、臧国仁（1999）（31.5％）、贝特森（Bateson，1955）（26.3％）、恩特曼（Entman，1993）（26.0％）、吉特林（Gitlin，1980）（25.1％）、坦卡德（Tankard，et al.，1991）（9.0％）、潘忠党（2006）（7.1％）、艾英格（Iyengar，1991）（4.2％）、卡佩拉和贾米森（Cappella ＆ Jamieson，1997）（3.3％）、瓦肯伯格等人（Valkenburg，et al.，1999）（2.9％）。

为避免与前述西方定义重复，下文仅按发表时间顺序列举新增的贝特森、臧国仁、潘忠党等三个定义。

（一）贝特森（Bateson，1954，March /1955/1972）："框架是信息背后的解释原则"

"框架是隐藏在（信息）背后的解释的原则。"（Bateson，1954，March，1955/1972，p.189）

"每一个'后设传播'信息就是一个心理框架。"（Bateson，1954，March，1955/1972，p.194）

"所谓框架，或似是而非之处……存在于三种类型的信息：一是感官讯号信息，二是伪装（simulate）成感官讯号的其他信息，三是（作为解释的原则）区分上述两类信息的第三类信息。第三类信息正是框架。"（Bateson，1954，March；1955/1972，p.195）

（二）臧国仁（1999）："新闻媒体或新闻工作者个人处理意义讯息时所依赖的思考基模，也是解释外在事务的基本结构"

"框架是……人们或组织对事件的主观解释与思考结构。"（Goffman，1974；转引自臧国仁，1999，页 3）

"新闻(媒介)框架是……新闻媒体或新闻工作者个人处理意义讯息时所依赖的思考基模,也是解释外在事务的基本结构。"(臧国仁,1999,页108)

"框架这个概念似乎既是动词,也是名词。不同真实之间的转换(或是再现的过程),可谓就是框限(动词)真实的历程,而其后所形成的产物,就成了真实的框架(名词),而在每一种真实的框架(名词)中,都有类似结构,分别由高层(global)、中层以及低层(local)环节组成。而在真实转换(动词)的历程中,则又包含了框架的基本机制,包括选择与重组两者。"(臧国仁,1999,页34)

"在框架的形成过程(或称机制)方面,'选择'与'重组'可视为展现真实的最重要手段。选择机制包含排除作用,显示了对事件的分类效果。重组机制则包括排序,显示对事件强调的部分。"(臧国仁,1999,页51)

"框架概念似可视为是一种由具体到抽象的思考过程,或是由抽象到具体的操作化途径。在框架(动词)一事件的动作中,人们或组织以语言形式发展出各种修辞或譬喻手法,并经选择与重组机制,表达对事物意义的重视程度,因而累积成为独有的价值观或意识形态。"(臧国仁,1999,页51)

(三)潘忠党(2006):"架构(动态框架)是以话语方式展开的社会建构过程"

"将'frame'译作'架构'的最主要原因是,在英语文献中,'frame'这个概念既作名词,也作动词。作为一个名词,以'框架'表示颇为恰当;作为一个动词,frame表达的是以话语方式展开的社会建构过程,'框架'一词显得过于静止,缺乏应有的动态和容量,因此,我采用'架构',并用'架构分析'来指代整个的研究领域,以突出社会建构主义的元理论(meta-theoretical)取向。"(潘忠党,2006,页44)

"架构分析(framing analysis)是一个关于人们在建构社会现实中如何交往的研究领域,为研究我们如何展开公共生活,提供了一个动态的整体考察'思''言''行'的思路。"(潘忠党,2006,页17)

"架构分析就是考察人们如何展开公共生活,它是在广义的政治传播研究领域内研究商议民主(deliberative democracy)①的一种重要分析手段。"(潘忠党,2006,页22)

三、结语:始于戈夫曼的随性?

承上英文、中文学界对框架的不同高频引用排名显示,自20世纪中叶至今,中西方社会科学界不同学者尽管都使用着"框架"(frame/framework)、"框架化/架构"(framing)、"框架分析/架构分析"(framing analysis)等多个称呼相似概念,却只是各行其是地定义、表达着"并非同一涵义"的框架,践行着各自理解的框架研究。

框架概念的扑朔迷离,或肇始于戈夫曼的随性。他的全世界第一本框架学理专著《框架分析:经验组织论》(Goffman,1974)止步于"描述"而非定义,仅将框架视为"一种新的理论视角与方法"而"并没有建构起清晰的理论范式",这在很大程度上为后来学者"对框架概念的随意性解释留下了空间"。该书(《框架分析:经验组织论》)出版后,整个美国学界跟风戈夫曼做框架研究,到了"几乎言必称框架"的地步,却始终无人对框架概念"作学理性的界定",更勿论对其"演变的历史过程进行考察"(刘强,2015,页20-21)。

第二节　框架定义演变的理论化与操作化争鸣

本章开篇提及定义与研究取径紧密关联,这在上述十一个中西方传播学界高频引用的框架定义嬗变中得到验证。我们发现,多如牛毛的框架定义绝大多数都没有说清楚框架的本质而只概括了框架的特征、功能,以致于传播学者们的取舍原则通常集中在"理论化(theoretical)"和"操作化(operational)"两种取径之间摇摆(Matthes,2009,p.349)。

一、源头优先:走在前列的理论化定义

全部定义中最"理论化"、最不具"操作化"特性的,当属领衔时间线起点的

---

① 不同于潘忠党"商议民主"的译法,亦有中国学者(陈家刚,2004)将"deliberative democracy"译为"协商民主"。潘忠党称,他译为"商议"是为了突出规范理论意义上的要求,即"deliberation"不应当包括遵循非"交往理性"原则的相互妥协和讨价还价,强调的是尤尔根·哈贝马斯(Jürgen Habermas)意义上的交往行动为基本模式的探讨。见潘忠党,2006,页45。

人类学家贝特森（Bateson，1955）"框架是信息背后的解释原则"以及社会学家戈夫曼（Goffman，1974）"框架是'经验的组织'和'诠释的基模'"。尽管戈夫曼借用了贝特森的框架概念，亦提出"主要框架"相关概念以及"固定""调音""音调""逆换性""复印"等多种框架机制（pp. 21，47，79），但他们二人对框架的解释呈"描述性"，且更倾向于视框架为"一种新的理论视角与方法"而非精准定义的中层理论（刘强，2015，页21）。总而言之，贝特森、戈夫曼的各自定义与传播学科测量新闻框架所需的操作化概念均仍有一段距离。

在中国传播学界，前十框架定义引用率入围名单与国外研究（Matthes，2009）大同小异，除了上述臧国仁（1999）、潘忠党（2006）两位学者的当然入围以及框架概念发想者、人类学家贝特森的入围。个中原因之一，据研究者猜测，贝特森、戈夫曼两位源头学者的双双入围，或与国内学者"在框架定义及理论整合方面缺少共识""对不同研究选用何种概念仍不甚清晰"有关，以致于在相当多的情况下需要回到贝特森的初始论述（郭冬阳，2014，页31）。原因之二或与传播思想史研究风靡大陆学界多年有关，诸多同名译介论文（刘蒙之，2009；段善策，2010）令贝特森的框架概念思想渐受瞩目。

由于两位源头学者的定义在前文多有涉及，此处不再赘述。

二、操作化定义之最：为什么是"选择—强调"？

具体的框架操作策略始于政治传播学者托德·吉特林（Todd Gitlin）。吉特林自1960年代起就投身美国左翼政治活动，自1970年代起从事社会学、新闻学的研究与教学工作。身处传播学科的专业敏感，使吉特林自然而然从信息传播和新闻生产的视角界定框架的过程，并将其分解成"选择""强调""排斥"等三类框架机制（Gitlin，1980，p. 7）。

从吉特林（Gitlin，1980）三机制出发，后来的框架专研学者有"三选一"只认可"强调"机制（Ivengar，1991），有"三加一"额外添上"详述"而扩充成"选择""强调""排斥""详述"机制（Tankard，et al.，1991），也有折中成"选择""强调"双机制（Entman，1993）。

历数这段加加减减的嬗变机制，以恩特曼（Entman，1993）的"选择"和"强调"机制出现得最晚，也最有集大成的概括力。

（一）机制概括力最强

毕竟，"选择"本身就包含了"排斥"，"强调"手法通常也通过"详述"来实现，恩特曼的两词组定义言简意赅，可谓"一石二鸟""两词四用"。

　　同样以"两词四用"提炼框架机制的还有台湾学者臧国仁(1999)。有别于恩特曼(Entman,1993)的"选择"和"强调"双机制,臧氏的双机制是"选择"和"重组"(页34)。这其中,臧氏对"选择"的选择初衷显然与恩特曼一致,即认为"选择"机制包含排除作用而显示了对事件的分类效果。不同之处在于,臧氏还认为"重组"机制包括排序而显示对事件强调的部分,而没有继续采用恩特曼的"强调"机制(臧国仁,1999,页51)。

　　两年后,坦卡德(Tankard,2001)发表框架后设研究新论,将框架模拟隐喻为"画框"(picture frame),且具三类功能,一为选择一部分而排除其他部分的"截片"(strip)功能,二为因观看图画的解释和呈现而产生不同感觉的"调色"(tone)功能,三为按照一定顺序对内部元素进行重组的"建筑"(architecture)功能(p.98)。

　　若将臧氏的"选择"与"重组"双机制对号入座,显而易见,坦卡德"画框"隐喻三大功能中的"截片""建筑"功能分别能够对应到臧氏的"选择""重组"机制中,唯"调色"功能落空对应。相较之下,还是恩特曼(Entman,1993,p.52)的操作化机制"选择"与"强调"更周全,在臧氏机制中无法体现的"调色"隐喻在恩特曼机制的"强调"中得以彰显。

　　(二)定义引用率最高

　　也正因此,恩特曼(Entman,1993,p.52)的操作化定义"框架本质上是选择和强调"成为自1990到2005年间西方英语主流传播学界"引用率最高的框架定义"(Matthes,2009)。与此同时,该定义遭到迪·安格洛(D'Angelo,2002)质疑"过于操作化而缺乏理论内涵""过于倚赖库恩(Kuhn)的'典范'语境"而"阻碍了对框架研究的精确理解"(p.871)。

　　持窄框架论的学者如舍费勒(Scheufele,1999)也曾批判恩特曼定义根本是错误的。这是因为,不同于窄框架论视框架为"对同一个信息的不同表述",恩特曼定义的"框架即选择和强调"意味着对原信息的切割,使不同框架主体各自强调不同的信息碎片(而非完整同一的原信息),进而导向两种截然不同的框架研究取径(Liang,2014;Cacciatore,Scheufele & Iyengar,2016)。尽管备受诟病,恩特曼(Entman,1993)定义仍在众多定义的引用率中独占鳌头,成为引用率之王。原因何在?

　　首先,如上所述,恩特曼定义的"选择"与"强调"双机制对框架操作性的概括力最强。其次,恩特曼系统阐述了框架思想体系。与其他学者仅仅给出定义不同,恩特曼除了借由定义指出框架即功能和策略(即"选择"和"强调")外,还在《框架化:澄清破碎的典范》(1993)一文论述展开框架能够建构对某些问题的"独有定义""因果诠释""道德评价"以及"对策建议"，传播过程中至少有"传播者""文本""接收者""文化"等四个框架定位（pp.52-53）。

尽管后来学者（如 Scheufele，1999；D'Angelo，2002）对恩特曼的概念界定和理论建构存在诸多歧议，但无可否认其思想脉络的清晰性和完整性。换言之，若要批判必先引用之，学术对话的规范性和仪式感"倒逼"（按："倒逼"指逆向促使之意）了恩特曼定义引用率的水涨船高。

再次，恩特曼作为专研学者在媒介框架研究中的里程碑地位。恩特曼不仅是国际传播学界第一篇反思框架理论的期刊论文《框架化：澄清破碎的典范》的作者，且自 1991 年迄今 30 年来不断反思、修正其框架后设理论思想，同时运用多元的框架分析法对空难事件、"9·11"事件、对外政策等重要议题进行个案研究，源源不断发表研究成果（1991，1993，2003，2004，2007，2010；Entman & Rojecki，1993；Entman & Page，1994；Entman，Matthes & Pellicano，2009；Entman & Usher，2018）。

在恩特曼的 30 年框架研究成果中，关于框架的操作化定义和系统的框架思想，指陈框架研究的"典范破碎"和"概念分散"问题，呼吁框架研究迫切需要"概念和方法上的可交流性"和"研究典范的澄清和规范"，以及针对新媒体和碎片化民主世代提出"瀑布式模型（cascade model）""喷泉式激活模型（cascading activation model）"（2003）等与时俱进的新型理论建构，至今仍是引用率最高、影响力最大框架研究经典文献，引起讨论经久不衰至今。

三、中国本土化的创新与挑战

经由前文爬梳框架定义在中西方的 60 多年演变，我们已经结论，框架定义的钟摆通常在理论化与操作化之间循环，且在跨文化和跨语言旅行时遵从本土接近性规律。

（一）中国学者当然入围与"同词不同性"

臧国仁（1999）、潘忠党（2006）两位中国学者入围华语传播学界框架定义引用率前十，毫不违和。毕竟对于中文学术社群而言，本土背景学者、中文母语写作的双重优势正好契合文化、语言的接近性原则，留美读博的经历有益于补足研究视野的国际化、提高研究成果质量，由此吸引众多引用者并不足为奇。

在理论视野上，臧国仁（1999）"人们或组织对事件的主观解释与思考结构"的框架定义较为全面和中观，兼顾认知心理学和社会建构论。潘忠党

（2006）"架构（动态框架）是以话语方式展开的社会建构过程"的框架定义更偏向社会学取径、更具功能视角、也更动态化。

在理论建构上，潘忠党（2006）表示"清楚自己的局限"而没有将此作为目标（页37）。臧国仁（1999）则在整个1990年代均致力于新闻框架的基础理论探索，提出"高层""中层"以及"低层"环节组成的真实转换框架（动词）历程，以及"选择"与"重组"双机制。

在遣词用句上，臧氏和潘氏不约而同地关注到中文翻译的词性问题。他们认同英文里的框架"既是动词，也是名词"（臧国仁，1999，页34；潘忠党，2006，页44）。作为动词的框架指"不同真实之间的转换（或是再现的过程）""框限（动词）真实的历程"（臧国仁，1999，页34），或"以话语方式展开的社会建构过程"（潘忠党，2006，页44）。作为名词的框架是动态过程后的结果，即"框限（动词）真实之后所形成的产物"（臧国仁，1999，页34）。简而言之，名词（frame）指已经形成的框架，动词（framing）指框架形成的过程。

但两位学者对"同词不同性"处理办法并不相同。臧国仁（1999）尊重中文学术社群原有传统，仅在原词处以括号符号标注词性作补充说明。潘忠党（2006）则剑走偏锋，认为作为名词的框架显得"过于静止，缺乏应有的动态和容量"，转而采"框架"和"架构"分别对应英文的"frame"和"framing"，分别指代作为动词的框架、整个的框架分析研究领域，以区分不同语境中的动态框架过程和静态框架效果。与潘氏"架构"一说相近，亦有学者采"结构"（郑为元，1992）、"构形化"①（周翔，2008.06.28）、"框架化"（刘强，2015）等替代译法。

（二）跨越孤岛"图破壁"：求而不得，还是镜花水月？②

前文还结论，尽管不同框架专研者站在不同的理论视角提出各自的理解和定义，或理论化或操作化，但几乎所有框架专研者对整合"分散的概念"和

---

① "构形化"出自汕头大学教授周翔所著英文论文《文化维度和中国互联网的构形化》（Cultural Dimensions and Framing the Internet in China: A cross-cultural study of newspapers' coverage in Hong Kong, Singapore, the US and the UK）（Zhou，2008）的中译版。论文英文原版由作者的研究生译成中文、作者本人校对后，刊载于"中国网络文学联盟"网站，见：周翔，2008.06.28。

② "图破壁"以及下文的"面壁十年"典故，来自中华人民共和国总理周恩来于1917年东渡日本时所作诗《无题》，全文四句"大江歌罢掉头东，邃密群科济世穷。面壁十年图破壁，难酬蹈海亦英雄"。意指：唱完了苏轼的《念奴娇·赤壁怀古》就掉头东去日本留学，精深严密的多种科学能够拯救世上的穷困。秉承着达摩在山洞里面壁十年默默修禅的刻苦精神，我希望自己在十年寒窗后也能努力达到如巨龙破壁腾飞的境界（按：相传，南朝金陵安乐寺的壁画上的四条无眼龙，经由著名画家张僧繇为之点睛后，竟能破壁而出，腾空飞走），学成回国干一番事业。假使壮志难酬，至少也已出国寻求过真理，也称得上是一种英雄行为。

"破碎的典范"的艰辛工程知难而退。即便是提出"分散的概念"和"破碎的典范"原创性说法的恩特曼（Entman，1993），也仅止步于振臂呼吁而怯于亲力亲为。10 年后，迪·安格洛（D'Angelo，2002）试图以"多典范研究问题"去解构恩特曼的"整合典范说"，却迄今应和者寥寥。

在中国传播学界，潘忠党（2006）亦坦言有自知之明而却步，承认跨越孤岛、整合碎片、建构终极理论"绝非易事"：

> "目前运用架构分析语汇的学者，主要在自己熟悉的领域内孤立耕耘，倘若跨越这些孤岛，我们就会发现他们在做相互补充、丰富的研究。看到这一点只是第一步，要将此认识表达成为一个逻辑一致、结构简约、具有解释或诠释能力的理论，绝非易事。我清楚自己的局限，所以没有将此作为写作本文的目标。"（潘忠党，2006，页 37）

大陆有青年学者"面壁十年"框架理论梳理整合工程，最终却"图破壁"而不能：

> "笔者不奢求在研究过程中有重要的突破和创新，仅就框架理论进行学术梳理和整合，就国内框架研究的现状来看，也会有不小的价值。但是，框架理论的复杂性和多元性令研究的进展较为缓慢。笔者曾于 2006 年和 2008 年两次尝试对框架理论的起源与发展进行全面梳理和探讨，都因为研究所需涉及的知识广度和理论深度而萌生退意。"（杜涛，2014，页 7）

这种溢于言表的畏难情绪究竟是求而不得的自谦，还是对镜花水月的狐疑呢？前者是一个方法论的问题，后者是一个存在论的问题，二者根本区别在于是否认同框架定义存在最终解释。回顾马瑟斯（Matthes，2009）、郭冬阳（2014）分别统计自 1990 到 2005 的 15 年间西方英语主流传播学界、自 1999 至 2015 的 15 年间的大陆中文传播学界的框架研究状况，二者均未得出终结性的定义。

如今又一个 15 年、又一个 5 年过去了。在众声喧哗、百花齐放的框架研究流派中，本书得从采认何种译法、概念及机制作为研究的逻辑起点？

第三节　本书采认的译法、机制及概念

一、本书采纳翻译："框架"

本书对以"架构""结构""构形化""框架化"翻译"frame"一词的动名词形态"framing"持审慎态度。其一，从语法观之，英文原典中的"frame"和"framing"同根同源，在表义上一脉相承，分别代表静态的框架效果和动态的框架过程和框架分析方法。

而中文"框架"一词具动词、（动）名词双重词性，足可囊括"frame"（框架［名词]）、"framing"（框架化［动词]）等双重词性，不同语境中的不同词性对于具一定中文素养的阅听人并不难辨认。对照其他动名词译法，仅"框架化"与"框架"同一词源，而"架构""结构""构形化"系出其他词源，容易使人误会与"框架"原生概念及派生概念无甚关联，也容易造成理解上、使用上的混乱。

其二，就使用规律与转译逻辑观之，"框架化"译法听似合理，但在实际书写中几乎无人会用"框架化分析"替代"框架分析"，也从未以"框架化"替代动词词性的"框架"［动词]而用之。因此，在"框架"兼具名词和动名词双重词性的前提下，"框架化"译法多此一举。

至于"架构""结构""构形化"等其他译法的应用从普及率来看仍仅属一家之言。诸译者没有解释译法与"框架"的关系，也未说明为何如此翻译，以致于难逃"脱离原创者的本意随意生造概念"和"自说自话"之咎，最终给框架理论研究造成"很大的歧义"与"混乱"（刘强，2015），"构形化"之译法更因超纲辞典而被诟病为"生造新词"（刘强，2015.05.27）①。

其三，以语言社会学的视角，语言是集体的镇石。以"框架"一词通假动词"frame"、（动）名词"framing"两种词性、一个译法的惯例，自 1999 年起便经由臧国仁（1999，页 51-52）专书的示范性演绎，如镇石般绑定在其后绝大多数中

---

① 　这些观点部分出自刘强（2015）刊登在《中国出版》的论文《框架理论：概念、源流与方法探析——兼论我国框架理论研究的阙失》，该论文刊登时有删节，未删节版另载于《中国艺术人类学》网站（2015.05.27）。在未删节版中，刘强（2015.05.27）保留了比纸质期刊正式发表版更激烈的观点和更严厉的措辞。他指出，像"架构"的译者潘忠党、"构形化"的译者周翔一样"随意生造概念""自说自话""脱离原创者的本意去随意发挥"的做法，给理论研究"造成了很大混乱"，然而这在大陆学术界似乎已成"屡禁不止的顽疾"。

文框架研究中。习惯成自然的力量，或许也是其他译法再难取而代之的原因之一。

俗成者，约定也。鉴于"框架"在中文语境中兼具动、名双重词性，足可涵盖静态的"frame"［名词］和动态的"framing"［动词］，不论对作者写作还是阅听人接受都已达一定沿用广度，正视现实与尊重规律便成不二选择。本书拟从俗，依新闻学研究传统，采"框架"译法作为逻辑起点且贯穿始终。

二、本书采纳框架操作机制："选择—强调"（Entman，1993）

前文业已说明了吉特林（Gitlin，1980）的"选择""强调""排斥"三机制和坦卡德（Tankard，et al.，1991）"选择""强调""排斥""详述"四机制略嫌重复（因选择本身就包含了排斥），也批评艾英格（Ivengar，1991）的"强调"单机制过于笼统，还发现臧国仁（1999）的"选择"与"重组"机制遗漏了坦卡德（Tankard，2001）补充的"调色"功能（不如 Entman 的"强调"更能够包容"详述""调色"等手法）。

综合上述，本书决定采"选择"和"强调"（Entman，1993）为框架的基本机制。

三、本书采纳概念："媒介框架"通假"新闻框架"

中文传播学界素有混用"媒体"与"媒介"、"媒介框架"（media frames；见Gitlin，1980）与"新闻框架"（news frames；见 Gamson，1989）之传统。臧国仁（1999）也曾视上述两组名称为同义而交换使用（页 26，108），一度套用戈夫曼（Goffman，1974）所作之框架定义"人们或组织对事件的主观解释与思考结构"（见表 2-1）而视"新闻媒介框架"为"新闻媒体或新闻工作者个人处理意义讯息时所依赖的思考基模，也是解释外在事务的基本结构"（页 108）。

如表 2-1 的并栏对比所示，戈夫曼（Goffman，1974）的定义适用于绝大多数社会情境而未限新闻专业领域，因而其"人们或组织""事件""主观解释与思考结构"等要件并无具体的行业特征所指，解释空间较大，包容力较强。

而臧国仁（1999）的定义不仅表征着框架理论"向中文转"，且也表征着"向媒介研究领域转"，其定义将框架适用范围缩限至"新闻媒体或新闻工作者个人""处理意义讯息时"所依赖的"思考基模"等新闻传播领域专有术语，客制化了"新闻（媒介）框架"的精准定义。

表 2-1　戈夫曼（Goffman，1974）与臧国仁（1999）定义之比较

定义序 \ 学者	戈夫曼（Goffman，1974）	臧国仁（1999）
1	人们或组织【对】	新闻媒体或新闻工作者个人
2	事件【的】	处理意义讯息【时所依赖的】
3	主观解释与思考结构	思考基模

* 来源：本研究整理

值得注意的是，"基模"概念的提出系汲取自 1970 年代以来认知心理学的理论与思想，或较社会学之"主观解释与思考结构"通俗说法更有跨学科的深度。

然而，如同毕生致力于经典理论有机循环的诸多其他学者一样，臧国仁在研究生涯中不断拓展知识结构版图，渐渐修正其最初"'新闻（媒介）框架'同一论"，转而强调新闻是新闻、媒介是媒介，"前者（新闻框架）基本上只谈新闻运作的框架，但媒介框架则将媒介视为一运作平台，各方势力都在这儿竞争，包括公共关系在内"（臧国仁，电子邮件，2019 年 5 月 10 日），显见在其心目中（至少是后期）媒介框架应属远较新闻框架为大的概念。

本书因而拟与时俱进地采用更具包容力与解释力的"媒介框架"概念，但在综述过往文献时则本着尊重史实、原典的原则，通假上述"新闻框架"与"媒介框架"两种用法。

第三章 向中文旅行：
媒介框架理论的中国本土化

— 社会科学学说是有条件性的,相关理论会因时空的转变而相应变化。事实上,这种修正不仅限于国际的比较结果,也可能因国内时空的变换而产生(陈韬文,2012;转引自:罗文辉,2012,页8)。

— 这些差异不能简单地用好坏和高低区分,需要通过海峡两岸暨香港及海外学者更多交流来寻求相对统一和稳定的学术评估体系(郝晓鸣,2017;转引自:陈韬文、程晓萱,2017,页27)。

— 未来已经在这里,只是分布不甚均匀(Gibson,1992)。

从知识社会学的角度观之,不论在地理、语言、文字还是文化面向,中国学界都是相对于西方英语学界的"东方主义"(Orientalism)(Said,1978),是另个想象的知识共同体。本节将综述文献,重演媒介框架理论向中文世界、向华人学界的本土化之旅。选择中国作为研究对象,固与下文铺陈其对框架理论研究的因缘与贡献密不可分,亦能充分发挥本书作者的中文母语素养、中国生活经验以及对大中华地区社会情境的敏感度等研究优势。

第一节 台湾的"恋曲一九九○"：
政治大学框架研究"三驾马车"的黄金年代

自1987年台湾当局宣布解严、1988年开放报禁以降,1990年代就成为台湾新闻媒体事业、社会科学研究合奏"恋曲"蓬勃发展的年代，也成就了公共关系、框架理论等研究的黄金年代。

一、风生水起：约"会"西游记①②

以英语原生文字表述的框架理论往中文书写为主的华人社群"旅行"，或能从中国传播学界第一部框架理论后设研究专书《新闻媒体与消息来源——媒介框架与真实建构之论述》（臧国仁，1999）的开篇《感谢词》中窥得蛛丝马迹：

> "本书之撰写，首要感激研究伙伴钟蔚文教授之提携与协助。犹记1991年间我与钟教授联袂前往美国Boston市参加当年新闻与大众传播学会（AEJMC）年会，正好有机会聆听业师James Tankard教授宣读研究报告，讨论有关框架研究的方法问题。"（Tankard，et al.，1991）

> "当时钟教授甫结束国科会有关阅听众收视电视新闻之基模研究，对框架概念已累积相当经验，回台后邀我一同进行'记者认知'之研究计划（成果可参见Chung & Tsang，1993，1992）。随后一路走来，逐步发展成为有关'认知类型''记者知识''新闻再现'等长短期计划……

> "……1994年初，蔚文兄受任台湾中正大学电讯传播所所长，邀我投稿该所主办之第一届'传播生态研讨会'，因而展开新闻媒体与消息来源的初步探索。论文幸蒙中选，并蒙讨论人翁秀琪教授不吝提供建议与批评，得以了解缺失所在。随后投寄《国科会人文与社会汇刊》，亦侥幸入选……

> "……1995年间即以'新闻媒体与消息来源'为题，组织研讨会，

---

① "约'会'"是种调侃式说法，是"相约着一起开会"的缩略语，在学术场合指原本相熟的学者借由参加同一会议之便而约见交往。

② 《西游记》是中国古代"四大名著"之一，讲述唐三藏师徒四人前往西天取经的故事。新加坡南洋理工大学教授终身荣誉教授郭振羽曾经改编该题，在国际传播学会（ICA）《东游记：亚洲传播研究的崛起》主题演讲中概述传播学在亚洲"西学东渐"的过程（来源：中国记协网，http://www.xinhuanet.com/zgjx/2018-06/11/c_137245661.htm）。本书在此直接以"西游记"为题，意指位处世界东方一隅的台湾学人向西旅行参加国际学术会议，与西方学人、西方学术界交往的知识流动历程。

邀请八位学有专精的教授同仁分别授课讨论，随后并提供专文，选入《新闻工作者与消息来源》专书出版（见臧国仁，1995a）……

"1995年夏，我去香港担任访问学人之前，蒙郑教授瑞城盛情出面邀约四位好友（苏蘅、陈雪云、钟蔚文、彭家发）一齐讨论本书初稿……好友们的批评让我决定缩小范围，改以'框架理论'着手……

"1996年夏，第一章终告写成……于世纪末前完成初稿。"

后来的故事，如对岸的学者杜涛（2014）借由专著、期刊等正式出版的白色文献渠道所看到的那样，这一批台湾/政大传播学者领衔从媒介建构论出发，主攻"新闻生产取径"的框架研究，一出现就风生水起，"达到了很高的水平"，且"出现多部经典研究"（页46-47）。

二、落单的"黑马"："灰""白"多元文献中的台湾框架研究

若将文献视野扩大至硕博士论文等尚未正式出版的"灰色文献"，最早以"框架"为题的中文传播学文献则当属辅仁大学新闻研究所研究生张甄薇领先现有考证的1993年（见下度）一年答辩通过的硕士学位论文《冲突性社会议题之新闻框架研究：以台湾政治反对运动为例（1960—1991）》（张甄薇，1992）。由其标题与目录管中窥豹，该是以1960到1991年间台湾政治反对运动为例，从社会真实建构的研究视角以及"框架"相关理论及概念入手，针对新闻文本进行抽样、类目与单元建构以及内容分析，最终从框架属性与新闻文本结构的关联性、时间分期与媒介内容的呈现、不同经营型与媒介内容的呈现等面向探讨冲突性社会议题的新闻框架。从其将"框架属性"区别于"新闻文本"的写作编排来看，张甄薇（1992）对新闻框架内涵的理解尚称准确。

潘忠党（2006）、王彦（2017）曾先后考证，中国传播学界最早阐发框架概念的正式出版"白色文献"，系先由钟蔚文、臧国仁、陈韵如、张文强、朱玉芬等合著者宣读于"一九九三中文传播研究暨教学研讨会"，两年后再经政治大学传播学院研究中心汇编出版的专书论文《新闻的框架效果》（钟蔚文等，1995）。事实上，此文（《新闻的框架效果》）相较张甄薇（1992）的硕论足足晚面世3年。后者（《冲突性社会议题之新闻框架研究：以台湾政治反对运动为例（1960—1991）》）却因学位论文本身的半公开流通性质而"藏在深闺人未识"，堪称华人传播框架研究的落单"黑马"。

而张甄薇之所以能作为"黑马"捷足先登收获华人传播框架研究的"第一

桶金",源于一段"无心插柳""有教无类"的杏坛佳话。在学期间,一度慕名跨校而至政治大学传播学院"专家生手研究群"旁听,作为编外成员耳濡目染研究团队论道媒介框架理论,而渐生探索相关领域之意念(臧国仁,电子邮件,2019年5月10日)。

(一)社会运动中的媒体、消息来源和抗争主体

1990年代的台湾甫经解严和解禁报业,民主自由风气抬头且社会运动风起云涌,相应研究亦方兴未艾。而社会运动中的大众媒体角色向来是西方框架研究的重点,具体发现多有,媒体借由种种框架化的设计提供对官方有利而对社会运动不利的霸权式世界观(Gitlin,1980),唯有透过框架作用方能提供社运参与者一些集体行动的基础等(Snow & Benford,1992)。

如许传阳(1992)曾经探讨"宜兰反六轻设厂"运动,指出社运组织能够运用的媒介策略有举办记者会提供新闻通稿、制造媒介事件、散发文宣品等。江冠明(1993)则忧虑社会运动或已成为"传播运动",尤其我国台湾社会的逐渐都市化不但减弱了社运组织草根发展的组训工作,并也加剧大众对媒体的依赖,以致于"只要有一部传真机就能搞运动";孙秀蕙(1994)另也分析,报纸的反核论述多由社运团体大量采用密集的新闻稿、文宣品所建构。

在汇总上述观点的基础上,臧国仁指导完成毕业的硕士论文《大众传播与社会运动——框架理论的观点》(胡晋翔,1994)以我国台湾社会1989至1990年发生的"无住屋者运动"为个案,针对传统霸权理论之不足缺憾,提出消息来源在先天结构限制下亦能发挥"自主性的媒介策略观点",从而挑战"官方对真实的定义",这一结论"与框架的精神不谋而合"(页52)。

到了1997年,政治大学教授翁秀琪教研相长,领衔麾下研究生主编之论文集《新闻与社会真实建构——大众媒体、官方消息来源与社会运动的三角关系》(翁秀琪、许传阳、苏湘琦、杨韶彧、叶琼瑜,1997)出版,共收录五篇由作者硕士毕业论文改写而来之专章,皆与1990年代以来大众传播理论的最新研究发展(如议题建构、议题传散、框架理论、消息来源及消息来源策略研究等)有关。除了相关理论文献的详细整理外,每篇论文兼有理论的本土验证,挑选的研究议题涵括了1980年代以来台湾重要的社会运动(如妇女运动、环保运动、政治反对运动以及媒体改造运动等),全景式地呈现了台湾媒体建构社会运动的实践探索和理论诠释。

该书认为,媒体、一般消息来源(如官方、学者专家等)、社会运动团体等三个主体是建构社运新闻事件的主要影响来源,三者之间的权力推拉关系决定了新闻事件的再现面貌。其中媒体作为建构主体,在产制新闻时常以客观、平

衡立场自居,但处理具体议题时却难免代入积极建构议题的角色,如以社会控制、压抑社会变迁的立场报道较为敏感、较易撼动传统价值观念的妇女运动,或透过冲突化、个人化等刻板印象策略来建构其他社会运动,塑造颇堪玩味的"媒体—社运文化"现象。

此即意味着,在建构议题时,不同议题会借由不同媒体渠道发展流动路径,如官方议题多半由建制媒体流向另类媒体,而公众议题则由另类媒体流向建制媒体,反映了媒介内容的多元程度显与议题周期变化及政治环境松动有关(翁秀琪等,1997),此点在臧国仁(1999)专书之第五章曾有申论并延伸。

而消息来源作为建构之另一主体,往往令媒体在平衡"地方小区"与"被抗议团体(往往是大企业、大财团)"等不时陷入两难之尴尬,一方面不得不与地方小区休戚与共以获得地方人士认同,另则不能忽略被抗议团体的宣示以此维护资本主义社会之报业利益(翁秀琪等,1997)。

由此可知,社会运动团体的抗争者或抗争团体身为建构新闻之另一主体,亦可透过适当媒体策略的运用而提出适当之"替代性框架"(相对于"主流框架")以能获得新闻事件的定义权,甚至"袭夺"媒体版面以弥补其物质资源的不足,进而得与官方"抗衡"。

(二)个案研究法在其他事件的媒介社会建构之运用

同一时期的社会建构取向研究成果虽然未必全部假以"框架"之名,但最终结论大都呈现了新闻借由建构符号真实来再现社会真实而非客观报道的产物价值观;虽也未必都以基础理论为首要研究职志,却也频采"个案研究"为其主要研究方法借此理解社会现象的特色。

如政治大学"专家生手研究小组"曾以"台湾大学女学研究社放映 A 片事件"为例,在梵・迪克(van Dijk,1987,1988)的新闻基模概念基础上提出框架的中层次结构,包括前述主要事件、先前事件、历史、结果、影响、归因、评估等七个环节组成。

而以"历史"因素为考察指标,该文指出该事件至少包括"中国社会以男性为尊的传统(中国社会环境因素)""女性运动发展""台大学风""台大学生会会长竞选造势"等四个背景。再以"结果"与"影响""评估"等因素为考察指标,赋予考虑该事件的更多元视角(钟蔚文等,1996)。

上文作者群中的柏松龄是钟蔚文在中正大学电讯传播研究所指导的硕士研究生,其毕业论文《性别与框架:以台大女研社播放 A 片为例》(1996)也是对同一事件的个案研究。柏文尝试运用框架概念并采调查访问法试图了解性别是否影响社会事件看法的因素,结果发现不同性别受访者的评论焦点不同,对此事件形成的框架也不同。

举例来说,男性受访者大多站在"旁观者"的发言位置讨论"他/她们女性"举办的活动,着重论述该事件对社会的冲击及其正当性。而女性受访者则游走在"旁观者与涉入者"的位置,讨论"他/她们女研社为我们女性"举办的活动,认为此事件是台大校园的"社团活动""造势活动",有助于引发思考公开播放 A 片的做法能否达到男女平等的目的。

另如林芳玫(1996)在其专著《女性与媒体再现:女性主义与社会建构论的观点》曾以强暴案的新闻文本分析为个案,从多重真实的再现与诠释探讨媒体与社会的关系,考察媒体如何分别在新闻报道、娱乐文化再现女性、兼及妇女团体如何成为新闻消息来源而参与社会问题的建构与诠释,最终批判性别不平等的社会运作机制,从关系取向的观点省思权力概念以及阅听人研究的不同典范。

(三)三驾马车:研究生力军汇流新闻认知基模、媒介社会建构论

依前文爬梳框架理论嬗变以及高频引用定义之所见,同时将文献视野扩大至硕博士论文等尚未正式出版的"灰色文献",则又会发现,令整个 1990 年代成为台湾传播学界新闻框架研究的鼎盛时期的源动力并不止建构论下的新闻生产研究取径,而是同时溯自"认知心理学家对基模(schemata of interpretation)的说法"以及"社会学家对真实的解释"(Pan〔潘忠党〕& Kosicki,1993;臧国仁,1999,页 27)。

这两股思潮在 1990 年代的台湾传播学界汇流,其间涌现出诸多新闻认知基模、媒介社会建构论视角的大众传播研究成果,所呈现的教学相长、研究与教学并进特色在研究社群师生围绕同一主题的不同子题发展写作计划得以彰显。在拥有相近研究旨趣的师者熏陶与培养下,这一时期的台湾高校新闻系硕士论文无论在媒介框架、新闻基模、消息来源等领域的理论探索和个案研究多有与时俱进的垦荒探索。尤以钟蔚文、臧国仁、翁秀琪"三驾马车"为代表的政治大学传播学院师生对新闻知识的探索最具前瞻性和代表性。

以上文综述的钟蔚文、臧国仁、翁秀琪三位教授为立意抽样样本,在"台湾博硕士论文知识加值系统"(链接:https://ndltd.ncl.edu.tw)检索他们指导过的研究生毕业论文的相关研究,同时辅以"框架""认知框架""媒介框架""媒体框架""新闻框架"等篇名关键词检索全台自 1989 到 2005 年间所有硕博士学位论文,再以人工逐个排查非相关项,最终获取 33 篇强相关之研究生毕业论文(见表 3-1)。

表 3-1   台湾 1990 年前后与框架研究相关之部分毕业论文

序号	指导教授	研究生	学位论文题名	来源	学位论文出版年	备注
1	钟蔚文	梁玉芳*	《新闻基模之研究:专家与生手知识结构差异之探讨》	政治大学新闻所硕士论文	1990	
2	钟蔚文	吴雯雯*	《议题涉入感对信息处理策略影响之研究》	政治大学新闻所硕士论文	1991	
3	林静伶	张甄薇	《冲突性社会议题之新闻框架研究:以台湾政治反对运动为例(1960—1991)》。	辅仁大学新闻研究所硕士论文	1992	
4	钟蔚文	张文强*	《态度对新闻阅读之影响》	政治大学新闻所硕士论文	1993	1.现为辅仁大学教授;2. 相关发表:张文强,1995
5	钟蔚文	陈韵如*	《新闻事件的意义建构与受众认知关系之研究:从受众推论看新闻框架之影响》	政治大学新闻所硕士论文	1993	现为静宜大学教授
6	钟蔚文	章倩萍	《新闻记者的认知策略之研究》	政治大学新闻所硕士论文	1994	
7	臧国仁	胡晋翔*	《大众传播与社会运动:框架理论的观点》	政治大学新闻所硕士论文	1994	
8	翁秀琪	许传阳	《大众传播媒介与社会运动:一个议题传散模式的初探:以宜兰反六轻设厂运动之新闻报导为例》①	政治大学新闻所硕士论文	1992	现为淡江大学教授

---

①   "报导"指新闻报道。大陆常用"报道",海外华人地区则多从"建构主义社会学视角"出发,认为任何新闻皆主观的"导"(而非客观的"道"),故多用"报导"(朱立 语,转引自:王彦,2017,页 92)。本书虽在台启动,研究视角亦受新闻建构论关照颇多,但因在大陆出版,仍照顾大陆读者的习惯,在正文论述中沿用"报道",但涉及台版文献时仍尊重原典中的"报导"作直接引用。

续表

序号	指导教授	研究生	学位论文题名	来源	学位论文出版年	备注
9	翁秀琪	杨韶彧	《从消息来源途径探讨议题建构过程——以核四建厂争议为例》	政治大学新闻所硕士论文	1993	
10	钟蔚文	林珍良*	《新闻言说结构对信息处理策略影响之研究》	政治大学新闻所硕士论文	1994	
11	钟蔚文	朱玉芬*	《新闻结构对情感及兴趣的影响》	政治大学新闻所硕士论文	1995	
12	臧国仁	喻靖媛*	《记者与消息来源互动关系与新闻处理方式关联性之研究》	政治大学新闻所硕士论文	1994	相关发表：喻靖媛、臧国仁，1995
13	钟蔚文	许舜青	《新闻写作历程初探》	政治大学新闻所硕士论文	1994	
14	翁秀琪	苏湘琦	《媒介对不同政策性议题建构的理论初探：以"彰滨工业区开发"和"黑名单开放"为例》	政治大学新闻所硕士论文	1994	
15	翁秀琪	叶琼瑜	《从媒介策略角度探讨消息来源之议题建构——以公视立法争议为例》	政治大学新闻所硕士论文	1995	
16	钟蔚文	杨素芬*	《文本类型对阅读的影响：以新闻体与小说体为例》	政治大学新闻所硕士论文	1996	
17	臧国仁	陈晓开*	《新闻编辑的专家与生手解题表现研究》	政治大学新闻所硕士论文	1995	1.现为世新大学兼任教授；2.相关发表：陈晓开，1997

续表

序号	指导教授	研究生	学位论文题名	来源	学位论文出版年	备注
18	钟蔚文	王昭敏*	《阅听人对电视广告隐喻理解之研究》	政治大学新闻所硕士论文	1996	
19	钟蔚文	李慧馨*	《新闻词汇与情绪关联性之研究——以犯罪新闻为例》	政治大学新闻所博士毕业论文	1996	1.博士论文;2.作者现为台湾艺术大学教授
20	钟蔚文	柏松龄	《性别与框架:以台大女研社播放A片为例》	中正大学电讯传播研究所硕士论文	1996	相关发表:钟蔚文、臧国仁、陈忆宁、柏松龄、王昭敏,1996
21	钟蔚文	康永钦*	《记实避祸的新闻处理策略之研究》	政治大学新闻所硕士论文	1997	相关发表:陈顺孝、康永钦.1997
22	钟蔚文	叶斯逸*	《由叙事理论角度分析媒介对"二二八事件"的报导》	政治大学新闻所硕士论文	1998	
23	臧国仁	郭恒祺	《消息来源与议题类型之关联性研究——以84年"台中市卫尔康餐厅大火"报导为例》	政治大学新闻所硕士论文	1999	
24	钟蔚文	黄郁琄*	《记者查证之判断历程研究》	辅仁大学大众传播所硕士论文	2000	
25	杨懿丽钟蔚文	纪志贤	《小说的框架:沈从文〈边城〉研究》	政治大学语言学研究所硕士论文	2000	
26	臧国仁	翁维薇	《新闻访问之追问研究——以模糊及回避回答为例》	政治大学新闻所硕士论文	2000	相关发表:翁维薇、臧国仁、钟蔚文.2007

续表

序号	指导教授	研究生	学位论文题名	来源	学位论文出版年	备注
27	钟蔚文	刘郁青	《新闻写作连贯性之研究》	政治大学新闻所硕士论文	2001	
28	臧国仁	施祖琪*	《新闻风格初探——以〈综合月刊〉为例》	政治大学新闻所硕士论文	2001	相关发表:臧国仁、施祖琪,1999;施祖琪、臧国仁,2003
29	臧国仁	杨怡珊*	《新闻记者之社会智能与消息来源互动策略之人际关系研究》	政治大学新闻所硕士论文	2002	相关发表:臧国仁、钟蔚文、杨怡珊,2001
30	钟蔚文	纪慧君*	《建构新闻事实:定位与权力》	政治大学新闻所博士论文	2003	1.现为淡江大学教授;2.相关发表:钟蔚文、翁秀琪、纪慧君、简妙如,1999
31	臧国仁	俞明瑶*	《新闻访谈提问之立足点研究》	政治大学新闻所硕士论文	2003	相关发表:俞明瑶、臧国仁、钟蔚文,2007
32	臧国仁	苏惠君*	《施惠语言(patronizing speech)在新闻访谈中的运用——再论记者与消息来源之互动》	政治大学新闻所硕士论文	2004	相关发表:苏惠君、臧国仁,2004,2007
33	钟蔚文	江静之	《寻找理想的广电新闻访问者:论述角度之探析》	政治大学新闻所博士论文	2005	1.现为政治大学教授;2.相关发表:江静之,2007,2009a,2009b

来源:本研究整理。排序按毕业年度。人名后加""(星号)者,在学时皆为政治大学"专家生手研究小组"助理。本表无法亦无意穷尽台湾所有相关主题之毕业论文,仅列出与本节所述有关者。

表 3-1 所列 33 篇论文共有 28 篇分由钟蔚文（19 篇）、臧国仁（9 篇）指导，作者在学时皆为"专家生手研究小组"研究助理，除个别曾受臧国仁授课影响而选择其他研究题材外（如上表之施祖琪），余皆紧密围绕专家生手、新闻框架等议题展开个案研究。上述全部论文多年来引用率较高，其中三成左右（12篇）曾经发展成期刊论文或专书论著，二成作者（7 位）毕业后在各大学任教，足见研究小组对成员研究方向、学术志业之潜移默化影响。

至于另外 6 位组外研究生多是翁秀琪教授指导的政治大学新闻所毕业论文（4 篇），尚有来自外校或外系（4 篇），包括中正大学电讯传播研究所（1993）、辅仁大学新闻研究所（1999）、政治大学语言学研究所（1999）3 篇均曾受教于钟蔚文，这与钟蔚文曾任中正电讯传播所创所所长（1993.08—1996.07）以及本、硕阶段主修英语的语言学[①]素养等跨领域多元学经历不无关联。

1. 第一驾马车："钟式风格"之认知心理学、人本取向

上述 33 篇研究生毕业论文中，除了钟蔚文指导的政治大学新闻学系博士李慧馨（1996）所著《新闻词汇与情绪关联性之研究——以犯罪新闻为例》、纪慧君（2003）所著《建构新闻事实：定位与权力》、江静之（2005）所著《寻找理想的广电新闻访问者：论述角度之探析》系博士论文外，余均为硕士论文。钟蔚文指导的毕业论文以 19 篇超过全部指导量的"半壁江山"，每篇均曾呈现明显"钟式风格"。

此地所称"钟式风格"，系指在指导教授影响下，毕业论文几乎全部（19篇）以微观的认知心理学为取向，亦皆以新闻记者、阅听人等产制过程的感知、行动为研究对象，研究方法则采实验法、访谈法、调查法等非文本分析。

唯有两篇例外，一是钟氏与杨懿丽教授（政大语言所）共同指导的政治大学语言学研究所硕士论文（见纪志贤，2000），别出心裁地选定 20 世纪 30 年代著名小说家沈从文所写《边城》为其文本分析对象，运用框架理论、文本语言学理论于小说研究、故事文法与文学研究。该研究将小说框架分为小说互动框架、小说文本框架等两个层次，探索出互动框架与文本框架下的次框架，从而建立整个小说框架体系，并援用框架不断转化的概念解释小说如何从基本的故事材料经过处理与转化后成为小说作品，最后从形式功能角度理解小说框架进而初步发展"小说框架理论"。为检验其所建构的小说框架理论，纪志贤随后仔细阅读与诠释《边城》并说明沈从文写作之技巧性、完整性与丰富性，饶

---

① 钟蔚文，台湾高雄师范大学英语系学士（1970），台湾师范大学英语所硕士（1975），美国斯坦福大学传播所博士。见：https://conference.nccu.edu.tw/files/archive/428_d5650c88.pdf。

富趣味。

另一篇则系钟蔚文独立指导的《由叙事理论角度分析媒介对"二二八事件"的报导》(叶斯逸,1998)。不同于前述 13 篇相对"去政治化"的微观认知心理学取径,也不同于上述语言研究所的文学分析,叶斯逸(1998)选择解严后的大众媒体(指报纸)如何呈现"二二八事件"议题,尝试进行更为敏感、宏观却也涉及更多社会政治经济脉络的分析。其研究样本采《中国时报》和《联合报》在1991 年到 1998 年间对目标事件描述甚详的 10 则新闻。对样本叙事的"核心情节"(说什么故事)与"论述方式"(如何说故事)两方面之研究发现,"核心情节"乃是从民众而非官方的角度出发,着重描述人民被政府方面莫名逮捕杀害的情节。"论述方式"则紧紧围绕配合、强化与彰显该故事之核心,足见新闻叙事对事件所提供的意义与其铺陈意义的方式实密不可分且互为表里。如是若从记者生产视角的"核心情节""论述方式"等叙事行动策略及传播效果观之,其所述内容仍然不失人本关怀意识较强的"钟式风格"。

2. 第二驾马车:"臧式风格"之框架理论建构、个案研究、访问实务取向

臧国仁(指导 9 篇相关毕业论文)及其研究生对"框架理论建构""使用个案研究来检验理论""新闻访问实务"等三个研究方向的投入各有 3 篇,可算是平分秋色。

其一,理论建构者如喻靖媛(1994)、杨怡珊(2002)与苏惠君(2004)等 3 篇对消息来源理论的探索,丰富了框架理论的研究视阈。

喻靖媛(1994)以参与观察法、深度访谈法及内容分析法针对四位个案记者进行研究,其过程曾就个案记者与消息来源的互动关系、影响记者与消息来源之人际关系发展因素、记者与消息来源互动关系与记者处理消息来源方式之关联性等三大问题进行详细叙述与规律提炼。

而杨怡珊(2002)则从"社会智能"(social intelligence)概念拓展,对四至六位电子与平面媒体记者展开半结构式问卷之深度访谈法,续就其如何与不同类型消息来源互动时所运用的社会智能不同面向与内涵深入探究。

另有苏惠君(2004)纳入老人研究的"施惠语言"(patronizing)概念,发现年轻记者与年长消息来源互动时常采"娃娃腔式谈话""屈就或过分私密谈话""命令或直接谈话"及"肤浅或无关痛痒谈话"等语言模式,但记者的个人变项与新闻访问的情境感知均会影响这些语言形式的运用。

其二,个案研究者如胡晋翔(1994)、陈晓开(1995,1997)与郭恒祺(1999)等分以扎实的经验数据印证了框架理论、消息来源、专家生手等三类理论建构的效用。

延续前述梁玉芳(1990)与吴雯雯(1991)硕士论文,陈晓开(1995,1997)以认知心理学的专家与生手理论切入改而探索年资较深的新闻编辑"专家"与年资较浅的"生手"在初步分析、知识结构、解题策略及监控能力方面有何不同表现差异。该研究选定四位报社新闻编辑为个案研究对象,透过放声思考法(think-aloud)之实地观察以期了解他们在问题解决过程的表现,最终发现从事新闻编辑的年资与初步分析、知识结构、解题策略及监控能力皆呈正相关(即较为资深者在组版经验等方面均较生手编辑为优),与评估策略则呈负相关,另与知识结构亦呈正相关。

而胡晋翔(1994)首先质疑近 20 年来新闻媒体常复制当权者的意识形态而对社会运动少有正面报道,以致抗争者的声音很难出现。胡晋翔改而认为大众媒体其实只是事件的"次级界定者"(secondary definers)而常受制于消息来源(如社运者)的议题创建能力,理应重视其主动建构意义的功能。

至于郭恒祺(1999)的研究则合并"消息来源"和"议题"与"生命周期"三者为研究架构,以《中国时报》及《联合报》有关"卫尔康餐厅大火"(1995 年 2 月 16 日至 3 月 15 日)之纯净新闻中有关消息来源之引述内容进行文本分析,归纳巨命题并进行编码与制图,观察灾难报道之议题建构特征。

其三,访问实务者如翁维薇(2000)探讨记者面对受访者模糊及回避难题时如何追问、施祖琪(2001)从新闻媒体组织常规和语言常规切入考察新闻风格之初步分析架构、俞明瑶(2003)审视记者如何在正式新闻访谈中借由提问建立与受访者之互动关系等三篇,则与指导教授臧国仁其时的教学兴趣紧密关联,亦与"专家生手研究小组"的核心关切契合。

与"钟氏风格"相较,"臧氏风格"特别重视并要求其指导研究生改写毕业论文后投稿学术期刊,其指导论文之发表量(6 篇)占发表论文总量(11 篇)过半,如陈晓开(1997)、施祖琪(臧国仁、施祖琪,1999;施祖琪、臧国仁,2003)、杨怡珊(臧国仁、钟蔚文、杨怡珊,2001)、苏惠君(苏惠君、臧国仁,2004,2007)均曾获匿名评审审查通过后刊登。

截至离开"专家生手研究小组"再组"老人传播研究群"(按:自 2014 年起更名为"人老传播研究群",见:http://agin. comm. nccu. edu. tw/about. php)、开设主讲"进阶新闻报导与采访"等新闻访问相关课程持续多年间,仅臧国仁指导的四篇硕士论文[翁维薇(2000)、俞明瑶(2003)、苏惠君(2004)、叶方珣(2007)]①改写作品就成为骨干内容撑起臧国仁、蔡琰(2007)主编之专书《新闻访问:理论与个案》。

该书始于新闻访问之"追问",终于后设"提问",其间演变反映了作者群"近十年来的思考脉络",与前述框架研究亦有诸多有机关联。如臧国仁在该书附录中所指:

> "数年前我曾以建构主义为旨,讨论新闻媒体与消息来源的互动(臧国仁,1999),认为新闻并非新闻记者所创,而是新闻工作者与消息来源'共同建构'(co-construction)所得。而所谓'共同建构'并非新意,在上述几个较新研究领域(如建构主义、会话分析)均已发展多时,引申至新闻领域或有特殊意涵……无论是社会互动论、民俗志学、社会语言学均针对"机构性之日常会话"(institutional talks)有所探索,探讨任何两人(问答者,包括记者与消息来源)对话之'互动秩序''问题结构''语言机制''情境问题''与写作间的关系'……此时面对新世纪愈形多元化的社会理论、愈形多样的传播科技,以及愈形复杂的社会背景,新闻一词显已无法单纯以传统信息观中的线性'封闭系统'(closed system)为旨,而需讨论其与其他社会系统间繁复且密切的互动关系。"(页300-301)

如以上共同建构论类推,新闻访问中的问答者及其所处情境均构成了框架生成的消息来源,此书所涉建构主义视角的新闻访问议题亦可视为后框架时代的延续性研究。无怪乎在扉页致辞中,两位主编感谢了"曾与我们一起度过无数高谈阔论日子"的新闻专家生手研究群,以及至臧国仁2017年起退休后仍持续进行的"老人(人老)传播研究群"。

3. 第三驾马车:"翁式风格"之媒介建构个案研究之单向度取向

有别于"专家生手研究小组"对理论建构的追寻,翁秀琪(指导4篇)及其研究生如同台湾传播学界同时代之其他学者一样,擅于使用个案研究法来解释台湾社会的媒介建构现象。

举例来说,许传阳(1992)从"传散模式"(diffusion of issues)的观点切入,拟题《大众传播媒介与社会运动:一个议题传散模式的初探:以宜兰反六轻设厂运动之新闻报导为例》。研究首先建构出一个"议题传散的结构模式",致力

---

① 该学位论文(叶方珣,2007)出版年2007不在表3-1统计时间范围"1989—2005"内,故未纳入表3-1。

于说明社会运动参与者和媒介互动之下议题传散过程以及两者间的结构关系。在此理论基础上采"兰阳地区反六轻运动"为个案展开实证研究,最后提出"议题传散的动态模式"总结新闻媒体与社会运动在媒介议题传散过程之中可能存在的五个动态关系。

与议题传散相关的结论,也出现在苏湘琦(1994)《媒介对不同政策性议题建构的理论初探:以"彰滨工业区开发"和"黑名单开放"为例》中。该研究聚焦议题在媒介体系间的传散方式、媒介如何处理这些议题两大核心问题,对饱和抽样产生的2165则报道进行内容分析,其研究发现"官方议题由建制媒介流向另类媒介""公众议题由另类媒介流向建制媒介"证实了不同议题在媒介体系间的传散方式不止不同,甚至有可能截然相反。

杨韶彧(1993)《从消息来源途径探讨议题建构过程—以核四建厂争议为例》、叶琼瑜(1995)《从媒介策略角度探讨消息来源之议题建构:以公视立法争议为例》则先后以"核四建厂争议""公视立法争议"两大公共议题为例,分别侧重于"媒介立场""媒介策略"两大角度探究消息来源之于议题建构的重要性,尤以后者(叶琼瑜,1995)所结论的"消息来源近用媒体的量""消息来源近用媒介的策略"两大议题界定相关因素富有启发性。

总体而言,翁秀琪自1993至1995逐年指导的以上四个研究,遴选各年度热点新闻事件作为研究对象,从议题传散、消息来源两大视角平分秋色,探究各种社会权力如何在框架竞争起落不定的媒介场域各擅胜场,为社会议题个案提供社会建构论典范的解释架构。这些研究所揭示的媒介框架的流变与复杂特性,显示了研究者有必要透过接合媒介框架与更宽广的社会情境,作为诠释问题的基础,进而再思社会议题本身存在的机会与陷阱。

三、集大成:第一部华人传播框架后设研究专书(臧国仁,1999)

1999年,华人传播学界第一部框架理论后设研究专书《新闻媒体与消息来源——媒介框架与真实建构之论述》(臧国仁,1999)面世。顾名思义,主标题的"新闻媒体"与"消息来源"、副标题的"媒介框架"与"真实建构"共同构成该书的四个论述主体。"新闻媒体"作为大众传播研究的传统主场概念并不足为奇,而与其并列的"消息来源"则是新兴的公共关系学研究的重要元素,足见作者重新定义新闻、开拓台湾公共关系学研究版图之职志。

(一)抛砖:从框架概念出发看真实建构

该书源于对传统新闻研究之反思,一反过往论述中以媒介为唯一中心

（media-centrism）、以客观真实为先验存在①的价值观和认识论，而"改以框架理论为讨论基础"，尤其重新诠释新闻媒体和消息来源"在新闻产值过程中的角色与定位"（页70）。

该书第一章先从新闻媒介与消息来源的研究典范以及中型理论的必要性开始讨论，次在第二章引入框架与真实建构的再现活动、框架的内在结构、框架的机制等框架理论基本内涵与研究预设，然后不吝笔墨，连续以三章依次详述"新闻媒体""消息来源""新闻情境"以及"议题"的媒介真实建构作用，最后一章综述"新闻媒体"与"消息来源"（公共关系）如何共同"建构符号真实、创建社会意义"的互动生态（臧国仁语；转引自：王彦，2015，页117）。

框架理论只占该书第二章单章的结构编排，足见该书并非框架理论"专著"，亦非就"框架"而论"框架"，而是从"框架"概念出发考察新闻运作如何在不同层次受到"主观"结构的影响。该书分从组织、文本、个人三层面向切入"新闻组织框架""新闻个人（认知）框架""文本框架"三类具体分析，最终提出与传统"客观论"截然不同的"社会建构论"视角（臧国仁，1999，页113-158）。

此书除如前述出版至今20年间在中国传播学界框架专研文献中引用率最高外，其整合提出框架的高层次（macrostructure/global）、中层次、低层次（microstructure/local）三类结构最受重视（页34-44）。其一，高层次框架结构之意义往往是对某一事件的主题界定，即戈夫曼（Goffman，1974：8）所谓之"这是什么事"（what is it that's going on here），与梵·迪克（van Dijk，1987）所称"主题形式"（theme）、"命题"（proposition）、"新闻基模（news schema）等概念接近，亦与Kintsch（1994：726-7）所指"位于层次结构（hierarchy）的上层抽象意旨"一致。

其二，框架的中层次结构系由"主要事件""先前事件""历史""结果""影响""归因""评估"等环节组成（此一解释最早出自钟蔚文等，1996），其中先前事件、历史、结果、影响等属于时间发生前后的主要变项，而归因与评估可谓"缘由变项"与"评断变项"（页47）。

其三，框架的低层次结构须透过语言或符号表现，包括字、词、语、句等组合而成的修辞与风格，接近梵·迪克（van Dijk，1987）所称之言说或论述微观

---

①　关于真实之讨论，据臧国仁（1999）考证，可追溯至现象学者Schutz（1962）、Berger & Luckman（1966）关于客观真实与主观真实并存之观念。后续有来的"新闻客观论"主要由以下多个观念组成，即（1）新闻工作者能客观报道；（2）新闻价值乃自然依附于社会事件；（3）新闻能反映真实等。这些观念在Berkowitz（1997：xii）的《新闻之社会意义：一个文本读者》（*Social Meaning of News：A text-reader*）一书被全盘否定为错误，应予以坚决抛弃。见：臧国仁，1999，页100-101。

结构、语句句法结构(syntax)及用字技巧(lexicon)等。

值得一提的是,上述论点除借用梵·迪克的话语分析理论外,其观点还散见于"专家生手研究小组"早先发表的多篇合著论文,足见合作研究成效喜人,难怪臧国仁在其专著之扉页谢词中特别向小组成员(包括钟蔚文教授、陈百龄教授、辅仁大学新闻传播系之陈顺孝教授以及众多研究助理)致谢,其情溢于言表。

(二)翻篇:重新定义新闻

历经翻山越岭一般系统性、整合性的全面深刻论述,该书将最终的"登顶时刻"锁定在对"新闻"的重新定义,参见最后一章的最后一段:

> "【新闻是】新闻【媒体或】新闻工作者(1)与不同消息来源(2)根据各自认定之小区利益(3)所共同(4)建构(5)的社会【符号】真实(6),双方各自动员组织资源(7),尝试定义或诠释(8)社会事件与议题(9)在情境(10)中的特殊意义(11)。"(页374;添加语句出自本书)

该定义不嫌词费地对新闻运作相关要素之互动生态中的次变项进行了编码,充分展现出新闻真实建构生态之扑朔迷离,除去(1)新闻媒体、(2)消息来源两大主要元素扮演同等重要地位,(3)小区利益、(4)共同、(5)建构、(6)社会【符号】真实、(7)组织资源、(8)定义或诠释、(9)社会事件与议题、(10)情境、(11)特殊意义等其他有形与无形元素对于新闻建构和议题传递是否成功,亦具关键性影响。

全书写到此处便戛然而止,留待各次变项之权重等未完成讨论作为"未来其他相关新闻互动研究的另一起点"(页374)。

如是定义在当时的台湾传播学界不可谓不新鲜,但也不可谓太新鲜,盖因冰冻三尺非一日之寒。站在1990年代的尾巴上回望,政治大学"专家生手研究小组"的相关研究成果以研讨会、讲座、论文、论文集等多元推广形式贯穿整个1990年代,其新闻建构论的核心思想多年间响应者甚众且衍生研究颇丰。显而易见,臧氏此书出版之于台湾传播学界的收获,并非十足意外,但确是一整套集大成的论述。

(三)引玉:两岸公认的及时雨、向导员、教科书

抛"框架理论"的砖,翻"社会建构论典范"的篇,然后引来"学界讨论"的玉。该书掀起"新闻媒体""消息来源""媒介框架"的面纱的同时,也冲击了海峡两岸传播学界对新闻真实的传统思考。

在对岸，截至本研究启动时的 2019 年春，除前文引述中国知网对该书的引用率高达 1,062 次外，线上豆瓣读书群组亦给出 9.6 高分（按：满分为 10 分），热推为"不能更全面的教科书"（"junior"语；转引自豆瓣，2015 年 4 月 26 日）。[1]

在台湾，同样的"教科书"赞誉早在廿年前就已见诸书评《新闻背后的社会——阅读〈新闻媒体与消息来源〉》（苏蘅，2000）。书评作者苏蘅当时与臧国仁同在政治大学新闻系任教。同事苏蘅（2000）眼中的臧国仁属学科领域中"少数敏感的人"，有智识、更有胆识，在"长时期"的"研究典范常态化"僵局之时给当破而未破的旧典范以临门一脚，取而代之以"新的发展方向"。此举既顺应了时势，又创造了新时代，堪称"一场及时雨"（页 275）。

新生典范往往不够成熟，但臧书难能可贵之处正在于思考与写作的"成熟"和"复杂"，以结构之完整、脉络之清晰、爬梳之详尽以及推理之严谨，在知识论和方法论上树立了"向导员"和"教科书"一般的双重示范（页 273-275）。

在知识论上，该书内容极具重要性和系统性。于学界而言，该书"有别于现成文集"，而是作者基于"自己专业的知识体系"，综合精选"国内外研究结果"改写而成，书中所有涉及概念"都言之有据"，足以使读者执此一编即可"对传播理论、新闻学、语言学、社会认知论、符号互动论、社会学等众多社会科学领域之间相互交涉的最新进展"略知梗概。于业界而言，该书各篇分门别类探讨"实务和学理上都很重要的问题"，为从业者呈现出学与术在实践中的结合"会发生哪些具体的困难"以及"怎样去克服困难"的清晰图景（页 273）。

在方法论上，该书演绎可圈可点。著者相当重视"论证（argument）和证据（evidence）兼具"的撰写方式，触及任何相关概念时总是一边"尊重理论推演的逻辑和经验性的证据"，一边"不忘提出自己的观点"；一边引介前沿观点看法，一边举例反证"相当丰富的实证研究、理论、讨论、针砭和质疑"。这种正反结合、不轻易人云亦云的严谨论述方式"散见各章节"俯拾皆是，不但可以帮助读者"理解过往研究或说法中过于简略、似是而非的部分"，而且搭建了不同观点对话的桥梁（页 275）。

而该书可能存在缺陷或是硬币的一体两面。该书之"成熟而复杂""既是优点，也是缺点"，以致于难以想象有入门级读者能克服艰涩术语和高强度思维体操而"耐心阅读完毕"。自然，若能一口气读完，固然能"开拓视野"，对理论进路"有深度的了解"。若不能，那么作为工具书常备左右，在有需要时翻阅

---

[1] 转引自豆瓣，2019 年 3 月 6 日，见：https://book.douban.com/subject/5358174/comments/。

亦能获益匪浅,在最短时间内汲取最准确、最丰富的思维导图(页275)。

四、尾声

臧国仁(1999)出版其代表专著后研究兴趣逐渐转移,开始针对"老人传播""新闻美学""叙事"次第发表论著。

岛内其他传播学者固然曾经继续热衷于框架研究法的应用,对后设理论之建构则多不甚闻问,相关基础理论研究后继无篇,这体现在硕博士毕业论文的产出仍是个案研究法占主导且数量渐长[如冯建三指导的《两岸财经报道的竞局框架——以戒急用忍政策为例(1989—2003)》(何曼卿,2003),苏蘅指导的《"名人政治"的新闻框架——马英九不同从政时期新闻报导之比较》(邱宜仪,2007),关尚仁指导的《台湾K歌产制框架研究》(吕理杰,2009),朱立指导的《法国驱逐吉普赛人:震撼二零一零年法国政治与社会的新闻之框架研究》(孟柯,2011),施琮仁指导的《脸书引言框架对科学新闻理解之影响》(陈姵如,2014),陈百龄指导的《大陆配偶新闻报导之框架网络研究(2003—2014)——反思民族主义的媒体建构》(朱蕴儿,2016),方孝谦指导的《国际传媒之人权与责任叙事:比较中美报纸以何框架看待叙利亚难民危机之内容分析》(白莉,2016),徐美苓指导的《气候变迁之框架分析:中国、美国及南非的组织比较》(尧里昂,2019),陈忆宁指导的《东南亚"一带一路"新闻中的政经框架分析研究——以菲律宾、马来西亚与新加坡为例》(关信恒,2019)等。但整体而言,台湾框架理论研究的"黄金时代"随着1990年代的落幕戛然而止,此后其就"在一定程度上受到忽视"(杜涛,2014,页46-47)。

类似状况也发生在西方英语传播学界,自1990年代后期起的10年间(1997—2007)的英语传播期刊中,一度是媒介框架研究核心议题的新闻生产框架研究仅占此期间框架专研论文(N＝349)的2.3%(Borah,2011)。

五、小结

综合上述,1990年代台湾传播学者在框架理论及相关领域的研究旨趣脉络图,逐渐浮出水面(图3-1)。

钟蔚文专注于认知基模、专家生手研究,为媒介框架思想脚注但鲜少正式论及框架,只联合指导过一篇跨文学、语言学、认知心理学等多领域的小说框架硕士论文。

臧国仁的研究旨趣主要集中在对框架理论、媒介框架、新闻媒体、消息来源、真实建构的探索,在钟蔚文的影响下也涉猎专家生手等认知心理学取径的研究。

总体而言,钟、臧二人领衔的"专家生手研究小组"感染了台湾传播学界在1990年代"向媒介社会建构典范转"。这期间的研究多将媒介框架理论结合个案研究法,用于解释层出不穷的社会事件与新闻再现。

而与钟、臧同为政治大学新闻系同事的翁秀琪正是研究者中的佼佼者,不仅研究、编著有声有色,且曾教学相长指导多篇优秀毕业论文。翁氏师徒的框架个案研究对新闻策略、议题传散方向的探索与"专家生手研究小组"主导的认知基模、消息来源、公共关系理论建构视域相映成趣、有机互补,与同世代其他社会建构论典范学者们一起,大大活跃、丰富了1990年代台湾框架研究的生态。

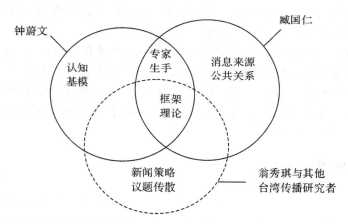

图 3-1 1990 年代台湾媒介框架研究旨趣脉络

* 来源:本研究整理。

2000年之后,台湾传播学界的媒介框架探索鲜见后设理论深耕,而主要以个案研究为主,尤以黄惠萍的核四案个案、徐美苓的科技传播与健康传播个案、刘蕙苓的艺文或文创产业个案之框架研究较受瞩目,在华人传播学术社群的影响力与可见度较高(黄惠萍,2003;谢君蔚、徐美苓,2010,2011;徐美苓、熊培伶、赖若函、吴姿娴、施馨尧,2011;李子甜、徐美苓,2020;刘蕙苓,2021)。

第二节　春风吹又生：
大陆传播学界框架研究方兴未艾

在大陆传播学界，1990 年代尚属引介西方与海峡对岸框架研究成果的起步阶段，纯粹的学理探讨十分鲜见，应用于重要社会议题的框架个案研究至今方兴未艾，所涉关键词"框架分析"其时成为大陆境内新闻传播学界"日益热议的一个学术话语"（王玲宁，2009，页 253）。

有学者（如肖伟，2016，页 5）将其归因为 2007 年中共十七大政治报告曾经明确地提出保障"人民当家作主"，尤其保障"知情权""参与权""表达权""监督权"等四权而揭开新闻体制改革的序幕，使原来"只能允许同一种声音存在"的大陆社会开始越来越具"框架和框架竞争意识"。

而在此前后，方兴未艾的大陆新闻实务界的"媒介框架热"以及传播学界的"框架研究热"，既标志着媒介组织机构已有"相对自主、独立"的新闻报道权，又彰显了社会系统的不同主体能以"相对自主的方式"参与"社会建构"。由此看来，大陆地区的框架研究是浸润于改革的春风，应新闻改革之语境转变时势而生，堪称改革的产物。

一、应用研究热

（一）最早的大陆框架研究：先知先觉者的访港偶得（陆晔，1998）

迄今可考大陆境内最早的媒介框架研究学术成果，出现在创办于 1929 年且是历史最为悠久并最负盛名的顶尖新闻学府复旦大学。作者陆晔时任复旦大学新闻学院副教授，借鉴海外最新框架研究新知，撰写《香港中文报纸中的内地新闻：新闻文本的框架研究》一文，发表在复旦大学主办的《新闻大学》1998 年夏季号刊。[①]

该文介绍了框架理论的背景与发展脉络，借用台湾学者臧国仁、钟蔚文、黄懿慧（1997）对框架和新闻框架的定义，吸收潘忠党、科斯基（Pan & Kosicki）的新闻生产框架观点，兼采梵·迪克的新闻框架形式结构而将新闻

---

①　关于最早的中国大陆框架研究作品，有学者（陈阳，2007，页 19；肖伟，2016，页 5）提出另一说是《妖魔化中国的背后》（李希光、刘康、熊蕾、朱伟一、韩松、吴剑平、史安斌、王敏娟，1996）。但严格而言，该书是 8 位留美学者与记者观察美国反华思潮的通俗读物，并非纯学术性著作。

框架分成"主要事件""结果""景况""先前事件""历史""各界反应""期望""评估"八项。

具体研究步骤选择1997年10月21日至次月20日止的六份香港报纸,取得新闻文本样本922个后,统计各项指标在每份报纸要闻版新闻总条数所占比例,以及有关中国内地报告新闻框架各项指标在报纸要闻版国内地新闻总条数所占比例。借由分析新闻文本的框架结构,该文关心回归后的香港传媒如何呈现内地议题,间接地探讨了香港媒介在建构"媒介真实过程"时的客观公正程度。

最终发现,回归后的每家香港传媒对中国内地的政治信息兴趣度都高,但关注范围较窄,欠缺反映社会真实时的客观性和全面性。与此同时,不同媒体间暗含不同的新闻话语主观倾向,各报文本框架结构"侧重点不同",呈现"舆论多元"但"不均衡"特色。

该文虽然直接采用了前引梵·迪克的新闻框架形式结构对号入座地报道内容的八类片段,但对单篇文章的主题情节、词句论述分析等更能反映中心大意的重要分析路径则略而未谈,空有框架之"形"而无框架之"神"。

但瑕不掩瑜,该文最大贡献或在作者借用1997年"在香港做访问研究"的便利(陆晔,1998,页45),受"CC(李金铨老师)所推荐"的新闻、社会建构、媒介社会学有关的一些书的影响(陆晔语;转引自:李红涛、黄顺铭,2020,页142),其中或有前引甫才出版的《大众传播与市场经济》(陈韬文、朱立、潘忠党编,1997)专书收录的《新闻媒体与公共关系(消息来源)的互动:新闻框架理论的再省》(臧国仁、钟蔚文、黄懿慧,1997)等海外前沿框架研究文献,获得了第一手的香港传媒经验资料,因而得以展开研究并向大陆传播学界首次引进框架理论。

(二)改革的产物:1998—2013年间的大陆框架研究内容分析(杜涛,2014)

1998年后的七八年起步期间,大陆境内的框架研究数量缓慢增长,到2007年前后方才突破年均10篇而后逐年翻倍明显上升至今未衰,这一增量走势符合框架研究系因前述"2007年中共十七大政治报告"施以正向政治影响而生"改革的产物"之分析(肖伟,2016,页5)。

大陆学者杜涛(2014)曾经针对大陆境内影响力最大的"中国知网"旗下"中国期刊全文数据库"与"中国优秀硕博士学位论文全文数据库",筛选自1998年至2013年的框架研究文献,最终获取309篇期刊论文、129篇学位论文(含硕士论文125篇、博士论文4篇),共计438篇样本。其研究发现在历经五年后的今天看来依然发人深省,实际状况恐怕仍未有改观(以下各段均摘自杜涛，2014，页169-186）。

按研究者构成情况，博、硕士生占最大比例（58.9％），学位论文与期刊论文又各占17.2％、41.7％，高级职称的资深研究者（24.6％）与博士学位论文（仅4篇）比例相对较低。

按研究主题分类，个案类研究最多（73％），理论探讨与形象研究类的数量总和仅有个案研究的三分之一，文献综述类仅有9篇但每篇在中国知网的引用率都较高，其因可能与大陆境内"理论研究相对滞后"（按：指理论研究水平相对滞后于欧美及港台地区）的现状有关，因而"提高理论建树"和"探索理论起源和发展"当属"更具有现实紧迫"意义的重要任务（页174）。

按研究时态分类，混合型研究（170篇左右）、历时性研究（150篇左右）、共时性研究（近80篇）依次递减，但其数量绝对值相差无几，原因当与"社会转型期"的政治经济文化背景密不可分，如"媒介体制改革"与"新闻框架"都曾随着中国社会的转型而发生深刻的变迁（页174）。

为追溯纵向的社会变迁也为反映横向的社会矛盾，历时性的"框架分化"（按：或指以时间为序的框架演变、框架变化）和共时性的"框架竞争"构成硬币的一体两面。综合历时、共时两种时态的"混合型框架"，则为全面观照转型期社会提供更综合的视角，亦构成大陆境内框架研究的"优势所在"（页174）。

按研究内容分布，现有框架研究几乎覆盖国内所有重要事件，并对有争议领域进行较多分析，不乏聚焦于两岸媒体差异的比较视角。

就研究对象而言，"社会类"话题框架研究居首，"国际传播"话题次之，随后是"国内政治"，"国内经济类"最少，显与海外框架研究在政治传播、国际传播尤其是社会运动领域发挥重要作用的特点大相径庭，其因或出在大陆"学术环境的限制"，而经济类框架分析较少之因当与"新闻传播学者对经济类知识的不足"有关（页175）。

按研究对象的媒介形态，绝大多数集中在"印刷媒介"（占250多篇），另有"网络（路）媒介""混合媒介""广电媒介"，数量依次递减但其总量不足印刷媒介近半。

按研究对象的媒体地域分布，"内地党报党刊党台"（200篇）显居鳌头，"内地都市类专业类媒体"（160篇左右）次之，余下小部分依次是"国外媒体"（70余篇）、"国内外皆有"（40余篇）以及"国外媒体"，足见受到学术环境影响，行政型研究的安全系数与接纳度偏高。

按研究的框架类型，新闻文本框架（87.2％）遥遥领先，文化框架、受众框架、新闻生产框架居次。但即便针对文化框架和受众框架的研究方法设计也非直接研究，而多以假借文本框架分析提出对文化框架和受众框架的间接解释和说明。

归根结底，大多数所谓之文化框架和受众框架研究其实质仍是披着生产和文化外衣的文本框架研究。为何在国外广为流行之受众框架以及效果研究在大陆却受忽视，其因或在于此类研究需要透过较多经费支持之实验法与问卷调查法方可执行，而文本框架无论在学理论证还是人力资源上的成本均低（页178）。

按框架理论及方法的运用与创新区分，大陆框架研究与西方框架研究同样"定义及相关论述分散而多元"，但在具体定义及论述选择上，大陆显示不同于西方框架研究的趋势。如前文所述，大陆框架研究在1999—2015期间引用的框架定义80%以上来自概念起源学者和中国学者（郭冬阳，2014，页31），与中国学者未能进入西方前十定义引用率的同期数据截然不同（Matthes，2009）。

有别于国外框架研究中，恩特曼（Entman，1993）、甘姆森（Gamson，1989）、吉特林（Gitlin，1980）定义位居最常引用前三（Matthes，2009），大陆的中文框架研究引用定义最多的文献却是戈夫曼（Goffman，1974），其他常被引用的还有贝特森（Bateson，1955）定义。如前文所述，可能的解释出自大陆学者"在框架定义及理论整合方面缺少共识""对不同研究选用何种概念仍不甚清晰"，再加上传播思想史研究风靡大陆学界已有多年，诸多译介论文（刘蒙之，2009；段善策，2010）令贝特森与戈夫曼的框架概念思想广受瞩目，以致大陆学者多热衷于回到这两位源头学者的初始论述（郭冬阳，2014，页31）。

另者，臧国仁（1999）、潘忠党（2006）两位海外华人学者的定义及论述引用率高，符合语言与文化的接近性原则。相较之下，大陆框架研究间互相引用本土原创定义和论述的极少，多因大陆迄今未有受到认可的原创框架理论，故而只能"转引或引用个案研究结论而非理论阐释内容"（页179）。

按华人学界类型区分，大陆学者使用"特殊框架"（近250篇）多于"一般框架"（150多篇），或与研究对象常属"具有特性的国内问题"而更"适于前者来反映具体问题的媒介呈现"有关（页179）。

按框架分析法区分，大陆框架研究使用最多的框架辨识方法是坦卡德（Tankard，et al.，1991）的"框架列表"式研究路径，其次是臧国仁（1999）的"高、中、低"框架结构路径，其他尚有梵·迪克（van Dijk，1987，1988）与费尔克劳夫(Fairclough,1995,2003,2013)的"批判论述"分析路径。①

对应的研究方法也就毫无悬念地,内容分析与文本分析遥遥领先,而调查问卷、实验法则少到几乎可以忽略不计。究其原因,或与坦卡德与臧国仁的研究路径"界定清楚""便于操作""容易预期到研究可能成果"而令人觉得好用且乐用有关。

与此相较,已在国外流行多年的"诠释包裹"研究路径(Gamson,1989)、"主题式/情节式"研究路径(Iyengar,1991)以及问卷调查法、实验法等量化研究方法在大陆少见,而这些路径往往需要用到"较多的其他专业背景知识"(如"话语分析"路径)、"相对复杂而难以控制"(如"诠释包裹"路径)或"更多的理论支持"(如"主题式/情节式"路径),反证大陆框架研者无论是理论支撑还是研究技巧都尚需上下而求索(页180)。

综合以上所引,截至2013年的大陆框架文献特征可概括为:(1)时间上约始于20世纪末,研究热度明显上升;(2)研究者分布以硕博士生居多,具有高级职称的资深研究者则少;(3)本土原创理论和阐释相对稀缺,多引用海外文献开展研究;(4)对理论进展的多元化取径缺少了解,需从戈夫曼甚至贝特森等框架概念寻找理论渊源;(5)个案研究居多,理论探讨和文献综述类研究较少,但后者引用率高;(6)集中在文本框架研究,对新闻生产框架、受众框架和文化框架研究相对忽视;(7)框架辨识路径多用"框架清单"(Tankard,et al.,1991)与"高、中、低框架结构"(臧国仁,1999);(8)研究事件集中于中国社会问题和国际传播话题,忽略国内政治、经济话题;(9)文本框架类型研究最多,且对印刷媒介关注最多,忽略其他类型的框架和媒介;(10)研究方法以内容分析和文本分析为主,问卷调查和实验法广受忽视。

又如前文所诟病,单篇框架个案研究文章的质素呈现"高度同质化"趋势,多先"选择一个热点事件",再在文献回顾中"分析戈夫曼或贝特森的框架概念",继而"引用恩特曼或甘姆森的定义",同时"配以臧国仁或潘忠党的具体论述",最后"使用Tankard的'框架列表'路径"对事件相关媒体报道进行框架分析(杜涛,2014,页183-184)。

与此同时,框架论述引用率较高(中国知网引用率高达1062次,数据截至

① 由于内容分析所得样本采计方法虽有出入,杜涛之研究结论与前引郭冬阳(2014)大同小异。相同之处在于前二均为坦卡德与臧国仁,但第三位一是"诠释包裹"分析路径(Gamson,1989;见郭冬阳,2014,页40)、另一则是"批判论述"分析路径(van Dijk,1987,1988;Fairclough,1995,2003,2013;见杜涛,2014,页180)。

本书定稿时的 2022 年 4 月 14 日)的臧国仁却发现,许多研究者误将新闻文本内容直接当成新闻框架(臧国仁,上课讲义,2016 年 2 月 27 日),且常将框架分析与内容分析混为一谈,实则两者背后所涉之方法论不同,知识论亦南辕北辙,难以等量齐观。

(三)改良对策及发展方向

综合上述,一或因语言鸿沟与译作空白,以致于框架研究前沿的把握与国际传播学界始终存在"一定程度的滞后"(杜涛,2014,页 184-185),连戈夫曼本人都曾感叹,其专著《框架分析:经验组织论》因"写得太长"而"读完的人很少",甚至许多思想"往往被误解"(吴飞,2015 年 4 月 24 日)。而对母语非英语的大陆传播学者而言,直接"误读"原典的机会尽管不多,但"以讹传讹"的概率不少。

二或因社会背景和理论背景的差异,框架理论的学理起源及发展均在"国外政治传播""社会运动"等脉络得以精进完善,且涉及人类学、心理学、社会学、传播学、经济学等多领域学科的专业知识,因而"社会背景和理论背景不同"的大陆学者对框架理论的综述和探讨均"不够全面和深入"(杜涛,2014,页 185)。

对此,杜涛(2014)有的放矢之建议与对策如下(页 185)。

首要之务在于积极译介原典,转化贝特森(Bateson,1955)、戈夫曼(Goffman,1974)、甘姆森(Gamson,1989)、艾英格(Iyengar,1991)、恩特曼(Entman,1993)等重要框架专研学者之成果为中文,为大陆学界提供可无障碍阅读的"理论支撑"(页 185)。

次者则应连结海外智库,善用"海外华人学者"与"港台地区学者"作为中介与国际传播学界交流,或求教之或合作之,一方面加强"理论引进",另一方面推动"理论的本土化发展"(页 185)。

再者是理论联系时代,探索在新媒体发展、大数据时代、网络赋权等当代情境下亟需填补的框架研究空白,尤其是"全球比较的范式发展""国际传播中的框架比较"等议题当有较大发展空间(页 185)。

再以栖身于不同方位的框架为例,至少有下列问题意识可供参考:

在新闻生产框架领域,网络赋权会不会使得框架建构从大众传播时代自上而下的"瀑布式模型"转变成网络传播时代自下而上的"喷泉式启动模型"(页 185)?[①]

---

① "瀑布式模型"和"喷泉式启动模型"的框架模式源于 Entman(2003)。

在文本框架领域,大数据时代分发给阅听人的数据新闻在客制化阅听偏好原则的指引下,会不会"主题式框架"增多而"情节式框架"①减少?（页185）

在受众框架领域,屏幕终端将对阅听人接受产生哪些重要影响?（页185）

在文化框架领域,新媒体文化将对阅听人框架增添哪些新的候选?（页185）

最后,在框架建构可能带来的伦理问题上,可从"假新闻"和"标题党"等新世代媒体乱象中获悉何种启发?

二、"后设理论"冷

然而与上述应用研究之热形成鲜明反差的则是后设理论（metatheory）研究迄今相对冷僻。作为用来解释理论生成机制的后设理论,相关研究原就较理论本身更为艰涩且探索难度更高。兼之前述"高层次学者介入不足""重方法轻理论""重应用轻建树""对西方理论拿来主义""研究深度和规范不足"等大陆框架研究固有诸多研究力不足之问题,后设理论研究之萧条也便不足为奇（郭冬阳,2014,页44）。

基本上,正如学者之反思,大陆框架研究经历了"一个漫长的理论引介、推广和应用阶段"后,距离自主理论创新仍远（邵静,2013,页23）。尽管无甚知识结构突破,其中仍不乏真知灼见,主要成果代表有两篇后设理论研究专著、多部个案研究专著、一节书章以及若干散论。

（一）两部"新闻/媒介框架"后设理论之研究专著

绝大多数后设理论研究成果散见于学术期刊、学位论文与会议论文,较系统的后设专研著作仅有《框中世界:媒介框架理论的起源、争议与发展》（杜涛,2014）、《新闻框架论:传播主体的架构与被架构》（肖伟,2016）两部。

杜涛（2014）分析了框架理论的哲学基础、发展流变与不同研究取向,从历史维度全面梳理框架理论的起源、争议与发展,从结构维度探讨新闻生产、文本、受众/阅听人和文化中的不同框架,展现了框架研究领域的学科渊源与最新进展。虽然作者自谦只是梳理与归纳"做了全面细致但不敢称深入的考察"（页186）,但书中对大陆新闻传播领域框架研究现状所作的定量分析以及对未来发展对策所作的路径分析,在十年之遥的今天看来仍未过时,极具参考价值。

---

① "主题式框架"和"情节式框架"的提法源于 Iyengar(1991)。

顾名思义,肖伟(2016)的后设理论研究专著《新闻框架论:传播主体的架构与被架构》从"能动—结构"的矛盾关系切入,探讨新闻建构机制以及传媒职业组织如何在内在主体能动性与外在社会结构限制的共同作用下形成框架。

该书先以"新闻框架是一种社会事实"为命题基础,从主体角度勾勒出框架研究的路线图,继从新闻过程的话语、建构、接收等三个关键环节切入,对新闻框架的内涵与构成、事实与来源、功能与效应进行静态考察,并从历时性的社会语境变迁与共时性的框架竞争角度进行动态考察,最后分析框架建构的新媒体技术、社会制度与行业理念、客观性问题。

肖伟(2016)还采"当代中国报纸灾民形象再现框架的变迁""公共政策报道中的框架竞争与协商——以番禺垃圾焚烧发电厂选址为例探讨"等两例个案研究为其示范,最终结论一是新闻框架在"架构"与"被架构"相互作用中建构,即由传播主体(职业传媒组织)与其他新闻活动主体共同建构;二是新闻框架"被架构"的一面不可能遮掩掉自主架构的一面;三是在能动与结构的矛盾统一中,传播主体(职业传媒组织)能够以合理的新闻框架真实再现、积极建构现实世界(内容提要,页1)。

与杜涛(2014)专著对媒介框架理论的起源、争议、发展的爬梳和实证分析相较,肖伟(2016)的新闻框架论更接近于中国特色传媒事业变革的学理观照与解读。后者指出,新闻框架研究在大陆的展开"与中国新闻传播学界向国外的借鉴增多""理论视野变广"有关,也提醒学者们需要关注到背后的"现实语境问题"。

由此可见,框架作为研究问题的提出,本就是以"新闻活动主体对新闻事实的不同解读"为前提,也是不同社会子系统、不同类型社会成员能以"各自相对自主的方式参与到社会建构中来"为其必备条件(以下各段均摘自肖伟,2016,页5-7)。

尤其自2007年中共十七大政治报告保障"知情权""参与权""表达权""监督权"等四权而揭开新闻体制改革的序幕,为每位公民在遵纪守法的基础下既能"通过公开的渠道获得他们需要的信息",又能"公正地表达"他们的各种意见建立了体制保障。以新闻改革为现实基点,肖伟(2016)看到在中国研究新闻框架的重要实践意义,并从新闻业、社会、国际等三个层面展开论证(页5-7):

从新闻业层面,媒体只有拥有合理的认知框架并建构合理的文本框架,才能为公众提供"真实""客观""公正""全面"的信息,保障公众的"知情权"(页6);

从社会层面，专业传媒组织作为新闻框架的"直接建构主体"，其实也是"社会成员认知的集中投射"，新闻框架呈现的则是"普遍潜隐在社会成员心理中的恒定模式"，于是"改善公众新闻活动""优化社会群体及个体的认知框架"就成为促进新闻改革的"应有之义"（页7）；

从国际层面，不同国家传媒组织的新闻框架背后的"历史文化背景"和"现实社会制度"也各不相同，常常各自挟裹着"浓重的意识形态特征"、不同的"民族心理""文化观念"和"利益要求"，极易使不同国家对同一事件的新闻报道"各执一词"误导受众，反之唯有而理性的、具国际观的新闻框架能成为"国际理解、沟通和合作的桥梁"（页7）。

（二）多部个案研究专著

多部个案研究专著系以个案研究法来运用、检验、推介框架理论。如邵静（2013）所著《媒介框架论：中国形象在美国报纸中的呈现》分从样本分析、框架总结和比较、框架过程探究、国家形象提升等几个方面组合框架分析法，梳理《纽约时报》和《华盛顿邮报》等国内外媒体的近千篇涉华报道样本，归纳、比较中国形象在美国主流媒体中的呈现。

该研究发现，《纽约时报》涉华报道的框架有"中国是美国的重要政治和经济伙伴""中国的崛起令美国在内的许多国家感到担忧""中国利用各种手段，努力在全球谈判或国与国之间的摩擦中占据优势""中国政治、经济和社会问题依旧存在，美国'旁观者清'"以及"中国政府无法让人民享受到真正的民主与自由"。

另有李华君（2013）《政治公关传播：形象塑造、公众沟通与媒介框架》专书以媒介框架理论为中介，梳理政治公关传播系统理论和实践，结合时代热点讨论政治的公关化趋势，总结政治传播的公关手段等内容。

潘霁（2018）所著《文化框架：美国主流媒体中的"中国制造"》则根据编辑室文化与框架间的关联，提出美国主流媒体的编辑部文化对于中国相关的各种话题存在较为稳定且一贯的"中国相关话题的报道文化"，并从这种长期形成的文化符号积淀生成美国主流媒体的中国相关新闻报道"通用框架"，进而影响美国消费者的态度和认知。该书透过揭示美国主流媒体的中国相关话题报道"通用框架"，为后续考察美国媒体报道中国各类话题的方式奠定了抽象层级较高的理论基础和起点。

至于杨柳（2013）所著《"纽约时报"反伊战运动报道框架研究》系以特定叙述语境、主题、事件、新闻报道要素、修辞手段、报道语气基调等六大框架要素为切入点，分从功能框架、风格框架、态度框架和内容框架等四个维度全面考察报道样本的框架建构,为西方主流媒体抗议报道及反战报道框架建构多元范式的探索开辟"新路径"。

有鉴于相当部分的媒介框架研究(尤其是文本框架合著研究)立足于语义学和话语分析的视角,自梵·迪克(van Dijk,1987)起就有从言说或论述微观结构、语句句法结构、用字技巧等修辞与风格考察框架之传统,臧国仁(1999)建构的"高、中、低"三层次框架结构中的低层次结构亦须透过语言或符号来表现。类似的观点还散见于政治大学钟蔚文、臧国仁等早先发表的多篇合著论文。故传播学界很难忽视来自此类领域的专著和新思。如林丽(2017)分析越—英—汉时事新闻中的框架语义,高彦梅(2015)探讨语篇中的指称框架、事件框架、评价框架、立场框架、关系框架、协商框架等框架的构建及其与语言教学的关系,杨丽华(2015)借用费尔克劳夫构建的话语分析框架解构林纾翻译的小说之独特文体形态,肖开容(2017)则以"译者框架"为理论视角探索中国古诗英译中的"译者认知操作模式"。

(三)一节书章

黄旦(2005a)曾在专著《传者图像:新闻专业主义的建构与消解》专辟一章"为社会定调:议程设置与现实建构"(页 212-249),分论议程设置与框架理论。

该书全书围绕着新闻专业主义主题,侧重从社会文化、新闻常规、新闻文本、新闻受众(注:意同"阅听人")等面向解读新闻生产与消费过程的框架现象。在"框架理论"这节,黄旦(2005a)认为其所持的是"关系"视阈,既不同于把关人理论只涉及内容类层面,又不同于议程设置理论只看到传送于媒介生产和受众反应间的传播论题和主题,其所考察的是传者、内容、受众乃至"生产制度""社会关系""技术基础""信息的接受和消费"等诸多互相关联环节构成的复杂关系结构,进而为长久以来处于分隔状态的上述传播研究环节"打开联系的通道""架起重要的桥梁"(黄旦,2005a,页 233;另见 Reese,2001,pp. 8-11)。

因颇具功力的逻辑和论证以及出版时间较早,该书在中国知网的引用率高达 1,262 次,影响力远远超过前引杜涛(2014)专著的 111 次与肖伟(2016)的 34 次(截至 2019 年 7 月 25 日),关注程度溢于言表。

(四)若干散论

为了解期刊及学位论文的框架研究论著的引述情况,本书续以"框架""框架理论""媒介框架""新闻框架"为关键词检索"中国知网"的"期刊"与"硕博士论文"两个数据库,共计得到 97,681 篇结果。先按引用率从高到低排序,再剔除不相关学科的无效文献,最终遴选出 23 篇引用率最高的散论,包括 21 篇期刊论文与 2 篇硕士论文(见表 3-2)。第 23 篇为选择上限乃因其典型与代表性,其他文献无论内容抑或选题都有重复趋势,可见到此已近饱和。

表 3-2 　大陆媒介框架研究高被引论文一览

引用排名	论文题名	作者	来源	发表时间	被引次数(截至 2020/截至 2023)
1	《大众传播学的议程设置理论与框架理论关系探讨》	张洪忠	《西南民族学院学报(哲学社会科学版)》	2001	589/882
2	《框架分析:一个亟需澄清的理论概念》	陈阳	《国际新闻界》	2007	511/1043
3	《框架理论发展 35 年文献综述——兼述内地框架理论发展 11 年的问题和建议》	孙彩芹	《国际新闻界》	2010	440/974
4	《论框架理论与媒介形象之建构》	张晓莺	暨南大学传播学硕士学位论文	2008	217/456
5	《从框架理论看翻译》	汪立荣	《中国翻译》	2005	208/274
6	《从媒介现实到受众现实——从框架理论看电视报道我驻南使馆被炸事件》	张克旭、臧海群、韩纲、何婕	《新闻与传播研究》	1999	181/329
7	《新闻框架与固定成见:1979—2005 年中国大陆主流报纸新闻中的党员形象与精英形象》	夏倩芳、张明新	《新闻与传播研究》	2007	178/327
8	《框架语义学:理论与应用》	潘艳艳	《外语研究》	2003	175/227
9	《框架建构理论透视下的国外主流媒体涉华报道——以英国〈卫报〉2005 年关于中国的报道为分析样本》	张咏华、殷玉倩	《新闻记者》	2006	161/201
10	《论欧文·戈夫曼的框架思想》	肖伟	《国际新闻界》	2010	139/369

续表

引用排名	论文题名	作者	来源	发表时间	被引次数(截至2020/截至2023)
11	《框架理论对语境动态研究的启示》	朱永生	《外语与外语教学》	2005	127/160
12	《新闻框架理论探析》	刘泽江	《大学时代》	2006	120/154
13	《新闻传播框架理论研究》	何翔	新疆大学新闻学硕士学位论文	2009	119/174
14	《简析框架理论》	高芳	《青年记者》	2008	114/161
15	《近年新闻传播领域框架理论研究综述》	王培培	《青年记者》	2009	110/180
16	《框架理论与意义识解》	马伟林	《外语与外语教学》	2007	109/142
17	《框架理论及其在话语分析中的应用》	韩晓玲、陈中华	《外语与外语教学》	2003	101/126
18	《框架转换与意义建构》	李勇忠、李春华	《外语学刊》	2004	100/117
19	《隐喻与政治:〈人民日报〉元旦社论(1979—2004)隐喻框架之考察》	黄敏	《修辞学习》	2006	98/163
20	《框架理论在新闻报道中的应用》	王雷、申丛芳	《东南传播》	2009	90/148
21	《自我框架、风险认知和风险选择》	张文慧、王晓田	《心理学报》	2008	82/101
22	《框架理论视野下的道德叙事》	张晓东	《全球教育展望》	2005	71/85
23	《香港中文报纸中的中国内地新闻:新闻文本的框架研究》	陆晔	《新闻大学》	1998	71/99

　　* 来源:本研究整理排序。按本研究提案时(2020年4月24日)的被引次数顺次。最右栏附以本书定稿(2023年10月25日)时的被引次数作参照。

　　就所在学科观之,跨学科和跨领域的综合特征明显。如表3-2所示,三分之二文献出自新闻与传播学专业期刊,余下三分之一来自心理学、语言学、翻译学、经济学、教育学等相近学科的强相关议题研究,如《从框架理论看翻译》(潘艳艳,2003)、《框架理论对语境动态研究的启示》(朱永生,2005)、《框架理论与意义识解》(马伟林,2007)、《框架理论及其在话语分析中的应用》(韩晓玲、陈中华,2003)、《自我框架、风险认知和风险选择》(张文慧、王晓田,2008)、《框架理论视野下的道德叙事》(张晓东,2005)等。

就新闻传播学领域所涉研究议题观之,主要有"概念厘清""个案"(尤其形象框架)"邻近学科的框架应用启示"等三类。首先,排名前三的论文《大众传播学的议程设置理论与框架理论关系探讨》(张洪忠,2001)、《框架分析:一个亟需澄清的理论概念》(陈阳,2007)、《框架理论发展 35 年文献综述——兼述内地框架理论发展 11 年的问题和建议》(孙彩芹,2010)均为概念厘清类议题。

其次,媒介框架的国家形象(包括内地在香港媒介中的形象、中国在英国媒介中的形象等)、城市形象、党员形象与精英形象,既是研究热点也是引用率热门。

再次,来自心理学、语言学、翻译学、教育学等相近学科的强相关议题研究,多在解读框架理论对翻译、语境、话语分析、认知、隐喻、叙事之启示与贡献,恰也能为媒介框架理论所涉话语分析技巧输送所需基础知识养分。

就文献来源而言,专业期刊与高校学报等各种类型均有。虽然大陆各级科研管理机构认可的核心期刊占多数,但也有个别普通期刊。引用率最高的文章来源期刊《西南民族学院学报(哲学社会科学版)》之影响因子并非顶尖,可见研究选题和论文质量才是主要入围因素。

就理论创新而言,上述文章多聚焦于介绍框架理论的概念、定义、研究典范、分析路径、研究方法以及其在传播学的应用,最终均止步于呼吁概念厘清和理论重构的紧迫性的口号,至多假设几个发展方向而无甚实际行动。

值得一提的是,自 1998 年至本研究提案时的大陆高被引论文(仍见表 3-2)中,引用率最高的框架研究论文《大众传播学的议程设置理论与框架理论关系探讨》(张洪忠,2001)(中国知网引用率达 589 次,数据截至 2020 年 4 月 24 日,下同)也是发表时间最早的后设理论研究,其内容被视为"与美国传播学界的研究内容基本一致"(刘强,2015,页 20)。该论文与上述黄旦的"现实建构"框架理论专章(中国知网引用率达 1262 次)、潘忠党(2006)的《架构分析:一个亟需理论澄清的领域》(中国知网引用率达 164 次)一文,以及中国人民大学新闻学院陈阳(2007)所写《框架分析:一个亟需澄清的理论概念》(中国知网引用率达 511 次),曾被刘强(2015)认为是"初步奠定大陆框架理论研究的方法与思路"的四篇，虽然在"独立批判精神和理论创新"上稍嫌欠缺（页20）。

除此四篇外的其他研究论文，尽管多多少少对拓展"中国传播学界把握国际前沿信息"的视野有所贡献，其研究质量似犹未达到学术论文所要求的"准确""完整""系统"基本条件，尚有改进空间（刘强，2015，页20）。

从引用和被引用率上亦可一窥端倪。自1998年发表第一篇框架论文至今，大陆传播学者的框架后设理论研究成果寥寥，"走出去"表现不佳，几乎从未对外输出观点到台湾、香港以及海外其他地区传播研究的参考文献列表中；"引进来"同样坎坷，对海外相关研究成果多有误读。由此反映出大陆学术的"研究深度及规范程度稍逊"（苏钥机等，2013，页54）。与香港"努力跟外地接轨"、台湾"呈现自成体系的状态"相比的大陆学术界总体呈现未开放发展的封闭型系统特征（苏钥机，1995）。

更严重的问题或在研究本身"严重缺乏规范"（金兼斌，1999，页18），其传播学术水平在大陆、香港、台湾被公认为较落后，具体表现在研究者的"实证精神不足"而"流于玄虚主观"（陈韬文，1992），学术修养"还没有完成从人文学科向社会学科"的转轨（吴文虎，1994，页131）；方法论"显得随意""尚未严谨和系统"、方法交代"不够详尽"（潘忠党、朱立、陈韬文，1997）；写作上"未脱离叙述和凭空议论的风格"，行文的格式与内容均"与西方学术传播要求相去甚远"（苏钥机，1995），就连学术评估中的匿名评审机制都还距离"公平"和"完善"尚有一段距离（郝晓鸣 语，2016年9月17日；转引自陈韬文、程晓萱，2017，页27）。

进入21世纪后，时任香港中文大学新闻与传播学院教授、复旦大学新闻学院讲座教授的陈韬文（2008）应邀参加"三十而立：中国传播学之未来"学术圆桌会议时指陈，大陆传播研究缺乏规范"差不多是国内外学者的共识"，具体表现在"作者对某一现象提出个人意见""从形式到内容更像感言或杂文"的"拍脑袋式文章"和"论文评论化"之风盛行，"失范之作""低水平的高度重复性研究"充斥坊间（页2）。

陈韬文的同事苏钥机（2013）曾带领香港中文大学十多个博、硕士生，对大陆、香港、台湾暨海外与华人传播有密切关系的11本期刊自2006年至2011年间发表文章进行内容分析和引用分析研究，发现上述现象近年来仍未改善，即便"实证意识不断增强"且"开始重视量化资料的积累"，但不少论文仍停留在"资料陈述""方法不够严谨""缺乏理论探讨"层次。

内容丰实程度可从篇幅反映，文章页数统计显示大陆期刊文章的页数最少，平均只有6.1页（按：事实上大陆期刊每页文字数量约比香港及台湾多一倍,但即便乘以系数也只有 12.2 页);香港期刊次之(22.8 页),台湾期刊的页数最多(37.6 页)(苏钥机等,2013,页 53)。①

于前文所述学术评估公平状况,其中作者来源比较集中来自"同一院校",特别是"负责出版的单位",如《新闻大学》是由复旦大学出版(43.0％文章的作者来自本校,下同),《国际新闻界》是由中国人民大学出版(37.2％),《现代传播》是由中国传媒大学出版(30.3％),《中国传媒报告》是由浙江大学出版(23.6％)等(页 44-45)。

至于引文分析的发现则再次证明了本研究前述对大陆框架研究引用与被引用状况的观察,即中国香港、中国台湾、新加坡三个华语社会之间的传播学研究文献互引互动频仍②,而大陆传播学界"相对疏离",可见在"走出去"和"引进来"上遭遇双重滑铁卢的传统。一方面,在三地引述较多的作者在大陆"处于边缘位置"。另一方面,中国大陆引述较多的作者在三地传播学期刊的参考文献中亦"较少见踪影"(苏钥机等,2013,页 55)。

以上述标准反观,高引媒介框架论文风评亦不容乐观。其中,潘忠党(2006)《架构分析:一个亟需理论澄清的领域》和陈阳(2007)《框架分析:一个亟需澄清的理论概念》一度曾被点名批评,乃因其不仅"标题极为相似"(仅有"架构"和"框架"、"领域"和"理论概念"有指代差异,句式和内容几近雷同,都强调框架理论是"亟需澄清""亟待澄清"的概念和领域),且均对具体如何澄清框架概念"没有给出明确答案",甚至各自以新的解释引起"新的误读和混乱"(刘强,2015,页 21)。

同样被点名批评的还有引用率排名第三的北京大学新闻与传播学院2009 级硕士研究生孙彩芹(2010)所著《框架理论发展 35 年文献综述——兼述内地框架理论发展 11 年的问题和建议》一文。该文因仅凭 18 条参考文献且英文引文仅 3 条就定论"35 年"时间跨度的理论发展脉络,而被斥为患有大多数相关研究大陆论文之通病,即"鲜见引用戈夫曼原著原文""直接引用国外

---

① 就别个别期刊而言,大陆的《现代传播》平均每篇文章 3.7 页,为样本期刊中最少;台湾的《新闻学研究》论文平均每篇页数长达 39.3 页,为最多。见:苏钥机等,2013,页 53。

② 中国传播学界存在"中心"与"边缘"的发展不均衡现象,体现在被引用较多的中国传播学者较集中"在香港、台湾和海外"。他们的共同特征是"无一本土培养""均在美国大学获高等学位"。这说明,中国传播学界的话语权仍掌握在"西式教育(尤其是美式教育)的港、台和海外学者"手中,而本土/大陆学者则处于"较边缘位置"。引文分析所得的引述较多期刊出处亦映照出同样的"西方霸权",即引述较多的前十位期刊中"六本"均来自美国。见:苏钥机等,2013,页 54-55。

一手文献的也不多"①（刘强，2015.05.27）。

综上分析，刘强（2015）得出"海峡两岸"对框架理论的引进和研究不过尔尔，都在一定程度上失之"粗浅""偏颇"、多有"曲解"和"误读"的结论（页 20）。具体"海峡对岸"的台湾之研究质素如何，刘强（2015）并未经由直接解读原文而作步步为营之独立观察，而只是透过潘忠党（2006）的论文间接获悉"中国海峡两岸框架理论的研究始于 1995 年台湾钟蔚文和臧国仁教授发表《新闻的框架效果》论文"、"海峡两岸第一部研究框架理论的专著是臧国仁 1999 年出版的《新闻媒体与消息来源——媒介框架与真实建构之论述》"后，就得出中国海峡两岸框架理论的研究"大致是同步的""稍后于美国传播学界"之结论。

这一论断与上文爬梳之政治大学"专家生手"研究小组代表的台湾建构论典范黄金年代事实不符，亦与前文引述之台湾媒介框架研究在 1990 年代就"达到了很高的水平"且"出现多部经典研究"（见杜涛，2014，页 46-47）之考察结论截然相反。

无论如何，刘强（2015）一文反映出大陆传播学界之普遍现象，即无论"专家生手研究小组""黄金年代"，抑或那些"达到了很高的水平"的"多部经典研究"，上述台湾媒介框架和社会建构论研究的累累硕果在大陆鲜为人知且被严重低估。能见度较好的唯有臧国仁（1999）专著之《新闻媒体与消息来源——媒介框架与真实建构之论述》（中国知网引用率达 1,062 次），却如前文所述，被臧国仁本人发现新闻文本内容被直接误当成新闻框架（臧国仁，上课讲义，2016 年 2 月 27 日）或框架分析与内容分析被混为一谈之认知错位。

三、小结

自 1998 年大陆首篇媒介框架研究期刊论文发表后初始阶段的缓慢增长，到 2007 年前后党的十七大春风吹又生、逐年翻倍明显上升至今未衰，然而这一改革的产物在大陆欣欣向荣之势仍难掩疲态。这一方面体现在对西方英语学界的误读，另一方面体现在对"对岸"台湾传播研究框架研究的无知，二者交互作用加剧了大陆媒介框架研究的"闭门造车"与"自说自话"（刘强，2015.05.27）。

---

① 这些观点部分出自刘强（2015）刊登在《中国出版》的论文《框架理论：概念、源流与方法探析——兼论我国框架理论研究的阙失》，该论文刊登时曾有删节，未删节版另载于《中国艺术人类学》网站（2015.05.27）。其中，针对孙彩芹（2010）一文的批评在正式刊登时被删，但仍保留在未删节版（刘强，2015.05.27）中。

究其原因，"语言差异"带来的隔阂与"随意翻译和演绎概念"的治学之风难辞其咎。具体而言，一因经典文献译介缺席，在读不到中文译介又不愿费力阅读英文原典的前提下，做研究自然只能"随意发挥""随意性演绎"，以致于"越来越深地走入误区"（刘强，2015，页21）。二是欠缺理论高度，尤其匮乏从"整个传播学理论建构的高度"来把握框架理论的意义（页20）。三或与海峡两岸长期以来的政治、经济、文化交流的特殊状况有关。

多年来，台湾传播学人的智识结晶和繁体版专著孤本常被锁在大陆部分知名传播学府的港澳台、海外译介的馆藏专柜（按：非重点的一般新闻学府图书馆甚至连孤本都少有典藏），数量稀缺、供求紧缺、借阅机会少之又少，以致于绝大多数大陆传播学人都只能通过人云亦云的多道手转引揣摩"臧国仁的高中低框架结构"真义为何，然而终究难逃脱前文所述"叶公好龙"之误读悲剧。

第三节　星星之火：
香港、澳门及海外地区的中文框架研究

相较台湾传播学界框架研究的曾经辉煌、大陆传播学界框架研究的春风吹又生，香港与澳门的框架后设理论中文研究则显得"烟涛微茫信难求"，迄今未有专门针对其中文传播学界框架研究文献的内容分析，仅有两位学者的"两文一书"。"两文"指香港地区《架构分析：一个亟需理论澄清的领域》（潘忠党，2006）、澳门地区《媒体框架分析法的变化趋向》（陈怀林，2014）两篇论文，一书则指澳门地区《笔尖上的中国：重大事件和国家形象的新闻框架分析》（陈怀林，2016）。

两位作者中，潘忠党曾在港执教，多年来往返于威斯康星、香港、内地三地。陈怀林当时任教于澳门大学传播系，已获传播学博士学位10年，其读博母校母院正是同为框架专研学者的潘忠党、舍费勒任教的美国威斯康星大学麦迪逊分校。

一、在香港：潘忠党的贡献

潘忠党的论文《架构分析：一个亟需理论澄清的领域》（2006）发表阵地《传播与社会学刊》由香港中文大学与香港浸会大学两个传播研究与教学重镇合办，以"鼓励原创性的传播理论探索并发表原创及优秀的研究成果""为陆港台及海外华文传播研究者提供一知性探讨的平台""倡导跨学科传播学研究，促

进华语传播学术主体的发展"为创刊宗旨,创刊号的开篇研究论文即为潘忠党(2006)专文。但该刊创刊至今十多年来,所刊研究论文几全以社会的传播现象为对象,且多为有调查所得经验数据的个案研究,后设纯理论研究只有潘文一篇。

潘忠党(2006)提出"架构"译法来代替"框架化"(framing),讨论了"架构分析"(framing analysis)的理论基础和基本命题。他指出,架构分析自1993年起被恩特曼概括为"破裂的范式"之后,学者们试图整合新范式的努力至今"成效甚微"(页19)。即便潘文本身也无能力将"在自己熟悉的领域内孤立耕耘"的各个孤岛"认识表达为一个逻辑一致、结构简约、具有解释或诠释能力的理论",而只能"对文献进行力所能及的整合"(页37)。最终,潘整合综述了框架在新闻中的呈现、架构效应及其心理机制、架构在话语行动中的结构作用等三大研究范畴的文献。

二、在澳门:陈怀林的贡献

然而,在澳门大学陈怀林(2014)看来,潘忠党(2006)提出的整合动态视野下的三大研究范畴后的8年间,只有话语即框架在新闻文本中的呈现得到"相对充分的研究",另两项研究还停留在"初始的阶段",意味着"受众调查""心理学实验""脑神经信息传导"等新方法和新研究将"大有可为"(页946)。

陈怀林(2014)独撰的《媒体框架分析法的变化趋向》一文出自华人传播学者合著的世界传播学前沿研究大全书《传播学新趋势》(洪浚浩编,2014)合辑的压轴之作,足见框架研究在近20年传播研究中的重要地位。陈怀林指出,框架研究的"超常发展"与三个因素相关,一是"传播技术发展"便利了"传媒内容的取得和分类",二是"新的理论视角和理论概念"提供了"延展甚至替代旧的研究范式的可能性",三是"兼容并蓄和相对宽松的操作规范"降低了"该研究的入门标准"(页929);尤有甚者,大陆和港澳台在内的大中华地区可以说是媒体框架的"多样化地区"。

陈怀林(2014)详尽梳理了近四分之一世纪以来的媒体框架研究的外在特征。其一,选题,主要来源是重大和有争议性的新闻事件,国内事件以吸引舆论注意力为主导,国际事件则集中在中东冲突及相关事件,选举与政治议题位列单一事件之首。其二,媒体类型,以平面媒体居多,视听媒体、新媒体框架研究偏少。其三,研究方法,框架概念操作化采恩特曼(Entman, 1993)框架功能定义,查证指针体系采马瑟斯(Matthes, 2009)研究为基础,其中对媒体框架的前因(框架产生的情境因素)后果(阅听人调查或实验)的论证被认定为判别研究是否有理论导向的关键。反之，仅仅指认媒体框架的论文往往被归为"非理论性的低层次研究"，此外"框架类型""分析单位""量化或质化方法取向"也可以成为方法组合变量（页945-956）。

大中华地区的媒体框架研究前景为陈怀林（2014）特别看好。他指出，在框架分析理论起源的美国和多数西方国家，政治、社会、经济、媒介所有等制度"相对稳定"，新闻报道框架也"相对固定"，框架与框架之间大同小异如"茶杯里的风波"，相应的媒体框架研究也"趋向精微甚至琐细"。相比之下，随着中国的崛起，经济地位和政治影响力迅速提升，使得发生在华人地区的新闻更受瞩目。又因大陆内部的"急剧社会转型"、大中华各地区之间尤其是大陆、香港、澳门、台湾的同根同源却不同的政治经济宗教文化、大中华与其他国家之间的地缘政治互动，各类媒体对同一新闻事件的报道框架"大相径庭"甚至"完全对立"，各地阅听人选择性地"接触""接受""排斥"或"整合"不同的新闻框架。如此"丰富多样""对比强烈"，堪称框架研究学者们"梦寐以求的理想研究现象"。身处如此百花齐放的本土化土壤，若能汲取"世界一流传播学框架研究的经验和学术规范"，假以时日，努力耕耘，中国学者或能对媒体框架分析研究"作出独特的贡献"（页946-957）。

两年后，澳门大学出版社推出陈怀林（2016）主编的《笔尖上的中国：重大事件和国家形象的新闻框架分析》，则是典型的框架应用研究合辑。该书遴选21世纪初发生在内地、香港、澳门和台湾的13个重大争议性事件报道作为研究个案，题材涵盖内地孕妇来港产子、香港两位特首候选人僭建事件、毒奶粉和塑化剂事件、陈水扁案件、2012年重庆事件、"钓鱼岛争端"、谷歌退出大陆事件、温家宝和布什遭遇掷鞋事件，以及美国《时代周刊》和德国《明镜周刊》对华报道的变化等。

在研究方法上，这13个研究采实证量化分析为主，对大中华地区和国际主流传媒的新闻框架作跨越不同地区、不同传媒体系、不同年代和其他同类事件的比较分析，并论证了新闻框架与意识形态、地区文化、媒体性质和受众市场等因素的关联。

在目录编排上，所归第一类是澳门、香港和台湾重大事件报道框架分析；第二类是大中华地区传媒对中国内地重大事件新闻框架的比较；第三类是国际主流媒体对中国国家形象的报道及其变迁。这三类视角分别代表自我报道、平行报道和对外报道，淋漓尽致地体现了移步换景、互为镜像的叙述手法。

然而，综合对照编者陈怀林（2014）一度推崇具"前因后果"的"理性""高层次"媒体框架之判断标准（页956），该书（2016）一方面在研究方法的量化分析为主设计上更接近于内容分析，而非质化为主的框架分析取径；另一方面，应用研究为主的定位使得该书的理论建构和方法论突破均略失式微，足见理论建构与践行之间的无缝对接总有一段距离仍需跋涉。

三、中文的萧条：港澳两地的英语发表导向之果

无论陈怀林（2014，2016）在理论建构上的雄心勃勃、在应用实践上的有心无力，还是潘忠党（2006）自谦的"无能力整合"（页 37），抑或陈怀林（2014）批判潘忠党所提的框架研究范畴在八年间只有"话语"（即"框架在新闻文本中的呈现"）得到"相对充分的研究"，不可否认的事实是，中文框架研究在澳门、香港两地既无质的突破，亦未形成可观的教学研、传帮带规模效应。

中文框架研究在两地的萧条，或与香港院校"鼓励以英文发表"且"以前（按：指 2006 年《传播与社会学刊》创刊之前）没有本地出版的中文期刊"，澳门亦多年来以英、葡语为主流学术语言纳入西方主导的全球学术话语体系有关（苏钥机等，2013，页 44）。这些具体表现在本土学术社群在研究身份上更倾向于自我定位为北美、欧洲等"学术中心"传播学研究的"动态外延"，研究传统上更注重和英语世界的传播研究"学术中心"对话，研究旨趣则偏好输出在地华人社会个案研究为西方传播理论脚注等（金兼斌，1999，页 22）；长此以往，纯后设理论研究讨论气候之日渐稀薄几成必然。

本章结语：起点有差，未来已来，典范分布不甚均匀

本章考察源自西方的框架理论在中国传播学界的落地与嬗变，一方面追问西方理论如何入驻东方学界，另则探索中文学术研究成果是否为世界所见。在重演知识的跨语言和跨文化旅行的过程中发现，框架研究在中国台湾起步早且起点高，研究社群互动紧密，研究成果高质且方向多元、凝练，教学研相长，拥有过整个 1990 的"黄金时代"研究热潮又迅速冷却、沉寂。

而在大陆，框架研究被视为改革产物，随中国改革开放春风欣欣向荣至今方兴未艾，理论建树上则始终亦步亦趋，止于创新口号而不见创新行动，其学术规范与研究水平仍与中国台湾、中国香港两地有较大差距，且呈封闭式、边缘化的特征。

至于在中国香港、中国澳门及其他海外地区，不论中文传播研究或是关于框架的后设理论研究都如星星之火而未能燎原。可以说，框架研究在大中华几个区域的起点有差，未来已来，只是类型典范分布得有点儿不均匀。

　　然而,无论台湾框架研究的曾经辉煌、大陆框架研究的假性繁荣、香港框架研究的未成气候,还是国际传播学界框架研究的众声喧哗,综观世界各地的框架研究发展,直至今日不仅没有解决概念零散和典范破碎之难题,反而像传播研究一样陷入"智识贫瘠""逐渐凋零""内涵褪色"困局(见 Peters,1986,p.544),且留下诸多未竟之问,包括前述大中华地区框架研究"分布不甚均匀"及其所体现出的典范差异问题。

　　如何理解这些典范之间的差异? 陈韬文(2012)视之为社会科学学说的条件性,即"理论会因时空的转变而相应变化",且这种时空不仅限于"国际的比较"兼也发生在"国内时空的变换"(转引自:罗文辉,2012,页 8)。

　　郝晓鸣(2017)的观点更具对策性,他回应华人传播学术期刊的地区间典范差异时指出,"不能简单地用好坏和高低区分",而应"寻求相对统一和稳定的学术评估体系",具体路径是透过"海峡两岸暨香港及海外学者更多交流",此亦有助于本研究理解媒介框架理论在华旅行的地区间典范不均匀(转引自:陈韬文、程晓萱,2017,页 27)。

　　无论如何,典范,始终是框架研究绕不开的关键词。

第四章 革命之路：
科学典范转移与框架研究典范变迁

—— 旧学商量加邃密，新知培养转深沉（朱熹，1130——
1200）。

—— 不同于自然科学典范的可视化，传播研究、文化和概
念之典范的不可共量性通常难为肉眼所见（Wang,
Kuo［汪琪、郭振羽］，2010，p. 158）

—— 传播学术社群在理论基设与途径选择上所面对的景
况，并不全是典范转移与替代的问题，而是在多元典
范并置之下，藉由不同理论与途径的架接，拓展其对
传播现象的理解（倪炎元，2003，页80）。

自从1993年恩特曼以"破碎的典范"（fractured paradigm）为"题眼"，在
国际学刊 *JoC* 发表全世界首篇媒介框架后设理论研究期刊论文《框架化：澄
清破碎的典范》以来，"典范的破碎"之争就成为热门议题，国际传播学界几乎
每隔几年都不免抒发对其何去何从的关切，如前文所述在2011年 AEJMC 会
议突发"叫停框架"的呼声，另如2019年 *JMCQ* 学刊组织了"超越框架"笔谈
等均是。

但何谓典范？框架理论有无典范？典范真的碎了吗？为何而碎？碎成了
什么样？碎过之后能否重圆？为回答上述问题兼而厘清"破碎的框架典范"最
初如何界定，本节拟从重（chóng）访精读恩特曼专文及相关重（zhòng）要文献
开始，次则讨论典范之含意，以期说明框架理论如何/是否得以成为传播学科
之研究典范。

第一节　重访恩特曼: 一个被误读多年的学科振兴纲领①

"重访恩特曼"借用"重"字一语双关。一方面,意指访问对象、美国政治传播学者恩特曼在媒介框架研究史中的重(zhòng)要地位。恩特曼被不少学者视为"最重要的框架学者",其 1991 年空难事件框架比较研究是"案例研究经典",1993 年媒介框架后设理论研究论文至今仍是"引用率遥遥领先的文献"(杜涛,2014,页 42)。另一方面,"重"字又特指此访非初访,而是一读再读代表作《框架化:澄清破碎的典范》(下文简称"《框》")的重(chóng)新访问。

一、开山级重要文献《框》:媒介框架后设理论研究的里程碑

《框》文何以值得重访? 一因拓荒补白。作为国际传播学界首篇媒介框架后设理论研究期刊论文,该文无论是选题还是内容均具开山级的里程碑意义。文章针对社会科学领域的研究碎片化现象,呼吁并建构框架研究典范蓝图。

二因学理贡献。该文及所作"框架是选择和强调"之定义多年来位居中英文传播学旗舰期刊引用率前茅,所提炼"诊断""归因""评价""处方"等四大框架功能为框架个案操作性研究广为采纳。上述主要观点近 20 年来谷歌学术引用率高达 25,193 次(截至本书定稿 2023 年 10 月 25 日),影响力跨时空经久不衰。

三因话题性。文中所指"破碎化现象"共鸣者众,以致于该文甫在传播学国际旗舰期刊 *JoC* 的 1993 年"领域的未来"(The Future of the Field)专刊发表,就引发媒介框架理论是否已成"破碎的范式"(fractured paradigm)或"分散的概念"(scattered conceptualization)之争多年不休。

而中文传播学界初识"破碎的范式"当要归功于华人学者潘忠党(2006)在《传播与社会学刊》创刊号上的如下引介:

> "无论从哪个角度来说,架构分析(framing analysis)都是一个理论混沌的研究领域。自从美国政治学家 Entman(Entman,1993)将其概括为'破裂的范式'(fractured paradigm)之后,不少学者都尝试

---

① 本节有关重访恩特曼原典之论述,已刊于《浙江大学学报(人文社会科学版)》,见:王彦,2022。

整合文献,以提出一种'架构分析理论'。但是,这些努力至今成效甚微。"(潘忠党,2006,页19)

由潘氏(2006)评述可提炼出至少三个论断:一是为区别于名词"框架"(frame)而将"framing"译为"架构",后者意指"对'框架'以及建立并使用的框架过程"(页26);[①]二是理解恩特曼(Entman,1993)所指"破裂的范式"是框架理论面临的危机,但犹未详述其为何破裂与怎样破裂;三则暗示"提出一种架构分析理论"何等艰辛,且点明恩特曼之后有数代学者前赴后继地试图整合典范之努力,迄今实也"成效甚微"。

后继研究者(如陈阳,2007;杜涛,2014;刘强,2015;王彦,2017)在引用恩特曼时亦多延续潘氏首引之"框架是一个分散的概念、框架分析是一个破碎的范式"等相近观点,然也鲜少进一步说明恩特曼具体指陈的框架概念究竟如何分散而框架研究典范又是如何破碎。

唯杜涛(2014)在专著《框中世界:媒介框架理论的起源、争议、与发展》中,以两页整篇幅引介这篇"在新闻传播学界极有影响力的论文"。书中概括《框》文的主旨是以媒介框架理论为例,倡导传播学科通过"整合散落在不同学科中的理论和概念"给予"最严格、全面的论述和探究",最终可望成为对人文社会科学"做出独特贡献的主导学科"(页88-89)。

我们迷惑,前文所述 AEJMC 年会(2011)和 *JMCQ* 学刊(2019)前后八年的"叫停"和"超越",是否代表国际传播学界在隔空喊话恩特曼谓之"破碎的范式"? 历经无数的"类'破碎的范式'之争"后,媒介框架研究下一步何去何从? 此"破碎"是否彼"破碎"? 到底恩特曼在写《框》文"破碎的范式"时写了什么? ……

上述谜题自《框》文面世以来一直未有探究,然而,却是追溯媒介框架元理论研究无法回避的逻辑起点。为回答问题,下文拟采文本细读法和文献穷究法。一方面,重点访问《框》文,深入脉络精读,以期厘清"破碎的范式"最初如何界定。另一方面,爬梳自1993年该文发表以来的相关重要文献,藉由文献视域融合,重新审视该文学术价值,再出发探索媒介框架理论和传播学科的未来。

---

① 潘忠党的"架构分析"命名迄今仅属一家之言,未被广泛采用。而且,不论"frame"还是"框架",在英文、中文语法中均具有动词和名词的双重词性。所以,本书仍选用"框架""框架化"的译法作为核心理论的关键词。

二、恩特曼的"大师"之问:框架作为传播学科振兴纲领

(一)恩特曼之问:传播学科何以成就"大师型学科"?

让我们且从分析恩特曼原文开篇语开始(以下各段均摘自 Entman,1993,pp.51-58;译文均出自本书):

> "曾有观点认为,传播学科由于缺乏核心知识而在社会科学界地位低下。对此我建议,可将表面上的弱点转化为强项,具体做法是明确我们的使命并汇集那些分散在其他学科的洞见和理论。藉由集合新的思想,传播学科可以成为具有主导性的'大师型学科'(master discipline),统合相关理论和概念使之接受最严格、最全面的诠释和探索。"(p.51)

这句起笔以统摄性视角审视了传播学科在整个社会科学研究领域的地位与出路,承认传播学科"核心知识"匮乏,在社会科学领域地位不高。唯自觉自主"整合研究典范论述"并打破学科壁垒、引介至不同学科领域检验其效用的做法,能"适切地提升传播学科的理论强度",向其他学科输出"大师型理论"(master theory)而反转地位成为整个社会科学领域的主导性"大师型学科"(master discipline)(p.51)。

如是开篇定调,足见恩特曼撰此文实有大志,旨在为边缘学科传播学谋划振兴纲领,即通过贡献"大师型理论"来树立其"大师型学科"主导地位(p.51)。

(二)恩特曼自答:"框架理论"有望成为"大师型理论"

随之而来的问题是,哪个理论堪当此振兴大任? 第二、三段自答:框架(p.51)。

1. 为什么是框架? 何为研究典范?

传播理论这么多,为什么单"框架"成为经典案例? 因其在实证上足够有用,却在规范上不够清晰。"有用"体现在适用性很广。尤其在媒介研究领域,框架概念从传播者角度可使记者更好地理解客观性内涵而更好地建构新闻,从受众角度可为优势意义解读提供操作化定义,从研究者角度可指导新闻报道内容分析的编码等。"不够清晰"才能给理论创新留足有为空间,包括框架的内涵、框架如何运行等规范性议题(p.52)。

在恩特曼的想望中,只有将框架理论建构成一种"研究典范",才能解决实证和规范的矛盾,进而对所有人文社会科学都有所贡献。"研究典范"在此可

被理解为"通用理论"，其功能是澄清"分散的概念"，整合"破碎的范式"，平息"理论的争议"，将之提炼发展成更"统一"的概念体系、整合性理论以及公认理解，进而告知学术界"大多数任何特定思考和行动系统的操作和产出"。

2. 怎样"做框架"？

恩特曼所提的框架理论研究典范从理论内涵、运作机制、应用领域等三方面展开。

（1）理论内涵：关于框架和框架化的两内容、四功能与四位置

在社会运动学者甘姆森（Gamson，1992）所探索的"因果诊断""道德评估""对策建议"等框架典型功能基础上，恩特曼（Entman，1993）进一步完善"问题定义"，构成四大功能，并指陈传播学科常用的媒介框架通常栖身于"传播者""文本""受众""文化"四个位置，其本质是"选择"与"强调"[①]：

> "框架就是选择可感知的一些现实面向，在传播文本里强调它们而使之变得明显（salient）[②]。"（p.52）[③]

在框架的四个位置中，个人在观念系统（通常也称为"基模"）的指引下有意无意形成框架化判断，"传播者"最终决定有何可说，"受众"最终决定有何可信。"文本"通过选择性地操弄一定的关键词、刻板印象、消息来源而有所强调，形成文本框架。"文化"则是社会成员在言论和思想中共同援引的"框架储蓄库"（pp.52-53）。[④]

恩特曼特别强调两个规则，其一是框架的四大功能未必面面俱全，不同框架包含不同功能，而文本可能包含一个以上、也可能一个框架功能也无。其二是，框架在四大位置之功能相似，仍是选择、强调并借此建构起关乎四大功能的整套论述（pp.52-53）。

（2）框架如何运作？"强调"是主要机制和效果

恩特曼（Entman，1993）整理 1984 至 1993 十年间的框架研究相关文献，综述框架的主要运作机制是"强调"。"强调"者，使显著也。在恩特曼笔下，作为动词的"highlight"与名词的"salience"交替出现，均为强调、显著、使显著化

---

① Entman（1993）原文将上述引号内容以斜体标注以示强调。

② 在英文中，形容词和动词之 salient 与名词 salience 属同一词根，均为"强调（的/地）""明显（的/地）""显著（的/地）""突出（的/地）"之意。

③ Entman（1993）原文对此段斜体处理，意同加粗强调。

④ 又译"框架库"，见郭晓安，2018；或译"框架积蓄"，见周鑫，2014。

之意,具体手法有放置显著位置、重复或将之连接到熟知的文化表征符号等。

因文本和受众的交互作用,"强调"机制兼具强大性与有限性。前者(强大性)体现在信息越受强调、越为显著、社会影响力越大,则其框架效果必然越强大,引发受众的相应感知、辨别、记忆越为强烈(p.53)。如甘姆森(Gamson,1992)观察到,当框架被接纳到集体认同后,就能发挥巨大社会影响力。一旦广为公众接受就意味着绑定在"集体的镇石"而对其他类型话语产生排他性,传播者再使用其他框架就有风险(p.55)。

框架的"有限性"则与传播学的有限效果论原理相近,指受众能与多少文本信息产生共鸣,取决于本身的认知自主性及其认知基模与文本的契合度。如果文本强调的部分恰属受众格外重视的敏感信息,那么即便该信息在文本中毫不起眼仍可能受到注意;反之,无论多么显著的信息都易为受众忽略(p.55)。

(3)框架概念一致化的好处:场域的应用

框架概念的应用场域包括但不限于决策、问卷、谈判以及健康传播和政治传播等公共生活情境。如以下两个健康传播案例分别体现了强大框架效果和有限框架效果。

案例一"亚洲疾病方案实验"源于卡内曼、特沃斯基(Kahneman & Tversky,1984,p.343)[①]为检测框架如何左右人们的决策,假设美国即将爆发的不寻常亚洲疾病可能导致国内600人死亡,而先后以"存活""致死"作为两次实验的强调重点,发现第一次实验"将有200人存活"的方案A以72%高票远远优于"将有1/3概率存活,2/3概率无人存活"的方案B,而第二次实验"将有1/3概率无人致死,2/3概率有人致死"的方案D也以78%的压倒性票数远远优于"将有400人致死"的方案C,"生动地说明"相同讯息的不同框架会导向不同决策效果(Entman,1993,p.54)。[②]——基于上述系列小实验(Kahneman & Tversky,1979,1984,2013;Tversky & Kahneman,1981)而建构的"展望理论"描述了行为经济学的风险与报酬信息框架如何影响决策

---

①　事实上,"亚洲疾病方案实验"的出处可再往前追溯三年。见:Tversky & Kahneman,1981.

②　若细看先后两次实验的四种表述,其背后内容实是一样:总数为600人,选项A的"200人存活"意味着余下的"400人致死"(同C),而200人也相当于总人数的"1/3概率"(同B),1/3概率的存活也同于"无人致死"(同D)。但因同一实验分别采用了"绝对人数"框架、"或然率"框架,而在不同实验则各以"存活"框架、"致死"框架区分,最终导向截然不同的选择率。

(frame a decision),从而使卡内曼获颁 2002 年诺贝尔经济学奖。①

案例二"艾滋病测试问卷调查"则证实了受众特质对框架效果的影响。公民素养较高的受众会抵制回答框架过于片面的问卷,独立思考能力越强的受众越不易为文本所框架(Zalle,1992)。另一方面,对于普通受众而言,他们的价值观极易受测试问卷框架的影响。当问卷框架的公民自由权重较大时,多数普通公众会受此自由框架影响而支持艾滋病患者的人权(参见 Sinderman,Brody & Tetlock,1991)。

在政治传播领域,新闻文本的框架可谓"权力的印记",对形塑集体认同和公众话语的威力非常强大(Entman,1989;参见 Riker,1986)。以伊拉克和科威特战争时期的美国对伊拉克政策战前辩论为例,当时美国精英阶层、美国媒体对伊拉克侵略的问题定义、因果分析、道德评估的新闻框架已口径一致,唯在补救措施框架尚有"马上打仗""马上制裁且可能随后战争"两种。超出上述讨论范围的其他观点常被视为不具新闻价值而未被公开报道,也就没有多少支持者。这意味着,除非精英阶层或新闻媒体有动力去扩大框架,否则其他话语都不可能见诸报端或影响政策(Entman & Page,1994)。

3. 框架作为"通用理论":大众传播及跨学科的研究典范

在《框》文的最后一部分,恩特曼(Entman,1993)以展望口吻呼应开篇的"恩特曼之问",即"框架理论"有无可能成为"大师型理论"? 能否反哺传播学科成就"大师型学科"? 能否最终实现传播学科振兴和整个社会科学领域繁荣?

恩特曼并未直接回答上述问题。但他对框架理论研究典范的努力建构,无疑流露出对此理论潜能之信心。他认为,一旦此典范能经由传播学科的澄清、整合而获公认,将可作为"通用理论"(general theory)而在跨学科领域大放异彩。

恩特曼随之详述,大众传播研究的下列四类理论争辩可因框架概念明确一致而受益(pp.55-58):

第一类是"受众自主性研究"。如前所述,普通受众较易受到文本框架影响而独立思考能力强的受众不易为文本所框架,这种受众自主性与框架效果

---

① 有别于框架在传播学的对象是某个事件、观点或新闻文本(frame an event,opinion or text),在行为经济学中则是"框架一个决定"(frame a decision)。见:Kahneman & Tversky,1979,1984,2013。另,展望理论的另一合作建构学者特沃斯基(Versky)(1937—1996)先于诺奖颁发 6 年前离世,因诺奖不颁给已去世的人,而与之失之交臂。

的辩证关系在多个研究中屡获证实(参见 Kahneman & Tversky,1984;Iyengar,1991;Zaller,1992)。而若框架概念能明确定义,必对译码媒介文本之多义与受众之多样至关重要(参见 Fiske,1987)。

第二类是新闻记者的"客观原则研究"。记者以往不知受制于熟练媒体操纵者的主导框架(Entman,1989;Entman & Rojecki,1993;Entman & Page,1994),一旦理解"分散的对立事实"与"富于挑战的主导性框架"间的区别,必然更有能力建构平衡而不失显著的新闻,令边缘受众也可读到社会议题的不同解释(参见 Tuchman,1978)。

第三类是新闻文本的"内容分析研究"。传统的内容分析研究中,编码员的职责通常只要简单地加权单个类目的分次选项,而无需衡量文本内各元素的显著性。文本框架分析则需对不同立场、程度做深度辨析,只能在确定文本之意义所在的前提下才能识别并描述其框架为何,这对研究者的理解力提出更高阶要求(Entman,1993,pp.57)。

第四类是公众舆论与规范民主理论研究。学者普遍认为是政治精英控制着议题框架,致使框架成为民主进程的核心力量,甚至可以决定公众舆论,甚至代表公众舆论。那么,真正的公众舆论又是什么?当经验证据在框架效果之下显得如此可塑而脆弱,真正的民意又如何能正确地响应舆论(参见 Kahneman & Tversky,1984;Zaller,1992)?

4. 四分之一世纪的回眸:框架研究范式作为核心知识转化个案

时隔四分之一世纪,恩特曼再应邀为 JoC 的"躁动 2018"专刊撰文时,借机申明旧文《框》主旨及具体语境(括号内文字为本书加注):

"在考虑传播学学科地位的特刊(未来 1993 专刊)中,我将框架化写成一个破碎的范式,认为概念强化后的框架研究可以为传播在意识、行为和权力中的影响力提供批判性洞见。"(Entman & Usher,2018,p.298)

概念强化后的框架研究什么样?《框》文勾勒偏向操作化取径的框架研究典范蓝图,却也谦称其"选择""强调"之理论内涵、四大功能、四个运作位置等核心概念建构犹未敲定终结性"确定版本",仅作为"初步贡献"个案演示核心知识可如何转化为统一研究典范,以期为后续框架研究的"框架"奠定基础(Entman,1993,pp.57-58)。

(三)"悲观的读者"框架:框架文献的框架化

尽管恩特曼的操作化理论典范为后来的框架研究广为采纳,其框架定义引用率在主要国际传播学旗舰期刊高居榜首（Matthes，2009），在中文传播学界亦有前五（郭冬阳，2014）。然而，高引用率不等于高美誉度，有三类"悲观的读者"框架甚嚣尘上。

1. 毁誉参半：先驱性研究之功罪

质疑者中较知名的反对党，当属美国威斯康星大学麦迪逊分校传播学教授舍费勒及其合作者、美国斯坦福大学传播与政治科学系教授尚托·艾英格（Shanto Iyengar）。二人评价恩特曼功罪各半（Scheufele & Iyengar，2012）。[①]

谓"功"，乃赞其工作（Entman，1991，1993）为"未来三十年的框架研究"搭建了"舞台"，也对"我们的（传播研究）领域"起到"强有力的催化作用"。

谓"罪"则诟病其框架范式未定义本质，只探讨了"如何做框架""框架里有什么"，却未曾回答"什么是框架"，其"无所不包的（框架即选择与强调）定义"使框架概念模糊不清、令框架研究踟蹰不前。如恩特曼（Entman，1991）早年所作的空难事件框架研究检视媒体如何选择、强调、呈现不同事实和论点而产生媒介效果，藉由统计《时代》（*Time*）和《新闻周刊》（*Newsweek*）的报道版面数量并视为"框架措施"（实为"议程设置"），就是混淆概念的"典型例子"。

20年后，上述"框架措施"（Entman，1991）、"强调框架"（Entman，1993）在概念和操作面向上都备受挑战。批评者们纷纷将传播学界框架研究的偏好与偏差，尤其是将"强调框架"的滥觞归咎于恩特曼（Entman，1991，1993）先驱性研究之罪。有顺藤摸瓜查到强调框架的越界滥用行为来自并"多见于社会学取径"，声讨这种社会学取径的框架标签"太宽松""太复杂"，实质上"无异于议程设置"（Scheufele，2000；Scheufele & Twksbury，2006；Tweksbury & Scheufele，2019）。也有不忍坐视跟"真正的框架"渐行渐远，而呼吁将框架研究从"强调框架"扭正过来，"回归到心理学取径的严格、狭义的同等框架"（Scheufele & Iyengar，2012，p.1-6）。

2. 断章取义："强调框架"遭遇"同等框架"之抗衡

"同等（equivalence）框架"又称"等价框架"或"等代框架"，其学理渊源可追溯到始于1979—1984年间两位经济学者卡内曼与特沃斯基多次合作的"亚洲疾病问题"系列心理学实验（杜涛，2014，页150-151），两年后借由政治传播

---

①　从位列第一章、先声夺人的次序编排，足见框架理论之于政治传播研究的重要地位。然而，学术兴趣的激增，并不预示着对政治传播的理解"有所提高"，至少在框架研究领域仍众声喧哗、偏差甚远。见 Scheufele & Iyengar，2012。

学者 Iyengar(1991)在政治议题电视框架研究中引入到传播学界。有别于强调框架意指所强调的信息即框架（即"框架＝信息"），同等框架对框架的界定是"针对同一信息内容的不同表述"（即"框架＝修辞"）(Scheufele，1999；Scheufele & Iyengar，2012；Liang，2014）。

巧合的是，两年后的 1993 年，备受"同等框架"倡导学者诟病的《框》文，其实也引用了同样的"亚洲疾病问题"个案，其引用文献也来自同样两位经济学者卡内曼、特沃斯基(1984)(Entman,1993,页 54)。不同的是，都是针对"同一信息内容的不同表述"现象，恩特曼并没有使用批评者们倡导的"同等框架"命名，而用"选择—强调"视角解释传播者的框架如何影响到接受者的框架。也就是说，批评者们所批评的《框》文"强调框架"，其实质与"同等框架"异曲同工、殊途同归。

当我们借"同等框架"之批判论点重新检视《框》文时，亦可发现文中所指"强调"既是选择并突出问题的某些面向、同时排除并淡化其他方面的动态框架策略，又是框架形成后再现于文本的静态结果，其内涵并非如批评者理解的那样单一。

内涵之一正如舍费勒、艾英格(Scheufele & Iyengar，2012)所批判，确有厚此薄彼的内容筛选"强调框架"。如在"艾滋病测试问卷"选择并强调部分内容以启动受测者相应基模或者屏蔽相反论述的做法，确是不同框架对应不同信息内容的手法。

内涵之二则与艾英格(Iyengar，1991)倡导的"同等框架"完全一致。《框》文枚举个案中不乏表述不同而内里信息内容相同的框架运用。如均指向"美国即将爆发的不寻常亚洲疾病可能导致国内有 600 人死亡"之意的四个表述，就是以不同措辞来表述同等信息，实际是突破了学科取径、框架类型泾渭之分而贯彻了批评者所推崇的同等框架。

内涵之三却系另起炉灶，无涉"强调框架"或"同等框架"等基础性的定义概念问题，转而侧重框架之间的互动机制。如《框》文援引个案之"伊拉克与科威特谈判的战前讨论新闻报道"，其所探讨的对策框架与阅听框架间的契合度问题，反映的是不同位置框架间的互动机制，与"强调"与否并无关联。

综观全文，《框》文未曾提出单个"强调框架"观点，而重在糅合以不同修辞表述同一内容（同等框架）、选择突出部分内容（强调框架）、不同位置框架之互动机制等开放、多元方法，从而建构并演绎其可延伸作为研究典范的框架。由此可见，所谓强调框架，更接近批评者断章取义式的误读。

多年后，恩特曼援引公共舆论学者詹姆斯·德鲁克曼(James Druckman，

2001a，2001b)将框架分类为"思想中的框架"和"传播中的框架"、将框架效果分为"强调框架"和"同等框架"的观点，指出"同等框架"是心理研究领地，尤其是微观的策略传播实验研究中的重要概念(Entman，Matthes & Pellicano，2009，pp.179-182)。由此回望 1993 年的《框》文，重在观照框架理论成为跨学科的大师型理论之学科振兴纲领，自然不可能拘泥于社会学、心理学取径的门派之见而刻意区分相应取径的强调框架、同等框架。

　　3. 框架已死？典范已碎？抑或只是"多典范研究问题"？

　　回到国际传播学界至今忧虑不已、争论不休的"破碎的范式"之说。与潘忠党等华人学者认同框架理论是研究典范(虽然是破碎的研究典范)的论述前提相左，西方学者舍费勒(Scheufele，1999)一度批评过于倚赖库恩(Kuhn)的"典范"语境会阻碍精确理解框架。迪·安格洛(D'Angelo，2002)也曾质疑框架理论"是否得以构成研究典范"，改而建议以"多典范的研究问题"取而代之，坚称多元与散乱是框架作为研究问题(而非研究典范)的自然状态。

　　然承前文所述，原典正文谓之"破碎的范式"指控的是，框架理论自始就在人文社会科学中"无处不在"而"概念分散"(Entman，1993，p.51)且至今"破碎依旧"(Entman & Usher，2018，pp.298-299)之情状。然而，原典中的关键词"fractured"以及中文对应翻译"破裂""破碎"实指"完整的东西受到损伤而变得不完整"(新华词典，2011，页 390)，与恩特曼(Entman，1993)认为框架理论典范从未完整过的原典原意背道而驰。反倒是文中的"scattered"(分散)一词更接近恩特曼本义。

　　原典亦非宣判框架已死、典范已碎，而更接近一个被轻忽多年的学科振兴纲领。该纲领选中框架理论作为"大师型理论"潜力股，交由传播学科打磨原本分散的框架概念成为完善的理论、跨学科的研究典范，借此提升原本核心理论知识匮乏的传播学科化弱为强，成为社会科学领域中的"大师型学科"。然而，此"双大师"学科振兴纲领之主旨，自发表时起便落入历史的尘埃，近 30 年来无人问津。

　　此"集体的缄默"因何而生？因原典"破碎的范式"之"标题党"框架效应，或潘忠党(2006)译介之"首因效应"？以上多种"悲观的读者"框架又是源自何方？

第二节　重新定义"典范"：
基于《科学革命的结构》的解读

　　"典范"（paradigm）一词出自希腊语的"范例"（exemplars）、"模特"，在拉丁语中位移成"典型范例"的意思，后因科学哲学家托马斯·库恩（Thomas Kuhn，1962）所著《科学革命的结构》（*The Structure of Scientific Revolutions*）一书对"科学典范"（scientific paradigm）的探讨而广为学术界熟知。库恩在书中对典范的表述方式不下"21种"，但其本人坦承对"典范可以是什么"这样的重要问题交代得"很不清楚"，连定义都没有，以致招来诸多批评（金兼斌，1999，页11）。

　　这或许与"典范"概念并非库恩原创有关。依其追溯，"典范"实是借鉴自一些更资深的先驱学者（如 Roller & Roller，1954；Cohen，Newton & Franklin，1956 等）对"科学研究中的信条（dogma）功能"的思考（p.14），描述这些信条是"一个社群的成员所共享的东西"，这些成员"受过同样的教育与养成训练，啃过同样的技术文献，并从这些文献中抽绎出同样的教训"（Kuhn，1962/程树德、傅大为、王道还译，1994，页235-6）。

一、何以为"典"？ 本书对典范的定义及译法选择

　　上文所述"共享的东西""同样的教育与养成训练""同样的技术文献""同样的教训"等偏向操作化的典范内涵，在七年后的《科学革命的结构》日译版后记（Kuhn，1962/1969）则已发展成更具系统的意义论述，如明确定义典范为上引"范例"与"学科母体"（disciplinary matrix，又译学科基质、专业基质、专业基体）的结合体，其中范例即等同于教科书正文后所附例题（examples）或实验涉及的范例，而"训练要素"至少包括符号通式、模型、形上观念、共享价值等四项。

　　具体而言，典范的主要意义代表了"科学共同体成员所共有的信念、价值、技术所构成的整体"，或是"作为模型或范例来奠定解答科学议题的规则基础"

（金兼斌，1999，页 12），①前者指主观上所"信"的价值观和世界观，后者则是客观上遵循的"条"条框框。"信""条"二字之组合恰好呼应了库恩以及较其更早的先驱学者对典范功能的"信条"定位，亦符合希腊语的"范例""模特"、拉丁语"典型范例"之褒义内涵。

　　然而这个迟到七年的澄清并未平息学界的解读和误读，后进学者持续多有"不同理解"且"真实所指常常彼此不同"（金兼斌，1999，页 12）。有鉴于典范概念之语焉不详且学者亦对其核心要义争议不休，本书基于讨论需要拟提出以下定义：

　　　　典范是科学共同体所认同和共享的价值信条、解谜规则、典型范例。

　　此一定义串联起前人关于典范的片面理解和散乱论述，试图包容典范在现实广泛应用之多元所指。尤以价值信条、解谜基础、典型范例等表现形式曾潜移默化地指导着学术共同体的研究工作，代代相传。

　　而新生代学者一般犹有"明"与"暗"两种学习途径，"明"者指透过学院派知识传授汲取业已编入教科书的"解谜基础"系统知识，也在"暗"中透过对"典型范例"的模仿、对"价值信条"的揣摩等自学方式领悟所谓的"默会知识"（tacit knowledge）。

　　为便于初学者理解，亦有资深传播学者在授课中将典范口述成"学术的世界观"，典范的功能是"告诉你什么值得研究、什么不值得研究"，以及"要研究的话应该怎么去研究"，同时指出"每一种范式里面都有一种典范"，其指典范之内涵与本研究所作上述定义异曲同工（陈韬文，上课讲义，2016 年 7 月 5 日）。其中最后一句（"每一种范式里面都有一种典范"）所指"范式"和"典范"可分别对应到本书定义中的"典范"和典型范例"，足见"paradigm"中译版之多元。

　　而将"paradigm"中文译为"典范"者有之（如钟蔚文，2002，页 28；林丽云，2002；臧国仁、蔡琰，2017，页 25；臧国仁、蔡琰，2019，页 19；孙彩芹，2010，页 19），译为"范式"者亦有（如陈蕾，2012，2013；潘忠党，2006，页 19），甚而有在

────────

① 金兼斌（1999）文中提及，不同研究者在不同场合运用的"典范"所指"常常彼此不同"（页 12），但事实上，金文也曾运用典范内涵前后不一致之状况。如该文后半部讨论典范对大陆当下传播研究的启示时，所指接近"写作风格""体例格式""研究规范"等质量、价值评估标准（页 18-19），并未涵盖其前半部界定的"科学共同体成员所共有的信念、价值、技术等等构成的整体"之其他元素（页 11）。由于文本研究重点并非典范概念之使用辨析，故不拟对此深入讨论。

同篇论著混用两者(如李金铨,2014)。

在中文里,"典范"系褒义词,形容某人某事具代表性并可作他人表率,最早出自宋代郭若虚《图画见闻志·叙图画名意》之"古之秘画珍图命随意立,典范则有《春秋》《毛诗》《论语》《孝经》《尔雅》等图"。而"范式"是范例、模式的组合,相对较为中性。

对比希腊语"paradigm"原义"范例""模特"是较具正面意涵的词汇,含有褒义的"典范"更接近原文语境色彩。兼之台湾多译"典范",而大陆多译"范式",且本书系在台完成,故不论依原文转译契合度原则还是入乡随俗原则,均宜采"典范"译法。

二、如何成"范"? 典范转移"革命之路"的整体嬗变观

回到《科学革命的结构》原书脉络,为何这部因"典范"概念而名声大噪的经典著作,书名却无涉"典范"二字,而其在书名所指"科学革命的结构"又扮演着何种角色? 翻开该书,答案似在目录中若隐若现(见表 4-1)(以下各段均摘自 Kuhn,1962)。

表 4-1 《科学革命的结构》部分章及对应问题

章序	章节标题	问题意识
第一章	历史的角色	历史能做什么?
第二章	通向常态科学之路	常态科学如何运作?
第三章	常态科学的本质	常态科学是什么?
第四章	作为解谜(puzzle-solving)的常态科学	常态科学有何作用?
第五章	典范的优先性(priority)	常态科学如何诞生?
第六章	反常(anomaly)与科学发现的突现	常态科学何时失效?
第七章	危机(crisis)与科学理论的突现	常态科学怎样失效?
第八章	对危机的反应	常态科学失效后怎么办?
第九章	科学革命的本质和必要性	科学革命为何不可避免?
第十章	革命是世界观的改变	革命的本质是什么?
第十一章	革命是无形的(invisibility)	革命苗头为何难以察觉?
第十二章	革命的出路(resolution)	革命之路,路在何方?
第十三章	革命带来进步(progress)	革命是历史的终结吗?

* 来源:本研究整理。

从每章标题推论其问题意识观之（见表 4-1），库恩（Kuhn，1962）从第一章《历史的角色》、第二章《通向常态科学之路》到最后一章《革命带来进步》，通篇都围绕着历史、常态科学、科学革命这三个主体，一路追问"'历史'能做什么？""'常态科学（normal science）'是什么？如何运作？有何作用？如何诞生？如何失效？怎样失效？失效后怎么办？""'科学革命'为何不可避免？本质为何？为何难以察觉？出路在何方？会走向历史的终结而不再有革命吗？"等议题，抽丝剥茧地讲述了知识嬗变的理路。

历史能做什么？针对第一个问题意识，库恩（Kuhu，1962）开篇第一段就热情洋溢地陈词："要是我们不单把历史看成轶事或年表的堆栈，历史便能对我们所深信不疑的科学形象造成决定性的变化"（p.1）。而对历史的角色有"跳出时间线堆栈""打破惯性信仰""造就决定性变化"等如是期待，盖因库恩（Kuhn，1962）认为当时的科学教育扭曲了科学史的本质，教科书因"只教当前的优先典范""只让学习由优先范例学得解决问题的方法"而误导学生，却"不鼓励以典范之外的方式解决问题"，也就蒙蔽了科学史上其他过时典范、未来潜力典范的存在和普及（p.80）。

这个批判揭示了"教科书设计的两难"，一方面希望能培养在当前常态科学典范中游刃有余的"未来科学家"，另则因过于专注当前典范传承而忽略甚至"扭曲"了科学史的其他典范，令学生们误以为从古至今只有单一典范"累积式"地发展（许良荣、李田英，1995，页 20）。

那么，常态科学为何如此优先？历史尘埃中的其他典范为何被淘汰和忽略？既然当前典范如此强势、如此流行，新典范何以又有诞生空间呢？库恩（Kuhn，1962）从"常态科学"之意开始解释，指其系以过去科学成就为基础（即典范支配下）所进行的科学研究，本质是种解谜（puzzle-solving）活动，谜题之解答原则隐藏于典范之中（p.35-42）。

在最初的"常态科学"成形之前，往往有众多理论、学说互相竞争却难分伯仲，没有一个能取得大多数研究者信服，此时该门学科可谓处于尚未确立"典范"的"史前"（prehistory）科学时期（Kuhn，1962，p.15）。也就是说，典范的确立并非一瞬之间，而要经历渐进、漫长、混乱的"史前"典范时期。

直到某个科学理论或学说取得空前成就，展现出一幅前途光明远景，从而吸引了新生代科学家甚至敌对学派的归附者纷纷利用此理论进行研究，此时常态科学方成形，而能达成这类常态科学成就的理论即被称作"典范"。

依本书前述之"典范"定义，作为"典范"的理论在此过程发挥了价值信条、解谜基础和典型范例的功能。一旦其主导了常态科学之研究传统，就能形成科学共同体，以致任何初学者皆须先行参透、内化典范方能登堂入室。

典范确立后亦非一成不变。因为科学发展非仅是积跬步而致千里的过程而更是循环动态。一旦前个典范渐不适用而发生科学危机时，就面临被"科学革命"淘汰而由新的典范取而代之，这个过程即可称之"典范转移/迁移"（paradigm shift）。

库恩（Kuhn，1962）曾经举例说明，从"地心说"（geocentrism）到"日心说"（heliocentrism），从"燃素"（phlogiston）到"氧气燃烧"（oxygen），从"光子"（corpuscles）到"光波"（wave）等历次典范转移以及物理科学历史的其他科学革命事件，都源自前个典范无法再有效地求解科学谜题的"异常现象"（anomaly，又译"异例"或"反常现象"）发生之时（p.78-91）。

如是观之，科学革命与政治革命亦有诸多类似，其起因多也是旧制度不能匹配新出的异常社会现象，而其目的也是以现有政治制度本身严禁的方式来推翻现有制度，其出路则是某一新制度及其支持团体推翻旧政权而获得新政权（p.93）。新旧政治制度之间的轮替诚如科学革命的典范转移，而科学革命渐进、漫长、混乱的史前典范时期犹如中国古代硝烟四起的春秋战国时期。

政权更迭，新天新地，典范转换也具"改头换面"式（p.150）。如同地图制造者不止赋予用户一张未画好的"地图"，尚且配以"制图指南"，新典范也是将"问题"和"解题指南"一起赋予学者（p.109），使他们得按指南探索未完成的学术疆域。

全新地图与全新绘图指南、全新问题与解题指南皆意味着旧有研究与工具失效，是以新政权与旧政权、旧典范与新典范间并非累积式发展，而是具有"不可共量性"（incommensurability）（p.148）。确切地说，只有在同一常态科学、同一典范的发展历程内，知识方能累积并储存。而不同典范间的标准、定义、词汇、意义乃至知觉经验均具质的差异，是之谓不可共量；是以若是科学家/学者信奉某一典范，就难使用另一典范去观察世界。

既然常态科学总被不断地颠覆而无法保存固有积累，既然新旧典范之间如此不可调和，那么科学会否因此沦为不断颠覆既有成就的循环往复循环？科学还会不断地进步？库恩（Kuhn，1962）断言，科学仍然进步，只是并非传统的进步，亦非建立在不断发现新事实上的累积式传统进步，而是"透过革命的进步"或"演化式的进步"，促使人们对自然和社会的观察与理解越形深入、细密、多元，最终呈现整体式而非单向度的进步（pp.160-173，195）。

行文至此，我们终可回答最初的疑问。这部因"典范"概念而名声大噪、畅销且长销的经典著作之所以书名无涉"典范"二字，乃因该书核心在于科学发展历史之"常态科学—科学危机—科学革命"三历程(或省略科学危机而作二阶段模式,见图4-1)的结构分析①,其对科学革命的论述更是重中之重。而革命的始末都与典范息息相关,前者因原有旧典范不适用而揭竿,后者则因终有新典范脱颖而出而终结,是以科学革命的实质就是"典范转移"。

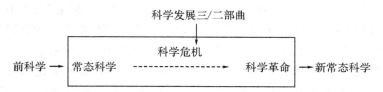

图 4-1　库恩(Kuhn,1962)的科学发展(或称"知识演进")三部曲模式
* 来源:本研究整理。

譬如力学(物质变化的科学)经历了"亚里士多德力学→伽利略、笛卡儿竞争→牛顿力学→古典力学危机→相对论"等典范转移(p.10),天文学则经历了"托勒密地心说→哥白尼日心说(地心说的危机)→牛顿天体力学→水星近日点的危机→相对论天文学"等典范转移(p.23)。这些不同典范之间具有不可共量性,但对世界前赴后继的探索却构成了科学整体一直向前的演化式"稳定进步"(p.185)。

三、框架理论何以成就社会科学研究典范?

上文已将因库恩(Kuhn,1962)专著《科学革命的结构》而广为人知的"典范"一词按翻译而来的中文构词切分成"何以为典""怎样成范",借此追溯科学革命之路的典范转移来龙去脉,进而建构起演化式的整体进步发展观。

以本书所拟"科学共同体所认同和共享的价值信条、解谜规则、典型范例"之典范定义,观照前文所称大陆传播研究缺乏规范、大陆传播学者缺乏典范训练之批判(见:吴文虎,1994;苏钥机,1995;潘忠党、朱立、陈韬文,1997;金兼斌,1999;苏钥机等,2013),显然其所指典范内涵是关于何为"好研究"与"好论文"的价值信条。

① 《科学革命的结构》(Kuhn,1962)树立了畅销且长销的出版典范。该书初版时预设读者群是一小撮专家,故印量很小,首印一年只卖出919册。接下来两年卖出774册,到1965年平装本飙升到4825册,1971年则超过9万册,随即添加"后记"推出第二版上市。1987年该书出版25周年,合计售出已达65万册,而到2000年,此书被多家出版社列为"20世纪杰作"书单,迄今仍是"最受欢迎的引证用书",排名直逼"《圣经》"与弗洛伊德"。见Kuhn,1962/程树德、傅大为、王道还译,1997,导读页。

对照前文提及钟蔚文(2002:页 28)所述之台湾传播研究"各持己见""难有共识""南腔北调""百家争鸣""鸡同鸭讲""进入了巴伯塔的世纪""同行却隔山成了常态"等众声喧哗现象,可视为史前常态科学时期"解谜规则"不明朗的无序化表征。

再对照众多研究者针对恩特曼(Entman,1993)"强调框架"之无中生有误读、"破碎的典范"之望文生义误读,不禁唏嘘谁人能懂传播学者如恩特曼有意整合框架理论、振兴传播学科、反哺社会科学的深谋远虑、拳拳之心? 而在其偏向操作化取径的框架理论研究典范业经近 30 年的检验和大范围接受的当下,为何恩特曼早就预见框架理论具有带领传播学科成为"大师型理论"与"大师型学科"的潜质(1993,p.51)?

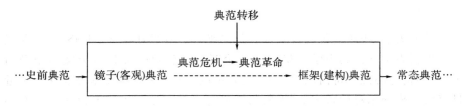

图 4-2   从"客观典范"到"建构典范"的典范转移

* 来源:本研究整理。

这一方面当是因为框架理论被建构论学者们归功为打破"镜子"隐喻而将新闻研究典范从客观论翻篇至建构论(见:Wolfsfeld,1991,p. 18;Davis,1990,pp. 159-160;Tuchman,1978)(见图 4-2),个中所指典范是为媒体建构真实议题奠定价值观、理论体系和方法论的"价值信条"和"解谜基础"。

另一方面则是因为框架理论有望成为既能演示化散为整的力量又能为传播学科正名,最终成为传播学科乃至社会科学领域的核心理论(见:Entman,1993),乃是为其他理论建构与应用之表率的"典型范例"。

与此同时,恩特曼(Entman,1993)呼吁框架研究亟需普遍接受的"可通约的原则和假说"以及"整合性观点"的要求,与库恩(Kuhn,1962)对典范内涵的界定亦系一脉相传。而框架理论在 1990 年代台湾传播学界创造的研究黄金时代,与库恩(Kuhn,1962)所展望的取得空前的成就、展现出一幅前途光明远景、吸引新生代科学家甚至敌对学派的归附者纷纷投身的常态科学主导典范之蓝图,就此不谋而合,因高引且长引多年、成就非凡而被认可成典范。

第三节 社会科学、传播学科以及框架理论的典范考

达成上述"框架理论是研究典范"的共识后,随之而来的问题是,框架理论典范究竟是个什么样的典范? 为何人们对恩特曼(Entman,1993)早已建构之典范蓝本视而不见,反而纷纷误读了"破碎的典范"之真义? 答案已经或多或少地散落在前文对框架理论争鸣的现象和文献爬梳。本节拟以典范包含的"价值信条""解谜规则""典型范例"等标准为轴,试图串联起框架理论可能依托的学术评价标准、学科主导体系及其自身的典范建构,以期展开更系统的考证。

一、失败的总记录:一位历史学者的"价值信条"逆袭史

首先,所谓"价值信条"的典范追问,其实就是对"好研究"的标准追寻,亦即"好研究"当是如何。这个问题不但把我们的思绪送回大学校园研究方法课的第一讲,也将我们的牵挂带到期刊主编和审稿人的办公桌上,乃因研究成果最终能否面世,皆当取决于其是否符合上述把关人心目中的好研究典范标准。有别于自然科学典范的可视化,社会科学的不同研究、文化和概念之典范常因"难为肉眼所见"而不易践行(Wang & Kuo,2010,p. 158)。

此处可以华裔历史学者黄仁宇为例说明之,其曾自承"调动一生的经验和思考"的明史研究著作英文原版《无关紧要的 1587 年:明王朝的衰落》(1587, *A Year of No Significance*)(见 Huang,1981)、中译本《万历十五年》(黄仁宇,1982)书稿付梓前遭遇过数不清的退稿闭门羹。[①] 孰料英文版出版次年即如黄仁宇自己预言的那样成为世界史学界的"重磅炸弹",先获"美国国家图书奖"(American Book Awards)历史类好书提名,后被一些美国大学纳为教科书,次又译为多国语言出版。简体中文版(1982)在大陆首印 2.5 万册很快销售一空,迄今销售已逾百万,台版(1985)一推出亦"引发轰动"(张宏杰,2018)。

---

① 本书在此不拟占用太多历史学典范悬案的篇幅,故将内容简介移到此处注文以利正文聚焦主题。顾名思义,该书从公元 1587 年(即明万历十五年)出发,采用将一个王朝的盛衰浓缩到一年的研究方法,选择万历皇帝朱翊钧、首辅大学士张居正、后继首辅申时行、清官楷模海瑞、大将军戚继光、名士思想家李贽等六个时代佼佼者在这一年都认识到时代顽疾、都曾竭尽全力挽救最终却相继败下阵来的历史事件,借此展示并分析大明帝国的内在肌理。通过这种前所未见的"故事性叙事法",该书试图解释一个重大问题:近代中国在历史上何以落后于西方?

　　但为何一部最初不被看好的学术作品,出版后却大获成功,一纸风行四十年? 从典范的视角观之,诚可谓败也典范,成也典范。

　　史学界与汉学界的学术研究和写作典范一贯成熟而稳固,多数特别"不注重综合"反而尊重"学术的名目及形式",讲求对历史人物短暂生涯的探究或是单个历史事件的孤立分析,痴迷于微观剖析考证的细致研究,宛若"戴上了显微镜的目光"(黄仁宇,1982/1997,页265)。

　　黄书却处处反其道而行之。从研究思想来看,其与上述学界推崇的"显微镜"典范不同,主张"望远镜的观点"与"长时间、远距离、宽视野"的"大历史观"(macro-history)历史研究方法,即不探究历史人物的善恶忠奸,而是在整体宏观社会框架中透视历史人物、历史事件背后的逻辑关系和政治文化构架。[①]

　　其次,从研究方法来看,将一个王朝的盛衰浓缩到一年的分析方式固在西方学界常见,在大陆却是"三十年见所未见",直接导致在大陆的出版难产。

　　再次,从数据资料观之,黄书融入许多"现代审稿人前所未见的资料",对这些素材的不熟悉极可能招致反对票。

　　最后,从写作风格来看,黄书不是按照现代论文的书写体例模式,而是以较为通俗易懂的笔法将历史"以六个失败者的群像组成一个失败的王朝"的"故事性叙事法"似小说般地呈现(黄仁宇,1982/1997,页265)。[②] 此从第一段的书写便可窥见一斑:

　　　　"公元1587年,在中国为明万历十五年,论干支则为丁亥,属猪。当日四海升平,全年并无大事可叙,纵是气候有点反常,夏季北京缺雨,五六月间时疫流行,旱情延及山东,南直隶却又因降雨过多而患水,入秋之后山西又有地震,但这种小灾小患,以我国幅员广大,似乎年年在所不免。只要小事未酿成大灾,也就无关宏旨。总之,在历史上,万历十五年实为平平淡淡的一年。"(黄仁宇,1982/1997,p.1)

　　　　① 黄仁宇的治学思想与历史学界主流研究范式格格不入,自他1970年在哈佛大学东亚研究所"费正清中心"任研究员时已见端倪。费正清推崇严格的学院派细致研究,要求弟子们"以十年为单位"进行剖析,认为长时段、大范围的综合性研究笼统无当。黄仁宇则一再强调,研究历史时综合远较分析更为重要,好的历史学家要超越逻辑,这些都不符合学院派的品位。黄仁宇关于16世纪明代财税的博士论文和他后来最重要的著作《万历十五年》是耶鲁大学力排众议出版,而前者(博士论文)恰与费正清中心曾签约资助出版却又遭毁约。见:颜无心,2018年6月26日。

　　　　② 在中国历史研究领域,只有美国耶鲁大学历史学者史景迁(Jonathan D. Spence)曾以类似风格撰文,而传统历史学写作手法"形式比内容更重要",要求作者一开头就要列出帝系表、京城的地理位置、政府的组织架构或其职称的术语等。见:黄仁宇,2001,页73。

从文学写作的典范看来,这样的开篇手法"在平淡不惊中透出一股深沉广阔","不逊于许多文学名著"(张宏杰,2018)。其结语则不论在内容还是在风格上都呼应并延续了开头,读来同样意味深长:

> "当一个人口众多的国家,个人行动全凭儒家简单粗浅而又无法固定的原则所限制,而法律又缺乏创造性,则其社会发展的程度,必然受到限制。即便是宗旨善良,也不能补助技术之不及。1587 年,是为万历十五年,丁亥次岁,表面上似乎是四海升平,无事可记,实际上我们的大明帝国却已经走到了它发展的尽头。在这个时候,皇帝的励精图治或者宴安耽乐,首辅的独裁或者调和,高级将领的富于创造或习于苟安,文官的廉洁奉公或者贪污舞弊,思想家的极端进步或者绝对保守,最后的结果,都是无分善恶,统统不能在事业上取得有意义的发展,有的身败,有的名裂,还有的人则身败而兼名裂。
>
> 因此我们的故事只好在这里作悲剧性的结束。万历丁亥年的年鉴,是为历史上一部失败的总记录。"(黄仁宇,1982/1997,p.245)

如是通俗写作风格贯穿全书,令看惯艰涩学术写作风格的普通读者耳目一新,却不容于当时的学术界。美国学术出版的惯例是作品需经匿名审稿人评审,而此书内容描述的宫廷生活涉及"商业性质"、海瑞生平涉及"明朝财政"、中国思想涉及"学术著作",写作风格既"不像断代史",也"不像专题论文",又"缺乏分析与剖析",作为学术作品"不够严肃"而作为非虚构作品"又太过严肃",实在是"不伦不类",以致于连作者本人都怀疑是否有出版社具"相当的识见与度量"能不拘俗例录用(黄仁宇,1997,页 265)。

事实证明,审稿人面对这样"更像散文或小说"的"四不像",不是左右为难,就是一拒了之(张宏杰,2018)。直到终于有一位"正直又有名的编辑"对黄仁宇的史学观"很有兴趣",在未能成功出版的情况下仍然来信鼓励说,"为了要被接受,必须很有名气,才能靠本身的威望压垮敌人"(黄仁宇,2001,页99)。

然而黄仁宇的名气与威望姗姗来迟,在急需时远未具备足够压垮主流典范这个"敌人"的实力。如同全书最后一句咏叹的"失败的总记录"隐喻,作者黄仁宇的学术人生也是一部"失败的总记录"。他以 34 岁高龄始负笈美国大学三年级,48 岁方获教职,62 岁因久未产出学术成果而被解聘,解聘后次年才出版这部一波三折的成名作。

由于此前一直籍籍无名,他主张的"大历史观"研究思想、"望远镜式"研究视角、"历史叙事文学化"学术写作风格均游离于主流典范之外,这样"骤然处理数百年、上千年的大历史架构"、有涉"将历史解释简单化"嫌疑的冒险做法,在史学界和汉学界同行中"毁誉参半,褒贬互见,未能获得一致的肯定",以致于黄无论在哪个学科领域都处于"独学而无友"的状态;这既是其出版后独树一帜、洛阳纸贵的原因,却也是出版前不容于传统典范而频频碰壁的肇始。

总而言之,在黄仁宇之前,人们既不知道也没有见过历史还可以这样研究、这样写,只知"精致的平庸"(elaborate study of nothing)是大部分美式社会科学的特色。曾留美七年攻读博士学位、先后任教于英国剑桥大学、中国清华大学的政治学者刘瑜就曾半揶揄半认真地调侃,这个体系"不太关心你是不是平庸",但是"非常关心你是否精致",而即便"粗糙的平庸"也好过"离经叛道的不平庸"。是以在讲究规矩、排斥个性的学术界,顺从学术产品的"格式化"流水线规则才是"生存之道"(刘瑜,2010,页 183-186)。

资深的传播学研究者李金铨之近作(2019,页 93)即曾指出,这体现在主流传播研究中是"技术上精致得无懈可击"但"缺乏知识上的兴奋点",往往充满了太多熟悉的"变项"(variable),太缺乏新鲜的"视野"(perspective),也从不辩论"不同流派和各种大问题",通常是仅"从传播看传播"而与"更大的政治、经济社会文化脉络脱节",堪称"毫无用处的精致研究"。

而终其一生失败履历的总和,黄仁宇都未"压垮"(按:这是上文那位编辑所建议的策略,见黄仁宇,2001,页 99)根深蒂固的主流学术价值信条典范。他自解聘后再未重返教职,意味着美国学界对他仍存争议,多年的努力并未成就典范的转移。

二、必要之恶:解谜规则的三种分类

上文不嫌辞费,移步史学和汉学领域枚举黄仁宇的代表作出版坎坷经历,借此说明何谓"好研究"的价值信念典范对学术规范的约束。从这意义上来说,如果要让自己的论文发表可能性变大,最好按照学科已经普遍接受的公认研究思想、研究方法、研究资料、写作风格等价值信念典范,以期掌握话语权的主流学者认可的解谜规则表述。这种强制性的规则要求固有教条化的负面强制意涵,但习惯成自然后亦能让人领悟其中的克制之美与必要之恶。

(一)三分法:"社会科学(实证)研究"典范、"诠释研究"典范、"批判研究"典范

由于人文社会科学的复杂性,不同学科往往存在多种不同解谜规则,而研究者对各自遵循之规则皆有很高的认同度。李特约翰(Littlejohn,1989)认

为,典范包含的解谜规则至少应有"何种事物必须加以观察?"(what)、"如何进行观察?"(how)、"理论和方法当采取何种形式?"(by which)等实用性描述(pp. 29-43)。而据芬克、甘茨(Fink & Gantz,1996,p. 114)考证,传播学科认同较广的还有社会科学(实证)研究典范、诠释研究典范、批判研究典范的三分法。三类典范间的差异分别体现在本体论、认识论、研究问题性质、研究目的(含检验假设、取样、数据搜集、研究效度与信度)、数据分析、归纳推广等七方面(以下各段均摘自 Fink & Gantz,1996,p. 114)。

在本体论上,社会科学(实证)研究典范认为世界客观存在、有序且可解。诠释研究典范则认为社会依赖于当下动态现实,批判研究典范认为社会现实是权力意志和价值争斗的体现。

在认识论上,实证研究典范认为人的认识有客观性和普适性,诠释研究典范认为知识由人在认识世界过程中创立,批判研究典范则认为知识来自对社会内在价值和意识形态的判断和批判。

在研究问题性质上,诠释研究典范测量变量的核心趋势,寻求现象在具体场景下的意义并加以解释;而批判研究典范则对价值进行分析、判断和批判。

在研究目的上,社会科学(实证)研究典范旨在预测和控制,诠释研究典范为求理解,批判研究典范则为社会变革。在检验假设上,社会科学研究典范有正式假设,而诠释研究典范、批判研究典范都没有假设。

在研究方法上,取样时,社会科学(实证)研究典范遵循随机抽样原则,诠释研究典范采全体研究、个案研究或非随机样本,而批判研究典范采非随机样本。搜集数据时,社会科学研究典范透过问卷调查等统计分析法,诠释研究典范采观察、深度访谈和文献研究等质性方法,而批判研究典范采意识形态和价值批判法。验证研究效度和信度时,社会科学(实证)研究典范透过研究工具的科学运用、以研究结果的合理性为基础,诠释研究典范透过研究者间或第三者对研究合理性进行判断,批判研究典范则无需交代信、效度问题。

在数据分析的研究过程中,社会科学(实证)研究典范以定量分析为基础,诠释研究典范结合定性分析和整体解释,而批判研究典范则是接近定性分析的评价和判断。

在研究示范性的归纳推广方面,社会科学(实证)研究典范的研究结果可推广至全体,诠释研究典范的结论不作推广,批判研究典范有时可推广有时则不可。

综观以上三种典范的七个面向异同比较显示诸多交叉之处,如许多研究者会配合使用定性和定量研究方法,又或者诠释研究典范、批判研究典范代表的主观性研究取向与社会科学(实证)研究典范所代表的客观性取向也常共存于同一研究的不同分析层次。

上述三种研究典范中,社会科学(实证)研究典范的研究方法最为成熟、最为规范也最接近自然科学的常态科学研究。尤其在以科学的概率统计与其他数理理论为依据的量化研究设计,几乎任何存在之物都可测量(Babbie,1998)。出于学科正当性的方法论考虑,也为研究设计的可操作性,多数社会科学(实证)研究典范的拥趸自视为“自然科学的延伸”(Littlejohn,1989)。

与社会科学(实证)研究典范的自然科学属性不同,批判研究典范和诠释研究典范本质上是人文科学研究取向,更注重“人的情感与悟性”“文化与行动”的动态与内涵,视研究者为“主观世界的建构者”,视研究方法为“参与构筑世界的途径”(金兼斌,1999,页16);也正因此,他们有时合称为“诠释和批判学派”(Littlejohn,1989)。

(二)二元对立分类法

在大多数情况下,二元对立似较上述三分法更为简单明了、更为好用,以致版本也更多。

1. “客观主义”典范 vs. “建构主义”典范

西方学者曾经指出,作为解谜规则的典范应有“本体论”(ontology)、“认识论”(epistemology)、“形上论”(metatheory)与“方法论”(methodology)等。而李特约翰(Littlejohn,1989)将形上论与方法论合并成“价值论”(axiology),重新精简化成“本体论”“认识论”“价值论”等三类:本体论探讨现实事物的基本特征;认识论探讨知识的本质、起源和范围,如科学(实证)取向的研究信奉“知识是客观存在的”“知识可获取”,而人文(批判)取向的研究则认为“知识由人所创(建构)”,即“知识产生于认识主体和客体的互动过程”;价值论探讨研究者的价值取向,如价值中立派强调研究的客观性原则,而价值偏向派认为任何研究均不可能也不应价值中立(Smith,1988,pp.29-43)。

总体而言,上述关于本体论、认识论、价值论的不同看法大致可分为两类,其分别假定人是能动/非能动的(本体论)、知识是先验存在/后天建构的(认识论)、研究者是价值中立/做不到也不应该价值中立的(价值论)。由此,认识论与价值论进而导引了“客观主义”“建构主义”等两种不同研究典范,而由前引“镜子”隐喻与“框架”隐喻为代表的新闻客观论、新闻建构论则可分别对号入座到客观主义与建构主义典范。

2."港台及海外研究"典范 vs."大陆特色"典范

出于前文提及的研究设计可操作性方法论考虑，又由于政治、经济、文化等背景因素，自 1930 年代以来，以效果研究为重点的社会科学（实证）研究典范渐渐成为传播研究的主导典范（Gitlin，1978）。如自 1965 到 1989 年间，美国主要传播研究期刊的发表论文多延续了实证研究传统，以社会科学研究典范取向成果数量最高（Potter，Cooper & Dupagne，1993）。而台湾、香港两地的传播研究亦出现同样的状况，名列前茅的传播研究方法、传播学概念和理论几都来自社会科学（实证）研究典范取向（臧国仁、汪琪，1993.06；So & Chan，1999）。

大陆的情况则是相反。如前文所述，研究者的实证精神、学术修养、方法论、写作规范、学术评估等诸多方面均与西方要求存在一定差距，总体呈现"封闭型"的中国特色（陈韬文，1992；苏钥机，1995；潘忠党、朱立、陈韬文，1997；苏钥机等，2013）。至于差距的成因，大陆学者囿于政治原因或自我审查多半讳莫如深，海外学者则坦承主因或有"研究起步较晚""政策性和实用性的社会科学研究文化"等，才会催生了在"选题""研究方法"和"学术规范"等均与海外传播学研究典范"有很大差异"的"体系和风格"（郝晓鸣语，2016 年 9 月 17 日；转引自陈韬文、程晓萱，2017，页 27）。

至于出路，海内外传播学界倒是颇有共识，即破除封闭、逐步开放、透过"更多交流"来寻求相对统一和稳定的学术典范（朱立，1995；吴文虎，1994；苏钥机，1995；金兼斌，1999；郝晓鸣语，2016 年 9 月 17 日；转引自陈韬文、程晓萱，2017，页 27）。

3."行政研究"典范 vs."批判研究"典范

早在 20 世纪三四十年代，社会科学界就一度将研究工作分流成"行政"研究（administrative research）、"批判"研究（critical studies）等两种典范。法兰克福学派学者、哲学家和社会学者马克斯·霍克海默（Max Horkheimer）在《传统理论与批判理论》（Traditional and critical theory）一文中，定义后者（批判研究）是在欧洲兴起、采整体化观点和多元研究方法、由马克思主义政治经济批判和资本主义批判传统派生而来的研究流派，其功能特征是能就任何具体研究问题发展出关于当下盛行的社会趋势整套理论，其后设哲学意涵则基于所有现实与期望的基本人类价值观都可评价的世界观和价值观（Horkheimer，1937；转引自 Rogers，1997/殷晓蓉译，2005，页 114）。

上述两种研究典范的争议真正进入传播研究视域，则源于传播学科重要奠基人、美国社会学家保罗·拉扎斯菲尔德(Paul F. Lazarsfeld)的《论行政传播研究和批判传播研究》(Remarks on administrative and critical communications research)(1941)一文对行政研究和批判研究的区分和引介。

就研究目的而言,行政研究和批判研究各有具体目标,不同在于前者(行政研究)更去价值化、更受限于现实条件,常阶段性地受雇服务于"某些提供经费的公共或私人行政机构"而丧失研究主体独立性,过于聚焦媒介的使用、营运收益、传播效果等技术性议题而回避传播媒介扮演的社会角色。后者(批判研究)相对而言更具社会责任感,其研究目的一为反对行政研究的各种做法,二为追问传播媒介在当下社会体制中"所扮演的角色"。

显然对于现实社会与某些行政机构而言,行政研究和批判研究的功能和目的均泾渭分明,分别是和音天使和反对党,那么,二者共处的模式当是平行还是互补? 拉扎斯菲尔德的对策是期待这两类研究传统能够"再次合并"(again merge),或以行政研究的规范来加强批判研究的可操作性,或以批判研究的思维拓展行政研究的脉络知识,如是重整有必要且"大有裨益"(Lazarsfeld,1941,p4)。

令人费解的是,8 年后,传播学科集大成的鼻祖型学者施拉姆主编第一部传播学教材《大众传播》(Mass communication)(Schramm,1949)为传播学科初定版图时,却忽略了拉扎斯菲尔德的观点。施拉姆否认传播研究存在多元典范,而是以行政研究为代表的经验主义典范一统的天下。在施拉姆(1949)描绘的知识地图中,为传播学科定制的蓝图是定量、反思辨、反形而上的社会科学典范学问。由于施拉姆及其著述的特殊地位和巨大影响力,实证典范在很长一段时间占有传播研究的主导地位(如非唯一)。

那么,施拉姆为何这么做? 主观上或有争夺传播研究话语权之嫌,客观上却可能出自其对实证典范以外的"高度多元化"和"不确定"的学问并不知情(胡翼青,2012,页 7)。

据南京大学传播思想史研究新锐学者(见胡翼青、吴雷,2012,页 5)考证,施拉姆之专书出版前,批判学派(尤其是法兰克福学派)的主要成员正在美国流亡,始终与美国文化"保持一定距离",绝大多数情况下"坚持用德文写作",以致于当美国传播学者真正通过英译版读到他们在 1940 年代的研究作品时已经是 30 年后(1970 年代)的事了。

这个时间节点符合后来传播思想史研究对"源于欧洲""在 20 世纪 60 年代以后崛起"的批判学派作为与美式传播研究相对的"'他者'研究典范"的考证(页 4)。如罗杰斯就一度将"批判学派"解释成既是历史的又是现代的,不仅适合于"最初作为法兰克福学派成员"的一小撮十几个或更多的重要知识分子，而且也适合于作为法兰克福学派的精神后裔、思想上十分接近的"几百个其他的当代学者"（Rogers，1994/1997，pp.114-115）。

由施拉姆（Schramm，1949）树立的行政研究典范的压倒性优势，在近些年的中国传播学界略有扭转。1993年，以行政研究为代表的"经验学派"与"批判学派"一起被写入建制历史的教科书《大众传播总论》（张隆栋，1993），恰好"吻合"了大陆新闻传播学界由来已久的"'无产阶级新闻学'和'资产阶级新闻学'的二元框架"，也更易被其他同类教材"不假思索地继承"，进而作为主观建构的概念书写为"客观存在的事实"代代相传（胡翼青、吴雷，2012，页5-7）。①

上述观察与预测为苏钥机等人（2013）的文献计量学研究所证实，自2006到2013年间的11本主要中文传播期刊中的回顾论述论文与有资料数据的实证文章各占五成、平分秋色（页45）。

1983年，国际学刊*JoC*特刊"领域的躁动"（*Ferment in the Field*）中的35篇论文中有近三分之一都以"批判研究"为标题（Gerbner & Siefert，1983）。四分之一个世纪后（2018年），*JoC*旧题新谈"领域的躁动"，发现"批判/行政"研究这两大阵营的分流和讨论依然活跃，同时批判研究学者比以前"更成熟、更具现实关切"，且批判研究因综合"政治经济学"和"文化研究"而成"批判传播研究"，使其学术边界远较从前更为宽泛了（Fuchs & Qiu，2018，pp.225-226）。

（三）"范例"谜题：追寻本学科的核心理论

上文提及的价值信条、解谜规则旨在从社会科学的共性角度来界定传播研究的典范原则，而从传播学科自身内发的代表性核心"范例"却鲜少有人问津。可以说，学科之所以为学科，必然要直面学科核心范例这一本体论问题。此即意味着应追寻本学科的核心理论为公共谜题，借以满足社会实践与学科理论内在自足性为其解题标准，务求吸引不同"竞争性"展开自我表述与论证，并以胜出的"大师型"核心典范为学科深化发展的共识基础，甚而在产生新一轮学科危机时探索追寻新的典范转移、产生新的优先主导性典范；这正是上节所引恩特曼（Entman，1993）旧文寄予"框架理论"振兴学科重任的期望出发点。

---

① 胡翼青、吴雷（2012）并不否认"批判理论"的存在，但对其是否构成一个与美式经验研究对立的派别或学派表示存疑。这个问题辩论的重点涉及理论、学派、派别、典范等关键词的界定和考察，但胡文无甚涉及。本着尊重思想史发展脉络的原则，本书只罗列各方观点，力作中立呈现。

1. 梅开四度的"领域的躁动"（1983，1993，2008，2018）

按理说，21世纪正是信息传播主导的时代，人类社会对传播实践的普遍兴趣与共同关怀，传播学科当属未来可期、前景可嘉。然而如前文综述，传播学科诞生于十字路口，很多人经过却少有驻留，从一开始就注定了缺乏凝聚力、身份认同度低、学科版图模糊不清、核心典范缺位而学科合法性备受质疑、研究规范不足等多重危机。

尤以自1940年代末期学科建制至今，诸多传播学者竞相抛出独创之思，国际传播学刊 *JoC* 亦在1983、1993、2008、2018四个关键年头刊出"领域的躁动"系列专辑，先后以"领域的躁动""领域的未来""交叉""多领域的躁动"为征稿主旨接续追问同一议题，即"传播学者、研究者以及传播学科之社会角色"，相关子议题包括：究竟谁在做传播研究、做传播研究的目的和目标为何、能解决什么问题、核心建制化问题为何、代表性理论典范有哪些？其如何反哺于社会科学领域并展开与相近学科的对话等（见 Gerbner，Siefert，1983，p.4；Fuchs，Qiu，2018，pp.219，224）。

遗憾的是，跨越四分之一个世纪的四次"躁动"讨论并未形成共识。如今距离前章所引《公共舆论》（Lippmann，1922）出版也已近一个世纪，有多少传播理论的洞见超过这本经典之作？詹姆斯·安德森（James A. Anderson）曾另以7本传播理论书籍为研究样本，统计其中共含249种理论，然而出现在一本以上的传播理论仅有22％，而出现在3本以上者更少到只占7％；传播理论之多元化与学科典范之不确定造成共识难求可见一斑（Anderson，1996）。

2. 殊途同归的"李金铨之问"（2019）

李金铨（2019）亦曾回忆其在20世纪70年代初就读研究院时，新闻科系内部"密集出现的理论"就有"议程设置"、"知识鸿沟"、"使用与满足"、"沉默的螺旋"、"认知共同适应"、"第三人效应"、"涵化"、"框架和铺垫"（framing & priming）、"创新扩散"等。但直到他近年退休，仍只见这些理论还在"各种走马灯似的流行"中命运多舛，有的"一开始就有气无力"，有的"刚提出时颇有新意"，但因"长期孤立使用"，"过劳"而"透支"，"马力"呈现疲态（页87-88）。

这种"过劳透支使用"在各大国际传播学刊与传播学府中屡见不鲜。有学者穷尽半辈子精力在"单一选题（或议程设置、第三人效应、新媒体的使用与满足）"上炮制研究论文，不仅以"简单的套路和招式"不变应万变、轻易"博取盛名"而"沾沾自喜"，而且"呶呶不休"地"用同样的方法教学生"，由此可以想见部分大学博士学位含金量之低已成不争事实。美国有些大学的传播学博士课程就只需"从上述的'理论'中选择一个题目"，孜孜"累积一些数据"，碌碌产出一篇"不痛不痒的论文"，即便"对理论创获徒劳无益"亦可拿到学位（页89）。

究其原因，一是研究者功力不逮，二是学科整体发展的内眷化（involution）思维①：一方面，文章虽多但创见殊少，多数论文只换几个变项却不断复制视野、原地打转，彼此"既没有交集点"也"没有向外拓展或向前推进"，整体"支离破碎"而无力提供"体例完整的满意解释"（页88）。

另一方面，有别于施拉姆时代的传播学科草创起飞时期曾经力求与别的学科接枝，后来从新闻传播建制内产生的文献却只力求"独立自足"，抓住几个老题目便不断生产，资料固然积累很多，但从不以现有文献为起点"接通其他理论"以能丰富层次与内涵，而是终生陷在"不断印证"单个理论是否正确的循环，试问"见解增加几许"（页87-88）。

李金铨（2019）更以框架分析、议程设置为例，说明理论贫瘠加误读误用混战之恶性循环。欧洲现象学和美国象征互动学派结合发展出"真实的社会建构"（social construction of reality），又衍生出"框架分析"（framing analysis）。后者不但是"有力的概念"，且具"丰富的理论意识"，不论在理论还是方法上都与议程设置"渊源殊异"，且比之"更宏大更精致"（页88）。

然而，某些美国学者（按：众所周知，李金铨此处应指麦库姆斯）却硬将框架分析归纳为第二层次议程设置，如此做法简直是"荒谬绝伦"。至于框架分析实际应用的情形，则又要回到本书开篇批评的"框架分析满场飞"、锤子症患者"一剑走天涯"、既不知道究竟为何要框架分析又框架分析了什么的理论核心缺席之怪现状（页89）。

至于议程设置，则是典型的从新闻科系内部产生的"从传播看传播"的微观、孤立理论，与更宏大的"政治、经济、社会、文化"脱节甚远（页92-93）。多年来关于议程设置理论研究的文章与前文所述之传播研究循环相类似，"复制视野""画地自限""原地打转"。

框架分析和议程设置尚且如此，其他传播理论之状况亦可"举一反三"。

---

① 内眷化（involution）又译"内卷化""过密化"，指"转/卷起来"，出自人类学家克利弗德·纪尔兹（Clifford Geertz）（1963）研究印度尼西亚爪哇的水稻农业时，发现稻作具有强化并催生社会的复杂性而非技术或政治变革。社会科学界后来借用"内卷化"一词来形容某个文化或理论模式达到最终形态后无法转变为新的形态，只能使内部更加复杂且不断相互复制的精致平庸。李金铨（2018，页108、167）选择译为"内眷化"，因为该词保存"眷顾"之意，能刻画出学者"抱住一个小题目"在技术上"愈求精细"、眼光"愈向内看"、问题变得"愈窄愈细"，自筑一道围墙得到心理安全感、拒绝与外部来往，其结果是不但"忘记更大的关怀"，更"阻碍思想的创新"。

旧理论原地踏步,新理论也"长久不见人提出",理论创获之"贫瘠尴尬"可想而知。兼之"不作兴跨学科互动"的封闭学科生态,成立伊始边缘化,后来渐渐内眷化,学科地位提升从何提起(页 89)?李金铨(2019)最终呼吁读者一起面对一个"尖锐而严肃"的问题:"为何我们缺乏深邃的'范式'引导传播研究的工作?"(页 90)

　　"李金铨之问"(2019)与前文所提"恩特曼之问"(1993)相隔四分之一个世纪,然而殊途同归,均指向同一个事实和同一个愿景:传播学科在社会科学界始终边缘,急需"大师型理论"(master theory)或"深邃的典范"来振兴成就其"大师型学科"(master discipline)的地位。

　　至于具体实施路径,不同于恩特曼(Entman,1993)直接抛出框架理论的典范建构作为"大师型理论"潜力股,李金铨则借用朱熹的名句"旧学商量加邃密,新知培养转深沉",从方法论的角度指出"欲立先破"的道理。唯有先精通库恩(Kuhn,1962)所指的主流典范这个"旧学",兼以足够的学术"敏锐""能力"和"资源",方可熟能生巧,击破"传统典范的破绽",催生大师级理论成为"深邃的典范",为"引导传播研究的工作"提供永续动力(页 91)。

　　3. 传播学科核心典范的三次重要调整

　　作为与社会共同呼吸的实践性学科,传播学科的核心典范不仅"受限于内在的学理性要求",而且"受到社会实践需求的驱动",故而在不同历史阶段、不同社会情境曾被不断"调适"乃至"重构"(陈蕾,2013,页 71)。大体观之,传播学科核心典范自 1940 年代确立至今有"5W 模式主导下的行政研究一元典范""经验主义藩篱中的浅层多元典范""深层整合的多元研究典范"三次重要调整:

　　第一次调整发生在 1940 年代的传播学科建制时,其核心典范是以"5W模式"(Lasswell,1948)为代表理论、以大众传播过程模式为思考框架、以承接课题项目为行动契机、以研究所(按:即"研究机构")为中心的应用和行政研究(参见 Schramm,1949)。[①] 这个时期的传播学科一元复始,既无专门从事研究的学者亦无系统性的理论成果,更不具备作为独立学科的架构基础。

　　为了响应社会公众对大众传播的普遍兴趣,也为了奠定传播学科的核心

---

　　① "5W 模式"指美国政治学者哈罗德·拉斯韦尔(Harold D. Lasswell)于 1948 年提出的传播过程及其五个基本构成要素,即:谁(who)、说了什么(what)、通过什么渠道(in which channel)、对谁(to whom)说、取得什么效果(with what effect),分别对应传播研究中的控制研究、内容分析、媒介分析、受众分析、效果分析五个领域划分。见 Lasswell,1948。

典范，施拉姆（Schramm，1949）整理并收录了来自政治学、心理学、社会学、语言学以及其他学科的研究成果，改从大众传播的发展、结构与作用、控制与支持、过程、内容、受众、效果以及责任等多方面系统化核心知识。

这种典范在研究上多属"定量、经验主义与行为科学的研究传统"，而对批判与文化研究之人文取向知识传统"吸纳较少"；性质上多为行政研究和应用研究，服务对象多为政府、企业、小区等提供资助的机构组织；理论上则以"5W模式"为核心框架并以"功能—控制"为取向，不断地补充并试图健全传播学的研究模式（陈蕾，2013，页71）。

第二次调整发生在1980年代，其核心典范是"经验主义藩篱的浅层多元典范"，即追求"综合定量的、经验主义的、行为科学研究方法的经验主义传播学科"。那是一个媒介技术突飞猛进的时代，原有的大众传播过程一元研究模式已经无法满足传播实践的迫切需求，社会交往、媒介技术、传播环境的日益复杂且对人际传播、组织传播、群体传播等不同层面的研究范畴提出了新的要求。原有的"以资助者利益为导向"的传播研究也受诟病为"只是一个为雇主而作的报告"，而非"一篇对传播理论学术整体有贡献的期刊文章"（Roger，1997/殷晓蓉译，2005，页424）。

是以不论在实践应用层面或是理论建构贡献层面，40年前（指1940年代）的大众传播过程模式的一元研究典范此时均已失效，改由传播学者保罗·拉扎斯菲尔德、查尔斯·伯格（Charles Berger）、史蒂文·查菲（Steven H. Chaffee）等同时代学者发起在经验主义范畴内重新整合传播科学的运动。然而客观、实证传统仍然无法"在学理层面囊括一切方法论逻辑"，无法为所有类型的传播实践提供充分的理论与智力支持，也就无法避免在此核心典范与新的传播实践和学理要求间产生进一步矛盾，"突破经验（实证）主义的藩篱"由此成为必然选择（陈蕾，2013，页72）。

本世纪（21世纪）以来的第三次调整应运而生，针对此前的浅层多元典范之不足提出具备"深度整合多元研究传统"的新核心典范。具体而言，调整之重心"聚焦传播学的身份与自主性危机"，潜在理论目标是"建构学科独特的核心逻辑、凝聚共同体力量、消除学科内在分裂、创造有意义的对话争鸣、提高学科地位与影响力"，最终实现"多元研究传统的深层整合与内化"（陈蕾，2013，页74、75）。

围绕这个目标，学者们八仙过海地各显神通，如：

前引恩特曼（Entman，1993）提出振兴传播学科的举措是将框架理论集零为整，反哺并推动社会科学学科之间的沟通。

英国学者雷蒙德·威廉斯(Raymond William,转引自:Katz，Peters，Liebes，& Orloff，2003)试图以媒介效果为共同聚焦点而整合各大理论。

丹麦学者克雷格·詹森(Craig B. Janssen)转引自:Baran & Davis，2011)提出以社会符号学理论来链接批判研究、文化研究和传播学科。

台湾学者赵雅丽(2011)提出将传播学建构为探索意义创造和分享机制的"意义科学"构想;臧国仁、蔡琰(2019)提出与"信息观"古典传播典范截然不同的"叙事传播"典范,试图聚焦于人文与故事的替代性传播理论(页 218-219)。

大陆学者王怡红(2010)提出关系价值的传播学研究视角;胡翼青(2004，页 233)则以"信息人"假设为其轴心纲领,整合多元研究传统的新人本主义典范。

上述种种对策各有千秋,基本上仍处于众声喧哗的状态,具有普遍共识、有深层整合能力的传播学科核心典范迄今依然"没有诞生"(陈蕾,2013,页 71-76)。亦有学者怀疑,有无核心典范及其是否会发生转移与替代,很可能只是伪命题,倒不如并置"多元典范"、嫁接"不同理论与途径","经常、持续地"进行"理论的梳理工作",最终"拓展其对传播现象的理解"而更好地服务于传播研究(倪炎元,2003,页 80)。

三、框架理论的传播研究典范群像

回到框架理论,其如前述原属历史悠久、理论意涵浓厚、现实意义重大的跨学科老迈理论,多年来争论不休而无共识,且因整合不力而遭楚歌四起的危机。但也正因其历史悠久,理论典范的发展脉络知识更具稳定性;然因共识与整合不足,其定义、概念、操作等演化图谱亟需厘清。[①] 由于各种类型的框架理论定义和内涵均已散落在前文第一章和第二章各处,本节不再重复铺陈,仅拟择要概述。

以下概述系以图表化的直观方式呈现。为建立框架理论典范不同范例间的比较坐标(见表 4-2),学者遴选参照前文所提马瑟斯(Matthes，2009)、郭冬阳(2014)分别对英语、中文传播学界(主要是简体中文或大陆传播学界)的框架研究内容分析排名前九位学者。纵向类目参照前文综述分成理论、方法、个案等三个类目,理论建构包含框架的定义、结构、机制等板块,结构式内涵则采

---

① 说到历史悠久,框架理论虽不至于接近历史的终结,但至少现已成熟到有不同范型多足鼎立,臧国仁甚至认为框架理论"已经过时"而放任原著沉淀为历史尘埃,放弃大陆学术书商对其 1999 年专著的简体再版邀约(臧国仁,个人通信【电子邮件】,2019 年 5 月 10 日)。

臧国仁(1999)高、中、低三层次相倚的复合结构模型为讨论基准类目。这是因为臧氏建构的框架理论典范相对周延，被认为已经"超越西方学者偏重主题的单一结构"，成为海峡两岸和香港地区新闻框架研究的"集大成者"（张梅，2015，页42）；这个观点在前文爬梳的框架理论定义综述已获间接证实，下文将进一步再次证明。

表 4-2　框架理论的范例内涵比较

序	学者(年代)	理论						
		定义	结构			机制	方法	个案
			高层次框架(主题)	中层次框架(事件)	低层次框架(修辞)			
1	戈夫曼(Goffman, 1974)	框架是人们或组织对事件的主观解释与思考结构	这是什么事?每个事件有一种或多种框架。	主要框架能定位、感知、识别和标签具体事件	调音、音调	固定、调音、逆换、复印	/	/
2	甘姆森(Gamson, 1981)①	框架是理解相关事件和议题内涵的中心组织观念	中心思想或框架	"推理装置"(reasoning device)	"框架装置"(framing device)	和谐集群、诠释包裹	内容分析;文本分析	阿以冲突的政治文化
3	臧国仁(1999)**	框架是个人处理意义讯息时所依赖的思考基模，也是解释外在事务的基本结构②	高层次框架是对某一事件的主题界定	中层次框架由主要事件、先前事件、历史、结果、影响、归因、评估等环节组成	低层次框架结构透过语言或符号表现，包括字词语句组合成修辞与风格	选择、重组	话语分析	台湾大学女研社播放A片

---

① 原排名是 Gamson(1989)所作定义，但本书比较过 Gamson(1981)提出的更早版本，采用更简洁的后者。

② 臧氏(1999)原文定义"新闻(媒介)框架"为"新闻媒体或新闻工作者个人处理意义讯息时所依赖的思考基模，也是解释外在事务的基本结构"(页108)，为与其他定义对等，表中删除了其所强调的专业语境新闻。

续表

序	范型内涵 / 学者（年代）	理论					方法	个案
		定义	结构			机制		
			高层次框架（主题）	中层次框架（事件）	低层次框架（修辞）			
4	贝特森（Bateson, 1955）**	框架是信息背后的解释原则	/	/	/	后设/元传播	精神病治疗法	动物园、地图
5	恩特曼（Entman, 1993）	框架是选择和强调	传播者、文本、阅听人、文化等四主体对特定问题的定义（诊断）、因果诠释（归因）、道德评价（评估）、对策建议（处方）	文本中信息的位置、重复或连接到熟知的文化表征等手法	选择、强调	/	冷战、亚洲疾病、艾滋病问卷、美国对伊政策
6	吉特林（Gitlin, 1980）	框架是打包信息的设备和选择、强调、排斥的持久模式	主题	选择、排斥	强调	选择、强调、排斥	深度访问法	美国新左翼运动
7	坦卡德（Tankard, et al., 1991）	框架是选择、强调、排除、详述新闻内容的中心思想	新闻内容文本的中心思想	截片、建筑	调色	选择、强调、排除、详述	"框架清单"	公共关系框架
8	潘忠党（2006）**	框架是传者提供给受众应当如何理解符号的诠释规则	采 Gamson（1989）之中心思想或框架	采 Gamson（1989）之逻辑推理的"签署矩阵"（signature matrix）①	采 Gamson（1989）之表意的"签署手法"（signature devices）②	采 Gamson（1989）之"话语包"	内容分析；文本分析	流行病
9	艾英格（Iyengar, 1991）	框架是通过强调凸显重要性的微妙选择	主题式框架（thematic framing）	片段式框架（episodic framing）	论述中的微妙变化	强调	问卷调查法、实验法	政治议题的电视新闻

* 1. 学者排序按郭冬阳（2014），注有双星者与 Matthes（2009）统计引用率排名重合；

　2. 来源:本研究整理。

---

① "signature"还有另层意思是"标志"，更贴近甘姆森原意。此处的"签署"直译按潘氏（2006）原文。

② "手法"可能是潘氏（2006）自创的"devices"译法，但因未在别处看到，本书从众而将"devices"译为"装置"。

表 4-2 构成了框架理论的传播学典范群像图。除了贝特森(Bateson，1955)和戈夫曼(Goffman，1974)分别来自人类学、社会学而对现代新闻业涉入不多外,其余七位学者都从大众传播角度建立框架理论的研究典范,也各自提出较为系统的方法论,内容分析、文本/话语分析是其研究新闻文本框架的主要选择,问卷调查法、实验法、深度访问法则较多应用于阅听人之框架互动。

前文假设的臧国仁(1999)高(主题)、中(事件)、低(修辞)三层次相倚的复合结构模型适合做为基准坐标,在此得到复证。除了恩特曼(Entman，1993)提出传播者、文本、阅听人、文化等四主体对特定问题的定义(诊断)、因果诠释(归因)、道德评价(评估)、对策建议(处方)等框架策略覆盖了高、中两个层次外,其他六位学者的框架理论建构都能找到对应这三层次的论述,尽管他们的表达各有千秋。

在理论架构方面,同行评议认可度最高的是甘姆森(Gamson，1981，1989)。如潘忠党(2006)曾赞许甘姆森的方法最符合其所关注的框架概念及框架分析的核心命题,恩特曼(Entman，1993)在《框》一文有关框架本质论述唯一引用的文献也来自甘姆森(Gamson，1992)。而甘姆森与恩特曼这两位政治学者更因框架研究——确切地说,媒介框架研究——而将影响力跨界辐射到了传播领域。因为多年来对框架领域的"发扬光大"所作出的"重大贡献",他们双双被不少传播学者认为是"框架研究最重要的学者"(杜涛,2014,页 42)。

有别于其他学者多将高、中、低三层次统称为框架,甘姆森(Gamson，1981，1989)却先后称其为"诠释包裹"(interpretive packages)、"话语包"(discursive packages),分由"框架"、"推理装置"(reasoning devices)、"框架装置"(framing devices)组成,依次对号入座表 2-6 的高(主题)、中(事件)、低(修辞)三层次。其中,(1)框架即议题或事件的中心思想,(2)推理装置包括根源、结果和体现原则,(3)框架装置包含隐喻、模板、警句标语、描绘、论据以及图像等。

展开框架分析时,研究者可将文本划分为一个个的包裹(packages),而每个包裹里都有标志来注明核心框架、推理装置、框架装置各要素所处位置,以利编码员操作(Gamson，1981，1989)。

四、本章结语:一篇经典论文、一段学术人生以及一个理论典范

本章精读了一篇经典论文、一段学术人生以及一个理论典范,从澄清学界对恩特曼文"破碎的典范"之误读开始,次则讨论典范之含意,以期说明框架理

论如何/是否得以成为传播学科之研究典范。

(一)一篇经典论文

"一篇经典论文"指全世界首篇媒介框架后设理论研究期刊论文《框架化:澄清破碎的典范》(Entman, 1993)。多年来,学界或望文生义,将恩特曼的"破碎的典范"解读为对框架理论概念分散、典范破碎、众声喧哗而难有共识之发展历程的严厉指控;或无中生有,将恩特曼的"强调框架"指认为强调不同文本内容(而非透过不同语言或措辞来表述同等信息);或囫囵吞枣,视而不见恩特曼的建构理论之功,纷纷指责恩特曼只提出问题而不解决问题。

经上节之铺陈可知,上述误解恐与恩特曼文的核心要义南辕北辙。事实上,该文中的"恩特曼之问"真正忧虑的是整个社会科学(而非单个传播学科)之破碎现状,试图追寻的是既可贡献于社会科学领域间各学科连结又能成为传播学科代表性研究典范的核心知识(上节称"大师型理论"),是以定性该文为"学科振兴纲领"并不为过。

在文中,恩特曼先是追问为何社会科学理论如此破碎、传播学科如何在社会科学领域树立地位,反思社会科学研究典范之破碎化现状恰能为传播学科提供发展契机,即培育"大师型理论"为社会科学研究输送营养,以作为奠定地位。

继而恩特曼论证框架理论何以为"大师型理论"潜力股,并为统一框架研究典范提出"选择和强调"定义,"诊断、归因、评价、对策"等功能,"传播者、文本、阅听人、文化"等位置之理论建构,勾勒出偏向操作化取径的框架研究典范蓝图。如上所述,"选择和强调"框架研究典范得到传播界近30年的检验和大范围的接受,也为连结社会科学界其他学科奠定理论基础,充分彰显出"大师型理论"的风范雏形。

(二)一段学术人生

"一段学术人生"指华裔史家黄仁宇的逆典范学术人生际遇。从前文缘起"恩特曼之问"的传播理论思想史跨学科转折到历史学者典范创新叙事,乃源于对误读恩特曼文"破碎的典范"深层原因之追问:是否由于读者对"典范"的定义与恩特曼不尽相同?到底何为"典范"?

借由铺陈黄氏终其一生失败履历的总和,反思其主张的"大历史观"研究思想、"望远镜式"研究视角、"历史叙事文学化"学术写作风格为何未能撼动主流的美式历史研究典范,检讨看似阻碍个别学人创新行为的主流典范何以成为"必要之恶"。

　　首先,有鉴于库恩(Kuhn,1962)所作典范概念之语焉不详且引发学界争议不休,本书基于讨论需要定义典范为"科学共同体所认同和共享的价值信条、解谜规则、典型范例",勾勒出理论、方法、实践等三面向建构模式。

　　接着,本书先从"何以为'典'"视角切入,分析含有褒义的"典范"更接近希腊语"paradigm"原词所具"范例""模特"等正面意涵语境色彩,兼之入乡随俗原则,采"典范"(而非"范式")为主要译法;再从"怎样成'范'"视角演绎"常态科学—科学危机—科学革命"的典范转移"革命之路"来龙去脉,抽丝剥茧知识嬗变的理路,建构起演化式的整体进步发展观。

　　在前述典范后设理论爬梳的基础上,本书爬梳了典范解谜规则的三种分类,包括(1)"'社会科学(实证)研究'典范","'诠释研究'典范""'批判研究'典范"三分法,(2)"'客观主义'典范"vs."'建构主义'典范","'行政研究'典范"vs."'大陆特色'典范","'海外研究'典范"vs."'批判研究'典范"等二分法,或(3)追寻本学科的核心理论的"范例"谜题。

　　(三)一个理论典范

　　"一个理论典范"指有望成为传播学科核心理论范例谜题的"框架理论"。对号入座学理与实践发现,前文有称大陆传播研究缺乏规范、大陆传播学者缺乏典范训练之批判,所指典范内涵是关于为何为"好研究"与"好论文"的价值信条;所指台湾传播研究众声喧哗现象,可视为史前常态科学时期的无序化表征;至于恩特曼所指有望成为"大师型理论"的框架理论,则是一种范型式、经典式的理论。

　　从本书的典范定义关键要素来看,框架理论所涉建构论典范能为媒体建构真实议题奠定价值观、理论体系和方法论的"解谜基础"。框架理论有望成为既能演示化散为整的力量又能为传播学科正名,最终成为传播学科乃至社会科学领域的"大师型理论",个中所指典范是为其他理论建构与应用之表率的"典型范例"。

　　而框架理论在1990年代台湾传播学界创造的研究黄金时代,就与库恩(Kuhn,1962)所展望的,取得空前的成就、展现出一幅前途光明远景、吸引新生代科学家甚至敌对学派的归附者纷纷投身的常态科学主导典范之蓝图不谋而合。

　　本书再通过中英文传播学界九位最高引用框架专研学者所建构的范例内涵比较,使框架理论的传播学典范群像终于呼之欲出,即学者们对框架是"中心思想"(而非文本内容)的共识相当坚固,已各自建立起较为系统的方法论,但理论建构路径颇多殊异。

第二编　落地扩散篇

第五章 研究问题与方法设计：
以"生命故事访谈"探索"时空"谜题

— 中国研究的方法追求的是"神入"，以能培养研究者的中国直觉。中国人培养中国研究的学科认同有几个条件，首先当然是语言训练，……其次是历史训练，……再其次是文学训练，……最后是生活经验（石之瑜，1995，页 7-8）。

— 在教书生涯的最后阶段，好像是回光返照那样，蓄积了更多的创造力，同时也锻炼了百毒不侵的勇气。正是藉由这样的转折，我决心更进一步去直视千回百转的漂流生命（陈芳明，2016，页 3）。

— 原来学问还可以这样做（甚至就该这么做）！……历史的遗产一旦被看作鲜活的对象并与自己的人生体验相结合，就成了活生生的东西。为人生而学术，就要讲自己的话，走自己的路，用自己的头脑想问题，而不在乎别人怎么说怎么看。……就看你有没有足够的才气和知识准备了（易中天，2021，页 147-149）。

第一节 问题的提出：
是"破碎的典范"还是"大师型理论"？

本书明确以"框架"译法作为逻辑起点且贯穿始终，循恩特曼（Entman，1993）采"选择"与"强调"为框架的基本机制，后依臧国仁（1999）认为更具包容力与解释力的"媒介框架"概念，但在综述过往时则本着尊重史实的原则通假"新闻框架"与"媒介框架"两种用法。与此同时，承续第一章绪论驻足研究的迷宫入口时发想的框架理论"叙事起点之谜""窄泛框架之争""寻找沉默者"等三个问题意识，第二、三、四章则就概念澄清、历史考察、典范反思等三个相关领域展开文献回顾。

一、梗概

第二章《定义的钟摆：在理论化与操作化之间》追溯了框架理论的心理学、社会学源头，爬梳了中西方学术社群高频引用的框架定义，发现框架定义多在理论化与操作化取径间摇摆，中西方学界对源头学者的高引用率上存"大同"，而在华人学者独为中文学界高引上有"小异"。

第三章《向中文旅行：媒介框架理论的中国本土化》考察源自西方的框架理论在中国传播学界的落地与嬗变后发现，不同于国际传播学界框架研究的众声喧哗，框架研究在大中华地区的本土化分布不均。

第四章《革命之路：科学典范转移与框架研究典范变迁》澄清恩特曼（Entman，1993）"破碎的典范"，重新定义典范，考察传播研究典范转移革命之路，描绘框架理论的传播研究典范群像，引人省思框架理论如何/能否成为传播学科研究典范，反哺并破局社会科学典范破碎之现状。

为更清晰呈现上述讨论脉络，可进一步精简相关概念，整理成如图 5-1 所示。

二、谱系与谜题

图 5-1 可视化再现出第一章概论与第二、三、四章文献综述的全部主题，大致上可切分成"框架研究之历史脉络"、"框架理论之典范变迁"（见图 5-1 右侧）、"中文框架研究"（见图 5-1 左侧）三大谱系，相关文献爬梳围绕"框架理论""框架研究""典范""传播学科"以及"本土化"（见下说明）等概念展开。

（一）三顾谱系

回顾谱系一"框架研究的历史脉络"，大致可划分成"常人哲学"（1950 年代之前）、"学理概念萌芽"（1954—1973）、"理论建构"（1974—1992）、"众声喧哗"（1993 年至今）等四个阶段历程（见图 5-1 右上部）。迄今可考的框架思想作为"常人哲学"的片段性论述，自古希腊时代起就已散见于非学术类出版物中。而学术作品中的框架概念，需追溯到贝特森（Bateson，1954，March；

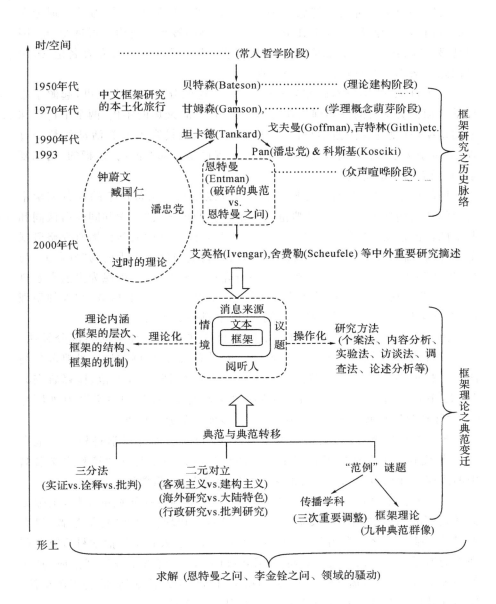

图 5-1　框架、典范、本土化等本章主要概念谱系

* 来源:修改自两位指导教授臧国仁、陈百龄面谈时所绘原图。

1955)的《一个关于游戏和幻想的理论》一文。20 年后，框架作为学术理论在《框架分析：经验组织论》(Goffman，1974)一书中被系统建构。再过 20 年，因恩特曼(Entman，1993)那篇以"破碎的典范"为主题的框架研究著名论文，引发国际传播学界"众声喧哗"至今不衰。

至于自 1993 年至本研究启动的 2018 年这四分之一个世纪里，起源于心理学科和社会学科的框架理论在"最好的年代"和"最坏的年代"两个平行星球来回切换，且复制着传播学科的姿身未明命运，也贯穿了人类活动的整个过程，诞生于多学科的十字路口，而其发展历程也是一部混沌的、模糊的、错综复杂的、亟需写清的历史。

回顾谱系二"框架理论之典范变迁"，续以华裔史家黄仁宇的逆典范学术人生际遇为例展开讨论，追溯典范和典范转移的再定义"科学共同体所认同和共享的价值信条、解谜规则、典型范例"。譬如，前文有称大陆传播研究略逊规范、大陆传播学者稍欠典范训练之批判，所指典范内涵是关于何为"好研究"与"好论文"的"价值信条"；所指台湾传播研究众声喧哗现象，可视为史前常态科学时期"解谜规则"不明朗的无序化表征；至于恩特曼所指有望成为"大师型理论"的框架理论，则是一种"典型范例"式的学科核心理论。

由于人文社会科学的复杂性，不同学科往往存在多种不同典范分类法。传播学科认同较广的就至少有三分法、二元对立法、范例谜题这三种典范分类法(见图 5-1 最下部分)：三分法即分成社会科学(实证)研究典范、诠释研究典范、批判研究典范；二元对立分类法则有"客观主义 vs. 建构主义""海外研究 vs. 大陆特色""行政研究 vs. 批判研究"等多种典范分类标准。

至于"范例"谜题法，则追寻本学科的核心理论，如传播学科核心典范自 1940 年代确立至今有"5W 模式主导下的行政研究一元典范""经验主义藩篱中的浅层多元典范""深层整合的多元研究典范"三次重要调整。

前文所指李金铨(2019)呼吁"深邃的典范"引领传播研究的工作，国际传播学刊(*JoC*)两次"领域的躁动"(1983，2018)专刊均曾追问"传播学者、研究者以及传播学科之社会角色"等核心建制化问题，引人省思传播学科研究典范理论的追寻方向。由此检视恩特曼(Entman，1993)曾寄望框架理论成为"大师型理论"以振兴传播学科成就"大师型学科"，框架理论如何/能否担此重任、反哺并破局社会科学典范破碎之现状，显然亟需考证。

框架理论的典范则由(1)框架发生的脉络(含框架、文本、消息来源、阅听人、议题、情境等要素)、(2)框架理论内涵(含框架的层次、框架的结构、框架的机制等要素)以及(3)框架研究方法(含个案、实验法、访谈法、调查法、论述分析、内容分析、参与观察法、深度访谈法等方法）三部分组成（见图 5-1 中部）。通过中英文传播学界九位最高引用框架专研学者所建构的框架理论典范群像比较，发现学者们对框架是"中心思想"（而非文本内容）的共识相当坚固，已各自建立起较为系统的方法论，但理论建构路径颇多殊异。

回顾谱系三"中文框架研究的本土化旅行"，即框架研究在大中华地区的跨语言和跨文化旅行，发现不同中文地区的起点有差、未来已来，只是分布得有点儿不均匀。

具体而言，在台湾起步早且起点高，研究社群初具规模，研究成果高质且方向多元、凝练，教学研相长之上好佳为世界罕见，拥有过整个 1990 年代的"黄金时代"研究热潮又迅速冷却。

在大陆，框架研究被视为改革产物，研究热情随中国改革春风欣欣向荣至今方兴未艾，然而理论建树上却始终亦步亦趋，止于创新口号而不见创新行动；其学术规范与研究水平总体呈封闭式、边缘化的特征，仍与台湾、香港两地有较大差距。

在香港及其他海外地区未成气候，不论中文传播研究或是关于框架的后设理论研究都如星星之火而未能燎原。或因典范的差异，大陆与海外华人传播学界在文献互引上不大往来。

上述中文框架研究成果或因语言的隔阂，或因典范的落差，在英文为主要学术语言的国际学刊参考文献列表中的能见度并不高。其高频引用的框架定义则与西方学界大同小异。虽然中西方学术社群高频引用的框架定义均多在理论化与操作化取径间摇摆，但总体而言，中文框架研究在对源头学者的高引用率上与西方存"大同"而在华人学者独为中文学界高引上有"小异"。

（二）拾贝谜题

如上所述，以上三个谱系分从框架研究的历史脉络、框架理论的典范变迁、中文框架研究等三个取径出发，各自穿越弥漫疑难杂思的迷雾森林，收获了相伴框架理论一路走来的无数鲜花、掌声，也拾贝了同样多的未解之谜题。

谱系一"框架研究的历史脉络"探索之旅的迷宫入口最终定锚于框架研究叙事起点之谜、窄泛框架之争以及追寻框架研究中的各种沉默者（"沉默的框架研究者"贝特森，以及媒体框架、阅听人框架、文化框架等"沉默的框架"）三大谜题。

谱系二"框架理论之典范变迁"追问什么是"典范"及传播研究、框架理论研究分别走过怎样的典范革命之路，通过重读恩特曼（Entman，1993）追溯框架理论"破碎的典范"之原生语境，面向未来提出"破碎的典范"可以整合成新的理想典范共识之大哉问。

谱系三"中文框架研究的理论旅行"揭示了框架研究在大中华不同地区"分布不甚均匀"，传播研究典范亦因地而异。具体表征为社会建构论视角下台湾媒介框架研究"三驾马车"的"黄金年代"，大陆的研究繁荣与"叶公好龙"反差，以及香港、澳门的相对萧条。

值得注意的是，1993 年作为纵贯三个谱系的关键时间节点，也是中外框架研究的"尖峰年"。西方学者的英文研究（Entman，1993）、海外华人学者的英文研究（Pan & Kosicki，1993）以及台湾本土学者的中英文双语研究（钟蔚文等，1993.07；Chung & Tsang，1993.08）等三种不同类型的里程碑成果，均在这一年初荷吐露。

是年里程碑成果中最具影响力者当属 *JoC* 所刊论文《框架化：澄清破碎的典范》（Entman，1993），引发框架理论是否已成"破碎的典范"之争至今不衰，所提"强调框架"亦备受"同等框架"拥趸挑战（Scheufele，1999；D'Angelo，2002；潘忠党，2006）。

然而，此前从未有人（包括 Entman 本人）澄清的是，其一，该文主旨并非仅指陈"框架理论的典范已破碎"，而是诟病整个社会科学领域的碎片化，呼吁整合框架理论典范以能成就大师型理论、振兴传播学科期能成为大师型学科，进而主导社会科学研究领域；其二，与批评者理解的"强调框架"大相径庭，该文不乏表述不同而内里信息内容相同的框架运用，正与批评者推崇的"同等框架"（见 Scheufele & Iyengar，2012）不谋而合；是以，《框》文实际上是一个被误读多年的学科振兴纲领。为何如此重要的研究成果被集体误读多年而无人察觉？为何连恩特曼本人都从不辩解（以上参见图 5-1 中间）？

综上，历经上穷碧落下黄泉的文献漫游，本书再次回到"梦开始的地方"面对"叙事起点之谜""窄泛框架之争""寻找沉默者"这三个前章提出的主要问题意识时，视野与考虑已非同日可语。时间层面为主的历史脉络、空间层面为主的本土化旅行以及形而上层面为主的典范变迁这三股文献谱系，在此汇流成同一幕瀑布，直直打向"恩特曼之问""李金铨之问"以及"领域的躁动"等三个经典提问所指的范例谜题（见图 5-1 最下方）：

"何以树立传播学科在社会科学界的'大师型学科'地位？"（Entman，1983）

"为何我们缺乏深邃的'典范'引导传播研究的工作？"（李金铨，2019）①

"传播学者、研究者以及传播学科的社会角色是否固定又稳定？"（Gerbner & Siefert，1983；Fuchs & Qiu，2018）

它们（上述三个问题）不约而同地关切着传播学科命运，也在提醒我们必须扎根于传播学科发展框架理论，也必然无法绕过典范而谈框架理论。它们与框架理论相关的追问包括但不限于：自 1993 年以降，框架理论有否如恩特曼所愿，成为"大师型理论"并带来传播学科振兴成就"大师型学科"？在未来，框架理论能否成为"深邃的典范"，引导传播研究的工作？而在社会角色的固定性和稳定性考虑中，框架专研学者与其他传播学者有无区别？最终精萃成下列两问：

框架理论成为"大师型理论"是否/如何可能？

传播学科成就"大师型学科"是否/如何可能？

（三）未竟之问

行文至此再次回到本书开篇之职志，我们自认已基本满足"涉入新的河流时"需要知道的"这里的水流自何方"以及"为何这样流淌"之好奇（Rogers，1994，p.1），也竭力避免彼得斯和西蒙森（Simonson）一度诟病的治学陋习：急于"评判前人及其思想"，急于"仪式化地搬出那些死去的名字或褒或贬"，几乎不"翻过去重读（甚至读过！）"，也几乎不"与他们留给我们的文字进行任何实际的有意义的联系"（Peters & Simonson，2004，p.11）。

相反的，本书从框架理论的常人哲学传统及其心理学、社会学两大起源一路追溯，以望远镜一般的统摄性视角俯瞰了框架理论的历史脉络、典范变迁、中文本土化旅行等三大谱系及相关概念，兼以显微镜般的细致重读、精读了恩特曼（Entman，1993）、臧国仁（1999）等中英文重要框架研究，拾贝一连串谜题，也留下诸多未竟之问。

其一，恩特曼为何沉默？说恩特曼是框架研究中的"沉默者"②，恐怕鲜有认同者，盖因恩特曼自 1993 年起就是国际传播学界最权威、最活跃、追随者与反对声量皆甚众的框架专研学者之一。然而据本章考察，恩特曼在某些时刻

①　原文系"范式"，此处为契合全文语境而调整为同义的"典范"。见：李金铨，2019，页 90。

②　前文仅提出过框架研究中的各种沉默者包括"沉默的框架研究者"贝特森，以及媒体框架、阅听人框架、文化框架等"沉默的框架"，而未提及恩特曼的针对 1993 年论文的沉默。

是沉默的，其沉默体现在对批评意见的冷处理。

恩特曼从未响应过艾英格（Ivengar）、舍费勒（Scheufele）等平等框架论学者对其强调框架的批判，亦从未澄清国际传播学界对其"破碎的典范"真正意涵的误读，更未再声明过整合框架理论成为大师型理论、振兴传播学科成为大师型学科之职志。

为何恩特曼任人评说而从不辩解？对各种误读误判，恩特曼究竟是从未闻问，抑或置若罔闻？又或者，是否即便"恩特曼之问"之解读也只是本研究误读（而非恩特曼原文原义）？究竟恩特曼本义为何？

其二，框架理论是否过时典范？臧国仁的框架研究代表作《新闻媒体与消息来源——媒介框架与真实建构之论述》自1999年出版以来便未有再版，甚至拒绝了大陆书商重出简体版的邀约，放任原著沉淀为历史尘埃。据上文图5-1的说明记录，臧氏（2019年5月10日）甚至认为框架理论"已经过时"。何谓"过时"？为何臧氏会认为"过时"？如要其永葆青春而不"过时"则当如何？

其三，历史容否假设？倘若政治大学的钟蔚文、臧国仁在1991年不曾西游至AEJMC年会聆听坦卡德的框架研究报告；或者复旦大学新闻学院教师陆晔在1997年未访港接触到前沿框架研究成果，新思成文后也没有近水楼台的校办期刊可供发表；又或者《传播与社会学刊》创刊主编陈韬文未曾在2006年创刊时首发前同事潘忠党的框架专文，本章所综述将是另些怎样的故事？历史有否脚本，有否必然，能否无条件地随心所欲？抑或总是基于过往传承、既定现实、偶然机缘等诸多综合因素的有条件创造？

其四，语言是桥还是墙？在国际传播学界，源于西方英语世界的框架理论向中文世界旅行时，需用转译思维跨越语言之"墙"。而在同根同文的大中华地区，中文作为研究工具，之于框架研究则是沟通之"桥"。既然是"桥"，为何出现台湾、大陆、香港及其他海外华人地区的传播研究各表一枝、相应的框架理论研究亦呈发展不均匀之怪现状？个中"无形之墙"为何？

三、后设世界观与方法论之延伸

上述谱系、谜题以及未竟之问涉及多重学术立场之后设世界观与方法论。如"知识社会学"关注观念的社会根源以及盛行观念对社会的影响的核心观点，如"创新与扩散"演绎一项新的观念、事物、技术引入社会体系时的演变过程，或能给框架理论在中西方之间、在不同华人地区之间的发展状况差异带来某种启示。如"权力理论"发现权力有意无意、或多或少干预知识并把知识建构成真理，这或能为框架理论在"解严"后的台湾和"改革开放"春风乍起的大陆的盛行提供某些解释。又如"内卷化"批评"向内看"的舍本逐末导致没有发展的增长，举例爪哇岛一味增加农业人口、不提高技术水平而导致社会、经济和生态的灾难，这与框架理论正在面临的"锤子症""叶公好龙""最好和最坏的年代""沉默""麻木"等诸多怪现状何其相似！

（一）理论的旅行

而其中最直接相关者当属后殖民理论开创者爱德华·萨义德（Edward Said）所开创的"理论的旅行"（traveling theory，又译"旅行的理论"）分析模式（Said，1978，1983，2000）。"理论的旅行"的核心关切是探讨一个理论（主要是批判性理论）从此时此地向彼时彼地运动（或借用、或移植、或旅行）之后，在新时空的情境中是否仍然保持原貌。

此处"原貌"具体指"原有的批判意识"或"原有的力量和反叛性"。萨义德（Said）在 1983 年初次提出"理论的旅行"时，其所预见的失去原貌仅限于负面意涵，即担忧理论失去批判和自我批判意识后会"变得麻木"，沦落为"简化（reduced）的理论""被编码化（codified）的理论""被体制化（institutionalized）的理论"等各种被降格、被削弱的异化形态，而与理论起源的源点时空南辕北辙。时隔十七年，萨义德（Said，2000）再次提出比"麻木"更优的另一种可能性，即理论旅行到新的政治和社会环境中被重新诠释、重新获得活力，是谓"理论的超越"（transgressive theory）。

是什么决定旅行中的理论变麻木、变超越还是维持原貌？萨义德（Said，1983）提出包含源点、路径、条件、改变四类要素的基本模式。其中，"源点"是观念或理论赖以生发的一系列初始状况，"路径"即观念或理论所穿越的布满各种语境压力的道路，"条件"指观念或理论在移植后得以存活的一系列接受或抵制条件，"改变"则往往因新时空中的新用途、新位置而触发观念或理论在某种程度上的变化。

上述四要素模式一经提出就在人文社会科学领域反响强烈，迅速成为考察概念和理论之跨时空变迁的重要工具。其中尤以"体制化"与"批判意识"成为考察过程中"必须时刻关注的焦点"（翁时秀，2018，页 263）。

如何保持批判意识？萨义德（Said，1983）将之定义为"对'历史'和'情境'的批判性审视"，具体而言则需具备一种"空间感"（spatial sense）、一种定位理论并将理论植入特定情境的"度量能力"。诚然，理论皆由人造且不具自主能动性，是以理论批判意识的获得或丧失不能归咎于理论本身，而取决于专研理论的学者。理论专研者的空间感以及度量能力匮乏的主要表征，就是陷于理论之内坐井观天而忽视具体情境，进而失去批判意识，产生"体制化问题"。

（二）"想象地理"的旅行 vs."框架理论"的旅行

以"想象地理"（imaginative geographies）概念为例，该理论的"源点"起始于 1970 年代（后）殖民和他者化（othering）的语境，指某一群体、社会、国家或文明对他地的充满欲望、恐惧或幻想的、带有权力关系的表征，其根本特征是"对权力（尤其是殖民权力）的强调"（Said，1978；Gregory，1994；翁时秀，2018，页 263）。如萨义德（Said，1978）正是基于想象地理概念展开对东方主义的批判，指陈"东方"并非自然存在，而是作为他者而为西方所建构，其中蕴涵了西方人观看或表征东方的不平等权力关系。

到了 1990 年代初期，想象地理概念经由马克思主义地理学的"途径"进入地理学研究领域，却在人文地理学中走上了"体制化"之路，逐渐演变为一种"话语霸权"（翁时秀，2018，页 266）。如在政治、经济、军事、社会等各种"条件"的作用下，想象地理在全球问题与国际关系、民族—国家与民族主义、社会文化与日常生活等诸多方面多有涉足，其使用范畴逐渐超出后殖民领域而出现"泛化"趋势，具体表现为凡所见不同皆归因为想象地理之不同，且所有反对东方主义、为西方辩护倾向的研究都会被扣上政治不正确的帽子，导致殖民研究的多样性大大减弱。

如萨义德（Said，1983）曾言"不加批判地、重复地、毫无限制地运用"乃至突变为"一种陷阱""体制化危机"的"想象地理"概念变异之怪现状，与前文所述框架理论研究或如中国武侠"一剑走天涯"，或如西谚所云"有锤子的人看什么都像钉子"何其相似，尴尬如出一辙。

框架理论可谓名副其实的"旅行的理论"。框架理论发源于 1950 年代的认知心理学概念，自 1970 年代起经由社会学理论建构而向西方英语世界的社会科学领域旅行，自 1990 年代起向中文旅行。套用"理论的旅行"四要素论，框架理论的"源点"一度引发叙事起点之谜的探讨。框架理论的发展"路径"是一条充满窄泛框架之争、沉默者与喧哗者共存，乃至心理学、经济学、传播学等多学科各行其是发展的崎岖迷途。框架理论的发展"条件"依托于学术社群连结机缘（如潘忠党应邀约稿，陆晔的香港访学等），以及在地历史情境的政治、经济、军事、社会等基础之制约。

然而这些框架理论的"变化"却也存在诸多争辩：

是已变为"麻木的理论"还是"超越的理论"，抑或如臧国仁所说已成"过时的理论"？

是已变成"破碎的典范"还是"大师型理论"，得以成就传播学科的"大师型学科"地位？专研框架理论的研究者中又有谁能为"大师型学者"？

（三）中国传播研究的区位想象

知识社会学视知识生产与权力密切联系（Foucault，1980）。后来学者加入社会纬度，提出"政治—知识—社会"三角互动的分析视角（周俊，2019，页5）。在中国传播研究的"想象地理"中，台湾一度被认为中文世界传播研究的"登陆点"和"把关者"，香港的学术地位则如其"在国际航运和外交中的角色一样"是重要的"中转站"（黄雅兰，2019，页66），而在"改革开放"和"国家智库机构"推动下的大陆，传播学的概念理论与科学方法一度成为"促进社会变革的思想力量"与"现代化标志"（王怡红，2013，页11-27）。如英文原典中的"communication"一词的汉译之跨语际实践就一度被中国学者视为"真正的历史实践"，其中文译名"传播"在各个华人社会中获得合法性的过程再现了传播研究依次从西方到台湾、从台湾到香港、从香港到内地的旅行地图，揭示了西方理论进入中文世界背后的"政治和意识形态斗争"以及"利益冲突"（黄雅兰，2019）。

框架理论自1990年代起的中文旅行是否复制和反证了上述"中国传播研究的区位想象"？

框架理论自1974年以降的跨学科旅行又遵从着怎样的路径和条件，如何与各年代的政治情境互动而留下怎样的时代烙印与相应内涵？

以上框架理论的旅行、中国传播研究的区位想象等后设学理延伸，为重新审视框架理论并提出下列三个哲思式的追问打下良好基础：

RQ1. 你是谁？——概念澄清。

RQ2. 你从哪里来？——历史考察。

RQ3. 你到哪里去？——典范反思。

第二节　方法论的考虑：寻找后设理论的提议者

一、研究职志：补遗框架理论在华研究之旅的集体记忆

综合前文第一、二章所述，框架理论堪称20世纪90年代迄今最重要的新闻与传播理论。一方面，框架（名词）意指不同主体"框架"（动词）所见社会真实是部分的、建构的而非全面客观的，自应用于大众传播研究领域以来，其所涉之媒介真实建构问题堪称新闻学研究领域唯一哲学问题（"一袋麻瓜"语，

2014 年 6 月 4 日)。[①]

另一方面,其也是少数横跨理论和方法的特殊研究途径,应用之高产稳居传播研究近二十年鳌头,也为理解中国改革开放以来的转型期社会现实语境打开理论和方法之窗。

然而,与其重要性和应用热度反差巨大的是后设理论研究的乏力,具体体现在诸多重大节点迄今尚无一致信服的共识:一是框架概念的分散化;二是框架理论的混沌化;三是研究典范的破碎化;四是应用研究多且低质重复;五是重方法而轻理论,种种研究乱象急需拨开迷雾。

惜乎历代专研者对讲清楚思想史的来龙去脉或是"知难而退"或是无意为之,以致于框架后设理论研究出现断层(Entman,1993;D'Angelo,2002;臧国仁、蔡琰,2017;潘忠党,2006,页 37;李金铨,2019;杜涛,2014,页 7;郭冬阳,2014,页 44)。

后设理论研究之冷反过来加剧了如前章所述之应用过热的虚假繁荣以及各种概念、典范的误读误用。各种误读中鲜为人知但在本书前两章已初步探讨的是,自 1990 年代在中国传播学术社群落地至今,大中华地区学界的中文框架研究虽分布不均但蔚有成就,这些散落于大陆、港台地区以及其他海外学术社群的重要中国/华人学者目前纷纷正在或已经退休,一些生动形象地反映当年研究生命故事的史料随之渐渐淡出历史的舞台。有鉴于此,本书的研究职志终于呼之欲出,即:抢救、挖掘、整理口述史料,补遗媒介框架理论在华研究之旅集体记忆,反哺国际传播学界热议多年的媒介框架理论典范建构。

二、未尽之省思:"谁"是后设理论的提议者?

上述研究职志与第一、二章文献探讨聚焦的三个研究内容遥相呼应:

一是考察框架理论在中国传播学界的转译和本土化旅行之脉络及机制;

二是探讨框架理论成就大师型理论、传播学科成为大师型学科之可能性;

三是建构框架概念的理论化和操作化的学理典范。

一并回答三个研究内容衍生的历史考察、在地脉络、典范反思之相关追问并非易事,需像耐心巧手的工匠,先将零星材料、破碎典范一起打包,安顿进一个比较大的架构,然后烛照部分与整体之间的联系,在分析与综合的辩证关系中往返,直到整合的总体路径慢慢地浮现(图 5-2)。

---

① 转引自豆瓣,2019 年 3 月 6 日,见 https://book.douban.com/subject/5358174/comments/。

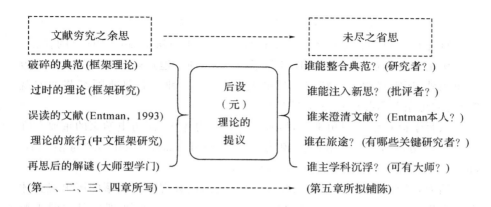

图 5-2　从文献穷究到研究设计

* 来源：修改自两位指导教授臧国仁、陈百龄面谈时所绘原图

　　承上第一、二、三、四章所补遗框架理论在华研究之旅的集体记忆、反哺国际传播学界热议多年的框架理论典范建构之职志，以及历史考察、在地脉络、典范反思之追问，经由本书第一、二章的文献穷究可续分解成（1）破碎的典范、（2）过时的理论、（3）误读的文献、（4）理论的旅行、（5）再思后的解谜等五类余思（见图 5-2 左边）。

　　这五类余思追问的未尽省思有：（6）框架典范为何破碎、如何整合重构典范；（7）框架研究为何已过时、谁来注入新思；（8）恩特曼为何被误读、而除恩特曼本人之外谁还能来澄清文献；（9）谁是中文框架研究的关键研究者、能代表华人传播学术社群讲出框架理论的旅行故事；（10）谁是传播学科的大师、哪个理论是传播学科的大师级理论、可以引领学术社群成就大师级学科等（图 5-2 右边）。

　　这些未尽追问全部指向了"谁"，使得本章（第五章）所拟铺陈的总体研究设计首要找到真正能解答研究总目标，亦即（11）后设（元）理论的提议者是"谁"（图 5-2 中间）。也就是说，只有先解惑当前妾身未明的研究对象和研究主体，方能逐步组合研究总体设计的工具箱。

三、方法论的挑战：虽困且痒，有趣可期

　　毫无疑问，提议后设理论这项工程难度颇大却也令人兴奋，因为这个理论建构的过程赋予研究者在理论和方法的"王国"调兵遣将、运筹帷幄之感。

　　然而却是知易行难，仅在方法论上就面临多重挑战。

（一）怎样跨越东西方文化鸿沟而"视域融合"？

首先是来自"视域融合"（fusion of horizon）（Gadamer，1988）的挑战。作为历史考察作业，本研究的任务除了在一定时间、地点解释微观的文本内容和思想外，还需建构一个特定时期的典范叙述，一种不需要兼顾细节的宏观"历史的想象"（Collingwood，1935）。

从哲学诠释学的视角来看，所有历史都是思想史，而历史学家的重要和唯一方法就是展开"历史学的想象力"（historical imagination）去"重演"（re-enactment）以往的历史事件（Collingwood，1935）。

然而，只有在相同的语言文化中，理解者的诠释视野与典籍的历史视野才会有产生更宽广之"视域融合"的最大可能性。一方面，框架理论研究源于西方传统，使得绝大多数重要文献均集中在英语世界。这对以英语为第二语言的中国研究者来说，面临语言转译、文化鸿沟、认知外推、解释与重演、异质社会脉络理解以及与其他理论观照间的辩证互动等多重挑战。

另一方面，本研究的主要旨趣聚焦于框架理论的中国传播学术社群之旅，这在某种程度上可归类于中国传播学术社群里的中国研究，其所追求的应是基于"中国直觉"。这其中，研究者只有具备一定的"语言训练""历史训练""文学训练"以及"生活经验"，才能建立起得以"神入"中国研究脉络的"中国直觉"学科认同（石之瑜，1995，页7-8）。

（二）文献穷尽之后，如何继续挖掘答案？

历史研究通常需要穷究文献，搜集尽可能多的框架理论研究史料，提供最广泛的资料基础。前文已经分别对1955年至1990年的英文文献、1990年至今的中英文双语文献展开地毯式泛读和择要精读。这些文献包括一手与次级资料，乃因唯有直接阅读框架理论研究的经典理论研究、经典应用研究等一手文献方能杜绝以讹传讹、人云亦云，继而建立起自己的叙述脉络和分析理路。同理，直接比照研究趋势回顾、研究者传记、研究及研究者所在社会与社会科学界的发展历史等次级资料，才能避免一叶障目、不见泰山，将研究者与他们留给我们的文字"进行实际的有意义的联系"（Peters & Simonson，2004，p. 11）。

对于学术写作的文献综述来说，判断文献何时饱和是一大挑战。一方面，框架概念的分散、典范的破碎以及研究水平的参差不齐，大大增加对文献去芜取菁的难度，导致前期阅读原典、筛选真知的任务异常繁重。

须知仅仅检视和比较大众传播的社会效果或心理效果有关文献，就需要"十年的时间""一个跨学科的研究队伍"以及"天文数字般的研究预算"

（Klapper，1960，p. x；转引自周葆华，2005，页14）。

为提高研究精度和效度，本书前章的做法并非不分巨细地一网打尽，而是择其主要相关重要文献而述之。首先选出高引用率和高影响力论著进行重点分析，然后用滚雪球方法排查并搜集文献里引用到和交叉引用的其他相关研究成果。

另一方面，本书前章对已有出版文献的探索已近穷尽，而对"灰色文献"的挖掘和解释尚存很大空间。所谓"灰色文献"指未正式出版的书信、档案等文献，如前文所述臧国仁（2019年5月10日）在给笔者的私人书信灰色文献即曾指认框架理论"已经过时"，但究竟何谓"过时"、为何"过时"、如要其永葆青春而不"过时"则当如何等后续疑问，限于通信隔空对话的时差特性而未能实时说明。

此外，若已有"灰色文献"穷尽解释却依然不能完善回答问题，后续又当如何发掘整理？

（三）理论建构如何检验信效度？

框架理论兼具综合性理论、经验命题以及社会建构派研究方法的多重特征，被很多学者认为是理论建构的适宜对象，尤其适合为媒介研究建构"桥梁模式"，在"质化与量化""实证与诠释""心理学与社会学""经院派与专业主义者"之间架起沟通桥梁（Reese，Gandy Jr.，& Grant，2001）。

这样的联想并非异想天开。社会学家罗伯特·默顿（Robert K. Merton，1968 /唐少杰、齐心译，2006）就曾尝试糅合欧洲知识社会学流派与美国大众传播社会学派，"取二者之精华"，"弃二者之糟粕"，目标是杂交产生出"一个活力很强的混血儿"，既有"一个学派感兴趣的理论范畴"，又有"另一个学派的经验研究方法"（页673-674）。

问题在于，对于框架理论这样众声喧哗的理论场域而言，整合破碎的旧典范并建构有说服力的新理论假说已经很难，试图例证其基于理论观点和核心概念发展而出的一套新的研究方法且能禁得起信效度检验的挑战，必定难上加难。

说到底，知识与运用之间"永远有差距"，理论与实践之间"永远有一段路是要靠自己走"，研究对象与研究设计之间也永远不会有现成答案可用（钟蔚文，2014.11；转引自：钟蔚文、王彦，2017，页31-33）。尽管困难重重，对于研究者而言，只有刨根问底地激发出的好奇心得到满足，才能获致"挠抓奇痒的愉悦""知道如何走出迷宫的愉悦"（Rogers，1994，p. 1）。因此，迎难而上，展开研究探险之旅，仍然是本研究当前最可期待的有趣事情和强烈体验。

第三节　研究总设计:
当"关键研究者"遇上"生命故事"与"时空框架"

承上文的方法论反思,所有历史都是思想史。然而,以往的框架后设理论研究或擅长文献内容分析之量化取径,或专精学理探讨之质性分析,唯欠缺对理论生长、发展、旅行之社会文化时空脉络的论述,尤其从叙事角度补足框架思想史和研究史的书写尚未出现。而当已有之理论史无法"重演"历史事件也无法连贯起"视域融合"的完整思想史,又当现有文献已穷尽解释力且研究者本人自圆其说地整合理论遭遇信效度挑战,寻找并设计更合适的"它者"质性研究工具、研究方法就成为必然,当可弥补当前文献之不足。

一、抢救史料:关键研究者、生命故事以及"真正的历史事件"

研究方法大致可分为质性、量化这两种不同取径。在研究后设理论谜题、学术与艺术创造力等形上类研究议题时,如何取舍方法? 若采内容分析、文献计量学等量化研究取径,固然能够积累丰硕的经验性资料,唯倚赖研究者一己之力去萃取有价值的信息和整体性的理解之信度和效度往往难以保证且常受质疑。

相对而言,以经验为基础数据的质性研究常被认为是对解元理论研究之谜"更有价值"的选择(Kahl, Fonseca & Witte, 2009)。有别于量化研究以"数字"分析归纳通则,质性研究通常"搜集特殊案例"作为资料,探究"事件、场域的情境"或"历程本身的内涵意义",使研究者对研究问题有"更全面及深入的了解",进而使前述通则"更周延"、更"详尽"而更能够"看到标准化测验所看不到的现象",同时协助人们"从更广的视野看待研究及世界"(田秀兰,2006;转引自:蔡怡怡,2015,页68)。

综上省察与考虑,本研究拟循质性研究的叙事取径,先采"生命故事访谈"(life story interview)研究法挖掘受访者的研究故事与生命故事;续考虑到时空维度类目的录入标准分析需从整体视角比较之,拟重组"时空框架分析"研究法对故事中的经验数据展开探索解谜。

"生命故事访谈",系指一个人引导(guide)另一个人讲述自己的完整人生(Atkinson, 1998, p.3)。

顾名思义,该研究法由"生命故事"和"访谈"等两种质性研究方法组成。前者(生命故事)与"口述历史"(oral history)、"生命史"(life history)、"民俗志学"（ethnography）、"引导式自传"（guided autobiography）、"自我民族志"（auto biography）等研究取径相近，即透过当事人之"生命述说"（life accounts）了解"特定时空之生活意义"（Smith，2001／丁兴祥、张慈宜、曾宝莹译，2006；转引自：臧国仁、蔡琰，2011，页62）。后者（访谈），则指研究者与受访者在自然情境下展开时长半小时到数小时的一对一问答交流，然后归纳推论一手访谈数据并加以引用、说明、分析。

（一）故事化故事："半结构式深度访问"组合"生命故事"个案

讲故事是人类传播的基本形式。故事帮助人类更好地认知"自我""他人"以及"生活"和"宇宙"的奥秘（Campbell，1970）。类推到学术研究中，个人生命故事所展现的个人经历、情感、思想及其生长、发展社会脉络，亦能在一定程度上揭示自我与政治、经济、文化背景的互动。

研究者引导受访者说出生命故事的"访谈法"是"深度访谈研究法"的简称，通常可分成结构式、半结构式、无结构式等三种类型，分别代表严格按照提纲按图索骥问答、事先拟订粗略访问提纲、事先不设计访谈提问细节等三种自由度递增的操作方法（胡幼慧，1996）。

这其中，生命故事研究多指半结构式访谈，一方面根据受访者的反应灵活转换提问顺序和追问方式，直到引导受访者说出脑海中的观点、经历与感受；另一方面，和受访者建立持续、深入的"个人性的互动"，共同展开"开放性的探索"（Henderson，1991）。因而"生命故事访谈"实践过程可被视为一种交谈行动，既挖掘数据信息又共同建构意义（Mishler，1986）。

这种交谈行动用于严肃的学术研究，始于20世纪四五十年代的心理学领域。其时，奥地利心理学家弗洛伊德（Freud，1958），以沙发、雪茄、催眠术等标志性元素营造精神病临床治疗的谈话氛围，搜集到患者生命故事作为次级资料并应用于精神分析个案研究。同时期亦有其他学者将个人档案、生活史等生命故事作为一手材料，应用于个体的人格发展研究、历史性时刻对个体生活的影响等个案研究（Erikson，1958，1969，1975）。

在此之前，鲜有学者使用生命故事研究法公开表述种族、性别、阶级等社会分类，以及历史性社会进程如女性运动如何形塑、影响了他们的生活。长久以来，只有"伟大的人物"才会"自视为历史舞台上的演员"并在"社会性和历史性的脉络"中讲述他们自己的"生命故事"（Erikson，1975）。直到著名社会学家赖特・米尔斯声称，"社会脉络的知识"能够"引领人们理解自身的经历和命运"，由此才应运而生"社会学的想象力"；个人如此，集体亦如是。社会学界应是能够"帮助沉默群体发声"，通过讲述他们的"集体故事"而使其也成为"历史舞台上的演员"（Mills，1959/2016，p. 5）。

"生命故事"作为研究方法从心理学界蔓延到整个人文社会科学界，当归功于1980年代初期盛行的"再现的危机"（crisis of representation）知识生产讨论。讨论中，年轻学者受到20世纪中叶勃兴的"后现代思潮"（Postmodernism）影响，对研究中如何建构、再现"文化的'真相'"（cultural "truth"）提出质疑，最终达成通过生命故事进行观察、描述实验的共识（Van den Broucke，2019，p. 6）。

近年来，随着建构主义思潮广为接受，"生命故事"研究法日益成为研究个人与文化问题的首选个案研究工具。

叙事研究的分析框架素有"叙述性分析"（analysis of narrative）和"叙事分析"（narrative analysis）两种。前者（叙述性分析）视故事为数据并找出贯穿故事的主题（theme）以能展开分析，后者（叙事分析）指研究者视行为和事件为数据并通过编织情节来生成（generate）故事（Polkinghorne，1995）。是以叙事研究可谓既"追寻个人经验故事"又"再撰写这些个人经验故事来生成新的故事"的"故事化故事"（storying stories）过程（McCormack，2004，p. 220）。

（二）故事化学术："关键研究者"作为精英个案

个案研究常因样本代表性而受质疑。对此，陈向明（2002）指出，知识的推论不仅透过样本至母体，也经由"特殊案例"达成更透彻的理解。"特殊案例"在本研究系指"足以显著地影响到所在领域未来走向"的精英人物（Policastro & Gardner，1999）。这些精英人物——或如本节开篇所述——正是对本研究破题起到关键作用的"他者"质性研究工具。

众所周知，"精英"概念泛指独具理性与感性之创见，又符合学术社群典范的楷模典范群体。当特指某个具体学科或研究领域的精英学者时，应称其"关键研究者"更为恰当。

关键研究者对所在研究领域了如指掌，而成为"彻头彻尾的'局内人'"，最终本身也成为研究领域的一部分，这在人类学领域由来已久（Hayano，1979）。以关键研究者为对象展开的精英个案叙事研究既是"研究的方法"，又是"写作的过程"（Ellis，Adams & Bochner，2011，p. 273）。来自人本心理学领域的研究发现，当研究者使用"自传""民族志"或"生命故事"的原则来做自己、写自己，展现自我情感和思想，探究自我与文化背景的互动，将亲身体验和自我意识作为数据来源时（Ellis & Bochner，2000，p. 737），更能"促进个体充分发挥潜能"（车文博，2001）。

关键研究者的生命故事访谈通常具备四个特性。一是"唤起式叙事

(evocative narrative)特性"，意指研究者聚焦其所经历的日常事务，讲述兼顾学术的普遍性与个人情感的私密性的双重故事，借此唤起有关学术身份和个人认同的共鸣；二是"反思(reflexive)特性"，即研究者的亲身文化体验能对自我进行反思性修正，并在互动中深化对文化本质的认识；三是"本土(indigenous)特性"，缘于研究者的文化故事常是基于本土(多来自有边缘化或殖民化历史的第三世界国家)的民族志，既作为局内人书写本土文化，又作为局外人翻译给异域文化展开对话；四是"正式成员文本(complete member text)"特性，指那些全身心浸淫于研究对象的研究者已经与研究对象所属文化融为一体，被认同接纳为正式成员，以至于研究者本身也成为"被研究的对象"，或与研究对象合二为一(Ellis & Bochner，2000，p.737)。

如钟蔚文在从台湾政治大学退休之际回顾研究生命时，顿悟"当学者的人，要在真实人生里见华章"，"论文是反思人生"，"读书，原来就是在读人生"(钟蔚文，2014.11；转引自：钟蔚文、王彦，2017，页30)；发现"研究是日常生活、解决问题的根本"，而"日常生活会让研究更精密"(页31)；反思"学术教我们分辨无法言说的人性深处，一部分是履历上的名字、性别、发表等外在形式，另一部分是人生终点时人们对你的内在价值的怀念"(页32)。

如钟蔚文的政治大学同事、中文系教授陈芳明(2016，页3)也有类似的感受，深觉"在教书生涯的最后阶段"反而如"回光返照"般"蓄积了更多的创造力"也"锻炼了百毒不侵的勇气"，并因这些转折更进一步去"直视千回百转的漂流生命"。

又如臧国仁(2015，转引自：王彦，2015)一度结合个人生命故事"反思"华人"本土"传播研究与教育的叙事转向，其框架专研的学术经历作为"正式成员文本"亦启示颇多："学术即人生，人生即学术"(页113)；"人生即故事且故事即人生"(页115)；"研究二字要做广义的解释，包含了教学与服务，并非只是读书、发表，而更是要建立自己的生命观，也就是要透过做研究来成就什么样的生命"(页115)；"接受过主流的美式社科实证训练和优质的美国博士教育"，后来转向叙事论，开始重视"情感、共享、互动、自述、共同建构"等核心概念，这种后设理论的改变不但影响了"做研究的认知"，更改变了"人生态度"，且"因为知道自己也曾不足，凡事体谅学生之不足，进而对他人也放松下来了"，"反正人生都是一场场故事，有什么好执着的呢?"这些研究与教学理念的调整，"讲穿了都与叙事论有关"(页115)。

再如专书《游戏领域：构建学术生活》(*Field of Play：Constructing an Academic Life*)(Richardson，1997)借由作者的研究生命故事自传，揭示当

代知识界中根深蒂固的权威、学科、写作以及社会科学研究与发表的学术政治及伦理。书写学院政治的"可怕经历"对于作者本人的"愤怒和痛苦"是一种释放，同时也"唤起"学术界同僚读者的共鸣，后者承认他们有些经历与书中情节很接近，但因为未被讲述而不为人知。

对此，作者（Richardson，1997）早就预见并在自序指出，自传式生命故事既"少于"真实人生，又"多于"真实人生。说少，是因为叙事时的选择性、片面性、脉络建构性以及生命本身的未结束性【本书注：只有活人才能书写】。说多，则是因为生命故事的情节和意义能令读者由人及己，以他人生命故事为镜重新"审视自己"，重新回到相似的"梦开始的地方"（p.6）。

如果说，上述个体心路历程讲述是兼顾了普遍真理与私人感受的双重性深刻"反思"，那么，《传播与社会学刊》（香港）自创刊以来就启动的"学术对谈"专栏则是集体性组织化行动。该栏目每期每次对谈邀约到的"海内外顶尖学者"来自"不同文化""不同年代""不同学术传统"，开放交流的知识脉络、研究故事、学术人生既达致"真正的中外学术对话交流"之宗旨，也推进了华文学者所追求的"社群精神"目标（邱林川、黄煜、冯应谦，2016）。

兼及本研究，在现有文献和研究者本人均无法提供现成的信效度均高的答案时，邀约框架理论"关键研究者"出场讲述研究生命故事，充分发挥生命故事访谈法的唤起式叙事（即讲者个人叙事唤起听者共鸣）、反思、本土、正式成员文本等诸多特性，当是较为有效的外援。

（三）具身化方法：研究者作为研究工具

具身性是质性研究尤其是叙事取径、特别是生命故事访谈研究法的一大挑战。深度访问所唤醒的故事会让原本作为尘封"历史遗产"的"灰色"文献、"白色"文献复活，与个人生命体验相结合，研究对象因此成为史无前例的、高度不确定的"活生生的东西"。这种"为人生而学术"的治学路径高度要求研究者"讲自己的话"，"走自己的路"，"用自己的头脑想问题"，而"不在乎别人怎么说怎么看"，因为这里面决定研究质量的是研究者自身具有"足够的才气和知识准备"（易中天，2001，页147-149）。

举凡"关键研究者"具备足够扎实的中文基础、专业训练、研究经验、成果积累，既擅"神入"华人研究脉络又具"中国直觉"学科认同，既在微观层面厚描个人学思历程细节又在宏观层面兼顾"历史学的想象"（Collingwood，1935），当能妥善应验前述"视域融合""中国直觉""文献穷尽""理论建构""信效度检验"等方法论层面的研究设计挑战。如此方能跨越东西方文化鸿沟，纵横捭阖，视域融合，建构起既详尽又广大的特定时期典范叙述。

有别于过去的传播思想史研究将静止的文献和档案资料定论为史料，本研究将"生命故事访谈法"结合"时空框架分析法"的整体研究设计理念试图翻转传统的历史观，一方面视既有的正式文献和灰色文献为参考文献（而非定论的史料），另一方面视既有文献和研究生命故事共构的传播思想史为活生生的"真正的历史事件"（刘海龙，2019）。

而这些事件的亲历者和创造者——中国传播学术社群专研框架理论的"关键研究者"——则是最有资格、最有兴趣也最具责任感回答本书研究问题的解谜人。如前所述，由于他们纷纷正在或已经退休，设计合理的研究方法，召唤他们补遗框架理论在华研究之旅集体记忆，已成刻不容缓的抢救性史料挖掘工作。

二、研究执行步骤

（一）时空框架分析法：解构学术旅行叙事的基本元素

获取框架研究生命故事语料后，如何从中萃取有价值的经验数据来解答研究问题？有鉴于本研究系以中国/华人框架学者的"西游记"、西方框架理论的"东游记"为主题，一维的时间进路、多维的空间移动构成了学术旅行叙事的两大基本元素，故而，或可考虑重组现有的"空间—时间"二维测量方法（Space-Time-two-dimensional measurement）作为辅助分析工具。

该方法由中国/华人传播学者齐湘（Hsiang Iris Chyi）和美国得克萨斯大学奥斯汀分校新闻学院教授麦库姆斯首创。二人合作发表于 *JMCQ* 的研究《媒介显著性与框架化过程：哥伦拜恩校园枪击案的再现》（Chyi & McCombs，2004），打破传统新闻框架分析取径，创造了新型的"时空框架分析法"。具体做法是将"五W"（Who，When，Where，What，Why）要素转换为"个人""社群""地区""社会""国际"（Individual，Community，Regional，Societal，International）五个空间维度，将只追求当下第一时间的时效性拓展至"过去""现在""未来"（Past，Present，Future）三个时间维度。

我们需先采集到经验数据，再根据故事脉络对上述"时空框架分析法"的五个空间维度和三个时间维度等测量单位进行改装，随之用这个改进后的工具展开编码与分析。

（二）九个步骤：分解计划访谈、正式访谈、诠释访谈三个单元

承上研究总设计，本研究之实际执行过程大体上可按计划访谈、正式访谈、诠释访谈三个单元展开（Atkinson，1998，p.3），具体到本研究可分解成以下九个步骤：

（1）拟订访问提纲。

（2）遴选并邀请具有研究经验的传播科系教师、研究生进行前导性预测，根据预测结果修正提纲。

（3）立意抽样产生多位"关键研究者"候选人，即曾经浸淫于框架研究的资深华人传播学者。

（4）约请与访问者、受访者双方都认识的中间人作"智者"，以"智者"中间介绍的名义，将"访问提纲"（附录一）、"访谈同意书"（附录二）提前呈送受访者。

（5）联系受访者进行一至多次半结构式访谈，每次访问时长预计为 1～3 小时，是否需要追加访谈次数视资料饱和程度再与受访者商榷，访谈地点则完全尊重受访者的选择。

（6）将搜集到的资料誊缮成访谈逐字稿、研究生命故事自传的形式。

（7）将访谈逐字稿、研究生命故事自传呈于受访者审核、确认。

（8）研究者、编码员撰写"研究个案省思笔记"（附录三），记录内容摘要，述受访者状况，检讨访谈执行过程，共建多重证据来源的"人—方法—文本"三角信效度检正。

（9）对所搜集资料付之理论诠释，书写符合信效度检验和研究伦理的研究发现及结论。

（三）访问提纲：基于"前世—今生—未来"的叙事、反思及提案

如图 5-3 所示，本书研究宗旨之一是讨论框架研究/理论在华人传播学界的转译和本土化旅行之脉络及机制，二是考察框架理论典范能否成就大师型

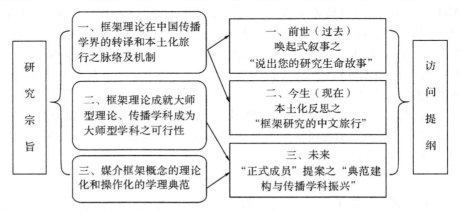

图 5-3　访问大纲架构导图

* 来源：本研究整理。

理论并助推传播学科成为大师型学科，三是建构框架概念的理论化和操作化的学理典范。

据此，本书研究访问提纲拟以"前世—今生—未来"三个时间维度为主题切分，分别从"唤起式叙事""本土化反思""正式成员"提案三个视角出发，分成"说出您的框架研究生命故事""框架理论在中国传播学术社群的中文旅行""媒介框架理论典范建构与传播学科振兴"三个主题。

1. 前世（过去）：唤起式叙事之"说出您的研究生命故事"

（1）能否从头谈谈您的学术与人生？

（2）您是在何时、何地、何种机缘之下，

2.1　开始、终止研究框架理论？

2.2　其间有何关键的人、难忘的事、代表作及核心观点？

2. 今生（现在）：本土化反思之"框架研究的中文旅行"

（3）能否分享您对中国传播学术社群的观察，有何建议？①

（4）能否分享您对中国媒介框架研究的观察，有何建议？

3. 未来："正式成员"提案之"典范建构与传播学科振兴"

（5）您心目中的框架理论与传播学科：

5.1　框架理论有无可能成为重要理论典范？

5.2　传播学科有无可能成为社会科学研究重要学科？

若可，是否框架理论引领之结果？若不可，为何？

（6）您心目中理想的框架研究典范之概念、理论以及方法为何？

（四）访问过程：立意抽样、智者邀约、线上访谈为主

本研究采"立意抽样"法，乃因质性抽样方法的共同基础是选择"信息丰富""有意义"又"值得研究"的个案（Patton，1990；吴芝仪、李奉儒译，1995）。本研究立意抽样样本来自前两章爬梳的重点文献，最终综合学术贡献、地域代

---

① "社群"（community）概念由 19 世纪德国社会学家滕尼斯（Tönnies）（1887/1999）提出，原指通过血缘、邻里和朋友关系建立起来的人群组合，链接着环境和人们生活方式，又称"小区"或"共同体"。后来也指：因为共享共同价值观或文化、居住于同一区域、从而衍生互动影响的人群聚集在一起的社会单位。又由于全球流动与离散的大势所趋，任何学术社群都不再拘囿于居住地空间，而更趋向于跨时空的精神交往家园。是以，此处的"中国传播学术社群"社群系指共享华夏文明的中国传播学者共建的跨时空的学术共同体组织。

表性和平衡性、邀约成功率等考虑标准,遴选到来自台湾(3位)、香港/美国威斯康星(2位)、澳门(1位)、大陆(8位)的14位受访候选人,邀其回顾来时路、话当下、展望未来。

　　本研究于2020年4月24日通过提案口试,随后兵分两路,一边征求香港中文大学新闻与传播学院荣休教授、《传播与社会学刊》创刊主编、复旦大学新闻学院讲座教授陈韬文,浙江大学传媒与国际文化学院退休教授、《中国传媒报告》创刊主编、温州商学院传媒学院执行院长邵培仁,浙江大学传媒与国际文化学院教授李岩,中国人民大学新闻学院教授、《国际新闻界》主编刘海龙等四位"智者"中间人的同意,借由他们的推荐名义向14位"关键研究者"受访候选人中的大陆、香港地区以及其他海外学者发起"研究生命故事访问"邀约①;一边由本研究直接邀请其中的台湾学者,因他/她们与本书作者/研究者/访问者在台湾尤其是政治大学已有博班师生学缘基础,故不必假于中间人。

　　正式访问研究执行自2020年7月4日始,9月8日止,历时两个多月。最终有9位学者接受访谈邀约,就"同意以公开身份方式引用访谈内容与其他提供的相关资料""同意将访谈生成的资料及结果仅供访问者博士论文及未来会议或期刊发表、出版专书等相关学术用途"等要项达成共识并签署《访谈同意书》,邀约成功率64%。具体访问过程见表5-1。

表 5-1　本研究访问执行情况一览表*

序	姓名	访问时间	访问时长	逐字稿字数	访问地/平台	受访者所在地
A	臧国仁	2020.5.9（以稿代访）	自撰研究小传	22,293	/	台北
B	李东晓	2020.7.4	1小时31分	23,171	咖啡馆(杭州)	杭州
C	邵　静	2020.7.6	3小时17分	39,840	咖啡馆(杭州)	杭州
D	张洪忠	2020.7.16	2小时30分	34,901	微信视频	北京
E	肖　伟	2020.7.19	2小时30分	27,800	腾讯会议室	广州
F	杜　涛	2020.7.23	2小时57分	36,665	腾讯会议室	北京
G	潘忠党	2020.7.30	2小时57分	33,507	Zoom会议室	威斯康星

---

　　① 除这四位"智者"中间人教授,中国社会科学院新闻与传播研究所助理研究员陈雪丽、暨南大学新闻与传播学院副教授王明亮亦曾通过私交,热心帮忙牵线搭桥,在此一并致谢。

续表

序	姓名	访问时间	访问时长	逐字稿字数	访问地/平台	受访者所在地
H	钟蔚文	2020.8.24 （一访）	4 小时 52 分	71,278	Zoom 会议室	台北
		2020.9.17 （二访）	3 小时 30 分	51,346		
I	周裕琼	2020.9.8	5 小时 03 分	68,195	微信视频	深圳

* 1. 排序采大写字母符号，按访问运行时间先后；

2. 来源：本研究整理。

如上，除去 1 人（臧国仁）自主完成提交长达 2.2 万字的书面研究小传、2 人（李东晓、邵静）与研究者同在杭州而共赴咖啡馆线下面叙外，其余 6 人均限于新冠疫情防控期间的交通管制而采 Zoom、腾讯会议室、微信视讯等线上面访对谈形式完成常规访问 8 次和补充访问 1 次（补访大纲详见附录一），合计总录音时长 25 小时（人均最长 8.5 小时、最短 1.5 小时、平均 3.1 小时），累积逐字稿 41.2 万字，平均每人 5 万字。

三、信效度与研究伦理：多重证据来源的"人—方法—文本"三角检正

质性研究的质量与信度、效度息息相关，信度指研究可信赖、可重复的程度，分为"外在信度"（即研究者在相同或类似情境中能发现相同现象的程度）以及"内在信度"（即研究者对资料的搜集与诠释之一致性；见王文科，2000）。

效度则是研究有效真实的程度，也可分为内外在两种。"内在效度"关注研究资料的真实性、研究发现的准确性、资料与结论间的逻辑关联必然性（张芬芬，2001），而"外在效度"指研究结果可推论概括至较广母体、个案或情境的通则性（Thomas，1997），在本研究特指"分析性的类推""资料与理论的链接"。

对照质性研究的上述信效度考虑标准，本研究的信效度取决于访谈所得资料（含逐字稿、生命故事自述等）的真实性、分析的准确性、结论外推的可通则性以及整个研究过程的可重复性。为了力求多元搜集及有效比对资料，本研究拟借鉴过往质性研究加强信效度建构的策略，如：

（一）确保访谈互动良好

1. 前导性研究之访问预演

启动正式研究前应仿造正式操作方式，约请两三位具一定理论研究经验的传播科系教师、研究生配合展开"访问预演"。此类前导性研究能防患于未然，有效地避免正式访问中出现较大纰漏。

2. 以受访者为中心的访问过程

访谈前，提前联系受访者，确认其受访意愿后呈送"访谈大纲"（附录一），给予足够的提前思考时间。明确接受意愿后，协助受访者填写"访谈同意书"（附录二）。为营造自在舒适的对话氛围，还可请受访者自主决定受访时间、地点。

由于本研究访谈执行过程恰逢新冠疫情防控非常时期，原可面对面进行的访问或需借由云端通信软件远程视讯开展，具体软件、时间选择均可交由受访者自主决定。

访谈中，访问者可随时打破制式问答，依受访者兴趣、状态或当下情境调整对话策略，或适当地保持沉默等待受访者补充信息，或从多角度发问同一要义问题，或在发现错误或线索时及时纠正或探询。

访谈后，仍与受访者保持不定期联系与关怀，视访问资料充分性决定是否追加后续访问。如有可能，对同一受访者前后展开多次访问当有益于加深研究之深度省思，确保受访者信息输出内涵一致性的信度，给足充分空间，通常能产出更精确、更有效度的思考和表达。

3. 访问全程录音

遵循诚信原则和基本伦理，深度访问的全程录音需先征得受访者同意。全程录音可避免遗漏第一现场的关键信息。通过反复聆听录音回放，可降低容错率，提高信息萃取的效度。访谈一结束，即趁热打铁，凭借记忆、感受、录音以及逐字稿等多渠道媒材撰写"研究个案省思笔记"（附录三），以文字封缄新鲜访问现场。

（二）文本检核及多元比对资料

1. 善用访问录音逐字稿

每次访谈结束后，尽快整理访问逐字稿，请受访者检视审核内容，确认并纠正偏误、缺漏之处，可确保从语音到文字转录的效度。接着，对逐字稿进行分析、归类、系统编码，两位编码员来回反复对照前后矛盾、认知不一之处，以能更接近真实并提高信效度。

2. 约请书写或授权整理"生命故事"

若受访者欣然应邀"我手写我心"，亲自撰写生命故事自传提供给本研究作重要附件和参考资料当是最理想状况。倘若不能，则退而求其次，恳请其授权给笔者整理代笔，待初稿成文后再请检视审核。

3. 把握多渠道辅助佐证资料

通读并有重点地精读研读受访者的学术作品，是快速准确理解受访者研究思想的最有效途径。与此同时，还需抓住一切机会，尽可能多参加受访者的公开演讲、授课，适时加强互动，有助于更全方位了解对方的学思历程脉络。

如上（图 5-4），人、方法、文本三者构成了多重证据来源的三角检正模式，为整个研究的信效度保驾护航。其中，以关键研究者受访对象、研究者、编码员、前导研究志愿者等与本研究核心相关的人力资源，与半结构式深度访问、研究生命故事自述等两种研究程序中衍生出的访问逐字稿、研究生命故事、学术作品、公开演讲等其他渠道资料等文本之间，可形成多重证据来源的三角检正，共同服务于研究发现和结论书写部分的"历史事件"和"学术观点"的再思再述，确保整个研究的信效度。

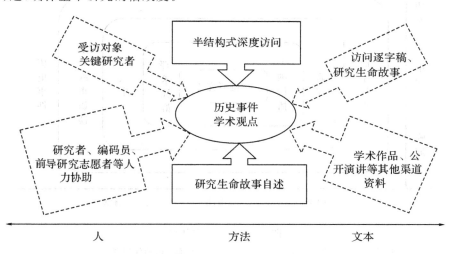

图 5-4　多重证据来源的"人—方法—文本"三角检正

* 1. 来源：本研究整理。
　2. 虚线部分代表人、文本以区别于研究方法。

（三）研究伦理

"知情的同意"与"保护对象免予伤害"，被视为以人为对象的研究需遵循的主要伦理规范（李奉儒，2001）。在上文信效度检验的三角检正中，本研究设计邀约受访者检视审核搜集到的文本，是为践行"知情同意"。另有"保护对象免予伤害"涉及的所面向的对象、伤害的尺度以及保护对策之界定相对复杂，但总体而言，可落实在平等、互惠、诚信等基本原则。为避免无谓的研究伦理纠纷，需特别落实好（1）访问同意书的签署；（2）访问逐字稿、研究生命故事的审核确认，以及（3）涉及研究对象及其他利益相关者的隐私、立场、评价等敏感议题的排查。

四、总体研究脉络：理论思想之嬗变 vs. 生命故事之起伏

如是前瞻后顾、承上启下桥梁章节的大小要隘，我们力求系统、缜密、致广大而尽精微，直到总体研究脉络徐徐展现，凸显出本研究的两大研究对象"框架理论"和"关键研究者"（见图5-5）。

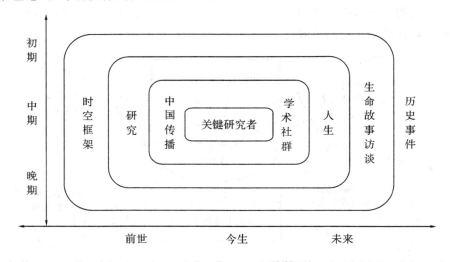

图 5-5　本书研究脉络

＊来源：本图出自与两位指导教授臧国仁、陈百龄面谈时所绘原图。

如图5-5所示，自"关键研究者"（1，见图5-5中间）到"华人传播学术社群"（2），借由正式文献、灰色文献和关键研究者的讲述建构的"做框架"的研究、人生旅行事件（3），均借由"生命故事访谈"和"时空框架分析"研究方法得

以挖掘与呈现(4)，其自主性和关联性在同心圆自内向外依次递减，直至完整呈现真正的"历史事件"(5)。

这里的"历史事件"有两类主体，一是理论层面的框架研究在中国传播学术社群的"旅行"历史事件(6)涉及的"前世""今生""未来"之嬗变(7)；二是个人层面的精英"关键研究者"在框架研究领域的"旅行"历史事件中，其研究生命故事的(8)"初期""中期""晚期"之起伏。

不可忽视的是，本研究所扎根的中国传播学术社群对"神入"研究脉络的"中国直觉"学科认同要求颇高。这种学科认同对研究者的"语言训练""历史训练""文学训练"以及"生活经验"要求颇高，也对检验研究信效度提出较大挑战(石之瑜，1995，页 7-8)。

为此，我们设计多重证据来源的"人—方法—文本"三角检正，连接起(1)关键研究者受访对象、研究者、编码员、前导研究志愿者等与本研究核心相关的人力资源，(2)两种研究方法，及其衍生的(3)访问逐字稿、研究生命故事、学术作品、公开演讲等其他管道数据等多样文本之间的相互同意度，如此或可确保整个研究的信效度能够准确、生动、思辨地再现"历史事件"和"学术观点"。

另外，为确保"知情的同意"与"保护对象免予伤害"研究伦理规范，应严格把关访问同意书签署、研究文本审核确认以及涉及利益相关者敏感议题排查等程序执行。

五、本章结语：解锁媒介框架理论在华之旅及关键研究者的动人故事

本章是"承上启下"的桥梁章节："承上"综述文献提炼出框架理论的本土化旅行、成就大师型理论与大师型学科、学理典范反思等三个研究对象，应验视域融合、文献穷尽、理论建构信效度检验等方法论层面的挑战，设计"研究生命故事访谈"方法，立意抽样多位华人传播学术社群的框架理论"关键研究者"。

"启下"，唯明确研究方法和总体研究设计后方能进入下个研究阶段，搜集到"说出您的框架研究生命故事""框架理论在中国传播学术社群的中文旅行""媒介框架理论典范建构与传播学科振兴"三个主题的关键数据，借此呈现框架理论的前世、今生与未来。

回到本研究驻足研究的迷宫入口时发想的框架理论"叙事起点之谜""窄泛框架之争""寻找沉默者"三个问题意识，以及与此对应的"框架研究的历史脉络""框架理论之典范变迁""中文框架研究的本土化旅行"三大研究谱系，直

至最后打向"恩特曼之问""李金铨之问"以及"领域的躁动"等三个经典提问所指的范例谜题（复见上文图 5-1）。

对于这些穷尽现有正式文献都无法找到现成答案和现成方法的问题，再没有比"生命故事访问"方法更恰切得力的解谜工具箱：前者促成"关键研究者"与本书作者在交谈中共构意义，与后者的唤起式叙事特性、反思特性、本土特性以及"正式成员"文本特性相得益彰。二者相辅相成，共同再现作为"真正的历史事件"的框架理论典范嬗变及中文之旅，最终服务于本书的两大研究对象："框架理论"和"关键研究者"。

前者（框架理论）堪称大中华地区，尤其自台湾地区解严、中国改革开放以来最重要的社会科学理论之一，能有效阐释民族国家认同、抗击新冠疫情等"在国际或国内有争议的""吸引传媒注意力"的重大议题（陈怀林，2014），且能助力讲好"数智"时代的"中国故事"、塑造"中国形象"（孙建军、李阳、裴雷，2020；翟惠生，2015；韦路、谢点，2017），为理解转型期中国和全球化时代打开方法之窗。

前者（框架理论）尽管重要性有目共睹，然其欣欣向荣之势仍难掩过度繁荣之疲态，也因"无所不在的理论融合"而"有待界定思想疆域"（杜骏飞，2017）。鲜为人知但在本书预研中已确证的是，自 1990 年代英语学界舶来至今，中文框架研究在台湾、港澳、大陆等地虽分布不均但蔚有成就，一些离散于海内外的重要华人学者目前纷纷临近或已经退休，一些生动形象地反映当年研究生命故事的史料随之渐渐淡出历史的舞台。

有鉴于此，本研究拟拓展传统的"机构规范文档"史料观（曾建勋、郭红梅，2021），转向整合多学科的"信息分析"视域（赵国俊，2013），视既有出版物、灰色文献以及自主开发的后者（关键研究者）信息库为"真正的历史事件"和"知识整序"研究对象（刘海龙，2019；马海群，2002），兼顾"思辨性"的"大历史书写"和"精英式"的"小历史书写"（姚乐野、刘春玉、任家乐，2018），启动完善中国媒介框架研究社群的集体记忆，系统整理框架理论在华演化的共构思想史，此当属极其珍贵的非物质"文化遗产""人类遗产"（马费成、李志元，2020；朱强，2015），也是极具抢救性的史料挖掘工作，已刻不容缓。

究竟前者（框架理论）在中国传播学术社群的旅行中创造了怎样的"历史事件"？ 究竟后者（关键研究者）在中国媒介框架研究领域的旅行中收获了怎样的"生命故事"？ 究竟本研究设计能否创造氛围舒适的常民"智慧环境"（a wisdom environment），令说故事者（关键研究者）"如沐春风""通体舒畅"（feel good in our skin and with others），宛若"与朋友共享咖啡"一般轻松愉快地讲出自己的故事,并在交谈中与听故事的人"共构意义"(Kenyon,2002,p. 44-45)?

在正式执行研究之前,我们不知上述问题答案为何,也不知研究旅程会有几多艰辛,但我们期待着最后交货的会是:

"一个情深意长、行云流水的动人故事。"(萧小穗,2016,页 x)

第六章　简笔:中国关键研究者的群像轮廓

——　在学术的十字路口,很多人经过,很少人停留
　　(Schramm,1963,p.2)。

——　台湾做框架研究的真正专家就是臧国仁。更何况,
　　你还访问到了大师级的人物钟蔚文老师(本研究受
　　访候选人"No.卯",2020年9月3日)。

——　其实你既然会访谈潘忠党教授,应该也足够了(本
　　研究受访候选人"No.寅",2020年7月16日)。

在41.2万字访问逐字稿、2.3万字书面研究小传、合计43.2万字经验数据的基础上,结合九场次访问现场捕捉到的表情、姿态、动作等副语言信息,辅以其他正式文献与灰色文献资料,本章续将研究发现所得资料聚焦于中国媒介框架研究的前世今生,分成三章展开爬梳。本章白描受访者与其框架研究,先以"简笔"勾勒出十四位受访者及拒访者的群像轮廓。下章,续以实名"厚描"九位受访的关键研究者亲身回忆的学者西行、理论东游之框架研究生命故事。下下章,再现上述环球旅行总体样貌之"远山"并展开初步框架分析。

第一节　系统性:学经历覆盖在华之旅主要地理区间

按受访者自我认定的框架研究处女作发表时间先后编号,采天干地支符号"甲、乙、丙、丁……子、丑、寅、卯"依次得序 No.甲.臧国仁(1992)、No.乙.潘忠党(1993)、No.丙.钟蔚文(1999)、No.丁.张洪忠(2001)、No.戊.周裕琼(2007)、No.己.肖伟(2010)、No.庚.李东晓(2012)、No.辛.邵静(2013)、No.

壬.杜涛（2014）等九位"关键研究者"受访对象。

一、另五位学者

另五位学者主要出于自我认知、同行评价等个人考虑婉拒访问，其中有三位（No.丑、No.寅、No.卯）的原因分别涉及研究领域自我认定、研究对象自我认知、时间分配、资历、个性等。如其中一位学成于澳门、任教于大陆的较年轻受邀者（No.丑），自谦"性格内向，资历尚浅"。另一位短暂访学于香港、长期任职于大陆的较资深受邀者（No.寅）坦承"只写过一篇框架理论"且"后续并没有在这个领域推进"，兼及"最近太忙"而"无法接受访谈"。

最后一位已退休年长受访候选人（No.卯）更是先后两次回信坚定婉拒，理由是"没有做过框架研究""（我的）那些相关成果（指新闻策略方向的研究，见前文图2-1）严格说起来都不是框架研究""之后研究重点转向其他领域以后就不再关注框架理论的发展"，以致于"访纲中的题目大多无法完善回答"。No.卯还强调"这不是谦虚"而是实事求是"就学术论学术"，甚至主动向本研究力荐"最适当的访问对象"，一是"台湾做框架研究的真正专家""出过框架研究的书"的臧国仁，二是"大师级的人物钟蔚文老师"（关键研究者No.卯，电子邮件，2020年9月3日）。

以上证言足见，臧、钟两人多年共同完成的相关学术著作已是媒介框架研究的主流旨趣范式而在同行评价中根深蒂固（见前文图2-1）。

No.寅受访候选人则力陈访问到生长于大陆、求学任教于美国和中国香港两地的潘忠党"就足够"，反映出潘氏引介媒介框架理论首因效应之影响深远。

另两位（No.癸、No.子）未有回应。"No.癸"受访候选人最初线上应允以书面（而非口头对访）方式回答问题，但迟迟未交稿亦无音讯，无奈以拒访登记入册。"No.子"受访候选人业经本研究作者、其同事、学生、朋友等多方联络始终未有响应，也只能以拒访记之。

二、九位"关键研究者"

九位受访的关键研究者呈现出强烈的系统性、正相关性、动态性等代表性特征。

这九位学者的学经历旅程，系统性地覆盖媒介框架理论研究在华之旅的主要地理区间，由此拼接成中国传播学界框架研究关键学者的代表性群像（见表6-1，排序按照受访者自我认定的框架研究处女作发表时间先后）。

表6-1　"关键研究者"受访对象学术履历一览

序	访问时间	姓名	现居地	性别	教职起点	退休年度	受访时任职机构（职称/退休）	框架研究处女作	框架研究代表作	学术人生代表作
No.甲	2020.5.7（自传提交时间）	臧国仁	中国台湾	男	1987	2017	台湾政治大学（教授）	《寻找新闻框架：它们的功能和结构》(In Search of News Frames: Their Function and Structure).(Chung & Tsang, 1992)	《新闻媒体与消息来源——媒介框架与真实建构之论述》(臧国仁，1999)	[1]同框架研究代表作 [2]《新闻访问：理论与个案》(臧国仁、蔡琰，2007) [3]《老人传播：理论、研究与教学实例》(蔡琰、臧国仁，2011) [4]《叙事传播：故事/人文观点》(臧国仁、蔡琰，2017; 2019)
No.乙	2020.7.30	潘忠党	美国威斯康星	男	1990	不详	美国威斯康星大学（教授）	《框架分析：一个关于新闻话语的取向》(Framing analysis: An approach to news discourse)（Pan & Kosicki, 1993）	《框架化作为公共协商的策略性行动》(Framing as a strategic action in public deliberation)（Pan & Kosicki, 2001）	—①
No.丙	2020.8.24 2020.9.17（二访）	钟蔚文	中国台湾	男	1985	2015	台湾政治大学（教授）（2015年退休，转任名誉教授）	《新闻事实的逻辑》(钟蔚文、翁秀琪、纪慧君、简妙如,1999)	同处女作	《从媒介真实到主观真实——看新闻，怎么看？看到什么？》(钟蔚文，1992)

① 此受访者（No.乙）没有回应具体研究领域，学术人生代表作为问，故以空白处理。

续表

序	访问时间	姓名	现居地	性别	教职起点	退休年度	受访时任职机构（职称/退休）	框架研究处女作	框架研究代表作	学术人生代表作
No. 丁	2020.7.16	张洪忠	大陆	男	1991	2030	北京师范大学（教授）	《大众传播学理论的议程设置与框架理论关系探讨》（张洪忠，2001）	同处女作	[1]同框架研究处女作 [2]《大众媒介公信力理论研究》（张洪忠，2006）[3]《中国传媒公信力调查》（张洪忠，2010）[4]《转型期的中国传媒公信力》（张洪忠，2013）[5]《资本影响下的中国传媒业》（张洪忠，2014）
No. 戊	2020.9.8	周裕琼	大陆	女	2005	2040	深圳大学（教授）	《剖析框架过程——网络舆论与框架介报道之间的互动》（Parsing framing processes: The interplay between online public opinion and media coverage）（Zhou & Moy, 2007）.	[1]同处女作 [2]《策略性框架与框架化机制：乌坎事件中抗争性话语的建构与传播》（周裕琼、齐发鹏，2014）	《当代中国网络谣言研究》（周裕琼，2012）
No. 己	2020.7.19	肖伟	大陆	女	1998	2031	暨南大学（副教授）	《论欧文·戈夫曼的框架思想》（肖伟，2010）	[1]《新闻框架论：传播主体的架构与被架构》（肖伟，2016）；[2] Epistemology of News Frame（Xiao, 2020）	[1][2]同框架研究代表作

续表

序	访问时间	姓名	现居地	性别	教职起点	退休年度	受访时任职机构(职称/退休)	框架研究处女作	框架研究代表作	学术人生代表作
No. 庚	2020.7.4	李东晓	大陆	女	2006	2040	浙江大学(副教授)①	《我国贪腐新闻的媒介框架及影响因素研究》(李东晓,2012b)	同处女作	[1]《居间政治:中国媒体反腐的社会学考察》(李东晓,2012a) [2]《听见·看见:影视媒体的无障碍传播研究》(李东晓,2013) [3]《感官的延伸:新媒体的无障碍传播》(李东晓,2020)
No. 辛	2020.7.6	邵静	大陆	女	2012	2042	浙江外国语学院(副教授)	《媒介框架论:中国形象在美国报纸中的呈现》(邵静,2013)	同处女作	同框架研究处女作
No. 壬	2020.7.23	杜涛	大陆	男	2010	2035	中国社会科学院大学(副教授)	《框中世界:媒介框架理论的起源、争议与发展》(杜涛,2014)	同处女作	[1]同框架研究处女作 [2]《新闻评论:思维与表达》(杜涛,2013a) [3]《影响力的互动——中国公共政策传播模式变化研究》(杜涛,2013b)

*1. 本表排序按受访者自我认定的框架研究处女作发表时间先后。为区别于下文匿名编码"R1,R 2...",本表的实名排序采正体字"No. 甲,No. 乙,..."。

2. "退休年度"栏中的下划线格式,表示预测之未来时间,适用于受访者仍在职、未退休之状况;

3. 来源:本研究整理。

① 截至本书出版,受访时仍系副教授的李东晓(No. 庚)已升等为正教授,并新增出版第四本专著《编制"疾/痛":抑郁症话语生产中的医学、媒体与患者》(李东晓,2021)。

第二节　正相关性：编码排序吻合教龄、年资、研究成就

上述九位"关键研究者"受访者的框架研究处女作出版时间排序，正好与他们的教龄、年资、框架研究成就呈正相关。即，从事教学研究工作、浸淫于框架研究领域愈早、愈资深、愈有影响力，在本研究编码中的排名愈靠前。

一、正教授：前列五位

排名前五位的访问者皆为正教授。

如，排序前三的钟蔚文（No. 丙）、臧国仁（No. 甲）最早将框架理论引入台湾，联袂组建"政治大学传播学院专家生手/框架研究小组"，领衔出版代表性专著《从媒介真实到主观真实——看新闻，怎么看？看到什么？》（钟蔚文，1992）、《新闻事实的逻辑》（钟蔚文、翁秀琪、纪慧君、简妙如，1999）、《新闻媒体与消息来源——媒介框架与真实建构之论述》（臧国仁，1999），主导并创造了台湾传播学界在 1990 年代的框架研究黄金时代。

亦如前述，排序第二的潘忠党（No. 乙）旅居美国威斯康辛、香港两地多年，与西方传播学者合著多篇英文框架论文（Pan & Kosicki，1993，2001，2005），引用率颇高。其又因任教于香港中文大学的学缘，曾在该校与香港浸会大学合办的《传播与社会学刊》创刊号上发表"头条论文"（leading article）引介媒介框架理论"破碎范式"说，成为香港、澳门地区框架后设理论中文研究成果仅有的"两文一书"（潘忠党，2006；陈怀林，2014；陈怀林，2016）。

排序第四的张洪忠（No. 丁），现任北京师范大学新闻传播学院教授、院长（2020.9—），在六位大陆受访者中最为资深、最年长，也是两位正教授之一，其框架后设理论辨析论文《大众传播学的议程设置理论与框架理论关系探讨》（张洪忠，2001），是简体中文传播学界引用率最高的本土媒介框架研究成果。

另一位大陆高校正教授则是排序第五的周裕琼（No. 戊），她曾在香港城市大学攻读传播学博士学位，一度交换学习于美国华盛顿大学而得先后与美国导师、任教深圳大学指导的中国研究生，分别在国际传播学界顶级期刊 *JoC*、在大陆的传播学科权威期刊《新闻与传播研究》合作发表框架个案研究《剖析框架过程——网络舆论与媒介报道之间的互动》（Parsing framing processes：The interplay between online public opinion and media coverage）（Zhou & Moy，2007）、《策略性框架与框架化机制：乌坎事件中抗争性话语的

建构与传播》(周裕琼、齐发鹏,201),其在此一领域的杰出表现堪称"关键研究者"年轻一辈的翘楚。

二、副教授:后续四位

后续的四位副教授中,肖伟(No. 己)与杜涛(No. 壬)各自出版了大陆迄今仅有也是自 1999 年首部中文框架后设理论专著(指臧国仁,1999)出版以来仅有的两部中文同类专著。

肖伟(No. 己)所著中英双语《新闻框架论:传播主体的架构与被架构》(肖伟,2016)以及 *Epistemology of News Frame*(Xiao,2020)系以理论建构为主,而杜涛(No. 壬)所著《框中世界:媒介框架理论的起源、争议与发展》(杜涛,2014)则以文献综述为主。

与周裕琼(No. 戊)同为媒介框架个案研究后起之秀的还有李东晓(No. 庚)与邵静(No. 辛),其各自专著《居间政治:中国媒体反腐的社会学考察》(李东晓,2012a)、《媒介框架论:中国形象在美国报纸中的呈现》(邵静,2013)分别针对媒体反腐、国家媒介形象之框架分析,与聚焦于公共事件线上舆情、社会抗争运动、住宅议题新闻、政治公关传播、社会福利改革、政治广告、恐怖袭击框架、校园枪击案媒体再现、媒体反战运动报道等多个媒介社会学经典框架个案研究(Zhou & Moy,2007;周裕琼、齐发鹏,2014;张梅,2015;李华君,2013;Shen & Edwards,2005;Shen,2004a,2004b;Yang & Chen,2019;Chyi & McCombs,2004;杨柳,2013)共同还原出了海内外近年来的政经重点、争议焦点、新闻热点等诸多足以"吸引传媒注意力的重大事件"(陈怀林,2014,页 935)。

三、全部九个受访样本:信心与隐忧

综上所述,无论是研究方向(九个受访样本的框架专研领域覆盖了后设理论研究、应用研究、综述研究),还是研究梯队正态分布(九个受访样本按年资均分在资深者、中生代、年轻生力军),上文最终产生的九个名单兼具了系统性和代表性,给予访问前景乐观的信心。

然若对照前述两位受访候选人(No. 寅、No. 卯)拒访时所自设的"只写过一篇框架论文""相关成果严格说起来都不是框架研究""只写过一篇框架理论""之后不再关注框架理论的发展"等筛选标准,似也暗藏隐忧:

若以"写过很多框架论文""严格在做框架研究"为标准,只有臧国仁符合要求。

　　若更进一步，还要求"始终关注框架理论发展""始终未离开框架研究领域"，其实连臧国仁都不够格。

　　而假使抬高标准至最终筛出九个臧国仁、甚或一个都选不出来，那么，将导致本研究不是因千人一面而失去意义，就是因样本清零而彻底没法做！

　　尽管如此，最终确定的这九个访问名单，并非降低标准的无奈之举，而是反映、尊重研究生态多样化的求是之结果。我们确实只有一个臧国仁，也确实只有一个潘忠党、一个钟蔚文、一个张洪忠、一个周裕琼、一个肖伟、一个李东晓、一个邵静、一个杜涛……每个研究者都不可替代。研究与研究之间参差百态。反过来说，受访对象研究素质不均匀之隐忧，恰恰证明了对象样本的系统性和代表性，赋本研究予更全面看问题、更深入解谜的信心。

第三节　动态性：作品定性有别，兴趣异动不居

一、自我定性：框架研究代表作、学术人生代表作认定有别

　　臧国仁（No. 甲）曾于 1992 年受邀与钟蔚文（No. 丙）完成框架研究处女作《探索新闻框架：它们的功能和结构》（In Search of News Frames：Their Function and Structure）（Chung & Tsang，1992），次于 1999 年出版其框架研究代表作《新闻媒体与消息来源——媒介框架与真实建构之论述》独著专书，研究领域随即转向新闻访问、老人传播、叙事传播并曾分别合著专书三本（臧国仁、蔡琰，2007；蔡琰、臧国仁，2011；臧国仁、蔡琰，2017/2019），包含框架研究代表作在内的学术人生代表作合计四部。

　　钟蔚文（No. 丙）本系臧国仁（No. 甲）框架研究处女作的合作者，却未选择同一文章为其处女作，而其认定的框架研究处女作和代表作均为《新闻事实的逻辑》（钟蔚文等，1999），学术人生代表作则是 7 年前就出版的《从媒介真实到主观真实——看新闻，怎么看？看到什么？》（钟蔚文，1992）一书，显见何为框架研究又何等份量足以成为代表作，在不同学者心目中的考虑不尽相同。

　　潘忠党（No. 乙）自谦没有专精研究领域，因而无法为学术人生遴选代表作，甚至对框架研究代表作都"不清楚"，但仍不确定地称"也许"其框架研究处女作和代表作均为与美国学者合著的期刊论文，分别是《框架分析：一个新闻话语研究》（Framing analysis：An approach to news discourse）（Pan & Kosicki，1993）、《框架作为公共协商的战略行动》（Framing as a strategic action in public deliberation)(Pan & Kosicki，2001)。

张洪忠(No. 丁)的学术人生代表作以五部专著位居全部受访者之最。除了其学术生涯起步时的硕士研究生阶段发表、迄今大陆引用率最高的框架期刊论文《大众传播学的议程设置理论与框架理论关系探讨》(张洪忠，2001)作为框架研究处女作和代表作(同时也是其学术人生代表作)，随后转折到四部探讨中国传媒业尤其是媒介公信力的独著(张洪忠，2006，2010，2013，2014)。

周裕琼(No. 戊)的框架研究处女作是其与华盛顿大学导师合作的英文论文《剖析框架过程——网络舆论与媒介报道之间的互动》(Parsing framing processes：The interplay between online public opinion and media coverage)(Zhou & Moy，2007)。此文与其中文合著论文《策略性框架与框架化机制：乌坎事件中抗争性话语的建构与传播》(周裕琼、齐发鹏，2014)一起被列为其框架研究的两篇代表作，而学术人生代表作则是其迄今唯一出版的独著专书《当代中国网络谣言研究》(周裕琼，2012)。

肖伟(No. 己)的框架研究处女作是在博士研究生就读期间，由读书笔记发展而来的期刊论文《论欧文·戈夫曼的框架思想》(肖伟，2010)。其框架研究与学术人生的共同代表作系其在博士论文为基础出版的中英文双语专书《新闻框架论：传播主体的架构与被架构》(肖伟，2016)以及 *Epistemology of News Frame* (Xiao，2020)。如前所述，这也是大陆迄今为止唯一一部以理论建构为主的中英文双语框架后设理论专著。

与肖伟(No. 己)的学经历类似，李东晓(No. 庚)和邵静(No. 辛)的框架研究处女作同系博士时期的作品。然而有别于肖伟(No. 己)的元理论研究旨趣，这两位更年轻一些的博士偏向于中国贪腐新闻、国家媒体形象等热点议题的框架应用研究。

李东晓(No. 庚)的框架研究处女作与代表作均为期刊论文《我国贪腐新闻的媒介框架及影响因素研究》(李东晓，2012b)，学术人生代表作涵盖了《居间政治：中国媒体反腐的社会学考察》(李东晓，2012a)、《听见·看见：影视媒体的无障碍传播研究》(李东晓，2013)、《感官的延伸：新媒体的无障碍传播》(李东晓，2020)三本独著专书，毕业后其研究兴趣则自政治传播转移至无障碍传播。

邵静(No. 辛)的框架研究处女作、代表作及学术人生代表作均系同一部，即博士毕业后出版的《媒介框架论：中国形象在美国报纸中的呈现》(邵静，2013)独著专书。

杜涛（No. 壬）的框架研究处女作、代表作《框中世界：媒介框架理论的起源、争议与发展》（杜涛，2014）则以包含上述成果的海内外媒介框架理论研究为研究对象，完成大陆第一部以文献综述为主的中文框架后设理论专著。此作出版时也是他的学术高产期，同步出版了《新闻评论：思维与表达》（杜涛，2013a）、《影响力的互动——中国公共政策传播模式变化研究》（杜涛，2013b）另两部独著专书，合计三本学术人生代表作。

二、研究兴趣异动：两类代表作之间的分合肇因

综上九位受访者所述的"框架研究代表作"和"学术人生代表作"间显然既有重合亦有分叉或分歧：

其一，重合，体现在举凡其自选之影响力较大的论文、独著专书等框架研究代表作，多也成为当仁不让的学术人生代表作，如臧国仁（No. 甲）、钟蔚文（No. 丙）、张洪忠（No. 丁）、肖伟（No. 己）、邵静（No. 辛）、杜涛（No. 壬）等皆是。

其二，分叉，则如前章曾经言及施拉姆（Scharmm，1963，p. 2）谓之传播学科初建时期外来学者"很多人经过，很少人停留"之窘境，也有相当一部分受访者在框架研究驿站短暂驻足过便纷纷转向别处领域，鲜再回头，如臧国仁（No. 甲）转向新闻访问、老人传播、叙事传播领域；张洪忠（No. 丁）转向中国传媒业尤其媒介公信力，周裕琼（No. 戊）转向网络谣言、健康传播；李东晓（No. 庚）转向无障碍传播；杜涛（No. 壬）兼顾新闻评论与公共政策传播等。

其三，分歧，多发生在框架研究的认知差异，如臧国仁（No. 甲）、钟蔚文（No. 乙）对同一篇合作文章是否为框架研究、是否可算处女作给出了不同判断。

以上重合、分叉、分歧之现象并非一成不变，而常随着人生的成长可能性不断回溯延展。如自 2020 年夏末起，业已从教职退休的臧国仁（No. 甲）留下的教学任务只剩"陪伴身陷论文写作而犹在浩瀚学海努力奋斗的博士候选人"，与之相伴的研究任务则是"为正在研读博士学位以及刚刚获得博士学位而正开始教学生涯"的"准学术人"与"新学术人"写一部书，借由此书"与他们对话、解闷"并期勉他们"持续成长""努力发表""暂时视投稿与出版为其甫才起步的学术生涯"，他自己也能借此"因写作而温故知新""重新找回从事学术研究的幸福感"（臧国仁，电子邮件，2021 年 4 月 4 日）。

然而，鉴于"学术世界没有退休这回事"（钟蔚文，2017；转引自：钟蔚文、王彦，2017，页 32），此书是否其（臧国仁）学术人生闭关之著尚有待时间见分晓。

第七章　厚描:框架研究生命
故事之亲身回忆

— 苏东坡写下"小舟从此逝,江海寄余生"这首小词后根本没去"江海寄余生",而是回家睡大觉"鼻鼾如雷"……本来,又何必那样呢? 因为根本逃不脱人世这个大罗网(李泽厚,1981/2021,页190)。

— 学术即人生。人生即学术(臧国仁,2015;转引自:王彦,2015,页113)。

— 学术即自传。学术即谋生(潘忠党,2010a,页727;2020年7月30日)。

人间值得。世界有趣。阅历与故事最迷人。一千年前,北宋文豪苏轼写下"小舟从此逝,江海寄余生"之后,并未人如其文真的去浪迹天涯,而是"回家睡大觉""鼻鼾如雷",因他实际上"根本逃不脱人世这个大罗网"(李泽厚,1981/2021,页190)。

一千年后,苏轼书法名作《寒食帖》收藏于台北故宫博物院。单从美学角度来看,此帖"笨笨的""拙拙的"还"会涂改",艺术造诣未登峰造极,却能流芳千古,固与书写者挥毫时"生命故事太精彩"不无关联。彼时苏轼正经历着同时代中国最大的文字冤案"乌台诗狱",在"被侮辱、被陷害、然后跳脱侮辱跟陷害跟历史对话"的过程中完成了"最难的""了不起的""很多人都完成不了的"人生的功课,使得同期创作成为历史人生沉浮的独一份衍生物而珍贵无可比拟(蒋勋,2016年11月24日)。

故事的魅力亦曾左右香港城市大学教授祝建华(2021年12月18日)的选择,他坦承一度在"元宇宙研究"和"教书故事"这两个研讨会议题中舍前取后，因为"讲故事永远是最有意思的"也总是"确定的""已知的""能给未来启迪的"。[①]

故事先行，是为本书对研究执行所得的庞杂经验数据的首选萃取步骤。为保障不同个体叙事的连贯性、完整性、独立性，也为避免信息重复，下文将不同经验数据分散到生命故事叙述、研究问题回应等两大内容，先分开讲述九个关键研究者的个体故事、汇总再述理论在华旅行的整体叙事，后在下编依次响应访问、研究题目。

在启动本节的讲古之前，我们恳请读者暂时忘却解谜的压力，先走进九个小型剧场，谛听九个亲身回忆，借此充分了解"前世"，方能立足"今生"想象"未来"。总而言之，无论从认知的循序渐进规律，还是从已知推演未知的逻辑法则，故事，都必须先出场。

出场故事之顺序，承续上文按九位"关键研究者"受访者的框架研究处女作出版时间排序。此顺序与他们的教龄、年资、框架研究成就正相关，自然也跟人生阅历之长度和广度、研究故事之景别与景深正相关。这注定是九个不同质地、不同质素的研究生命故事。

九个生命故事的叙述原则也承前文献探讨一脉相承，即继续贯彻平等、尊重。一方面，在理念上视每位讲者、每个故事为同等重要的独立个体。另一方面，充分尊重不同故事的情节脉络、叙述风格，尽可能还原不同讲者的初心与本色。因此，读者诸君所见看似长短深浅不均匀、不对等的九个故事，实为"平等"研究观、"平等"叙事观之关照结果。

第一节　臧国仁："框架研究与我的生命历程紧密结合"[②]

臧国仁（1952—），祖籍山东省，出生于台北市。政治大学新闻系学士（第34期），美国北得克萨斯大学（University of North Texas）新闻系硕士（1979），美国得克萨斯大学奥斯汀分校（University of Texas at Austin）新闻系传播学博士（1987）。历任台湾辅仁大学大众传播系、所副教授，香港浸会大

---

① 祝建华（2021年12月18日）。《讲授传播学概论课程30年中的变与不变》，上海交通大学媒体与传播学院"传播学基础课程教学研讨会"发言，"腾讯会议室"线上线下同步举行。

② 本小节内容并非来自访问所得，而主要来自臧国仁专为本研究书写的第一人称亲笔自述《遥想从事"新闻（媒介）框架研究"的始末：生命故事的自述与追忆（1991—2002）》（已刊载于《新闻界》，见臧国仁，2023），以及臧国仁与本书作者在授课、面谈、通话、邮件等交往中释出的"灰色文献"。

学传理学系访问学人,台湾政治大学传播学院教授、新闻系系主任、《新闻学研究》主编,现已退休(2017—今)。

自博士毕业(1987)至退休(2017)的 30 年学术生涯中,臧国仁出版编著专书 8 本,其中《新闻媒体与消息来源——媒介框架与真实建构之论述》(臧国仁,1999)、《老人传播:理论、研究与教学实例》(蔡琰、臧国仁,2011)、《叙事传播:故事/人文观点》(臧国仁、蔡琰,2017)等三部专著呈现其研究兴趣从新闻报道与消息来源、时间论述与新闻报道向老人传播、叙事传播的转移。

从政治大学退休的臧国仁犹未从学术世界退休,仍笔耕不辍,修订叙事传播专书的大陆简体版(臧国仁、蔡琰,2019),完成第 9、10 本专书《学术期刊论文之书写、投稿与审查:探查"学术黑盒子"的知识炼结》(臧国仁,2021)、《翻转大学"上课"模式:"以学习者为主体"的课程研究与教学实例》(臧国仁,2023)并在台北五南出版社首印。

下文所述多出自臧国仁专为本研究所写的第一人称亲笔自述《遥想从事"新闻(媒介)框架研究"的始末:生命故事的自述与追忆(1991—2002)》,亦旁佐交织部分臧国仁与本书作者在授课、面谈、通话、邮件等交往中释出的"灰色文献"。

一、初闻框架研究:与"坦克"教授的再次相遇

与廿年多前的框架专书(臧国仁,1999)开篇致谢的师徒"约'会'"一样,臧国仁此次自述的框架研究故事亦选择 1991 年 8 月作为故事原点,即,与其业师"坦克"教授(此系臧氏自述音译自"Tankard",即前文出现多次的"坦卡德")在美国波士顿市 AEJMC(美国新闻与大众传播学会)年会上的重逢。[①]

"坦克"教授是臧国仁博士入学时(1980 年)的行政导师、入门传播理论课授课老师、博二时任研究助理的指导"老板"、毕业论文(1987 年完成)指导教授,也是中外首个从社会学取向深究"框架研究"概念的传播学者。臧国仁其时则已从美国得克萨斯大学奥斯汀分校取得传播学博士学位毕业五年并执教于政治大学传播学院。同行与会者还有政治大学同事钟蔚文。

未料到这场"约'会'"后来却成了中文框架研究的序曲。"坦克"教授偕同几位研究生在会上宣读《媒介框架:概念化与测量的方法》(Media frames:

---

① "坦克"系臧国仁对"Tankard"的昵称式音译。在中文世界,"Tankard"多音译为"坦卡德",如:杜涛,2014,页 64;"小坦卡得",如:肖伟,2016,页 63;也有借用汉姓译"谭克达",如:杨柳,2013,页75。

Approaches to conceptualization and measurement)一文。该文探讨框架研究的方法问题,定义"框架"为新闻内容的"中心思想",并以"堕胎合法化"新闻框架竞争进行实证分析,确定了"框架"并非仅指"窗框"而有动态意涵。同场"坦克"教授的另一位硕士生则报告同一主题的研究论文《框架化新闻:一个研究设计的方法论框架》(Framing the news:A methodological framework for research design)(Thompson,1991,August),推测应系出自课堂作业。

这两篇聚焦在新闻媒体报道文本的框架作用的论文,给在场的钟蔚文、臧国仁留下了深刻印象且意犹未尽。他们认为,框架是有趣的研究主题,唯"坦克"教授专文犹未说明如何得知"框架"所涉内在机制以及究竟透过哪些步骤得知新闻文本"中心思想",此即其后他俩的努力方向:

> "会后钟师就约我组成新闻专家生手研究群(百龄师还没拿到博士学位呢)【按:'百龄师'指陈百龄】,我们两人带着一群研究生就开始了如火如荼的研究活动,一晃十年……"(臧国仁,电子邮件,2019年5月10日)。

二、台湾框架研究拓荒:钟蔚文及"专家生手"研究群的发皇

上述"新闻专家生手"研究群(简称"专家生手"),是钟蔚文自1990年代起领导的数个长短期计划、研究群中的一个。框架研究正是上述项目与社群,尤其是"专家生手"研究群中的子议题之一。严格来说,专家生手议题主打认知心理学的"基模"视角,旨在讨论其如何得以应用于新闻领域,起步较早,而框架研究则致力于媒介社会建构论的真实诠释。两者对新闻知识的互补性探索均具前瞻性与代表性,或可谓其创造了中文传播学界媒介真实建构研究的"黄金时代"。在核心人物钟蔚文的带领下,多年间专注于框架互动研究的臧国仁倍觉"收获与成长难以计量"(臧国仁,1999,《感谢词》之页1)。

(一)"坦克"教授的惊奇:听完"认知心理学"取径的台湾框架研究,愣了

"坦克"教授其时完全未料到,由钟蔚文领导的中文框架研究在短短期间就已成绩亮丽。在次年(1992)于加拿大蒙特利尔(Montreal)市召开的AEJMC年会里,臧国仁专程向"坦克"教授邀约早餐以讲述其与钟蔚文一年来的框架研究经验,由此"坦克"教授方知框架研究尚有异于社会学(如弋夫曼、甘姆森)视角的认知心理学取径:

> "Tankard听完都愣了,没想到框架这么好玩,当然这是因为我

们多半是从钟师熟悉的认知心理学(基模)入手,而 Tankard 是延伸 Goffman,Gamson。这也是我们【其时】很大不同所在。"(臧国仁,电子邮件,2019 年 5 月 10 日;添加语句出自本书;括号出自原文)

仅短短一年时间如何产出能令"坦克"教授为之"愣了"的成绩?"坦克"教授延伸戈夫曼、甘姆森的"很大不同"所在何处?

盖因钟蔚文早在 1980 年代中期于美国斯坦福大学求学时,就已"进入认知科学的殿堂",触及认知心理学视角的相近研究(钟蔚文,1992:vii)。博士毕业返台后,钟蔚文立即带领研究生开展有关记者、阅听人的知识结构与认知机制等与新闻基模议题的讨论,至 1980 年代末期、早于 1991 年遇见"坦克"教授初闻框架研究之前,就已指导《新闻基模之研究——专家与生手知识结构差异之探讨》(梁玉芳,1990)、《议题涉入感对信息处理策略影响之研究》(吴雯雯,1991)等两篇虽未直接以"框架"命题但与认知框架研究议题相关的硕士学位论文毕业。

这两篇硕士论文核心问题皆在考察阅听人之专家和生手如何"看(阅读)新闻",皆曾因地制宜采政治大学所在小区相邻的景美区民众为研究母体,亦皆立足于认知心理学的"基模"理论(schema theory),唯研究问题和方法各有侧重。

如梁玉芳(1990)系采立意抽样法、开放式问卷探究 244 个受访样本在"回忆"与"推论"新闻的表现,最终发现专家型阅听人在知识"量"与知识"结构"均显著优于生手型阅听人,具体表现在前者的知识结构具有较大凝聚力、较大知识单位、功能性的组织方式,也具备较高的复杂度与抽象思考能力。

而吴雯雯(1991)则采言说分析法解读"郝柏村被提名为'行政院院长'"事件的新闻报道,兼采社会调查法搜集景美区 316 名民众读者对报道的反应,结果发现高涉入感的个人(专家型阅听人)无论在新闻阅读方式、对事件经过的回忆和推论、采用"结构性策略"的比例都显著优于低涉入感个人(生手型阅听人),足证涉入感高低确会影响信息处理策略进而影响其回忆新闻数量的表现。

以上两文的研究主体虽是阅听人,但所得发现均可用于反推新闻业的质量提升策略,如提供新闻事件的背景资料等必要重点并独立处理新闻报道,提供多元化的剖析角度及论点,或依议题取向(而非事件取向)而注重新闻事件的意涵等方面改进新闻写作,如此或可对提升"记者认知"大有裨益。

及至 1991 年夏从"坦克"教授师徒的 AEJMC 报告初闻框架研究、自美返台时,钟蔚文业已完成稍早有关阅听众收视电视新闻之"国科会"专题计划(梁玉芳与吴雯雯皆是该计划研究助理),已积累新闻认知基模理论的相当经验。他随之邀臧国仁共同进行由其主持的"新闻媒介使用与认知结构关系研究Ⅱ-Ⅳ"(1992—1996)与"传播知识的结构、性质及功能Ⅰ ＆ Ⅱ"(1993—1995)国科会研究计划(成果参见 Chung ＆ Tsang,1993,1992)。其后逐步发展成为的"专家生手""认知类型""记者知识""(新闻/媒介)再现"(简称"再现"小组)等多个长短期计划,分别聚焦于新闻媒介使用与认知结构关系研究、新闻记者知识的本质、专家与生手的比较等议题。

而钟蔚文与"坦克"教授社会学取向之"很大不同",在于所引用认知学者巴特莱特(Bartlett,1932)的心理学实验定义是"基模",而人类学家贝特森(Bateson,1955)的概念发想是"心理框架""后设传播",至于社会学家戈夫曼(Goffman,1974)的理论建构则是"初始框架"。

这组概念殊途同归、定义大同小异,即"一组以命题形式呈现而意义接近的心智结构",常被人们用以"观察及诠释外在事务、事件或情节",且"经常以网络相链接的形式储存在长期记忆中"(Bartlett,1932,引自臧国仁,1999,页27)。及至 1990 年代,潘忠党、钟蔚文、臧国仁(Pan ＆ Kosicki,1993;Chung ＆ Tsang,1993,1992;钟蔚文等,1995,1996)等华人传播学者均视框架为"人们解释外在世界的基础",进一步说明了其与认知学者所称的"基模"意义接近(引自臧国仁,1999,页27)。

然而相对于框架的动词、名词双重词性,基模只具名词之单一属性、"较为静态"、游离于社会结构外的认知心理学概念,能否体现媒介真实与社会现实之间的"动态关系"(Potter,1996,p.103)令人好奇。言外之意,仅满足于从认知心理学取径来解释框架过程显然远远不够。

(二)研究团队的艰苦拓荒:一切从零始,素有"论述/言说分析"身影

及至正式开展框架研究,则是一段鲜少专书可供参照亦无相关操作化步骤可资借鉴的研究拓荒期,一切探索均从零开始。所幸钟蔚文富于创新的领导,触及学术范围既广又深,从(认知)心理学到语言学复到人工智能(信息处理)皆曾涉猎,就此发展出众多与主流传播理论截然不同之研究子题。

具体到"框架研究"的分析方式,研究团队每周都找些同一事件的不同媒体(多为报纸)相关新闻报道内容,借鉴荷兰学者梵·迪克(van Dijk,1987,1988)其时甫才出版的"新闻论述/言说"(news discourse)专书,让研究生助理由下(字词语句)而上(框架)地仔细推敲文意(见图 7-1)以期能找出框架"结构"与"层级",了解其使用、凸显或遗漏(此即框架机制)了哪些字句(包括修辞

与譬喻），最后归纳出每则新闻的最上层意义与可能类目。

此一历程之抽绎（演绎）本质，与内容分析先有类目才行归类的步骤恰好相反，因而素有"论述/言说分析"身影。

循此持续艰苦训练，研究团队次第发展出前人未及讨论过的新闻框架之"层次""机制""内在结构""转换真实过程"等全新观点（当然研究助理之毕业论文也多受惠于此），就此陆续发表了一些研究成果。

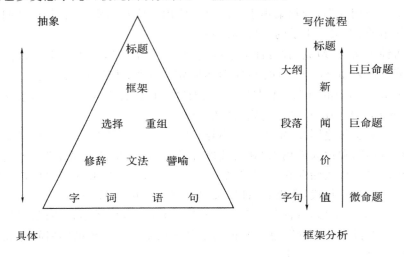

图 7-1　（文本）框架的形成与分析流程

* 来源：臧国仁（2020 年 4 月 29 日）。

（三）热身与试水：未发表的双语论文，钟蔚文的升等新著

正式推出"框架"之名前，研究群作了审慎的论证。1992 年，臧国仁与钟蔚文合作完成未曾发表之英文论文《寻找新闻框架：它们的功能和结构》（In search of news frames：Their function and structure），并在政治大学新闻研究所作《框架研究在新闻采写上的应用》专题报告，向在地社群的小范围同仁引荐框架理论新知以期能结合采写教学内容并延伸思考。

同年（1992 年），钟蔚文整合新闻认知、记者知识等多个研究计划所得，作为升等教授的代表著作《从媒介真实到主观真实——看新闻，怎么看？看到什么？》（1992）专书的主要内容。该著作系从认知心理学切入对记者工作适用的知识等问题尝试建立理论架构，探讨读者的个人认知框架（即基模或 schema）如何影响阅读经验、新闻工作者的个人知识结构（基模）如何协助其完成报道任务等。最终结论，记者工作本质是"透过符号系统如文字、影像、声音再现社

会真实"，具有"受环境影响甚大"（context-sensitive）、"结构模糊"（ill-structured）、"符号再现"（symbolic representation）等特点；记者工作之具体步骤包含"对新闻事件形成心像"（image），即"选择、组织新闻事件中的要件，转化成负荷新闻价值的故事"，次则"将心像转化成文字或视像表征"，此两者均涉及心理活动，也与"外界环境"与"符号系统应用"等有关（页2）。

钟蔚文（1992）此书可视为稍后正式启动的新闻/媒介"框架研究"暖身之作。尽管书中只字未提"框架"，但其所指上述"心像""再现"等研究概念随即为臧国仁（1999）用来延伸并比较新闻工作者专家与生手"初始框架"的异同。初始框架作为新闻工作者从事专业任务时的先前知识结构或心理认知基模，在专家型与生手型间有不同表现，即愈是专家型的新闻工作者其认知基模/初始框架（或资料库）"愈为庞大"，知识串接链接也"愈为紧密"，环环相扣间的基模激发愈为一触即发。

但双刃剑的另一面则是庞大知识结构易于成为创意杀手，以致专家型新闻工作者往往因为初始框架成熟、稳定、具有惯性而致沦为"吸收'新'知的最大障碍"，陷入"专家陷阱"的悖论（页150）；这点在臧国仁、钟蔚文、杨怡珊（2001）的专文亦有类似论证。

（四）先河之作："拍板"新闻客观论的挽歌，"定案"再思多重真实

真正以"框架"为题的首开先河之作——中文传播学界首篇新闻框架理论后设研究专文——当属1993年6月于桃园机场"一九九三年中文传播研究与传播教育研讨会"宣读的《新闻的框架效果》（钟蔚文、臧国仁、陈韵如、张文强、朱玉芬，1993.06）。该文参考梵·迪克（van Dijk，1988）的言说分析（discourse analysis）核心理论探讨新闻文本框架构，针对读者阅读新闻的方式归纳出框架功能，后经匿名评审推荐收入《中文传播研究论述——1993中文传播研究暨教学研讨会论文汇编》（臧国仁主编，1995c），一度被认为是"最早"论及"框架"概念的"中文传播学文献"（潘忠党，2006）[①]。

英文成果发表于同年（1993年），以"Wei-Wen Chung（钟蔚文），Kuo-Jen Tsang（臧国仁）"之名在美国堪萨斯城（Kansas City）召开的AEJMC年会宣读研究论文《新闻框架再思：框架能为现实做什么？》（News frames reconsidered：What does frame do to reality），向国际传播学界介绍台湾传播

[①]　据潘忠党（2006，页44）考证，"在我所接触到的中文传播学文献中，'框架'的概念最早出现于台湾学者钟蔚文、臧国仁等（1995c）教授的一篇论文，题为《新闻的框架效果》"。此文口头发表是在1993年"中文传播研究暨教学研讨会"，两年后收入臧国仁（1995c）主编的专书。

学者如何用框架理论做研究（见 Chung & Tsang，1993，August）。此文以1980 年发生在美国佛州迈阿密市种族动乱事件为例，比较了《人民日报》与《纽约时报》所撰报道，首次揭示立场相异之报纸会因其"归因推论"与"责任归属"（即框架"中层次"结构）而显露其对社会事件的【盖棺】定论。此文所得结论间接地说明了媒介组织如何透过"框架"来论理说情，对后续的理论发展有重大意义，这在那个仍然崇信新闻理当客观报道社会真实的时代诚属不易，"拍板定案"作用显而易见。

一年后（1994 年），钟蔚文受任中正大学电讯传播所创所所长后主办该所第一届"传播生态研讨会"，臧国仁应邀投稿并宣读《新闻媒体与消息来源的互动——系统生态学的观点》《从系统生态学理论看传播生态：以公共关系为例》两文。前文作为其将研究焦点扩大至"消息来源"议题的首篇之作，也是臧氏1999 年框架专书的起手式，于次年（1995 年）发表于《国科会研究汇刊——人文与社会学科》（臧国仁，1995a），迄今仍鲜有其他学者着墨。后文则续与钟蔚文合作精进为《框架概念与公共关系策略——有关运用媒介框架的探析》刊于3 年后（1997 年）的《广告学研究》。

同年（1994 年），臧国仁与钟蔚文合作撰写第二篇英文论文《新闻专家：一个认知科学取径》（Journalistic expertise：A cognitive science approach），在澳大利亚悉尼市召开的 ICA 会议发表，与国际传播学会同仁分享最新的记者认知框架/基模研究。

再一年后（1995 年），钟蔚文、臧国仁、陈忆宁、柏松龄、王昭敏在"政治大学新闻教育六十周年庆学术研讨会"宣读《台大 A 片事件的多重真实——框架理论的再思》一文，确认了前述的新闻媒介框架基本机制包括"选择"（含排除）与"重组"（含排序）两者。而文本的高层次框架机制代表抽象意旨，中层次为实证面向（代表实际发生且可供测试者），低层次则为操作或指示面向。

上述诸文宣读时的口头报告多由钟蔚文亲自上阵，常不照本宣科而多有惊人之举。如该文在政治大学行政大楼五楼会议室宣读报告时出席者众，钟蔚文不但毫无惧色还带了积木（道具）上阵，借此展现框架对读者可能产生之不同层次影响。讲（演）到最后，他冷不防地哐啷一声推倒积木，全场顿时为之"震慑"；对臧国仁而言，此情此景印象深刻迄今难忘。

（五）"再现"小组：汇流心理学、社会学思潮，创新公关研究典范

1990 年代中期，钟蔚文在"专家生手"研究小组以外另行组成了"再现"小组，意在探索记者的心理认知基模以及媒介框架研究的基础上，深耕社会建构典范在新闻再现研究领域的理论及应用，使得框架理论的心理学、社会学两股

思潮得以汇流于斯、相得益彰。

钟蔚文其后于 1997 年又曾赴美在南卡罗来纳大学（University of South Carolina）参加"新媒体景观中的框架化"（"Framing in the New Media Landscape"）专题会议并宣读《延伸框架概念：向论述转》（Extending the concept of framing：The discursive turn）专文（Chung & Tsang，1997.10），次年赴耶路撒冷作新闻专家生手研究报告（Chung，Tsang，Chen & Chen，1998,06）其时"坦克"教授则在芝加哥市报告另篇研究论文《公关走向战争：科威特和波斯尼亚危机的媒介框架中的公共关系运动效果》（PR goes to war：The effects of public relations campaigns on media framing of the Kuwaiti and Bosnian crises；Tankard & Israel，1997）。

从其题目观之，"坦克"教授的兴趣已经开始兼顾框架在公共关系实务的应用，有趣的是，钟蔚文、臧国仁同年也在台湾的《广告学研究》发表了同样与公共关系框架相关之学术论文，即前文已提及的、在第一届"传播生态研讨会"（1994）投稿论文基础上修改而成的《框架概念与公共关系策略——有关运用媒介框架的探析》（1997）。他们在文中批判当时的管理学派、语义/批判学派、整合营销传播学派三个现代公共关系学派或忽视新闻媒体对公关工作的必要性（如语义学派），或将公关行为中的媒体运作归为未具概念基础之操作性工作（包括管理及营销学派皆然），均未能涵盖新闻媒体对公关研究之实质影响。

该文最终提出从"框架理论"的视角观察"新闻媒体"与"消息来源"的互动作为"替代性典范"，一度被视为是在整个 1990 年代的台湾公关研究中"具有解释力的竞争性典范"（黄懿慧，2001，页 57）。

三、出版框架专书，获"杰出奖"：臧国仁的整理、延伸与概念化

彼时臧国仁则为繁重的教职、研究、行政任务忙碌不堪，却仍从那几年（1991—1995）的每周讨论收获丰硕，全然颠覆了跟随"坦克"教授以实证研究为主的研究生阶段学习内涵，自谓几等同又读了一个博士学位。

1995 年，臧国仁时任政治大学新闻研究所"在职进修计划执行长"，就以"新闻媒体与消息来源"为题，组织研讨会并邀请八位学有专精之教授分别授课，其后此会议论文合集成为《新闻学与术的对话（Ⅲ）：新闻工作者与消息来源》（臧国仁主编，1995b）专书出版，并在编著工作过程说明，"得以接触窥见本领域之最新见解与研究报告"因而对研究问题（按：指新闻工作者与消息来源之互动）"更为清楚"（臧国仁，1999，页 1-2）。

同年（1995 年）秋天，臧国仁前往香港浸会大学传理学院任访问学人，在

该院传播系"教师论坛"(Faculty Forum)以《引介新闻框架理论》(Introducing the theory of news frame)(Tsang,1995. 09)为题发表专题报告,并与在台的研究小组同仁钟蔚文、黄懿慧合作完成"行政院原能会"委托的专题计划《新闻媒体与公共关系(消息来源)的互动:新闻框架理论的再省》(臧国仁、钟蔚文、黄懿慧,1996,1997),次年(1996)即在香港"传播与经济发展研讨会"宣读,经审查通过后收入由陈韬文、朱立、潘忠党主编的《大众传播与市场经济》(1997,页 141-183)专书。该文正式介绍了"框架理论",以 1988—1993 年间台湾六家报纸所载有关核能议题的报道为分析样本讨论执行框架分析的方式与过程,证实新闻产制本是极端竞争的动态过程,而"框架"就是核心概念,绝非如传统客观报道原则呈现之单纯、静态、平衡。

1996 年底,臧国仁父亲辞世。次年(1997 年)初,臧国仁受邀为国防部讲授"新闻框架",以期协助改进军方与媒体之互动关系。乍见全场都是少将以上的高阶军官,星光闪闪总数多达百颗以上,想起甫才安葬军人公墓少将区的父亲,哽咽甚久无法言语,直到整理情绪多时后方能开始演讲。框架研究实与臧国仁生命历程紧密结合,有其特殊意义也。

再一年(1998 年),臧国仁所撰《新闻报导与真实建构:新闻框架理论的观点》专文获得新成立不久的中华传播学会"年青教授论文奖",经改写后收为《传播研究集刊》第三集(见臧国仁,1998b),其内容即撰写中之"框架"专书第三章(臧国仁,1999)。另篇《消息来源组织与媒介真实之建构:组织文化与组织框架的观点》论文则在政治大学广告系主办的"广告与公共关系教学暨学术研讨会"宣读,如前述刊于《广告学研究》第 11 辑(见臧国仁,1998a),其内容连同前文所述该刊 1997 年发表的合著论文(臧国仁、钟蔚文,1997)共同构成了撰写中之专书的第四章(臧国仁,1999)。

1999 年春,臧国仁完成了自 1996 年起笔耕三年不辍的专书《新闻媒体与消息来源——媒介框架与真实建构之论述》。此本华人传播学术社群首部框架专书(如图 7-2 所示),整理、综述并延伸了上述由钟蔚文领导之研究团队近十年的研究成果,除让臧国仁顺利完成升等教授外,还获选为"联合报文教基金会"1999 年"杰出新闻著作奖"。

上述研究成果除了陆续改写为专题计划提案、投稿学术期刊或撰写成书外,亦被臧国仁次第引入课堂成为教学内容,包括"新闻采写""媒介写作""新闻英文""英文报刊实务""大学报""进阶新闻采访与报导——新闻访问"等实作课程都先后加入了与新闻框架相关的素材,甚至与实务界交流的一些"在职进修计划"也广为纳入研究所得。

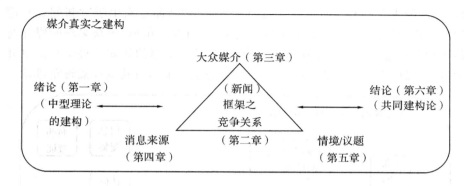

图 7-2 1999 年专书的基本架构

* 来源:臧国仁(2020 年 4 月 29 日)。

多年后,臧国仁指导的博士生卢安邦在其毕业论文(2018 完成)提出"网络公共领域"概念,使用"议题框架"为分析单位试图捕捉散布各场域的意见流动,其所述与臧氏专书(尤其第五章之议题框架讨论)前后呼应,研究所得更补足并增强了"框架"在新时代媒介现象之时空意涵,有其重要学术延伸价值。

四、不止框架:陈百龄、陈顺孝、陈忆宁"三陈"杰出,"专家生手""媒介框架""再现"三足鼎立

臧国仁自认框架研究生涯最值得回顾的精彩篇章,当是其时有幸认识表现出众的研究伙伴,如陈百龄、陈顺孝、陈忆宁"三陈"便是表现尤其杰出的成员。

陈百龄教授的信息搜集以及信息处理专长弥补了研究团队的不足,及时扩充了新闻专家生手研究稍早未曾涉及的深度议题(钟蔚文、陈百龄、陈顺孝,2006a,2006b)。陈顺孝教授多年来担任新闻编辑,为国内(华人地区)少有之编辑研究人才,其曾于 1990 年代提出"记实避祸"之论并出版专书《新闻控制与反控制:"记实避祸"的报导策略》(陈顺孝,2003),说明新闻工作者日常所作所为并非提供"真相报导"(记实)。而陈忆宁则是当时最为操劳的研究助理,其在 1990 年代中期曾任劳任怨地将每周讨论结果建档,将新闻框架的分析过程全部整理为可资传承的资料,臧国仁多年后仍用于诸多新闻专业课程。

此外,如陈韵如(1993)、胡晋翔(1994)、张文强(1993)等研究助理的毕业论文,也曾从专题计划"挖宝",皆与框架相关。

综上观之,研究团队在 1991—2002 年间曾经涉猎并发展的研究主题并非

仅有"新闻媒介框架"，而是相互贯通并连结了"新闻专家生手""新闻媒介框架"与"再现"（representation）研究（见图7-3内圈三角形）等众多新闻媒介与传播相关概念。此三者相互嵌入实为一体，具有浓厚的认知心理学与信息处理取向（见图7-3左边之读者认知与社会/分散智能），与其他框架研究迥异。

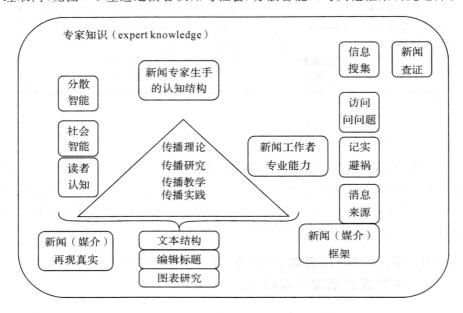

图 7-3   臧国仁在"框架研究"团队曾经经历过的研究主题
* 来源：臧国仁（2020年4月29日）。

其一，"新闻专家生手"概念系将大学新闻系的大一新生视为"生手"而大四为"准专家"，其学习历程之内涵便是研究团队多年汲汲于探索、钻研的多项专业本领，包括图7-3右边之"信息搜集能力"（此为陈百龄之专长与兴趣）、"访问与问问题"（此为臧国仁与江静之兴趣）、"记实避祸"（此为陈顺孝之兴趣）、"与消息来源之互动"（此为臧国仁长久浸淫的研究主题）。

其二，"新闻媒介框架"研究成果颇丰（见图7-3三角形右下方）。除臧国仁专书（1999）外，研究团队曾经在1993、1995年出版专书，先后聚焦于"新闻学领域""公共关系"（消息来源），讨论如何促进"学术"（理论）与"实务"（实作）的对话。

其三，真实"再现"议题一度吸引钟蔚文于1990年代中期另又成立了"再现研究群"并向"国科会"提出整合型计划"新闻如何再现事实：语言层面的探讨"，研究所得则添柴加薪，成为"框架研究"讨论新闻媒介如何再现真实所倚赖之理论来源，促成了诸多相关子题的出现（复见图7-3三角形左下方）。

总之，由钟蔚文领导之研究团队在1991—2002间曾经关注了众多与"新闻工作的知识基础"相关且彼此勾连的议题（仍见图7-3），其因多在于团队笃信新闻学科若要成为大学教育之一环，势需努力从"术"（实作）提升为"学"（理论），持续探索包括新闻工作者解决问题的能力、如何与情境互动、如何解决人际困境、与其他领域有何差别等议题，而这正是研究团队"国科会"专题计划"探讨记者查证、访问、写作的知识基础：专家能力的特质"（1998—2001）核心内容。

五、臧国仁的淡出：传统新闻媒介框架研究热潮渐退

2001年秋天，臧国仁接下新闻系系务工作，同时间应邀加入同院蔡琰教授于2000年10月创立的"新闻美学研究群"。久之学术与行政负荷渐重，因而于2002年淡出"框架研究"团队，结束了长达十余年的合作关系。

尽管离开了"框架研究"研究团队，臧国仁仍继续耕耘团队一度主力研讨的"新闻访问"议题，耗时五年出版《新闻访问：理论与个案》（臧国仁、蔡琰主编，2007）专书。

该书以臧国仁与钟蔚文合撰之《记者如何问问题？如何问好问题？如何问对的问题？》（1994）为首章，主体部分改写自翁维薇、俞明瑶、苏惠君、叶方珣等几位与新闻访问相关的硕士毕业论文（部分亦为研究群成员），加上博士论文（2005年完成）曾以广电新闻访问者为研究对象的江静之教授鼎力相助，末章则源自两位主编之科技部专题计划改写论文《新闻访问：理论回顾与未来研究提案》。专书出版后，随即受邀收入"政大82周年校庆百本专书"。

"框架研究"团队的原有成员则持续开会，在2006年曾经出版两篇学术期刊专文讨论"专家研究典范的变迁"与"数字时代的技艺"议题。但在2015年钟蔚文退休前后似已不复聚焦于如图7-3所示之各项议题，而是与其他新兴领域结合并开发新的旨趣如"身体"研究，传统新闻媒介框架的研究热潮逐渐淡化。

六、未来已来？ 新的框架研究需突破单一媒材的传统分析方式

臧国仁如今回顾，"框架研究"之兴衰实与时代脉络（情境）扣连甚深，有其机缘。当其广受重视之刻，正值报纸独大且文字书写仍是主要媒材（见

图 7-4A)，以致于以"纸本"（如报纸）为主的研究方法最受青睐，钻研并比较如图 7-4 所列之媒介、文本等命题意涵的"框架研究"大放异彩。

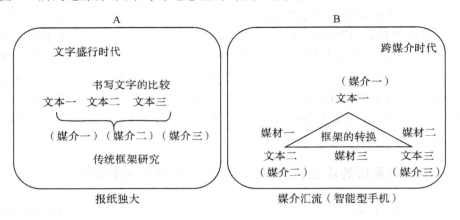

图 7-4   "框架研究"之过去与未来比较①

* 来源：臧国仁（2020 年 4 月 29 日）。

然而时至今日，受到如下三个因素影响，盛况非如当年：

一是传播环境变化，传统倚赖单一媒介了解世事的方式早已产生重大变革。因特网渐起而多/跨媒介载体（如智能型手机）愈趋普及，"媒介汇流"整合现象正逐渐主宰传播内容（见图 7-4B）。尤以"新闻"的重要性不复以往，反得与其他新兴传播行为如戏（追）剧、游戏（网游、手游）、直播、社群媒体等共享（如非争夺）有限的个人媒介使用时间，因而改变了媒介与消息来源的互动模式；任何名人、"网红"、小众或社群媒体均足与传统强势媒介分庭抗礼，成为新的消息来源与新闻线索。

二是研究方法革新。新兴的跨媒介研究方式（如大数据巨量分析）受到瞩目并引入传播研究已是指日可待。在此背景下，"框架研究"如何持续发挥影响力且适应媒介/材等载具的变化，当是刻不容缓且亟需探究的议题。

三是学科基础转移。框架研究所依托的学科基础早期多立基于社会学或（认知）心理学，但如"神经心理学"（neuropsychology）、"认知语言学"（cognitive linguistics）、符号生态学（semiotic ecology）等新兴跨领域的出现，

---

①   此处所指"媒材"指各种传递讯息之符号资源，如口语、文字、音乐、绘图等（即图文影音也），而"媒介"指传递讯息之渠道或载具，如报纸、电视、广播、杂志等，但两者不易区分（如"身体"或"建筑"究属媒材或媒介就十分混淆），并也可能彼此混搭或融合。而在因特网昌盛时代产生之"跨媒介/跨媒材"或"多媒介/多媒材"现象，与昔日单一媒介独大差异甚大，难以同日而语。

业已改变传统信息处理观点,改而强调诸如身体、环境、认知等元素。

综上三类影响,臧国仁认为,媒介框架研究未来势需突破传统单一载体的框架分析方式,尤应找到能探究跨媒介/材现象的研究方法(见图 7-4 B)与理论(如卢安邦博士论文所示),探究新时代、新情境的框架机制如何转换、其转换如何影响了传播内容之变动、而阅听众面对这些转换与变动又如何解读其意展开新的"共同建构"方式,此皆新时代之后起重要传播研究议题,值得正视并探寻求索。

第二节　潘忠党:人生无故事,框架无理论

潘忠党(1958—),安徽黄山人。生于北京,幼时求学于宁夏、安徽,高中毕业后在安徽下乡插队两年,1982 年毕业于北京广播学院(现中国传媒大学)新闻系。1983 年赴美求学,获斯坦福大学传播学硕士(1985)、威斯康星大学传播学博士学位(1990)。曾在北京大学人类学和社会学研究所从事博士后研究,并曾分别任教于美国康奈尔大学、宾夕法尼亚大学、香港中文大学,也曾任复旦大学新闻学院讲座教授,现任美国威斯康星大学麦迪逊校区艺术学院传播艺术系教授。[①]

一、学术即自传,学术即谋生

一个公认的事实是,潘忠党(1958—)不仅是框架研究领域且是华人传播学术社群的"关键研究者"。在确定潘忠党(No.乙)访问意向之后,仅本研究的 14 个受访候选人中就有四位表示很期待知道潘忠党对某些议题的答案,其中一位还提出旁听访问的请求(按:出于深度访问研究方法自身的一对一深入特性之考虑,此要求未被接受),另有一位甚至以"既然有潘忠党老师接受访问就已足够"作为其个人拒访的主要理由,如上种种"未见人先闻声"之"江湖躁动"足以证明潘忠党对大陆传播学界之影响力。

(一)不谈人生:简单到不值一提,复杂到难以言说

潘忠党严格划定了学术议题与人生议题的边界,不但受访时从未主动提

[①]　此段简介系综合多篇访谈所得,详见:陈娜,2010;潘忠党,2010a;潘忠党,2010b;赵立兵、文琼瑶,2017。

及,即便被追问个人经历、心路历程、思想转折时亦多惜字如金,不是报以长长的沉吟或沉默(最长一次沉默达 12 秒),就是明确表示不值得谈、不容易谈、不愿意谈。

不值得谈,即认知"那(学术人生)是属于另外一个范畴的问题""那(跟本研究)没有关系",以及自觉"没有什么值得一提的学术人生"。

不容易谈,因为"比较复杂"而难以言说。

不愿意谈,指"对谈我个人没有什么兴趣""那有一些我不愿意触及的内容"。

不过,他人的建构"是另外一回事",潘忠党并不介意友人们"谈论另外一个人"(即朋友们所认识的潘忠党)。

自述"潘忠党"与他人叙述的"另一个潘忠党"作为两个不同个体,隐秘地散落在互联网自媒体的集体记忆库里,也流传于友人们高谈阔论的欢声笑语中。

(二)建构:潘忠党"传说"

潘忠党得名于"曾在北京任翻译的大学生出身父母因'愤青'嫌疑于 1957年被打成右派,下放宁夏,有了'小潘'","为表明心迹"取此名(Hsm,2011 年6 月 30 日)①。

1982 年。北京广播学院。潘忠党(No. 乙)大学毕业后考取了公费出国留学名额,曾有同学建议最好在赴美深造前改掉"忠党"二字,以免"'老美'怀疑",他却答"偏不"。

1983 年。美国斯坦福大学。"刚刚从大陆来"的 25 岁的硕士研究新生潘忠党从等候电梯的人群中"第一个跑进轿厢",遇到了来自台湾、年长八岁、同在传播研究所的博士研究生钟蔚文(No. 丙),随后成为他助教兼讲解的统计课的学生。这师兄弟初见的画面为钟蔚文接受本研究访问时提起,津津乐道"潘忠党后来做得很好""框架论文写得不错,有突破性"(钟蔚文,本研究,2020年 8 月 24 日)。

2000 年。复旦大学。在上海,潘忠党应邀在该校新闻学院作研究方法系列讲座,现任深圳大学传播学院教授而其时就读该院硕班二年级的周裕琼(No. 戊)有幸听讲并被选中进行田野调查培训,与其他研究生被安排"深入媒体进行 3～6 个月的参与观察",执行了部分"对基层和中层新闻工作者的深入

---

① Hsm(2011.6.3)。《潘忠党旧事一二三》,载"MYBO"(http://www.mybo.cc/topic.jsp? id=1187)。

访谈"，后来成为论文《成名的想象：中国社会转型过程中新闻从业者的专业主义话语建构》（陆晔、潘忠党，2002）的主要经验数据。

这段教学研相长经历被写进该论文的致谢辞（页17）中，也为周裕琼——自称是"《成名的想象》派出去的'实习生'和'做田野的孩子'"——在接受本研究访问时提起，感激潘忠党作为"海归学者"代表以"非常非常大的冲击力"为国内传播研究社群打开了"前所未有的眼界"（周裕琼，本研究，2020年9月8日）。

2010年。中国人民大学。在北京，本研究的受访者、现任暨南大学新闻与传播学院副教授、当时就读于新闻学院三年级的博士研究生肖伟（No.己）暑期返校，巧遇潘忠党（No.乙）于此客座讲课，因而慕名前去听讲，求教新闻框架选题毕业论文所遇到的写作瓶颈。潘忠党在"一杯咖啡的时间里"慷慨解疑释惑，其思路启发"持续至今"（肖伟，2016，页253；肖伟，本研究，2020年7月19日）。

后来，肖伟（No.己）辗转借到香港中文大学图书馆藏书，也是潘忠党曾提到的框架研究专著《有人负责吗？电视如何框架政治议题？》（*Is anyone responsible? How television frames political issues*）（Iyengar，1991），一度怀疑书上笔记是否系曾工作于斯而后来与之在人大提起过此书的潘忠党所做（肖伟，本研究，2020年7月19日）[1]。

2018年。杭州西子湖畔。香港城市大学"大陆青年传播学者访问项目"学人再度聚首，召开第三届"相遇在十字路口：跨学科与跨世代的对话"多闻论坛。潘忠党并未与会，却在其老友、浙江大学传媒与国际文化学院教授吴飞的"知人论世"发言中"友情客串出场"。吴飞感叹潘忠党作为"元大师级学者"，其知识之渊博、视野之开阔令人"怎么也超不出他的手掌心"，戏称他们的友情是"如来佛"之于"孙悟空"一般的存在，引来现场会心笑声一片（Liuye，2018.04.11）[2]。

综合上述，其与美国斯坦福大学学长钟蔚文（No.丙）的一面结缘，与复旦大学硕士生周裕琼（No.戊）的因"文"际会，与中国人民大学博士生肖伟（No.

---

[1]　当在本研究访问中被问起肖伟（No.己）念念不忘疑是潘忠党借用写下的香港中文大学藏书（Iyengar，1991）留痕笔记，潘忠党的第一反应是否认，"我想我应该没见过她吧"，"Iyengar的书我不会到图书馆去借，我自己有"（2020年7月30日）。

[2]　Liuye（2018.4.11）.《相遇在十字路口：跨学科与跨世代的对话——第三届多闻论坛在杭召开》，载"浙江大学传媒与国际文化学院官方网站"：http://www.cmic.zju.edu.cn/2018/0411/c35554a1470663/page.htm。

己)的"一杯咖啡",与浙江大学教授吴飞的"西游记"神话式的"神交",以及本研究执行前后接收到的转述、旁听潘忠党访问现场之请求,足以证明大中华地区"传播学界'潘迷'很多"(Hsm,2011 年 6 月 30 日)[①],也足以证明人的"真精神"与"真生命"能在"无数和他(她)有过接触的其他人的生命之中"得以延续而永生于世(余英时,1990)。

(三)解构:潘忠党"自述"

钱穆曾说,"忘不了的人和事才是我们的真生命"(钱穆 语;转引自:余英时,1990)。潘忠党回首前尘时有着类似的顿悟:任何学者所从事的学术活动其实就是"他(她)人生的基本构成"且"必然带有'自传'的成分"(2010a,页727)。

1. 童年:皖南少年的乡土、星空、中国心以及文化资本

潘忠党(No.乙)祖籍安徽省黄山市,是身为"右派子弟"[②]的他童年时跟着爷爷奶奶在乡村长大的地方。彼时,当中学教师的父母远在宁夏无法与他共同生活。然而正是这种当代学者成长经历中所稀有的乡土经验,深植了他毕生致力于中国研究的内在驱动力:

> "我小时候生活在乡下,村子里面有条河,夏天的时候我们就成天泡在水里面玩。中学的时候,每年春天都要支持农村的春耕,我们会下乡去采茶、插秧。这种接地气的经验,是很重要的。因为哪怕你离开中国很久了,但是你对中国的感受,对中国的直觉都来自这片土地。"(潘忠党 语;转引自:陈娜,2010,页 4)

在那个贫瘠的年代里,潘家仅有的藏书只是辞典,远不是什么"书香门第",也谈不上丁点"家学渊源"。比起"书香门第"与"家学渊源"这些"因为家庭原因而受到更多教育、文化熏陶的机会而必然就要学术上有所成就""本身隐含了某种'Entitlement'(权利;资格)的词汇"相比,多年后潘忠党更乐意从"文化资本"角度去重新理解。如皮埃尔·布尔迪厄(Pierre Bourdieu)所讲,资本有不同形态。工资微薄的中学教师家庭没有可观的金钱、财产等"物质资本",但至少有极其有限的书本、阅历、人脉等"社会资本"(Bourdieu,1984)。

接受本研究访问时,潘忠党(No.乙)为与生俱来的极其有限"社会资本"

---

① Hsm(2011.6.3)。《潘忠党旧事一二三》,载"MYBO":http://www.mybo.cc/topic.jsp? id=1187。

② "右派子弟"是潘忠党在自述《依然在仰望星空》(2010)的自嘲说法。

略感不安，自责所获"时代红利"或许不过是社会不平等的结果：

> "我何德何能？比那些纯粹农民家庭出身的小伙伴们多得到这
> 么多？就因为我出生在平均主义的时代？就因为家里面有辞典，我
> 可以见到辞典？就因为我父母可以外出，因为父母不跟我爷爷奶奶
> 在一起，在外面其他的省份，所以我有机会坐火车？……这些元素凑
> 合在一起，使得我在 social competition（社会竞争）当中有一定的优
> 势。这不一定是我该得的……"（潘忠党，本研究，2020 年 7 月 30
> 日）

2. 在人间：学术即谋生

在北京广播学院校园里，大学生潘忠党偶然遇到系主任而得知了报考"出
国预备生"的机会，随后一举中榜（潘忠党，2010a）。据校友回忆，"小潘中举"
绝非天上掉馅饼，而是大学四年"没有风花雪月也没有吃喝玩乐""只有健身和
学习"的天道酬勤、有志者事竟成①（Hsm，2011 年 6 月 30 日）。

旁人眼中的特立独行，却是"小潘"的习以为常、天经地义，"做学生就是念
书呗，学习呗"，"年轻的时候就是生活要有规律，要保持身体健康"。就如同他
在本研究访问中给学术人生所作定义，"make a living"（谋生），其与"在菜市
场上摆个摊儿"没太大区别，都是"每天都要去""卖点尽可能新鲜的蔬菜水果"
"不欺不瞒诚实地做好"而已。

出国预备生"小潘"最初的学术启蒙，来自"阅读张隆栋、林珊、陈韵昭、郑
北渭等学者的译介文章"。尽管始终无缘结识这些老师，但潘忠党多年来念兹
在兹自己是"很多当年得到他们启蒙'接触到传播学'的年轻人之一"，也是"改
革开放后中国走向世界的微观结果和构成"（2010a，页 726）。

就这样"稀里糊涂地到了美国"，进入由传播学科先驱学者施拉姆亲自创
办且拥有全世界第一批传播学博士学位点的斯坦福大学传播系。

当年的斯坦福大学传播系，虽然施拉姆"已经离开多年"，但仍然"体现着
他的学科想象"，其风格是以社会心理学的基本理论为支撑、以量化研究为路
径、注重微观层面的操作、强调与各社会科学学科的交叉。潘忠党在这样的环
境里被熏陶了两年，了解到学科之间的分野"更多是社会学意义上的实践划
分""而非认识论层面的逻辑划分""学术探讨不必也不应囿于一个被标签固化

---

① Hsm（2011.6.3）。《潘忠党旧事一二三》，载"MYBO"：http://www.mybo.cc/topic.jsp? id
＝1187。

了的学科"；而"仰望星空的想象"与"脚踏实地的经验主义"在学术研究中缺一不可（潘忠党，2010a，页 727）。

1985 年，完成在斯坦福大学的硕士学业后，潘忠党到威斯康星大学麦迪逊校区攻读传播学博士学位，开始接触并系统地阅读文化研究以及新闻社会学，从而遇见了影响其一生学术志业旨趣的导师杰克·麦克劳德（Jack McLeod）教授。"在西方传播学界赫赫有名"的杰克每做一篇研究论文就"总有新意""总是最好的之一""总是将对这课题的研究提高一个台阶"，同时作为"可能是世界上唯一以提问回答问题的人"身体力行培养学生"问题意识"和"立场的独立""人文的情怀"（潘忠党，2010b，页 282-283）。

博士毕业（1990 年）后，潘忠党先后任教于康奈尔大学、宾夕法尼亚大学、香港中文大学、密执安大学（密歇根大学），直到 11 年后回到博班母校威斯康星-麦迪逊执教。其间，出于对中国问题研究的"工作与心灵和谐"追求，他也曾在北京做博士后（潘忠党，2010a，页 728）。

二、框架研究三十年

什么是框架？潘忠党是受访者中唯一给出定义，也是对框架意念在新闻与传播学研究中的追溯认定最早的关键研究者。潘忠党指陈，《做新闻》(*Making news：A study in the construction of reality*)（Tuchman，1978）与《左派镜像》(*The whole world is watching：Mass media in the making and unmaking of the new left*)（Gitlin，1980）这两本新闻学、新闻生产社会学的经典著作都曾运用到"框架"概念，也都引用了戈夫曼（Goffman，1974）的社会学传统，但前者（《做新闻》）认为新闻本身就是世界之窗的框架，而后者（《左派镜像》）则认为新闻当中有各种组合信息的框架（即意识形态的过程）。

在 Zoom 会议室的本研究线上访问现场，潘忠党朗读《做新闻》书中原话为上述观点作脚注：

> "News is a window on the world. Through its frame, Americans learn of themselves and others, of their own institutions, leaders, and life styles, and those of other nations and their people."（新闻是世界的窗口。通过其框架，美国人得以了解自己和他们、自己的机构、领导人、生活方式，以及其他国家和其他人民）。

显而易见，原话表达的是：新闻本身就是框架。

（一）定义框架

潘忠党对框架的定义涵盖了框架的名词（frame）、动词（framing）两种属性。他指出，在认知心理学中，框架是使信息有摆放、组合、连接的称为"frame"的认知心理结构，以及把信息按照特定的规则、结构组合起来的建构化、规则化的叫作"framing"的认知心理过程。简而言之，潘忠党将之定义为：

"框架就是模板，是人们理解（即建构意义）和交往所采用的模板。"（潘忠党，本研究，2020 年 7 月 30 日）

框架作为"template"（模板）是看不见的。"以我小时候经历过的生活当中的体验为例"，潘忠党调度起童年往事的感受、记忆、直觉，是当代学者中稀有的接地气乡土经验，"比如说做土坯，要先有个模子（template），把弄好的料放进去，然后过一段时间成型了之后，放炉子里面烤。这是 framing 的过程，这是打造某种对象的过程。这对象也可以是 meaning（意义）、story（故事）、年糕……当你拿到年糕的时候，模子在哪里？模子不是没了吗？你吃年糕的人不需要见到这个 physical（物理实体）的模子，但是这个模子（template）is imbedded（内嵌）在这个年糕当中。年糕的形状本身就告诉你这个模子是什么样的，完全可以想象出来。这模子（template），它不是内容（年糕、土坯）本身，它是 embody（容器），它只是发挥作用，它就是框架"。

就功能而言，潘忠党认为，框架作为日常交往工具，也堪称"常人方法论"。在公共生活中，框架是社会行动者操用的工具，用来建构具体情境下的个体对现实的理解，并根据他们的理解，进而在交往过程中形成态度、作出选择、采取行动。同样的逻辑也适用于在人际关系比如家庭环境里，以及友情、合作、兴趣小组等情境下所发生"思言行"合一的过程。

（二）英文框架研究"三部曲"：师兄弟合作十八载

每个研究生在研究起步时都需要找个研究议题，潘忠党与"媒介框架研究"的相遇就发生在读博初期的寻寻觅觅中；确切地说，潘忠党是同时遇见了研究议题和研究伙伴。

读博期间（1985—1990），他与小两届的学弟、毕业后任教于美国俄亥俄州立大学的科斯基（Kosichi）约定合写"框架研究三部曲"。毕业后第三年（1993年）发表第一篇，第十五年（2005 年）发表了最后一篇，再加上在读期间相处三年，这"三部曲"可谓"十八年磨一剑"。

最终发表的三部曲，效仿斯图亚特·霍尔（Stuart Halz）的《编码·译码》

（*Encoding*，*Decoding*）论著的理路，从框架理论的视角阐述交往的过程。

第一篇《框架分析：一个关于新闻话语的取向》（Framing analysis：An approach to news discourse）（Pan，Kosicki，1993）考察编码的过程，以新闻文本、新闻论述为研究对象展开框架分析。

该文首先追溯框架理论的心理学与社会学起源，将框架功能对应为"基模"与"脚本"（script；该概念出自认知心理学领域之 Fiske & Taylor，1991；Markus & Zajonc，1985；Schank & Abelson，1977），或"认知的内在结构"和"政治论述的内嵌装置"（Kinder & Sanders，1990，p.74），继而指出框架装置常有"句法结构""脚本结构""主题结构""修辞结构"四种类型。

该文接着以美国堪萨斯州某市之抗争新闻故事为个案，示范如何运用上述四种框架装置展开框架分析，强调"框架即主题"（p.59）此一核心观点，总结框架是理解政治论述与公共议题、建构公共生活的重要途径。

两位作者认为，框架分析作为研究方法已经超越内容分析法，作为传播理论已经超越议程设置理论，以其包容性与深刻性已成为兼顾传播理论和研究方法的翘楚。

第二篇《框架化作为公共协商的策略性行动》（Framing as a strategic action in public deliberation）（Pan & Kosicki，2001）分析这个编码的过程、也就是框架化过程是怎么进入到公共协商之中。

第三篇《框架化与理解公民权》（Framing and the understanding of citizenship）（Pan & Kosicki，2005）考察解码的过程，探究文本当中的框架会产生什么样的效果，这个效果如何发生、意义为何。由于此篇内容并非两位作者的核心专长领域，导致"拖了很久"才定稿，收录在业师杰克·麦克劳德主编的《关键大众传播概念的演化》（*The evolution of key mass communication concepts*）专书。

从发表后的高引用率、影响力看来，英文框架研究"三部曲"没有辜负其业师杰克教授当年"每做一篇研究论文就总有新意""总是最好的之一""总是将对这课题的研究提高一个台阶"的学高身正垂范，也总算没有辜负学长弟携手共谱"三部曲"的初心、上下求索十八载不放弃的痴心。

（三）中文框架研究"未完稿"：破碎的范式，不存在的理论

潘忠党迄今仅有一篇中文框架研究成果，当属其独著的《架构分析：一个亟需理论澄清的领域》（2006）。该文起源于多年前，时任复旦大学教授黄旦组织、编写传播学概念系列丛书，邀请潘忠党负责框架专题的书写。潘忠党欣然应允，原计划写五章，总体思路是从理论上厘清框架的脉络、揭示后设理论（元

理论)假设及其哲学基础,却在写了不到两章半、约略 40％ 进度的时候放弃了。

放弃的原因,一因读者不需要。潘忠党认为,头脑清晰、逻辑脉络分明、真有研究问题的学者不需要通过他的写作来了解框架理论,另有些为发表而发表、对理论和问题本身无甚兴趣的人不会读、也读不懂他的论文,撰写框架专著因此成为无意义的学术活动。

二因作者不能够。潘忠党自认至多只能"对文献进行力所能及的整合"(2006,页 37),而无法为知识的扩张起到很大的作用。就算写出来,也只是"救不了多少人"的"很稀薄的米汤",或者"在图书馆里面占据了某些位置"但实在"don't deserve the space"的废纸。

三因潘忠党认为,并不存在"framing theory"(框架理论),而只存在"framing theoretical perspective"(框架理论的视角)。该视角来自两大传统,一是沿着人类学家贝特森、社会学家戈夫曼的现象学的社会学(phenomenological sociology)传统。二来自认知心理学中,使得信息有摆放、组合、连接的叫做"frame"(框架)的认知心理结构,以及把信息按照特定的规则、结构组合起来的叫做"framing"(框架化)的建构化、规则化的认知心理过程。

及至 2006 年,《传播与社会学刊》创刊号释出"头条论文"(Leading Article)版面,邀约潘忠党将中文框架研究未完书稿"起死回生",拆出部分修改成《架构分析:一个亟需理论澄清的领域》发表。在当时的潘忠党看来,英文世界对框架理论的来龙去脉已经比较清楚,但在中文世界中仍需澄清,是时候引介一下。孰知该文对恩特曼(Entman,1993)概括"架构分析"(framing analysis)为"破裂的范式"、之后学者们试图整合新范式的努力也"成效甚微"之状况之转述,会令"破裂的范式"之说在中文媒介框架研究领域一词风行。

潘忠党观察到,从恩特曼(Entman,1993)文开始,国际传播学界就尝试在一个开放的、包容的态势中从恩特曼谓之"破裂的范式"中提炼出一些不同理论取向中的共同观点,以运用框架分析来展开一些研究。到迪·安格洛(D'Angelo,2002)提出"not a paradigmatic program"(并非范式问题)而是"multi-paradigmatic research program"(多范式的研究纲领)之主张,学界对框架分析的探索就更广了。

代表性学者有美国斯坦福大学教授艾英格、威斯康星大学教授(也曾是潘忠党的博班同门师弟)舍费勒等,他们所指的"same information presented in different frames, or structured templates, leads to different effects"(同一信息经由不同框架、不同结构的基模表述,将产生不同效果)是"唯一的、正宗的框架效果理论的来源"。而个案研究中真正有效的就是经济学家卡内曼和特沃斯基（Kahneman & Tversky，1984）在讨论"Asian disease"（亚洲疾病）论文中，针对同样都只有半杯水的事实，分别作出类似于"glass half-full"（杯子半满）或"glass half-empty"（杯子半空）表述的不同框架效果。

至于中文媒介框架研究的程度，以"中国知网"的发表作为个案，在潘忠党眼中呈现出相互之间无甚逻辑关联的三类"破裂的范式"。第一类是随想式写作，多为硕士生、博士生、业界或学界业界两栖从业者等在发表压力下匆匆写就所得的三五页短文。第二类是有名无实的个案研究，以框架之名但实际上完全不在乎框架如何界定，就急于展开所谓经验考察的内容分析式的个案实证。第三类是空中楼阁式的后设理论（元理论）脉络探究，惜乎此类学者往往不做经验研究，其所提问题并非针对具体经验现象，所作综述整理便也难以提供新的洞见。特别是在第二类内容分析个案研究中，框架极易沦为背书常识的工具。研究过程的规范假象掩盖不了观点的平庸。以奥运会开幕式报道的中美框架比较为例，无非是选美国最有代表性的专业主流报纸《纽约时报》、中国《人民日报》或者英文《中国日报》，再丰富些就是"中国各选三份报纸"，但抽样、编码后的最终发现无非是：

> "发现美国的报纸强调的话题跟中国的报纸强调的话题不一样，美国的报道多用负面的形容词，中国的报道当然只用正面的形容词。发现两国媒体对于同样一个事件不同的框架。So what?! Why do I really need go through that shit to understand or to reach that conclusion?（那又怎样？！为什么我需要穿越这些去理解或到达那个结论？）完全不需要。我还不如回到完全没有做研究的情况下，也能得出这结论。"（潘忠党，本研究，2020年7月30日）

三、结语：学术是"痴心"所在

综合此前业已出版的学人自述、学术对谈、新闻报道、校友回忆以及钟蔚文（No.丙）、周裕琼（No.戊）、肖伟（No.己）等多个本研究"关键研究者"受访对象的口述集体记忆，使得再现潘忠党的"谋生"研究生命故事成为可能。

谋生（to make a living）之于潘忠党（No.乙），既是少年时代徘徊于高考招生宣传海报寻找生计和出路，也是青壮年历练到不惑知命中年的生长，更是十八年磨一剑、数十年如一日敬业、乐业地在学术界"摆摊儿""讨生活"的初心痴心不改。

自英文框架研究"三部曲"以及唯一中文框架研究论文发表至今,又一个15年过去了。潘忠党自称这15年他也仍在框架研究里,不久前还担任美国某框架研究博士论文答辩的口委。

第三节　钟蔚文:"我这辈子恐怕都在关心框架的问题"

钟蔚文(1950—),祖籍江苏省,出生于高雄。高雄师范大学英语系学士(1970),台湾师范大学英语研究所硕士(1975),美国斯坦福大学传播学博士(1985)。自1985年起任教于台湾政治大学新闻系(1985—2015)。历任美国伊利诺伊大学传播学院富布莱特访问学者(1990—1991)、台湾"教育部"顾问室顾问(1995—2000)、中正大学电讯传播所创所所长(1993—1996)、台湾政治大学新闻学系系主任(1998—2001)、创意学院召集人(2005—2007)、传播学院连任两届院长(2007—2014)。现为政治大学传播学院名誉教授(2015—今)。

钟蔚文的研究兴趣涵盖言说分析、创造力研究、专家生手、玩物创意等领域,自认既是传播学者也是社会学家,著有《从媒介真实到主观真实——看新闻,怎么看? 看到什么?》(钟蔚文,1992)。

除上述学术履历之外,钟蔚文已在前文臧国仁(No.甲)的框架研究生命故事多次出场。他与臧国仁一同赴美参加AEJMC会议、一起聆听"坦克"教授报告框架研究、一道浸淫于"新闻专家生手""新闻媒介框架""再现"研究群,一以贯之地领衔创造了台湾框架研究的黄金时代。然而这些令同侪津津乐道的研究往事,连同框架理论在台湾的旅行故事,在钟蔚文那里却是船过水无痕。

"不记得。""我都忘了。""我已经忘了!"钟蔚文健忘得坦然。

或因太痴迷于研究本身,钟蔚文自觉其个性是属于仅会铭记一些快乐的、有意义的、思考转弯的时刻,譬如"有一个观念出来让你回荡良久"或者"有一段互动让你感受到朋友的温暖",而不会太记得"哪篇文章在哪里发表""一个conference(会议)论文最终有没有投稿发表"这些"非常例行公事的事"及其背后人事。

一、知识

钟蔚文感谢本研究访问让他有重新整理思路的机会。回望近一生的思考、发展、演化,回头看多年做的研究,从过去、从硕班到现在,他发现,从小时候就有"谜"——真实、知识这两个谜——在诱惑着他、吸引着他。

(一)知识是好奇

书店是天下最有趣的地方,书像朋友,钟蔚文如是说。他是个推理小说迷,喜欢读侦探书,还喜欢读学者传记。他发现,学问从好奇心开始,好多学者的学术旨趣源自儿时对某个问题的兴趣。譬如,他读到一位社会心理学学者生长在一个大家庭里面,常常看见兄弟姐妹、堂兄堂弟、各色亲戚在一起玩,暗自思忖"这个谁跟谁的关系是什么、那个谁跟谁的关系是什么呀",因此成年后发展出心理学科中的"距离"(distance)、"平衡理论"(balance theory)等概念和理论。

接受本研究访问时,钟蔚文正在断断续续地阅读另一位学者传记,发现贯穿其学术生涯始终的日常是讨论、谈话,今天参加一个后现代的画会、展览,走在棚里面看到一朵野花,都让他有所感动,因此慢慢地发展出结构主义的思考。

如同画家看到春天开的花会思考怎么用画笔去展现,真正的学者遇到一个新观念、新现象、读到新书,也会很好奇"那里面有什么呀"。这种对知识的好奇,对未知的喜悦心流(flow),他在很多中外学者的传记都曾读到过。

钟蔚文记得小时候常常坐在家门前看着远方的山,心想山那边是什么。父母都是老师,耳濡目染,他从小就喜欢看书。大概小学三四年级时,父母给他买了一本《水浒传》,他就坐在小板凳上一口气看了两三天都舍不得放下。后来,他妈妈又去图书馆另拿了一本书,他也一口气就看完;又拿一套书,他又一口气读毕。

(二)知识是兴趣,更是努力

钟蔚文从小就是那种常被人摸着头说"真是聪明的孩子呀"的优等生。他也一度以为自己聪明。从小就对求知感兴趣,后来也发觉的确所有学问里都有快乐,端看能否被人发现和享用到。但其实,在某些茅塞未开的成长历程中,少年钟蔚文也只是随波逐流而已。

初中、高中都读得懵懵懂懂,没觉得有多少快乐。考大学时还曾在心里暗想,这辈子不用再读英文真好。不想因缘巧合地考进了英语系。初入时读得痛苦,但到大二、大三时,他记得很清楚,有天晚上读到一首英诗,觉得好浪漫、好美,读了又读,不舍得睡去;这是他头一回发现英诗何等优美,也是首次深刻体悟到要学好英"文"而不止学好英"语"。

也正因为对英文有了感觉、有了兴趣,他才开始一点一滴努力读英文,续考研究所深造。1970 年代的台湾,研究所非常难考也非常难读。钟蔚文所在的台湾师范大学英语研究所,最困难的硕班课程是"英文写作与口语",第一年的六个硕班同学中常有四五个被当掉,第二年再来读,仍不行就给一年休学,再不行就退学,所以压力很大;钟蔚文也是第一年没有过,第二年重读才通过。如是近乎严苛的修课经历,成就了钟蔚文自认"这辈子受到最严谨、最好的训练"。

硕士毕业论文写的是英国莎士比亚的名剧《李尔王》,几乎夜夜在北风的呼号中写论文。有天晚上他突然体会到,不但论文是反思人生,文学亦是反思人生,文学作品中有好多角色会在读者后来的人生中浮现,而当学者的人终归要在真实人生里见真章。硕士论文口试时,答辩主席教授给了他有史以来给出的最高分,全体委员老师都非常欣赏钟蔚文的研究。

借由硕士阶段的艰苦训练,钟蔚文慢慢体会到读书这件事情中,想象、浪漫是一回事,最重要的则是努力,而努力是长期功夫,是要踏稳了一个领域往前走。后来他做了老师(教授),最喜欢的学生也是努力(而非仅仅聪明)的学生,最着力于培养学生的基础能力以及对求知求真的兴趣。

(三)知识是眼界,是 Pioneer(先驱)精神

初来乍到美国斯坦福大学读博士班时,有老师跟钟蔚文讲:"哎,你是外国学生,你少修一门课,因为你们的英文都不怎么好。"教传播理论课的教授却在收到钟蔚文第一周的 tutorial(辅导课程)、小 paper(论文)时就大力肯定他英文没问题;钟蔚文那时就在心里想,"感谢我在师大的训练"。

而美国斯坦福大学的训练则是另一件事,老师不会管学生,却让钟蔚文开了眼界。斯坦福强调 Pioneer(先驱)精神,重点在于训练做研究的胆量、训练学生往未知走、训练无所障碍的想象力、训练研究大问题时不被枝枝节节的技术束缚、不被学科系所的疆域局限。

初入学时,钟蔚文一度觉得传播学科好无聊,没什么丰富的价值。钟蔚文在斯坦福大学的学弟彼得斯亦曾如前引取笑传播学科是"学术界的台湾——宣称代表全中国——实际上,却被孤立在一座小岛上"(Peters,1986,p. 544)。

有幸受益于"Pioneer 精神"的感染,钟蔚文积极突破舒适区跨界到外领域修课,某日才深深体会到,"原来传播只是个问题,问题没有高下之分,画家并不会因为画杜鹃花或画茉莉花有高下之分,而由你画得好不好立显高下"。他还终于认识到"传播"的重要性,且以后会越来越重要。

当时,钟蔚文的统计学学得既多且好,已经读到经济计量学并担任统计课

助教（如前所述，潘忠党曾在其统计课修课）甚至成为同学的计算机统计顾问，还一度动念要转到 AI（Artificial Intelligence，人工智能）系所去读博士，却遭遇业师的反对，理由是，"Weiwen（蔚文），你应该做一些前瞻性（pioneering）的东西"。

这些鼓励给了钟蔚文追求卓越的决心和信心。博士毕业论文完稿后随即获得业师肯定"写得很好"，好到连平常需给的书面修改说明都不需要，口头讲一下就好。

钟蔚文学成回台后越来越觉得，"Pioneer 精神"训练的学术眼界影响更多是精神层面，而上述人生经验与求学机遇奠定了钟蔚文后来所走的学术道路。

二、真实

（一）真实之谜

钟蔚文好奇的第一个谜题是"真实跟假象"（reality 跟 illusion）。硕士论文所写的李尔王，其整个角色的人生进展、整个戏剧情节皆围绕着为幻想（illusion）所迫，不得不认识自己，进行自我认知（self-knowledge），以能认清什么是 reality（真实）。

而真实则是很重要的学术研究主题，也是社会科学（甚至不只社会科学，恐怕是所有学科）都关心的问题。钟蔚文就曾读过一部题为《真实》（Reality）的专书，邀请了诗歌、物理、文学、电影等不同学科的学者共同开授课程，交流各自领域怎么认知真实。

真实因而也是钟蔚文一直非常迷惑的问题。小时候起，他以为看到的现象（appearance）都是真实，但有一天忽然觉得二者不一样。到底何为真实、何为假象，就此一直困扰着也吸引着他不断探究。

（二）知识之谜

第二个谜题是知识：什么是知识，怎么知道、认知这个世界？

这正是钟蔚文独著《从媒介真实到主观真实——看新闻，怎么看？看到什么？》（1992）的主题。书中提出认识世界有三个层次，一是 social reality（社会真实），二是 media reality（媒介建构的真实），三是个人的 individual reality（主观真实）。

钟蔚文思忖，该书所谈 reality（真实）正是本研究关心的框架议题，书中聚焦的"news schemata"（新闻基模）与框架极度相关，关系着怎么写新闻、新闻有无固定模式、新闻生产和新闻再现怎么影响到阅听人的心理及记忆。

至于它是叫框架、叫 social reality（社会真实）、叫 media reality（媒介真实）还是叫 schema（基模），在钟蔚文看来其实都没有关系。严格地讲，"框架"是个名词，其背后的核心关怀与传播研究过去关注的 bias（偏见）也大同小异，都在谈 reality（真实）是什么，reality（真实）如何变化。只是在某个学科的某个特定阶段，他们会说，这个叫"框架研究"。

（三）谜题里的两个世界：文本的世界、心理的世界

钟蔚文所指的"某个学科"，当然也包括传播学科。他与臧国仁身为传播学者，共同关心的问题跟 1992 年专书《从媒介真实到主观真实——看新闻，怎么看？看到什么？》一样，就是新闻真实（news reality）怎么影响了阅听人；这既是框架概念的核心，也是钟蔚文始终关怀的知识与真实问题。两人同在研究群的十来年里，钟蔚文指导的学生基本上都围绕着新闻真实这个主题，即"文本"展现了什么样的真实——你也可以叫它"框架"——又如何影响人的"心理"。

钟蔚文观察到，传播研究者有时候过于分化，习惯将彼此分化成一个个小小阵营，研究文本（文本建构的媒介真实，media reality）的人就不研究心理（阅听人的主观心理真实，psychological reality），研究心理的人就不研究文本，二者无甚往来。但在现实生活里面，我们永远都在这两个世界之间穿梭，其研究主题就始终在文本与心理这两个世界徘徊。

严格而言，钟蔚文自述其穷尽几十年研究努力解答的问题无非是，什么是真实、什么是知识、不同真实（文本框架）及其认知心理（阅听人框架）之间的关系为何。而如其领衔开展的"专家与生手研究群"也是研究人们如何建立知识去认知真实、了解世界。也正因此，钟蔚文感叹：

"我这辈子恐怕都在关心框架的问题。"

三、框架

（一）别为框架所惑：美国人的框架研究有局限，我们的研究也有框框

钟蔚文印象最深刻的一幕，是 1997 年 10 月到美国参加南卡罗来纳大学传播学院主办的新闻媒体图景中的框架化（Framing in the New Media

Landscape)学术研讨会，由臧国仁的博班老师斯蒂芬・里斯（Stephen D. Reese）[①]策划筹办，大部分研究论文都以 content analysis（内容分析）为主要操作途径。

钟蔚文的论文《延伸框架化的概念：向论述转》（Extending the concept of framing：The discursive turn）（Chung & Tsang，1997. 10）[②]却反其道而行之，聚焦于框架概念（而非个案实证）辨析，指出整个框架研究不能停在内容分析，乃因后者没有考虑到文本的语言要素。

开完会后钟蔚文的最深刻感觉是，原来美国学者做框架研究有其自身研究框架。此点本是研究社群经常有现象，其因在于研究社群本就存有自身难以察觉的框架。学生进入某个特定学科，很容易就像是进入了某个"学术帮派"，被框框、被领域所限而内眷化、边缘化，久之就忘记了起初要解决的研究问题。

钟蔚文也发现，具体而言，框架研究理当探索相框（frame）以及表述相片旁边的那个"框框"而非框架里面的东西。参与研讨会的美国学者多半只在描述相片里面展现的故事，对照那些故事跟外界的环境被裁剪了什么、扭曲了什么。

在钟蔚文看来，这样的框架研究有其局限，理应研究框的本质为何，这才是导致相片照出来的效果跟现实有所差距的根本原因，而"框框"即语言，存在已久且影响深远，从用字、遣词到文法再到整个文类结构，共同构成了框架的本质；这才是钟蔚文一直关心的问题。他认为，整个语言学都在讨论"框框"。

三天会期结束后，钟蔚文曾去附近的公园观光，沿着蓝岭山脉（Blue Ridge Mountains）一路飞驰。那两小时里，他驾着车，脑袋"像个马达一样转个不停"，不停地在想，"为什么美国人做框架研究会有这种局限""为什么我们自己做研究、做框架研究，却有非常沉重的框架呢"，越想越觉得好玩。

结合教方法论时看到的自身领域限制，钟蔚文由是感悟到，"有时候一个

①　接受访问时，钟蔚文只依稀记得"好像有一个人叫 Reese""是臧国仁的同学"。访问结束后征求臧国仁交叉验证，确认其乃斯蒂芬・里斯教授，28 岁从威斯康星大学毕业后即在得克萨斯大学奥斯汀分校新闻系任教，其时是博五生的臧国仁还当过他的研究助理。

②　此文虽系钟蔚文与臧国仁合作，臧国仁在自述中却只字未提，如是个体记忆偏差在口述集体历史中本属常见。后经臧国仁解释方知，此偏差系有意而为之"健忘"，系臧国仁出于"承其挂我之名"的羞于揽功。其因缘可追溯到钟蔚文主笔写作时，常将研究群中参与过共同讨论的成员纳为集体作者，才使臧国仁有幸"苍蝇附骥尾而致千里"。钟蔚文以多人之名发表的其他论文，亦出于"同样理由"。见：臧国仁，电子邮件，2021 年 6 月 26 日。

领域它本身就是个框架""这在我们日常生活里面常常出现",而研究者背负框架的原因就是,"我们被自己的方法跟理论限制住了";钟蔚文遂想撰写论文讨论《框架研究的框架》,惜乎迄今 30 年仍未出炉,反被本书作者受其启发而著的《框架研究的框架化——"破碎的范式"三十年与"领域的躁动"四十年》(王彦,2022)"捷足先登"。

与未完论文相关的记忆历久弥新。向论述转、蓝岭山脉、飞速后退的公路、转不停的脑袋、框架研究的框架……这些都是钟蔚文整个研究历程迄今印象最为深刻,也是他自认"可能是唯一的研究生命故事"。其他大部分记忆如童年起就关心的谜题"都像故事的背景",只在"非常遥远的深处"给予"深远的影响"。

譬如,某次应邀为实务界授课时,钟蔚文在与主办方互动的过程中慢慢体会到,每个人背后有不同的知识论且对知识各有不同定义,从而察觉从知识到人的认知皆与环境相关,进而对学问与知识的演化史产生浓厚兴趣。终于在 1980 年代末期某次工作坊完毕下车的一刹那,他在心里就想,"我要去做专家和生手的研究"(按:指实务工作的专家与一般学生间有哪些知识差异的研究),"虽然传播领域现在还没人做这个"。

由此观之,钟蔚文认为框架研究便是"新闻专家生手"研究群的副产品,一段延伸的乐章。

(二)别被名字所惑:我们其实没有一个研究群叫"框架研究小组"

始于"专家生手"研究群的建立,贯通"新闻媒介框架"与"再现"研究主题,钟蔚文领衔的研究团队具有浓厚的认知心理学与信息处理取向(见前文臧国仁所绘图 4-3 内圈三角形)。臧国仁(No. 甲)偶尔口误称之为"框架研究小组",钟蔚文却说"我们其实没有一个研究群叫框架研究小组",并表示更认同"再现"研究小组较为接近框架的定义。① 究竟当年叫过什么名字以及是怎样的由来,钟蔚文手一摊,"我已经忘了!"

钟蔚文专书《从媒介真实到主观真实——看新闻,怎么看? 看到什么?》(1992)的结论处也出现了"专家与生手"概念,指出建构不同真实的专家和生手之串联知识与认知复杂程度皆有区别。至于这种建构是叫"再现""基模"还

---

① 关于钟蔚文"我们其实没有一个研究叫'框架研究小组'"的说法,得到了臧国仁的证实,"正确"。臧国仁自述有称"框架研究在那个小组里只是众多子题之一,而当年的核心议题应当是如何了解新闻这个学科的专家知识,以及如何在确认这些知识后转化其为教学题材。而我因为跟钟师合写了几篇框架论文,就集中火力在这个子题(其实是'框架的互动')上钻研"(见:臧国仁,2020.05.21)。

是"框架"并不重要，因为"不论如何命名，概念都在那儿，都已经徘徊良久"。既然刚好有这样一个名词，那不妨就叫它"框架"吧，无论如何，"别被名字所惑"。

研究群往事中，钟蔚文记忆深深的是研究的初心、讨论的热烈、友情的温暖：

> "在今天的学术界，很多人对问题没兴趣，去 Conference（研讨会）发表完论文就走了，不想跟人家聊天，不想跟人家谈问题，只在乎发表了几篇论文。我年轻那个时代，你也不会觉得有太多的知音，就是觉得无趣，可是他们就会在旁边说，你写，我们帮你看……我不晓得现在还有多少人有这种快乐，这种谈话，两个人像在一个音乐会里面和弦的感觉，快乐的感觉，才是学术里最快乐的事。"

> "在我还在为升等著书时，臧国仁跟另外一个朋友跑进我的研究室，说：钟蔚文，你必须写，你赶快写出来升等！拜托你！"

> "这么多年，最快乐的朋友就是臧国仁。第一，他是个真诚的人，他对很多问题有兴趣。第二，他会谈，会去讨论。在知识的这个领域上，他跟他太太蔡琰老师都还葆有那种研究的初心，对生命的好奇，对知识的好奇，这是为什么他退休以后还会一直做研究。"

（三）三个代表作：框架是语言的产物，语言背后还有文化

钟蔚文较满意的框架研究代表作有三，其一是专书《从媒介真实到主观真实——看新闻，怎么看？看到什么？》（钟蔚文，1992），探讨了文本真实（框架）和个体心理真实（框架）等两个层面的真实观及专家生手不同表现。

其二是上文提及的英文研讨会论文《延伸框架化的概念：向论述转》（Extending the concept of framing：The discursive turn）（Chung & Tsang，1997.10），该文以 1997 年香港回归中国为研究个案，演示了"做新闻"（newsmaking）如何选择不同层面的新闻论述（news discourse）进而选择、组织事实并建构框架（frames）。而框架则是选择、组织社会真实的过程，是语言、社会、心理等因素共同决定，框架研究的发展方向应为"向论述转"（the discursive turn）。

其三，中文论文《新闻事实的逻辑》（钟蔚文、翁秀琪、纪慧君、简妙如，1999）。该文检视实际报道后发现，新闻事实表面上服膺实证主义，实际上只是语言的产物，未必反映外界的真实，新闻的事实反映了实证、建构两种事实

观的妥协和冲突,该文堪称 1997 年"The discursive turn"(向论述转)研讨会论文的中文升级版。

如此得意之作,却在当年的某个读书会遭遇学生"群殴"(钟蔚文语)。当其报告完语言层次后,在场的学生持续追问,"语言后面的层次为何",唇枪舌剑,炮火猛烈。

被"痛批"的钟蔚文心下一惊,"好家伙! 你还是我的指导学生耶,竟然这样不为尊者讳";但同时却也心生一喜,"学生本来就应该超越老师,从老师的文章中间发现一些漏洞,发现一些可往前延展的东西"。钟蔚文坦承,"非常喜欢那个场景",觉得被学生批评对老师来说"那是非常棒的事"。

后来,座上几个学生批评者先后觅得教职,如今皆已成为非常好的老师。钟蔚文认为,这跟他们当年勇于批评老师的著作的胆识是有关系的。

钟蔚文感激这些学生提醒了他:框框是有层次的,语言层面背后还有社会文化层面。

(四)框架研究的"时代性"与"专家能力":向论述转,建立一个聪明世界

20 多年过去了,钟蔚文接受本研究访问时,一方面仍力主"向论述转"的观点,"当你从语言走进去、走到文法、语用学的时候,框架的面貌就开始呈现另外一层'景深',那个更深层的框架世界将会非常的宽广、坚实"。

另一方面,钟蔚文提醒做研究的"时代性"及相应"专家能力"在于不断发现新的问题,建立一个"聪明世界"。如,网络、多媒体的当代环境对展现真实有什么影响? 面对新的社会真实和媒介真实,人应该具备什么样的做新闻、读新闻能力? 在新的领域里什么人是"高手"、什么人是"生手"? 传播具身研究后来为何走向物的研究? 人与环境怎样互动?

对这些毕生关心的谜题,钟蔚文始终保有延续性。在他看来,研究像是一条河流,有着遥远的上游和未知的下游,永远没有停止流动的一天,如此才能日日新,苟日新。而在这一段时间,这一个小小的河湾,我们叫它"框架"。

(五)这些平等的故事:迷雾散尽,传播的本质在框架交界之处

访问到最后,钟蔚文表示,他经由两轮共 8 个多小时的互动终于明白本研究的前提是,在整个研究社群里面有一段时期、有一些研究,它们的共同名字叫"框架研究",而本研究好奇框架研究的关键研究者"他们是谁""他们怎么做框架研究""他们(研究者)的生命故事是怎么样发展"。本书作者不仅想看到台上展现的研究成果,更想知道背后那些长远的生命故事。这些故事模式是平等的,因为每个人都有不同的故事,都在有限的时空中有着不同的框架,"而

我的故事只是 one of the stories(其中一个故事)"。

钟蔚文预言，"你在讲故事的时候不可能只注重在写作，你的思绪会被整个民族、文化的历史围绕；那些有点像远山，是你非常深沉的一部分"。

这些如远山一般深沉的思绪，也是本节所述钟蔚文研究生命故事不得不从久远的童年时代的迷雾和谜题讲起之因。钟蔚文说，他从小就关心也一直都关心真实(框架)问题，始终对媒介真实和文本框架如何影响社会建构、影响个体心理深感兴趣，也对人在世跟社会、跟环境怎么互动、怎么解决问题深感兴趣，这些问题"它不是迷雾，它是人生的现实"。

钟蔚文想象自己离开这世界时，或许会像哲学家维特根斯坦(Ludwig J. J. Wittgenstein)一样说，"嗯，这辈子我还过得不错"。过得不错，是因为这辈子进入了学术世界，收获了讨论的快乐、求知的喜悦。

尽管从 20 年前起他就觉得框架研究"不应该只停留这里"，否则就是"没有抓到传播的本质"，而传播的本质是在"好几个框架的交界之处"。

第四节　张洪忠："他不知道他曾帮我完成第一篇学术论文"

张洪忠(1969—)，四川省人。大学主修生物，毕业后先去家乡峨眉山的某中学教了一年的"生物学"与"美术"科目(1991—1992)，再到广东珠海某生物公司工作一年，次年转换跑道至广告公司做了 6 年的市场调查、媒介企划工作，渐渐对传媒产生兴趣。在工作 8 年后，考研到四川省社会科学院新闻研究所攻读硕士学位，后获中国人民大学传播学博士学位(2005)，同年至北京师范大学任教，现任该校新闻传播学院教授、执行院长(2020—今)。

进入学术世界 20 年来，张洪忠发表的第一篇研究论文《大众传播学的议程设置理论与框架理论关系探讨》(张洪忠，2001)，即是读硕期间的框架研究读书笔记。从教至今，张洪忠教了 20 来年传播效果，主要研究方向是传播效果测量、社交媒体分析、传媒公信力、网络数据挖掘。

张洪忠著作等身，仅传媒公信力的代表作独著专书就有《大众媒介公信力理论研究》(2006)、《中国传媒公信力调查》(2010)、《转型期的中国传媒公信力》(2013)等三部，另有《资本影响下的中国传媒业》(2014)等中国传媒研究独著一部。

一、拖欠二十年的书资:从未谋面的臧国仁帮忙始能完成第一篇学术论文

从生物专业转换跑道到传媒行业,工作 8 年后回到学术界读研的张洪忠,兼具扎实的理工科思维训练和丰富的社会阅历,其时已过而立之年,是名副其实的"大龄"研究生,师从四川社科院研究员林之达。

(一)林之达的"理论门"

1999 年,张洪忠自工作地广东珠海回四川成都读研之前,受硕班师门林之达提点,可在澳门买到一批台湾台北三民书局新出的新闻学科大专用书系列,遂托人先在澳门书店取到书单,再给林师打电话逐个报书名供勾选。最终购得一二十本传播学研究新书,合计耗资万余元人民币。其中就有同年 4 月新鲜出版的华人传播学界第一本媒介框架后设理论研究专书《新闻媒体与消息来源——媒介框架与真实建构之论述》(臧国仁,1999),高达好几百元人民币的定价在 2000 年前后的大陆堪称"天价"。作为此书第一批大陆读者,张洪忠特别留意到中国国家图书馆到 2004 年才开始收藏此书,时滞五年整。

而张洪忠有幸先于国家图书馆五年,第一时间汲取到来自海峡对岸的新鲜学养,受益于业师林之达的阅历与视野。早在 1997 年,林师就曾应邀参加厦门大学主办的"中国传播学研讨会",与政治大学新闻系教授陈世敏、臧国仁、台湾师范大学教授胡幼伟等台湾传播学者,以及几年后成为张洪忠的博班业师的中国人民大学教授喻国明等"大江南北各大名校"的"名儒硕彦饱学之士"济济一堂(臧国仁,2019)。

"可能老师的视野也决定学生的视野",20 年后,接受本研究访问时,张洪忠对历历往事如数家珍,"这(批台湾传播学专书)是我最早的传播学启蒙"。

除了引介新鲜台书,林之达师还将政治大学传播学院主办的《新闻学研究》分享给张洪忠,为他打开海外中文新闻传播学研究的前沿视界。同时带领他加入四川省社会科学院、四川大学、《华西都市报》报社联合开展的"评报小组"专业社会实践,为彼时新兴的都市类报纸作评报。张洪忠"现学现卖"学以致用,用臧国仁(1999)专书读到的框架理论视角作分析工具,从信息组合、框架、归因等要素切入,对该都市报的新闻报道或报纸版面进行评议。

(二)李东山的"方法课"

如果说林之达师打开的是"理论门",四川社会科学院社会学研究所研究员李东山则带来了"方法课"。李东山是位"方法逻辑特别好"的社会学学者,

"客串"到新闻学研究所来专为张洪忠这届两位同学开授研究方法课。师生三人的教室就是李师家中的一间小卧室。李师泡杯茶，边抽烟，边授课，课上完后就移步到附近茶馆里继续"开小灶"，是真正的"精英式教学"。

2000 年前后的大陆，海外文献和研究方法教学并不普及，而张洪忠却因缘际会得到了相对优质、稀缺的传播学研究教育，堪称"时代的宠儿"。时至今日，他依然觉得自己特别幸运，能够经由两位业师的领路在书中"遇见"那批台湾专著，兼有良好的方法论训练和传媒业实践。

（三）臧国仁、罗文辉的"越洋支援"

有了上述理论视野、方法基础、实践运用，也有了海外正（繁）体中文、英文文献来源，张洪忠开始思考：大陆传播学子已经很熟悉的议程设置理论与框架理论之间有什么关系？

当时，张洪忠看到海外一些文献正在探讨这个问题，但是国内尚无研究者深入研究。对此感兴趣的张洪忠开始边阅读边做读书笔记，写作过程中遇到瓶颈便给素昧平生的几位台湾老师写信求教，随之获赠政治大学教授臧国仁、罗文辉分别越洋邮寄到成都的最新研究成果、数据。

罗文辉从政治大学退休后，继聘任教于香港中文大学新闻与传播学院，张洪忠访港时曾特意面见表达感谢。犹记当年两岸平信往返周期长达数月，而书资至今 20 年未还，张洪忠委托本研究："一定代我向他（至今未谋面的臧国仁）问个好，他都不知道他曾经帮过一个人完成了第一篇学术论文。"

（四）一波三折的发表"绝响"

经由天时、地利、人和综合因素，张洪忠在不断精进和丰富的读书笔记基础上写就了平生第一篇学术论文《大众传播学的议程设置理论与框架理论关系探讨》。该文初投时一度因编辑没听说过框架理论而遭拒稿，转投《西南民族学院学报·哲学社会科学版》后始于 2001 年 10 月发表。次年即受人大报刊复印资料全文转载，同年 6 月却被某传媒类期刊新发论文 80％ 大篇幅抄袭。框架理论初入大陆传播学界之一时风行由此可见一斑。

该文多年来始终是大陆知网引用率最高的媒介框架研究论文，却也是张洪忠唯一的框架专研成果。

二、中国媒介框架研究之我思

（一）没有离开过框架研究领域

硕士毕业后，张洪忠续入中国人民大学读博深造，师从喻国明教授的专长领域转向传媒公信力研究,后来也没有继续做框架研究,而是始终"跟着数据在走",从最初的传播效果测量到后来的媒介公信力测量、现如今的各类移动互联网数据测量。

从教至今,尤其担任研究生导师以来,张洪忠一直未曾间断地指导硕、博士生们用框架理论做毕业研究,因此自认没有离开过框架研究领域。

(二)中国框架研究遭遇瓶颈:潘忠党之后再无突破

张洪忠发现,自2006年潘忠党引进框架理论后设研究之"破碎的范式"至今,中国框架研究看似遭遇了瓶颈,推广之余并无进展。

一方面,在学术伦理上,不仅张洪忠自己的框架论文被抄袭,臧国仁专著也被诸多大陆研究抄袭,人云亦云,不求甚解。

另一方面,在研究质量上,张洪忠在指导研究生做框架的过程中,发现方法设计极其多元(访谈、调查、内容分析均有),框架更多被视为静态的结果与视角。

然而张洪忠认为,基模不是框架,文本不是框架,文本背后的中心思想才是;内容分析也不是框架分析法,而是框架法的解构工具;议程设置更不等同于框架理论,但迄今仍有人持上述偏见。

(三)理想框架研究:臧国仁的过程化互动范式可有来者?

理想的框架研究之概念、理论以及方法,需遵从理想理论建构之后设方法论。张洪忠认为框架理论应是动态、质化、整体的互动范式。但要命的是,迄今未有一套如臧国仁专著那般提供过程化的可操作、可分析的方法。他同时谦称无法为其理想典范定调,但理想理论之分析标准不会变。

首先,要有一套严谨的概念体系和逻辑框架,清晰地剖析内容生产形成之过程。

其次,理论本身要有能解读新现象的延展性,不论对大众传播时代的报纸、广播、电视的传统传播现象,还是现在对人工智能、算法黑箱、茧房效应①、"微博小冰"等新现象都有很强的解释力,否则就是浪费生命的文字游戏而已;"文字本身有其生命,但是玩文字游戏却是浪费生命",张洪忠如是认为。

最后,理论要实用。社会学家艾尔巴比(Earl Babble)和勒温(Kurt Lewin)的话也是张洪忠每学期研究生课堂第一节课开诚布公提供给学生的

---

① "茧房效应"是指信息社会中的巨量信息使人们会习惯性地被自己的兴趣所引导,从而将自己的生活框梏在像蚕茧一般的"茧房"中,逃避社会中的种种矛盾,成为与世隔绝的孤立者。

名言佳句："没有方法解决不了的问题""最有生命力的理论,对现实当有最强的解释力""好理论,最实用"。

三、框架理论、传播学科振兴之我见

(一)框架理论:无法成就典范,只是一种视角

张洪忠认为,框架理论远比不上哈贝马斯(Jürgen Habermas)的公共领域(public sphere)理论,不可能成为重要理论典范而顶多只是一种视角。重要理论典范需同时满足以下三要素特征：

第一,理论建构学者本身有影响力;

第二,理论概念内涵、逻辑自洽清晰;

第三,现实解释力穿透力强大,有明确研究对象,能在社会、业界和学界社群促成一种交流氛围。

(二)传播学科:时势造英雄,有可能成为重要学科

张洪忠认为,传播学科有可能成为社会科学研究重要学科,但不是框架理论引领之结果,而是把握住互联网转型契机之利好。

第一,背景是,新冠疫情的全球大流行,传播科技的发展早已带来全新的信息逻辑,而大众理论和范式也面临转型。

第二,现实是,其他学科(社会学、经济学、教育学)研究各自本体对象(线上教育、直播经济等)时,都必须经过互联网。

第三,机遇是,传播学科能否解释其他学科解释不了的互联网现象。如果对传播现象解释乏力,对问题的思考亦不如哲学学科,做不到"人无我有""人有我强"。若像遗老遗少一样抱残守缺,一定会被淘汰。

第五节　周裕琼:框架是个话语工具

周裕琼(1978—),江西省遂川人。南昌大学信息管理科学系学士(1998),复旦大学新闻学硕士(2001),香港城市大学传播学博士(2005)。曾经两度赴美国华盛顿大学(西雅图)分任交换学生(2004)与访问学者(2013—2014)。博士毕业同年(2005)加盟深圳大学,现任该校传播学院教授。

或与父母均为中学教师的家庭熏陶以及自身天生爱表达的热烈个性有关,周裕琼在教学岗位如鱼得水,曾经荣获深圳大学教学最高奖"校长教学

奖"、深圳大学首届荔园优青、深圳市优秀教师、深圳市高层次人才地方级领军人才、广东省"千百十工程"省级培养对象、中国新闻传播学学会杰出青年等荣誉。

周裕琼的研究亦颇出色，曾先后在国际传播学权威期刊 *JoC*、大陆传播学科唯一权威期刊《新闻与传播研究》发表媒介框架研究成果（Zhou & Moy，2007；周裕琼、齐发鹏，2014）。后来研究兴趣转至网络谣言、社会抗争、数字代沟和数字反哺等领域，著有《当代中国网络谣言研究》（2012）。

一、"播撒一颗种子"：始于《成名的想象》田野的框架研究之旅

（一）框架理论"播种者"：祝建华、臧国仁

周裕琼早在读硕时就结缘媒介框架的"关键研究者"潘忠党（No. 乙）。如前文所述，2000 年，潘忠党应邀为复旦大学新闻学院担任研究方法系列讲座，周裕琼有幸听讲并被选中成为其师陆晔与潘忠党合作论文《成名的想象：中国社会转型过程中新闻从业者的专业主义话语建构》（陆晔、潘忠党，2002）派到媒体去调查研究的"实习生"和"做田野的孩子"。在其心目中，海归反哺国内传播研究社群的潘忠党无异于"播种者"，以"非常非常大的冲击力"为大陆传播学子打开"前所未有的眼界"。

而知晓框架研究则是周裕琼在港攻读博士学位的一二年级期间，在祝建华的传播学理论课堂听到其对框架理论的介绍，同时获赠臧国仁所著的框架研究专书《新闻媒体与消息来源——媒介框架与真实建构之论述》（1999）。祝建华时任香港城市大学英文与传播系教授，也是负责该系大陆招生而面试并录取周裕琼至博班的"伯乐"。后来，周裕琼漂洋过海远赴美国交换学习，毕业后执教于深圳，几度乔迁，都未与这本赠书失散。

接受本研究访问时周裕琼顿悟到，"祝老师的课""臧老师的书"的意义是在她心中"撒下一颗种子"，让她知道"有这么个理论"。尽管初遇此书时未料到有朝一日真会践行框架研究，不久后到美国做交换学生时方得与在地导师合作撰写相关论文。

博三秋天，美国明尼苏达大学新闻与大众传播学院教授李金铨赴港任教，给周裕琼等一众城市大学博士生开授"学术写作"（Academic Writing）课。而周裕琼真正开始践行学术写作却是在写作课结束后，2004 年赴美国华盛顿大学（西雅图）（下文简称"华大"）交换学习时。

(二)培育 *JoC* 论文的伯乐:帕翠西亚·莫伊

在华大的第一个学期(quarter),周裕琼修习其在地导师帕翠西亚·莫伊(Patricia Moy)教授开授的"公共舆论"(Public Opinion)课,每周不但需要完成海量文献阅读,还得同步撰写综述式读书报告,综述过程中多次涉及框架理论。

此时正好读到网络文学作品《你是不是如同我的母亲——致宝马事件里的农妇》(王西龙,2004),遂决定选择"苏秀文宝马案"①为框架研究个案以能完成期末结课作业,结合公共舆论相关理论撰写一篇真正的论文,探讨网络框架与媒体框架之间的互动建构与设置。

期末时,主课教师、时任《公众舆论季刊》(*Public Opinion Quarterly*)主编的帕翠西亚给该文打出任教以来最高分 3.8 分(满分 4 分),令整个班级和学系感到惊艳至"难以置信",帕翠西亚在打印稿上批注,"Christina(按:周裕琼的英文名),我建议你投给 *JoC*"。这项鼓励令周裕琼喜出望外,遂邀请帕翠西亚为合作者,指导修改并联名投稿。

随后的第二个学期,周裕琼继续在帕翠西亚的指导下修习"独立研究"(independent research)课。时逢 SARS 疫情肆虐,她一边为帕翠西亚做 SARS 新闻报道的框架编码,一边修改课程作业以投稿。

这篇师生合作论文是周裕琼平生第一篇英文论文《剖析框架过程——网络舆论与媒介报道之间的互动》(Parsing framing processes: The interplay between online public opinion and media coverage)(Zhou & Moy,2007)投出后受到 *JoC* 两位匿名审稿人好评,也获 2006 年德国德累斯顿 ICA 年会录用并专场报告。周裕琼发现会场中听者济济、星光熠熠,不乏框架关键研究者、帕翠西亚的同学、美国威斯康星大学麦迪逊校区教授舍费勒等著名传播学者。

论文见刊时周裕琼已经毕业回国在深圳大学任教,也正怀孕待产。而她之所以会去深大,源于其师祝建华的引荐和勉励,忧心于时下的大陆传播学"太缺方法""太缺规范",所以"你们这批孩子要做种子",回去任教。

去学校取 *JoC* 样刊那天,周裕琼偶遇同院同事王旭。王旭自澳门至深圳

---

① "苏秀文宝马案"指 2003 年 10 月 16 日,中国黑龙江省哈尔滨市发生了宝马车连撞 13 人,致一人死亡。案件最后仅以肇事者判处有期徒刑二年,缓刑三年了结。此结果一出,民愤哗然。网络有消息传出,宝马车主苏秀文为黑龙江政协主席的媳妇,受害者系卖葱农妇刘忠霞。与此同时,一首以刘忠霞为主角的朴实却真挚的诗《你是不是如同我的母亲——致宝马事件里的农妇》(王西龙,2004)在网络上流传开来,引起很大反响,入选当年花城出版社的文学作品选。

任教,也是帕翠西亚读书时的同学,毕业于美国威斯康星大学麦迪逊校区。有过西方教育背景的王旭深知 *JoC* 发表的份量与不易,当即热情祝贺了这位 30 岁不到的年轻同事"双喜临门",一喜将升级做母亲,二喜顶尖期刊发表论文。

该文后获深圳大学学术创新一等奖、深圳市社科成果一等奖。据时任深圳大学传播学院院长吴予敏教授透露,前者(深圳大学奖)评审之初一度空缺首奖,幸有校外评委、时任暨南大学新闻与传播学院教授吴文虎的赏识和力推,才为素昧平生的周裕琼争取到一等奖。

(三)框架研究封笔之作:"乌坎事件"作为个案

也是在 2007 年,周裕琼评上副教授,也入选国家社科基金青年项目"网络谣言的传播规律及应对策略研究",研究兴趣随即转入网络谣言而不再关注框架。

2009 年,周裕琼应邀去香港中文大学访学,在新媒体主题会议遇到同样研究谣言的北京大学新闻与传播学院教授胡泳,与之讨论后达成谣言既是社会抗争亦是抗争性话语的共识。

两年后(2011 年),前述网络谣言国家项目获得优秀结项,可配套奖励一个广东省哲学社会科学"十二五"规划课题,周裕琼遂以"抗争性话语研究——以广东省的群体性事件和环保运动为例"为题申报立项。

同年(2011 年)发生的"乌坎事件"[①],引发周裕琼及其研究生齐发鹏的研究兴趣。他们搜集数据、实地调研、深入访谈(面访和网络访问)并展开内容分析、累积诸多资料。最终,齐发鹏凭借"深描"该事件的论文顺利毕业。

周裕琼则借由国家留学基金资助再赴华大(西雅图)传播系访学的契机,旁听了兰斯·本尼特(Lance Bennett)、菲利普·霍华德(Philip N. Howard)等几位社会运动学者的课程,汲取到"集体行动框架""策略性框架"(赵鼎新,2006,页 224)等相关文献的学养,最终决定基于"框架"这一核心概念,把"围观"的网民替换为积极参与的行动者,继而整合行动者、行动场域和媒体在社会运动扮演的角色,在理论上还原乌坎事件中抗争性话语建构与传播的全部过程。

最终写就的《策略性框架与框架化机制:乌坎事件中抗争性话语的建构与传播》(周裕琼、齐发鹏,2014),随后发表在大陆传播学界权威期刊《新闻与传播研究》,并获得该期刊 2014 年度优秀论文奖、深圳市 2015 年社科成果二等

---

① "乌坎事件"又称"陆丰乌坎事件""WK 村事件""乌坎转机""新农民运动"等,指 2011 年 9 月 21 日起,中国广东省陆丰市乌坎村村民因土地问题与政府发生矛盾,引发系列群体性事件。

奖、全国新闻传播学优秀论文奖。

2014 年之后,周裕琼基本不再做框架研究。她自认对框架研究议题不太可能再有较大的创新和贡献,且学术兴趣总是跟着人生经历游走。其时因受到年迈高堂的隔代沟通启迪,她的旨趣转移到了数字代沟和数字反哺领域。

回首做框架研究十余年间的前尘往事,从受益于潘忠党、祝建华、臧国仁、帕翠西亚播下的传播研究、框架研究、国际发表的种子,到后来她自己任教成为播种者,周裕琼顿悟到做学问确不是一天两天的事情,尤其不能急于求成,可能今年撒的种子,不知道哪一年突然开了花呢。她庆幸不曾浪费生命中的每一个体验,截至目前,她的每个生命体验都反哺成了做学问的养分。

二、"一个墓碑":离开框架研究领域的反思

周裕琼自嘲早已"不做框架好多年",不知现在框架研究最新进展如何,同时怀疑"未来也不会再住进来了",至多可能就是"给学生上课讲一讲"。她诗意地想象本研究或可当作"所有做过框架研究的人共同的一个回忆录""一个墓碑",墓碑上铭刻着"我们曾经来过,但是我们都走了"。而在现实中,雁过留声,来者如她多少能分享做框架的反思心得如下。

(一)并非框架学者

周裕琼自诩并非框架关键研究学者,从未打算在框架领域深耕,也鲜对整个框架研究文献完整梳理,至多只是做过框架个案研究的普通学者。

她认为,关键研究者应如罗杰斯之于创新扩散理论、麦库姆斯与肖之于议程设置理论、哈贝马斯之于公共领域理论,对整个研究领域如数家珍、非常了解、作出过里程碑式的贡献。

而她自认远远不及,她已完成的两篇框架代表作论文并不为框架理论之发展服务,只是借由框架理论为研究个案服务而已。

(二)框架是工具

每次写框架研究论文做到文献综述的时候,周裕琼总会罗列很多框架定义。譬如,在第二篇框架研究论文描述框架是"由戈夫曼提出",能够帮助人们"建立诠释的基模(schemata of interpretation)""认识、理解和标记周遭的世界"的"一个微观社会学观念"。

也曾作为"一种研究视角",由甘姆森、本福德(R. D. Benford)和斯诺(D. A. Snow)等人在 20 世纪 80 年代引入社会运动研究,指导行动者需要"通过框架化过程建构社会运动的意义"(周裕琼、齐发鹏,2014,页 48)。

但在比较各色定义后，周裕琼最终觉得大同小异，不管是"package（包裹）""paradigm（范式）""template（模板）"，还是"schemata"（基模），其实没多大差别。给学生上课时，她介绍框架"就是一套话语的工具""一个 package（包裹）""一个打包的工具"，可以通过各种方式把想做的东西用巧妙的方式说出来而已。

她进一步比喻，框架"有点像是一个送给别人的礼物，得给个包装纸包装一下""你包装得很漂亮，人家就会觉得这是个很好的礼物，打开的时候心情就会很好"。举例而言，记者用框架来包装新闻报道，社会活动家利用框架来包装社会活动。在周裕琼看来，框架也可"包装"话语，框架就是一种话语工具或者话语策略。

（三）框架具显著性：与议程设置逻辑一脉相承

周裕琼心目中最精彩、最经典、真正的框架研究，是《框架作为一种传播效果理论》(Framing as a theory of media effects)（Scheufele，1999）。她惊叹于作者的理论建构能力，能将分散在各领域的文献进行联系，"通过 building（建构）、setting（设置）讲得一清二楚"。

相比之前的其他框架研究多半"零散而不成系统"，甚至"都不是框架研究""而是议程设置研究"或内容分析，反观部分议程设置研究则"做的不是议程设置，做的是框架理论"。

早在华大交换学习做课程文献综述时，周裕琼就发现议程设置、框架理论这两个理论各自错位，实因二者均为凸显"salience"（显著性），如议程设置专研议题(issue)的显著性，框架专研框架(frame)的显著性，无怪乎在很多情况下系"一脉相承"甚至"背后的逻辑是一样的"。

（四）框架动静皆宜，动大于静

静态框架中，相对于臧国仁的"高中低"三层次框架，周裕琼前前后后几次研究时都是使用恩特曼的"四功能"框架更多一些。如果把做学问当做手艺的话，手艺人得有几项工具，对她来说"四功能"框架就是比较称手的工具。

相比"模"(template)所指的静态框架，周裕琼更关注动态框架。首先，不可能每个人批发十个模，然后"这个用这个""那个用那个"，而是要每个人都按照自己的生活经验，针对具体的事情做出具体的模来。有了这个模，下一次遇到同类事情就会用这个模去套，做一点修整，但是不可能存在一个批发的统一的模。

所以，每个人就会用不同的模，在不同时期有动态变化，然后进行博弈，最后看哪个模成为主流的模。比如说像"宝马案"，以后每次发生同类型事件就会有人说，"这是又一起宝马案"，那么，"宝马案"就变成了一个模。

所谓框架的动态过程就是说，整个社会在共同的内容生产制造过程中，慢慢地有了一个所谓的通用框架，下一次同类事情来时肯定首选的就是以现有的框架去解读。然后，在这个解读过程中，又会把现有的框架做些修饰和修改。整体而言，框架就是这样的过程。

（五）不乐观：传播学科至今仍缺少方法和理论，尤其是理论

周裕琼觉得，框架理论应该也不可能成为恩特曼（Entman，1993）期待的"大师型"理论。尽管已有多年没有关注框架理论，她对框架理论的前景并不乐观。她认为，框架理论只是一个有用的普通理论、跨领域的研究方法而已。

在周裕琼的方法论里，方法本身并没有偏见，最重要的是能够解决问题，能让所有的学理知识为研究现实世界所用。而本研究立论之问恰恰是反其道而行之，系从学术出发为框架理论、框架领域本身服务，这令周裕琼感觉"很难想象"。

周裕琼坦言，在她的研究观和方法论中，问题永远最重要，而问题意识比什么都重要。

第六节　肖伟：《新闻框架论》的十年学步旅程

肖伟（1971—），河南省郑州市人。武汉大学环境化学专业学士（1993），暨南大学新闻系硕士（1998），中国人民大学新闻学院博士（2012）。自1998年硕士毕业留校任教，现为暨南大学新闻与传播学院副教授。

肖伟在新闻业务领域教学相长，主讲新闻编辑课10年。结合地缘便利近距离观察中国广州报业的"黄金十年"，出版过《当代新闻编辑学教程》（肖伟，2008）、《报刊电子编辑教程》（肖伟，2006）、《5.0时代的创艺体验：报刊电子编辑实验教程》（梁美娜、肖伟、胡丹，2012）等多本编辑类教材。

肖伟的博论研究，是基于新闻框架研究文献所作的理论思考，后续又在学位论文的基础上出版了双语专著《新闻框架论：传播主体的架构与被架构》（肖伟，2016）、*Epistemology of News Frame*（Xiao，2020）。在此之后，她自觉已完成学术责任，决意此生不再做框架研究。

一、框架研究故事：“一个非常大的人生缘分”

（一）几次转弯：命运安排的求学路

肖伟高中学理科，大学主修工科专业，毕业后的第一份工作是在河南省环保科研所采集大气、水样本。转弯到人文社会科学则要归功于学思历程的第一个贵人，其时任职于新闻出版行业的胞姐。姐姐见肖伟苦恼工作无趣，就建议报考新闻类研究生。遂于 1995 年考入暨南大学，攻读新闻业务方向，1998年留校任教后从事新闻编辑业务教学十年整。

至 2008 年，肖伟自觉“非常有必要读一个博士”以加强新闻理论素养，否则在新闻业务领域“有非常多的问题没有办法很好地去研究”。

同年（2008）报考中国人民大学新闻学院，所报的导师蔡雯教授当年仅有一个公费录取名额，肖伟考了第二名。蔡师热心引介转报此前素不相识的杨保军教授门下，“这真的是一个非常大的人生的缘分”，肖伟感叹。“就是在这样的命运安排之下，我去了人大。”

（二）读博四年：饱读新闻理论与框架研究文献

正式入学前的暑假，肖伟即在导师杨保军指导下阅读新闻理论重要教材，一年下来累积阅读七八十本专著，通过写读书笔记来与书籍作者展开理论对话。

博二，肖伟开始与杨师讨论博论选题，言及对媒体刻板报道的兴趣，但其时尚未意识到人物报道以及灾难中的难民形象也是一种“框架”，经杨师提示可关注“新闻图式”概念后，方才渐渐悟道。

杨师还推荐恩特曼、潘忠党、甘姆森、塔奇曼、德·弗雷斯（C. H. de Vreese）等中外学者的框架研究文献，以及周文彰《狡黠的心灵：主体认识图式概论》（1991）、库恩《科学革命的范式》（Kuhn，1962）、俞吾金《意识形态论》（2009）、王晓升《西方马克思主义意识形态论》（2009）等相关领域书籍。

除了在京时善用人大图书馆的文献检索培训、北京高校馆际互借制度、国图等资源优势外，肖伟还特别委托远在广州的家人从暨南大学图书馆“石景宜先生赠书区”借出海外馆藏的《新闻媒体与消息来源——媒介框架与真实建构之论述》（臧国仁，1999）专著。

如此地毯式的泛读加上研究目标导引精读，肖伟广泛地接触了海内外几乎所有的新闻框架专研成果，为博士研究写作打下夯实基础。意外之得是，这些读书笔记的结晶其后写成了框架研究处女作《论欧文·戈夫曼的框架思想》

(肖伟,2010)发表,在大陆框架研究高被引论文中排名前十(见表2-4)。

(三)关键的人:业师杨保军

走上框架研究之旅,肖伟觉得最关键的领路人当属其业师杨保军。"如果跟别的导师",肖伟自忖,"一定写不到(像跟杨保军老师)这高度"。

业师杨保军鼓励肖伟的框架选题,因而搭建了基本研究结构,随后也列出各个研究问题。其所开列的文献清单不但拓宽了她的视野,更节约了她的研究耗费时间。

杨保军的著作,肖伟在读博时"读了又读"。杨保军著述时习于将一个概念(如"新闻价值论")写成一本书的治学理念,对肖伟博论最终定题"新闻框架论"影响巨大。

杨保军的写作风格也对肖伟启发至深,是其写作必备定心效仿的"帕瓦罗蒂的白手帕"①。

(四)必有我师:与潘忠党、艾英格及其他学者的偶遇

博三时,肖伟的博论写作进入迷茫阶段,正逢潘忠党(No.乙)在人大暑期班客座,因而慕名求教。初次见面的二人相约校园咖啡馆,潘忠党有教无类慷慨解疑,对框架功能、脚手架(鹰架)等方面的思考给了肖伟诸多启迪。潘忠党还引介了框架专书《有人负责吗? 电视如何框架政治议题》(*Is anyone responsible?: How television frames political issues*)(Iyengar,1994)。

在人大求学期间,肖伟还从同院资深教授陈力丹的讲座了解到台湾学者彭家发的新闻客观性论述,多有启发,另也通过新闻学院教授雷蔚真知悉其同事陈阳曾发表过框架研究论文,后者(陈阳)推荐肖伟从戈夫曼(Goffman,1974)开始阅读框架。

(五)十年磨一剑:弃飞慢走的学步历程

肖伟曾经读到学者赵毅衡在某本书中说,写博士论文是"一个学步的过程","哪怕你有飞跑的能力也要从慢走开始",她深感认同。尽管读博时她已是有10年教龄的"老学生",但还是"一步一步学着怎么下定义、怎么做分类",

---

① "帕瓦罗蒂的白手帕",暗喻关键时刻能助人驱散紧张、精神放松、渐入佳境的小道具。其典故源于世界著名的意大利男高音歌唱家鲁契亚诺·帕瓦罗蒂(Luciano Pavarotti,1935—2007)每次演出不离左右的盈盈款款的白手帕。据称,帕瓦罗蒂怯场成性,每次出场都要跟焦虑紧张作斗争,不得不借用手中挥舞的白手帕一来擦汗,二来引开一些落到肚子上的目光,以使演出状态松弛,歌声更自由曼妙。转引自:Madeline(2011.02.18).《挥舞白手帕是帕瓦罗蒂的经典形象》,载"豆瓣":https://www.douban.com/group/topic/17695955/。

大部分的时候都有"一两个研究范本"照着去学，正是在亦步亦趋的过程当中"慢慢地把研究给实现"并从中受益成长很多。

博士毕业后，肖伟耗费四年时间沉淀，随后修改、出版了《新闻框架论：传播主体的架构与被架构》（肖伟，2016）。出版次年（2017 年），经业师杨保军推荐，相关专家审核，该书复被中国人民大学出版社国际出版中心选中，依据专家意见增补修订成 *Epistemology of News Frame*（Xiao，2020）后在劳特利奇（Routledge）出版英译本。修订过程中，她发现，劳特利奇出版社前后多次陆续推出过框架研究主题相关书籍，个人专著或论文合集、后设理论或实证研究形式不一，研究及书写样态相当多元。

英书出版经历了修订中文版、外请翻译、再修订英文版的三步骤过程。肖伟花了比较多的时间在英文 APA（American Psychological Association，美国心理协会）格式的修改，包括引注格式的校对、文献来源的把关。一方面，她是淘汰了一批质量不高的文献，尤其是中文文献。另一方面，不管是英文还是港台文献，她都尽量找到最初的原文，确有发现一些以讹传讹的小错误，令她感觉到额外的收获。

此时距离她初选框架作题正好 10 年，堪称"十年磨一剑"。

这 10 年"学步"旅程中，博论业师的给力指导让她少走了许多弯路，文科实力雄厚的中国人民大学给她创造利基，她得以浸淫于最经典、最前沿的新闻传播学文献、讲座和交流。又因暨南大学地处岭南珠三角的开放优势，得能接触到港台书籍，最后借由中国开放和出版国际化得以实现双语出版；这 10 年走来，肖伟自称想要感谢很多人。

（六）向身体转：离开框架研究领域

英文框架专书出版后，肖伟却也自觉业已完成对框架研究的学术责任，决意"这辈子不会再做框架研究"。一来因对这领域没有新的想法，二则因教学重点转移到新媒体领域，三因 2014 年体检有恙，此后三年都在修身养性，康复后转到身体研究。

二、反思框架研究：并非重要理论，但还是要有理论追求

肖伟认为，由于众多互联网现象都需透过传播视角进行分析，传播学正逐渐成为社会科学研究的重要学科，然而这非框架理论引领之结果。

一方面，框架理论的确重要，远较"中心思想""新闻图式"等相近或相似概念具备更强的现实解释力。

另一方面,框架理论也没那么重要,还算不上重要理论典范,只是众多传播理论取向之一,很难对主流学科起到决定性影响。

与此同时,框架理论还不够成熟,尚有较多模糊、混沌的内涵,仅是"破碎的范式"尚未"被主流"。所幸这种模糊、混沌、破碎暂不影响学界使用这个理论进行各种各样的研究,而这种未完成也为理论的进一步发展留出空间。

(一)中国框架研究:有其特殊国情

肖伟也观察到,华人框架研究有其特殊国情。一是研究发现特殊:尽管框架研究起源于美国,全世界都用框架概念做研究,但中国特殊的体制、意识形态导致所得研究发现跟西方差异非常大。

二是研究质量不俗:有些中文框架研究成果在肖伟看来"非常好",如刘涛的情感框架(2016)和话语框架(2017)概念建构、张梅的住宅议题新闻框架研究(2015)都是理论导向,能从个案所得提炼出来框架建构规律,反哺于框架理论。华人学者的个别英文框架研究成果,如周翔的英文论文(Zhou,2008)曾经比较不同国家和城市对大陆互联网议题的报道,讨论文化对框架建构的影响,既有理论要求也做得很规范。

三是长跑型的关键研究者寥寥。西方学者的水平"未必就比我们高",但他们一般都是盯准了某个领域深耕的马拉松型选手,哪怕只有任何"星星点点的小发现"都会写成论文、公开发表、及时分享,如恩特曼、艾英格、梵·高普、德·弗雷斯等都是终生笔耕不辍于框架研究的典范。

反观中文框架学者(包括肖伟自己),一方面存在中英文转译发表的语言差问题,另方面可能对国际(英文)传播学界的框架学者和成果也不太了解,以致长期、持续的中文框架研究不多。

(二)理想的框架理论典范:无定法,有追求

首先,不必执着于定义框架。认知上,肖伟觉得定义并不重要,甚至命名也不怎么重要,譬如哲学和心理学的"图式"概念在肖伟看来跟"框架"也是一回事。能力上,她自认水平有限,无法将框架定义说得清楚,并怀疑只有最顶尖的框架研究学者才能回答这样的本质性问题。

肖伟辨析戈夫曼的经验组织论曾受批评甚多,恩特曼又过于专注于细分功能,坦卡德的中心大意则过于简化而无法概括框架对现实的强大解释能力,只有潘忠党的"思言行"志在探求框架本质。好在框架概念当前尽管概念模糊,并不影响大家用来做研究。

其次,不必定型框架理论而应倡导研究多元化,不囿于量化或质化取径。

互联网新语境下的很多观念都在转变。如杨国斌就曾在"深描"的基础上提出"浅描"概念，另有文献则倡导用修辞做量化研究，文献看多了就觉得什么都能接受；多尝试，才会让领域有发展。

最后，肖伟强调还是要追求理论。她发现，好多硕博士及期刊论文均曾引用臧国仁的高中低框架层次，但可能未曾读到原著，理论的发展性非常有限；很多英文论文也是如此，只有实证或个案讨论而少延伸理论。

第七节　李东晓：框架它就是一个框

李东晓（1979—），河南省郑州市人，浙江大学传播学硕士、博士。现任浙江大学教授，浙江大学求是青年学者，浙江省之江青年社科学者。独著专书有《居间政治：中国媒体反腐的社会学考察》（2012a）、《听见·看见：影视媒体的无障碍传播研究》（2013）、《感官的延伸：新媒体的无障碍传播》（2020）、《编织"疾/痛"：抑郁症话语生产中的医学、媒体与患者》（2021）等四部。其博论系从媒介社会学的视角考察中国贪腐丑闻的媒介呈现与新闻生产研究（2010），是大陆较早使用框架分析法来研究贪腐丑闻现象的青年传播学者。

李东晓自谦并非框架专研学者，也自认与框架研究最直接相关的论文唯《我国贪腐新闻的媒介框架及影响因素研究》（2012b）一篇，尽管她一度距离两位世界级的框架领域关键研究者恩特曼、潘忠党（No. 乙）这两位她先后赴美国乔治·华盛顿大学（2009—2010）、美国威斯康星大学麦迪逊校区（2017—2018）学术访问时的在地指导教授非常近。

一、做学术：通过努力体面实现梦想的方式

李东晓的父亲李居正先生是她的"骄傲和学习的榜样"，"年轻时经历了动荡年代"，"一份工作养育四个儿女"，"艰辛的工作之余还笔耕不辍"，"退休在家花了两年时间完成近 30 万字的回忆录"，并鼓励儿女"要透过眼睛将看到的、经历过的中国讲述给后人"（李东晓，2010，页 203）。

举荐李东晓列入本研究关键研究者的"智者"与"中间人"、浙江大学传媒与国际文化学院教授李岩则是帮助她"开启学术殿堂第一人"，在 2004 年李东晓刚考上研究生时"欣然收为徒"，又在 2007 年李东晓透露想要继续考博时加以支持鼓励，才使她"在边工作边复习的繁重中坚持了下来"。

如果不是李岩老师的"宽容和接纳"，李东晓自认"此生也许永远无法进入

学术之门,这一遗憾将可能成为永恒"。因此,她对恩师的感激"不只是在学业上,更是在生活上,在生命中的"(李东晓,2010,页202)。而今师生缘、共事缘近20年,李东晓在接受本研究访问时笑称,她们早已亲如家人,接近于"上法庭举证都要回避的'亲戚'关系"。

这一切看似机缘巧合,但李东晓认为偶然里面肯定有其必然。从生命史的角度来看,结构性因素常会发挥规律性作用。譬如,在高考指挥棒下,会读书的人多少受到影响、得到好处。再如,不同的家庭氛围熏陶可能让如商人培养商人后代的可行性较大,而教师之家耳濡目染出现读书人后代的可能性更大。

而她选择学术道路,只是因为"没有其他更好的选择","想来想去,也只会读书"。如千百万普通家庭的孩子一样,考大学、考研、考博的每个节点都只是想要改变命运,自然而然地就走向了学术道路。

而做学术,正是可以通过努力体面地实现梦想的方式之一。

李东晓自认远不及社会学家韦伯(Max Weber)追求的"以学术为志业",至多只是"能够遵守职业道德的一个学者"而"对得起学术良心"。但凡能"恪守学术的职业道德",那么"必然会成为一个好的学者",二者之间没有矛盾。

二、做框架:为了写完博论好毕业的"功利"目的

2008年,李东晓还是浙江大学传播研究所的在读博士生,受到美国富布莱特项目(Fulbright Program)资助,本该去指定的派出目的地美国弗吉尼亚理工大学(Virginia Polytechnic Institute and State University),不巧该校其时发生了枪击案,出于安全考虑她不得不另外择校。而又正逢美国乔治·华盛顿大学传媒与公共事务学院教授、全世界首篇媒介框架后设理论研究期刊论文《框架化:澄清破碎的典范》(1993)作者恩特曼应邀来杭讲学,课后李东晓联系他咨询访学接收意愿,恩特曼竟然马上就同意了。

(一)与恩特曼相近的研究旨趣

恩特曼当时的讲学题目是美国政治丑闻研究,李东晓的博论则初选了媒体贪腐新闻报道(接近但非"政治丑闻",因其在大陆的特殊政治气候较为敏感)为研究对象。由于研究旨趣相近,加上整年的访学师生缘,两人在政治传播、媒体舆论监督等研究领域的中美比较方面多有交流。

尽管"唯理论说"(即每个研究都必须有理论支撑和理论贡献)近年来颇受诟病,但在当时,博士学位研究只用内容分析显然不够——内容分析只是一种

研究方法而非理论——这是李东晓使用框架理论做研究的原因。她坦言，选中框架理论就是出于这样的"功利"目的，仅是为了写完博士论文毕业。

为了做框架博士论文，李东晓特意"托人弄了一本"臧国仁（1999）专书，读的时候"还蛮有启发的"，因为发现"他（臧国仁）把理论讲得还是比较清楚的"。但李东晓后来在研究操作的时候，却觉得高中低三层次面面俱到并"不好操作"。

对于绝大多数学术研究新兵来说，还是恩特曼的四功能框架更具可行性。

（二）与恩特曼相异的框架分析取径

恩特曼的非量化取向框架分析法曾令许多学者印象深刻。结束首次富布莱特项目10年后，2017年，李东晓受中国国家留学基金委公费资助再次赴美访学时，其在地导师、美国威斯康星大学麦迪逊校区传播艺术系教授潘忠党就提到，恩特曼其实是做质化研究而不怎么做量化研究。

但在当时（2008年），李东晓并未采用质化取径，而是以内容分析法为主来组合量化为主的框架研究工具箱，恩特曼编著并无异议反持赞同态度。这使李东晓意识到，恩特曼对框架研究设计的内涵限定是宽泛的。

最终，李东晓在博士论文《中国贪腐丑闻的媒介呈现与新闻生产研究——媒介社会学的视角》（2010）、后续出版与恩氏编著《居间政治：未来民主中的传播》（*Mediated Politics：Communication in the Fucture of Democracy*）（Bennett & Entman，2012）同名的专著《居间政治：中国媒体反腐的社会学考察》（2012a）以及其自认与框架研究最直接相关的论文《我国贪腐新闻的媒介框架及影响因素研究》（2012b）等三个主要博士研究成果中，建构了同个大陆贪腐新闻媒介框架基本模型。

该模型借用恩特曼的政治丑闻报道理想框架（Entman，课堂讲义，2009）、媒介框架四个功能的分类（Entman，1993），同时参考并修正了臧国仁（1999）的高中低三层次结构分类，即未纳入低层结构而仅择取高层、中层两部分结构。前者（高层结构）指由报道周期、报道长度、版面、连续报道量等"文本外部变量"所显示的"显著程度"要素，"不涉及媒介报道文本"但"抽绎程度更高"。

后者（中层结构）指由界定问题、原因分析、道德判断、支持的解决方案等四个"文本内部变量"所代表的"问题框架"分析，这四个内部变量由于整体参用恩特曼（Entman，1993）的媒介框架分类而"不单独拆分"（李东晓，2010，页109；李东晓，2012a，页139-139；李东晓，2012b，页208）。

（三）因研究空间单一而离开框架领域

上述三个博士研究成果的发现大同小异，即大陆的"政治制度""经济制度""媒介制度"是决定贪腐事件媒介框架的"主要因素"和"根本因素",既然"我们都隶属于同一个宣传部下面""政治领域的新闻报道管控是最严的""不可能有不同的话语出现",所以"框架方式不会有大的变化",也"不可能有什么框架不一样"(李东晓,2012b,页216)。

这种单一框架促使李东晓反思,到底什么样的框架研究是有意义的? 她比较后认为,臧国仁(1999)专书中引用的《人民日报》与台湾媒体对比,区分本地与境外报道框架的异同,这是有意义的。美国的自由市场媒介机制决定了每个媒体都有党派性,不同主编、不同政治立场、不同出资人都可能影响到媒体的政治框架,这也是有意义的。但是在大陆语境中讨论媒体框架异同却基本上是"伪命题",因为只有同、没有异的框架研究意义并不大。贪腐新闻框架最终就只有一个官方框架,即便不采框架分析也一样可以得出类似结论。有鉴于媒介框架的一元化、竞争性框架的缺席,大陆的媒介框架研究空间并不大。

李东晓举例,即便在时间往前走了10年的当下,官方媒体框架的单一化本质并没有改变。地域间有一些框架作用,但总体的竞争性框架并不鲜明。

观察到竞争性框架的缺席,是李东晓自认"可能对框架研究有贡献的地方",也是她后来觉得没法继续做框架研究的原因。结束博论后,她转向了无障碍传播、健康传播、社会组织与公共传播等其他研究领域。

三、做研究:重点在解决问题,别把理论关笼子里

(一)没必要一统典范:中层次议题框架就足够

博士毕业任教后,李东晓发现每年毕业答辩时好多学生也都用恩特曼的媒介框架四个功能(Entman,1993)、臧国仁(1999)的高中低三层次结构分类做框架研究。她不知道这些学生是因为受了她的影响还是因为直接看了恩特曼的文章。但她承认,这样量化统计出来的"显著程度"框架看似更接近议程设置。

对此,李东晓的解释是,框架低层次涉及语言学、修辞学,一因她专业能力有限,做不了,不如就交给话语研究学者去做;二与问题视角、文章体量有关,"有话题层面就足够了",并没有必要分析到每个层次;三与个人旨趣有关,她对话题层面更感兴趣,而框架理论在某种程度上"就是议程设置的延伸",二者"本就连在一起","区分二者没什么意义"。

值得一提的是,李东晓在乔治·华盛顿大学访学的在地指导教授恩特曼

亦有不甚明了、混淆议程设置之状况，此类状况在十年后的丑闻框架研究（Entman，2012）表现明显，并因此备受前文所述舍费勒谓之"强调框架过于宽泛"的批评（Scheufele，1999；Liang，2014）。

与上述批评相反，李东晓是恩特曼的泛框架论的坚定支持者。她认为，框架理论没必要非要整合出大一统的典范，模拟休梅克、里斯（Shoemaker & Reese，2013）曾在合作研究中整合新闻生产社会学，绘制五环、五层次图把知识结构拎起来，建立新闻生产过程中的各个层次，标明不同层次的学者关注哪些问题。这个图对她的教学颇有帮助，但对她的研究则难说有正向帮助，因为可操作性"实在太差了"。她相信，没有任何单篇文章有可能或有任何必要从微观语言层次、中观新闻编辑室到宏观意识形态文化分析，全方位涉及框架的方方面面。

（二）没有谁特别"典范"：操作异曲同工，视角启发足矣

李东晓自称，没有读过所有的框架研究，也没有很仔细读过每位学者建构的具体典范。她读过的对她比较有影响的框架研究来自恩特曼、潘忠党、臧国仁等几位学者，以及在美国访学时读到的一些不是特别有名的英文文献，包括一些精英研究、社会运动报道框架、花园运动、环境邻避报道框架等经验研究。她受甘姆森参与合著的美国与德国堕胎研究那本书（Ferree，Gamson，Rucht & Gerhards，2002）的影响比较大。

然而，举凡经验研究多半谈不上有什么理论贡献，更勿论追求理想、完整、通用的模式/典范。李东晓解释，不同模式/典范看似大相径庭，实际上其所建构的理论背后的东西一样。如臧国仁（1999）高中低三层次跟梵·迪克的新闻话题结构没什么区别，就是换了一个说法。恩特曼的四个框架位置跟臧国仁的前置事件、后续未来等中层次框架也是异曲同工，无非用的概念不一样而侧重点不一。所以，她没觉得谁特别"典范"。

但她始终觉得，框架就是一个框，什么都可以往里面装，框架这个框让我们认识到可以这样去分析。而框架给她的最大启发，就是通过建构论视角去关注议题，并在视角层面（而非操作层面）有所启发。

这视角甚至比理论更重要。以前讨论新闻生产时仅会关注过程；看舆论监督时则关注社会功能；做文本分析、内容分析时，往往也不一定有什么问题意识去编码。但是框架给了依托标准，提醒研究者要想清楚究竟考察哪些变量，框架视角就是在建构论下面形成一个"框"。新闻报道形成的"框"影响着人们看待世界的特殊角度，而更重要的是，揭示出为什么有这样一个框架基础。

谈到后来，李东晓又反思并补充说，她觉得自己看别人东西的时候特别容易误读，可能也是因为看得不够仔细，就觉得不就是一回事嘛，她自省可能不适合做严谨研究，故而偶有误读。

（三）别把理论关笼子里：期待多元研究环境

李东晓认为，框架理论现在已经是里程碑式的理论，很乱却很有生命力，吸引了很多学科研究者都来阐释。在李东晓的阐释中，框架不仅是一个看世界的视角之"框"，就连其理论本身也是"框"，框限了人们如何看待世界，就此形成了理论框架。

整体而言，李东晓认为框架理论提供了很好的视角，让研究者得以看到在国家与社会的关系里，还有可以继续去钻研的空间，就如德国思想家哈贝马斯（J. Habermas）的"公共领域"概念，就意在探讨人与人在权力下的交往问题。

1. 恩特曼之问：时间已证明它是错误之问

至于框架理论能否跟"公共领域"这样的"大师型理论"相提并论？李东晓表示，最好不要作这样的价值评价。但如果一定要回答，她只能给否定的答案。

一方面，公共领域是具象化的，框架与之相比太虚，充其量只是个视角而非实体。另一方面，框架理论在不同学科的关注问题不同，但公共领域概念在不同的学科都在关注同样现象，其所阐述的对象更颇为一致。

如今距离"恩特曼之问"已经过去近三十年，而所谓"大师型学科""大师型理论"的理想至今犹未实现，就足以说明他的提法有问题。传播学科到现在主要还是专注于研究传播现象，但也都依然边缘而未成为重要学科，更谈不上有什么地位。

所以，李东晓认为，恩特曼之问显已被时间证明是个错误的提法。

2. 问题导向理论：期待多元化的"盲人摸象"

李东晓检讨自己并未特别关注框架理论，她甚至认为如果每个学者都对理论特别关注、特别阐释，反倒束缚了这个理论。为什么要把理论"关在笼子里"呢？理论本身应该是开放的。

当然，她这样讲，并没有否定理论建构的意义。她认为理论建构也很重要，学术史研究也很重要，但她的兴趣和目的并不在此。她比较反对界定理论，乃因其个人学术追求不在于理论本身而在解决问题。李东晓更关注的还是问题，只要某个理论、某个学术能解决传播问题就行了。为了解决问题而创造概念或修正理论，都是可以的。

　　说到底,她强调每个学术工作者都可谓在盲人摸象,术业有专攻而已。多元化很重要,研究者无须划定一个个框,也不要都去挤在同个框里,最好什么都尝试一下。

第八节　邵静:内容框架研究特别适合学术新手

　　邵静(1982—),江苏淮安人。徐州师范学院(现"江苏师范大学")国际贸易专业学士(2004),苏州大学广告学硕士(2008),上海大学传播学博士(2012),曾在杭州浙江大学传媒与国际文化学院从事博士后研究并赴美国明尼苏达州圣克劳德州立大学(St. Cloud State University)访学。先后任教于浙江大学宁波理工学院(2012—2018)、杭州浙江外国语学院(2018—今),现任浙江外国语学院中国语言文化学院国际文化传播系副教授。

　　邵静的框架研究始于博士学位研究《美国报纸涉华报道的框架研究》(邵静,2012),以及在此基础上修改而成的专著《媒介框架论:中国形象在美国报纸中的呈现》(邵静,2013),此著曾获浙江省哲学社会科学发展规划后期项目支持出版。博士毕业后,除了申请国家留学基金委出国资助项目时撰写过以国家形象为主题的框架相关研究(2016),邵静甚少再次关注框架理论而转向了影视传播、网络传播领域。

一、做内容框架个案:始于博士论文,终于博后研究

　　邵静大学所学专业是经济科系。大三时出于对内向个性及个人兴趣的认知,她自觉当初"选择错误"而"毅然决定跨专业"报考传播科系研究生,却阴差阳错地分配到师生个性外向、活跃的广告学专业而自认"大错特错",直到考博时才"拨乱反正"到心仪的传播学专业。工作后,邵静又做了"至今无法释怀的错误决定",即"撇下四岁不到的孩子到美国访学"。然而,正是这些看似"错误"的决定,让她在学术上"走出了一条坦途"(陈露遥,2019 年 3 月 21 日)。

　　而她真正的学术起步之路始于博士阶段,她的框架研究须从博士阶段谈起。确切地说,框架研究是博士阶段的内容框架研究,贯穿了她整个的学术起步之路。

　　博士二年级时,邵静为博论选题而发愁。正如大多数尚无十分明确兴趣的研究方向的博士生一样,她期待着从导师那里获得"一个大体的研究方向"。其业师、时任上海大学影视艺术技术学院教授戴元光曾经合著有大陆第一部

传播学专著《传播学原理与应用》(戴元光、邵培仁、龚炜,1988),合著者三人素被大陆传播学界戏称为"复旦三兄弟""传播学三剑客"。戴元光另有传播方法独著《传播学研究理论与方法》(2008),给邵静很多启发。

戴师建议邵静可考虑新闻报道内容分析,实在因为"内容分析是很适合学生的研究方法"。理由一是研究过程操作性强,只要求付出体力和功夫而不需人脉;理由二是研究发现原创性强,结论总结出来之后"往往具原创性""能与别人形成差异"。

也是在戴师的建议下,邵静选定 2009 年整年的《纽约时报》与《华盛顿邮报》涉华报道文本为研究对象。

到了 2010 年,戴师提醒邵静,博士研究不同于硕士论文,须同时达到"方法鲜明""理论扎实""视角前沿"这三大要求,若没有理论就只是"没什么意思"的"空对空的大话""大而化之的结论";邵静自己也觉得"需要找一个理论"。

寻寻觅觅间,当下正火的框架理论进入了邵静的视野。在邵静看来,框架理论可说是"分析形象呈现和再现的重要理论依据",引入框架分析法兼以比较分析视角,当可探究不同美国主流纸质媒体之涉华报道差异"是否具有本质上的一致性"(2013,页 33-34)。

"与内容框架纠缠的时刻就这样开始了",邵静如是说。

她先去上海图书馆找纸质版旧报纸,再逐一进行主题搜索,接着将合计881 篇次涉华相关报道一一复印整理,忙得"昏天黑地"。虽然过程辛苦,却越做"越有成就感"且越发觉得"真的特别棒"。

成就感不止来自研究的进展,还有学业与人生的双丰收。2011 年底,邵静的博士学位毕业论文《〈纽约时报〉和〈华盛顿邮报〉的涉华报道研究》通过答辩,顺利毕业。2012 年 3 月,正式拿到博士学位证书,入职浙江大学宁波理工学院传媒与设计学院;2012 年 4 月,框架元理论综述论文《媒介框架论:新闻传播中框架分析研究的现状、特点与走向》收录于《媒介理论前瞻》(邵培仁等著,2012,页 83-97);2012 年底,喜得麟儿,升级为母亲。

2013 年,邵静获浙江省哲学社会科学规划后期资助课题立项,由博论改写而成的专著《媒介框架论:中国形象在美国报纸中的呈现》在中国社会科学出版社出版。2016 年,以框架研究延伸之中国形象相关课题申请到国家留学基金委的赴美圣克劳德州立大学的访问学者出国项目,在地指导教授是她此前做国家形象研究时引用过的重要文献作者彭增军,颇令她有"书里的人走进现实生活里"的惊喜。

"框架研究很多时候与涉华报道相关,涉华报道又与中国形象相联系,当

时,中国形象这个点申请课题还是相对容易的",邵静自忖,"做内容框架,确实
给我带来蛮多好处,……也可以说是从某种程度上推进了我的学术之路"。

尽管好处多,但事实上,自博论专著出版后邵静就未再涉足框架研究领
域。她所任教的浙江大学宁波理工学院成立"华莱坞研究中心",触发邵静对
"互联网＋电影"的研究兴趣,锚定她随后在浙江大学的博士后研究课题,而新
鲜的影视传播研究领域暂时不再需要框架理论的观照。

从功用的角度来看,邵静自认框架理论不复滋养她,"不能帮助我再去实
现我的学术目标","不能帮助我再去做一些我现在必须完成的事了"。而从反
哺的角度来看,她自认无法也更难以深度拓展框架理论。

原因之二,有工作后的生活压力增大,导致时间精力被挤压,使她无法再
如读书时那般心无旁骛地全心投入细致的内容框架研究以及原本就不擅长的
微观话语框架分析。

二、反思框架研究:方法设计殊途同归,高引文献十年如故

邵静(2013)定义"媒介框架"是"解释事件的核心想法"。她的媒介框架研
究个案围绕"中国形象在美国主流报纸中的呈现"主题,采用"文献综述法""内
容分析法""个案分析法""框架分析法""话语分析法""比较分析法"等多元研
究方法,而框架分析法的重点,在于媒介的内容框架(即"新闻框架")是什么。

具体做法是以《纽约时报》与《华盛顿邮报》两份美国报纸2009全年的
881篇涉华新闻报道样本为研究对象,分成三个步骤进行。

第一步,内容样本分析。先以(1)报道切入角度(主要事件、细节场景、事
件后果、口语反应、事件评价、事件背景)和(2)报道主导框架(道德框架、合作
框架、责任归属框架、经济结果框架、人情味框架、冲突框架)等新闻建构过程
分类,对样本进行编码和分析。

第二步,新闻框架总结、比较及过程探究。借用甘姆森的建构主义方法
"归纳"报纸不同版面、专题的"诠释包裹"或"话语类型"(如:"中国经济的挑战
与机遇并存")及其"框架装置"(如:隐喻、范例、警句、描述、根源、结果)。

第三步,国家形象框架清单总结及提升策略。从上述新闻建构和内容框
架归纳出合作、威胁、问题、自由、责任这五个中国形象框架关键词,分析其间
隐含迅速崛起、引发忧虑、利益独大、问题重重、专横独断等中国形象(页291-
294)。

最后,邵静(2013)还分析了美国主流媒体的中国形象影响力,指出理性解
读、评判其间负面形象需要一分为二地看待:一方面,对于"真实地""客观地"

"公正地"暴露有损中国国际形象的负面报道应及时面对并解决其中的具体问题而非指责报道本身。另一方面，若是报道本身"故意歪曲事实""饱含偏见"，则应"毫不含糊地抵抗"，反击以"客观、准确、公正的信息"（页302）。

时隔10年，现已是浙江外国语学院副教授的邵静回望当年的生手博论研究、框架处女作，颇有不堪回首之感。她意识到，上述用到的不同研究方法表述得过于繁复、重叠，充其量不过是为了让"其实没什么"的研究方法看起来"有点儿什么"，或是写作方法论时"有话可说"的"炫技"。

尤其研究中将第二步骤的新闻框架总结、比较及过程探究而生的"诠释包裹"或"话语类型"可视为质性研究方法、归纳式分析取径，而将第三步骤的框架总结归类为框架清单（实际执行时并无清单罗列）、量化方法、演绎式分析取径（页30-34）的说法实属牵强，与实际执行时质量并举、演绎和归纳交错进行的综合性复合型分析取径并不相符。①

那么，框架研究到底是量化还是质性研究方法？邵静（2013）同意其书引文的观点，即其虽然"最初从定性分析开始"，但近年来也"常常被运用到定量分析中来"（彭增军语；转引自：邵静，2013，页143）。无论如何，10年前的个案研究证实了框架分析法的质、量并举特性。倘若现时日重写研究，邵静坦承，当以更简洁的方式平铺直叙研究方法："以量化为主的内容分析法、框架分析法。"

又及最关键的框架提炼，在此研究中呈现出"殊途同归"的多样性。如针对《纽约时报》的做法是样本主题分类，对《华盛顿邮报》则是样本版面分类；即便对同在《纽约时报》的不同类型议题，也是时而"诠释包裹"时而"话语类型"切入框架总结。这反证了框架分析由于"涉及了多个学科和多种取向"而"学者们的看法五花八门"，以致于尚未成为"一个连贯一致的研究方法"，只是"话语分析领域一系列相互关联的方法"（页306）。

混乱和躁动并未推进框架研究的拓展。接受本研究访问前，邵静稍作文献预习功课后发现，尽管现如今脸书（Facebook）框架、生产框架、受众框架等新型个案分析层出不穷（见：可汗，2017；郭亦乐，2017），但引用率最高的媒介框架元理论研究仍然是她撰写博论期间（2010年前后）就已盛行的那些文献。

---

① 邵静援引学者张明新（2009）所作的框架分析研究路径，分为"归纳""演绎"两种。前者（归纳）以"诠释包裹"为代表，在分析过程中逐渐厘清和穷尽"一系列相对模糊的框架体系/类别"。后者（演绎）以"框架清单"为代表，将被考察话语/行动/文本归入"事先确定的框架类目"并计算其"出现的频数"。见：邵静，2013，页209-210。

也就是说，近 10 年间的中文传播学界框架研究并没有多少推进和惊喜。

三、展望框架及传播研究：重新激活看似"过时"的框架理论

邵静受访时，手里带着她的学术人生和框架研究代表作《媒介框架论：中国形象在美国报纸中的呈现》（邵静，2013），书本看起来仍然簇新，几乎没多少翻阅过的痕迹。她感叹，难以想象毕业后居然连回头重读博论专书的兴趣都缺缺，而读博时的自己居然还挺有耐心，能一条一条梳理出来。她自嘲，要向过去的自己去学耐心，静下心来考虑问题。

也许是因为个案研究旅程过于孤单艰辛，邵静坦言该论文著作出版后就"再也不想看了"，又囿于前述研究兴趣转移、时间精力压缩，也不再做框架。始于博论、终于博士后研究的框架个案研究，终告一段落。

回顾框架研究之旅，邵静心目中的"关键研究者"有从未谋面的臧国仁教授，打过照面也引用过文献的潘忠党教授，以及同做涉华报道、后来接收其访学的彭增军教授。

对"关键的研究者"心怀感恩之余，邵静自然也对一度带来"好处多多"的框架研究常怀谢意而始终关注其命运发展。早前参与《媒介理论前瞻》（邵培仁等，2012）专书合著时，邵静（2012）就曾展望新闻传播中的框架分析未来走向，一是重视"对框架分析理论范式的探讨"，二是"加强对媒介框架与受众解读间互动体系的探索"，三是"注重框架分析的本土化"（页 95-97）。

时隔 10 年再接受本研究访问时，谈及恩特曼（Entman，1993）的"大师型理论"期望，邵静认为，"时间已经说明了一切"。1993 年至今 25 年来都仍在争鸣不休且未有大师级人物出面定论共识，足见其距离"大师"火候未到。而其依然成为"破碎的范式"话题经久不衰，亦可说明它仍是未被遗忘的理论。

做个案研究的操作化惯性，使得邵静并未思虑太多整体概念的问题。于她而言，"框架就是一个框"，就是在"很多东西中我只框到了你的脸"的那种选择和凸显。

相比定义，邵静更关心能否通过"新东西"的注入重新激活看似"过时"的框架理论，如：多样化跟多场景应用是否框架研究未来发展的热点？框架研究跟新媒体研究是否可以结合？不同框架之间如何互动？除了脸书框架、生产框架，未来是否有人工智能框架？

至于统领性的典范，在邵静看来并非当下急于深究的东西。只要理论本身能蓬勃发展，姑且暂时放一放统领野心，静观其到底能发展到什么阶段，或许最终反倒能慢慢形成自己应该有的样子。当然，她自嘲这可能是过于"女性

视角"的一种"佛系"看法。

自 2004 年大学毕业,跨专业考研到传播科系,邵静已经在这个专业领域前行近 20 年。尽管学术旅途遇到很多困难,教职亦非她从小的梦想职业,但每次在大学里授课,看到那些大学生坐在大学食堂里吃饭,工作时间自由,平常可以做喜欢的事,就挺开心的、很满足。她就想,有多少人一辈子都能坐在高校食堂里吃饭啊?她觉得自己很幸运。

第九节　杜涛:框外世界,中古"真空地带"①

杜涛(1971—),河南省平顶山市人。中国矿业大学(徐州校区)工学学士(1993),郑州大学新闻学硕士(2005),清华大学传播学博士(2010)。先后任教于中国青年政治学院(2010—2017)、中国社会科学院大学(2017—今),曾赴澳大利亚麦考瑞大学(Macquarie University)、英国埃克塞特大学(University of Exeter)访学,现任中国社会科学院大学新闻传播学院副教授。

杜涛的研究集中于新闻实务、政治传播、青少年与传媒等领域,主讲"新闻评论""专业论文写作"等课程。围绕教研兴趣,他曾先后出版《新闻评论:思维与表达》(2013b)、《影响力的互动——中国公共政策传播模式变化研究》(2013b)、《框中世界:媒介框架理论的起源、争议与发展》(2014)等独著专书代表作。其中,《影响力的互动》(2013b)系由博论研究改写出版,《框中世界》(2014)则是博士毕业后独立研究完成。

一、框中世界:从"煤"的世界进入"媒"的世界

杜涛大学所学专业与现在从事的新闻传播学科原本一点边儿都不沾。机

---

① "中古"全称"中古时代",原指西方文明史上约从公元 500 年到 1500 年千年来的欧洲历史,主要特征是西罗马帝国的衰落和文艺复兴时代(欧洲的重生)的开始。传播学科奠基人威尔伯·施拉姆(Wilbur Schramm)素有"文艺复兴人物"(Renaissance Man)美誉(Schramm,1997/王金礼 译,2016,页147)。但本研究所用"中古时代"并非实指此段欧洲历史,而是作为与"远古""上古"相对的时间概念应用于传播学科的生命周期。本研究界定传播学科的"上古时代"为施拉姆遗作《美国传播研究的开端:亲身回忆》下半编《美国传播研究的奠定》[Chaffee & Rogers(Eds),1997/王金礼 译,2016,页141-205]的主要叙事范围,即,自 1940 年代施拉姆在美创建全世界第一个大众传播学博士项目以及最早的传播研究所,至 1987 年在夏威夷家中去世。1987 年之后,传播学科即进入"中古时代",巧合的是,此历史时间段正好与媒介框架理论在华旅行史重叠。

缘巧合的是，1993年，毕业生杜涛入职与母系中国矿业大学（徐州）煤综合利用系行业对口的平顶山煤业集团，在宣传部门做文字工作，跟媒体打交道，从而与新闻事业产生了联系。遂于工作10年后考入郑州大学攻读新闻学硕士学位，跟随业师董广安教授从事新闻业务研究。毕业后他重操旧业，在河南省交通厅新闻办短暂工作一年，次年（2006年）考上清华大学攻读传播学博士学位。

（一）《框中世界》专书之来龙去脉

读博期间，杜涛业师、时任清华大学教授李希光的研究团队产出《新闻构架与国家利益》（李希光、Thompson、于家娣、包丽敏，2000）、《谁在设置我们的国际冲突报道框架》（李希光，2002）、《新闻构架、符码与制造同意的艺术》（史安斌、周庆安，2003）等具一定影响力的框架研究成果，杜涛观摩到此系列研究台前幕后，受启发甚大。在此期间，杜涛也身体力行使用内容分析方法研究媒体框架，参与项目报告撰写。

前后两次长达11年的国有单位媒体宣传工作经验，硕博两任业师研究旨趣之耳濡目染，对新闻文本和媒介内容的熟稔专精，使得杜涛从教后的教研范围自然而然地集中在新闻业务、政治传播、国际传播研究三个领域，而框架理论及研究占据了重要地位。[①]深入考察框架理论由此成为杜涛个人"学术之旅的必然选择"（杜涛，2014，页6）。

除了个人学术兴趣，框架后设理论（元理论）研究的现实召唤是另一重要原因。杜涛察觉，框架理论作为研究热点始终缺乏清晰的理论图景，与其固有的理论意义、现实意义及应用价值反差强烈。譬如，国外社科界对框架概念、理论假设、适用问题、研究取向乃至于分析层次都存在很大争议；国内（指大陆）[②]学术界则尚存较大的理论空白和不足。

---

① 杜涛解释，第一，在新闻业务领域，框架概念不仅可以大大加深人们对新闻报道、新闻评论的实质的认识，且对具体写作的完成也有实质性的指导作用。第二，在政治传播研究领域，框架理论是目前应用最为广泛的理论之一，因为政治报道的框架往往具有竞争性且差异较大，使用框架理论很适于展示和揭露隐藏在媒体报道中的权力和资源分配关系。第三，在国际传播领域，一方面其与政治传播关系密切，如有学者认为国际传播更多的是一个政治传播概念，近似于国际政治传播；另一方面，由于意识形态和文化不同，国际传播中的报道框架往往差异极大，很容易成为框架分析的对象。见：杜涛，2014，页5-6。值得一提的是，杜涛接受本研究访问时坦承，他到了中国青年政治学院、中国社会科学院大学任教之后，自觉新的研究平台与原所在的清华大学不同，新平台比较适合做青少年传播而国际化稍弱，故将原有的"国际传播"研究方向转换为"青少年与传媒"。

② 杜涛自认其研究主要对象是内地框架研究文献，且香港、澳门、台湾地区的框架研究水平"显然比内地高出不少"，故此处所言国内专指大陆。见：杜涛，2014，页192、230。

已有其他学者(如:贾国飙,2014;陈至,2013;孙彩芹,2010;王培培,2009;谈婕,2013)总结问题就有"著述和译著较少""理论性研究缺乏原创性""研究以实证为主,认识论研究不足""文本框架集中,传播者、受众、社会文化框架分析不足""纸质媒体新闻框架过多,新媒体框架研究不够""研究方法多元性不够""研究者主观性存疑,为证明偏见而创造偏见框架、用不公正的眼光审视着不公正"等怪现状(杜涛,2014,页6)。

杜涛自己还另外发现相关问题包括,"引用概念、论述多转引,少追溯""许多国外重要争议问题甚至没有在简体中文世界中出现过""研究方法单一,内容分析和文本分析占绝大多数,实验法极为罕见"等(杜涛,2014,页6-7)。

有鉴于此,杜涛从理论发展现状和个人学术兴趣出发,跃跃欲试着待时机成熟时做理论梳理工作。他不打算"追逐热点",也不打算"做重复研究",无意在"海量的框架个案研究中再增加一个",而是将深思熟虑后的研究范围圈定在"框架理论的起源、争议和发展问题"的梳理和整合。

他深信,这样既有理论意义也有现实意义和应用价值的研究,更能增进"对理论的理解""发掘启发价值",即便没有重要突破和创新,也会对国内框架研究现状有不小的价值(杜涛,2014,页7-8)。

孰料,框架理论的复杂性和多元性、所涉"知识广度"和"理论深度",令杜涛在读博期间的2006、2008年两度动工皆进度滞沓,直到博士毕业后方才抱着"先有后好"的想法再次出发系统考察。这便是他博士毕业后四年间独立完成的《框中世界:媒介框架理论的起源、争议与发展》(杜涛,2014)这本大陆首部媒介框架元理论研究专书的来龙去脉。

(二)《框中世界》专书之核心观点

《框中世界》(杜涛,2014)将名词属性的框架统称"框架",将动词属性统称"架构"或"框架化",关注框架概念在新闻传播学领域的内涵、意义及应用(即"媒介框架理论"),具体包括媒体框架、传播者框架、受众框架和文化框架等新闻传播学领域内的框架理论分析与阐释。该书采用文献分析法、内容分析法、比较研究法,着力探讨"框架概念与框架理论的起源与发展""媒介框架理论的内涵与实质""国内外媒介框架理论的应用情况与差别"三个研究问题,结论核心观点如下(摘自:杜涛,2014,页188-189、206、240):

其一,起源。该书追溯框架理论源于社会建构主义哲学观,具体学科层面概念来源分别是社会学、心理学,在起步之初有作为新闻社会学的分支、作为传播效果研究新范式、作为话语研究的分支三种发展取向。

由史入论,该书分析了框架理论概念在新闻生产、传播者研究、受众研究、文本研究、文化研究的各种多元化侧重。无论将框架视作隐喻、理论假设、认知抑或考察其机制结构，甚或视其为社会文化的一部分，这些努力都增进了学术界对框架的理论探索，也暗示了框架概念及理论整合实为任重道远。

其二，争议。该书分析了四个问题。一在元理论（后设理论）层面，与恩特曼的范式相比，更赞同迪·安格洛把框架研究视为科学研究纲领的说法，提倡尊重理论的多元发展现状和多取向进路。二在理论定位层面，框架理论不应被视为议程设置的分支或第二层，但应尊重此误读的现实意义和理论意义。三在文本框架分析取向上，定量、定性方法各有优劣势，未来的趋势会是结合二者。四在理论后果层面，框架可能带来的伦理问题及其解决对策值得引起更多关注，成为框架研究的应有部分。

其三，反思。该书出于华人传播本土关怀，聚焦国内（指大陆）框架研究，通过内容分析总结其基本特征是：国内框架研究期刊论文、学位论文分从陆晔（1998）、邓天颖（2003）年开始出现，研究数量逐年上升；研究者具有高级职称的资深研究者较少，以硕博士生居多，学位论文中又以硕士生居多。

期刊论文和学位论文类型均以个案研究为主，但文献综述类、理论探讨类和形象研究类的论文引用率较高；理论应用上，效果研究和文本研究是热点，与此相较则新闻生产研究和文化框架研究仍有待更多学者投入关注；在框架辨识上，使用最多的研究取向分别是坦卡德的"框架清单"分析取向、臧国仁的"高中低框架"分析取向以及梵·迪克和费尔克劳夫的"批判话语"分析取向。

针对上述特征，杜涛（2014，页185）在书中援引认可了邵静（No. 辛）的观点，"我们目前不太成熟的有关框架分析的研究大多源自国外经典文献""我们正在经历一个漫长的理论引介、推广和应用阶段"（邵静，2013，页24）。

漫长有多长？杜涛早在2014年在书中的预言，"历经十年恐怕仍然成立"（页185），6年后复为邵静（No. 辛）所言"高引文献十年如故"证实（2020年7月6日）。

路在何方？杜涛（2014）在其专书提出，做好框架研究权威学者经典之作译介、与海外华人学者和港台地区学者加强合作交流、补强国内的框架理论研究、补白框架效果及其伦理问题研究以及抓住新媒体发展和大数据时代延伸等发展对策，以期实现理论建树及本土化有机发展（页184-185）。

（三）《框中世界》之访谈延伸观点

上文所摘《框中世界》（杜涛，2014）之核心观点，杜涛在接受本研究访问（2020年7月6日）时多有复述，足见其洞察力之敏锐、所作分析之精准及未来路径分析之超前，方能历经六七年后仍未过时且具参考价值。访问中，杜涛对上述部分观点略有整合及延伸。

1. 桥梁性概念、桥梁性理论及桥梁型学者

杜涛形容框架理论能如"桥梁"般，一能将他在新闻业务、政治传播、国际传播三个研究与教学领域的兴趣嫁接起来，二能连接心理、文本、文化等多个领域从而表现出强大的兼容性和宽广内涵，堪称"桥梁性概念"（杜涛，2014，页281）。

杜涛还形容海外华人学者和港台地区学者在框架理论的本土化和国际化进程发挥了"桥梁"作用。得益于华人文化的接近性，这些学者能将师夷西方的理论转化成母语中文，帮助总结框架理论的发展渊源，令一些理论阐释更易为国内学者所接纳。"比如说臧国仁他们都属于这种"，杜涛思忖，"我想国内的人都受到他们比较重要的影响吧"。

又由于西学背景，海外华人学者或能直接在国际顶尖期刊发表框架研究成果，或与国内访问学者合作完成研究，成为推动本土学术国际化的"桥梁"，潘忠党、沈福元、齐湘、周裕琼等学者都是杜涛眼中的此类佼佼者。杜涛写书时参阅西方顶级期刊时为此甚感惊喜，"我也挺自豪的""这么多华人学者为框架理论做了这么多贡献"。

2. 框架个案研究及分析法之发展

框架个案研究数量过多而优质的框架个案研究一文难求，其根源在于戈夫曼所说"框架意指分类体系"之洞见。而归纳框架分类之所以参差不齐，主要源于"研究者们所用的抽象水平不同"。不论从"事物本身性质""事件的不同时空情境"还是"事物的不同方面"展开分类，结果都会"显著不同"。新闻文本框架归纳由此成为"仁者见仁，智者见智"的事，个中一些体现出研究者"强大的概括能力和创意"且"研究结果极具启发意义"的研究，"仍然是很有价值的"（杜涛，2014，页139）。

杜涛列举了一些令他印象深刻的华人框架研究学者及其个案研究，如《框中世界》专书中提到：齐湘（Hiang Iris Chyi）和麦库姆斯（Chyi & McCombs，2004）创新了"空间—时间"二维测量方法，分析报纸对哥伦拜恩校园枪击案的报道及其框架属性的媒体应用，此"时空框架分析法"为其后许多学者采用。

前引周裕琼和帕翠西亚（Zhou & Moy，2007）对"宝马撞人案"的线上网络跟帖和线下媒体报道进行内容分析，发现潜在的网民自治减弱了政府对媒体的框架设置效果。

李艳红（2003）的美国总统克林顿（W. J. Clinton）访华的媒体报道框架研

究,对《人民日报》的"美好中国框架""官方权威框架""国家立场框架"与其子报《环球时报》的"人情味框架""真实中国框架"展开比较。

聂静虹先以广东番禺垃圾焚烧事件为例考察传统媒体都市集体行动报道中的"框架延伸""框架对立""框架独白"等多元框架整合,后对175名大学生进行实验研究发现新闻评论的架构效果较新闻报道更为强烈(聂静虹,2012;聂静虹、王博,2012;聂静虹、李磊磊、王博,2013)。

还有另些"让人眼前一亮""特别有创意""给人以特别启发意义""似乎找到了文化框架"的框架分类,是杜涛在《框中世界》(2014)专书出版后才读到的。如拆迁户对政府抗争策略中的"社会主义""现代法理""传统话语"等话语框架就十分新颖,后续研究亦曾借用相似的话语策略分析烟草广告框架。

对框架后设理论(元理论)研究的情有独钟,占据了杜涛的大多数研究时间,使得他并未特别在个案上投入精力,仅有的一篇个案研究是关于儿童青少年肥胖媒介镜像(杜涛,2016)。杜涛每年在指导学生做框架研究学位论文时,都会帮助他们把框架分析法设计得稍微复杂一些借以突出其学理性。

据杜涛观察,总的来说,硕士研究生使用框架理论作为核心理论做学位论文的特别多,但是做的过程大同小异,同质化现象比较严重,很少对理论有所贡献,通常是"用完就完了",每个人引用的文本、每个人引用的论文都差不多,都是从贝特森到戈夫曼从头到尾说一遍,然后对什么东西做一个分析。往往硕士生们还不敢使用甘姆森的诠释包裹那种过难的分析设计,使用特别多的还是稍微容易一点、相对好操作的甘姆森"框架清单"和臧国仁的"高中低"框架分析法。"这样同质化研究在国内何其多矣!杜涛感叹。

说到坦卡德和臧国仁,杜涛尚不知两人曾有博班师徒学缘之背景,只隐隐觉得"他们两个好像有什么样具体的联系""好像又有点理不清楚"。

3. 缺席的"框架定义"和"关键的人"

什么是框架?杜涛在《框中世界》(2014)专书中、在接受本研究电话预访以及本研究正式线上访问时,三次回答给出的答案都颇一致,即他无法为总体的"框架"给出通用定义,只能定义不同位置的具体"框架"。

杜涛承认,相对于议程设置(agenda setting)、启动效应(priming effects)等其他传播理论,框架的概念定义和操作定义都是"最不健全"的(页59)。他预测,针对框架概念和定义的争议"还会长期持续下去",但"很难有共识性的说法";即使有也只能是"一些很抽象词汇的堆积"而意义不大。

杜涛甚至同意里斯(Reese,2010)的断言,"确定性的框架研究永远不可能找到""研究者只能基于各种选择确定最好的进入点"这样的悲观论调。既然共识难求,不如退而求其次,寄望于"某一个位置上的框架"之定义(页71)。

杜涛提及媒介框架研究史中的"关键的人",在西方英语世界中有甘姆森和恩特曼这两个"不少学者眼中最重要的框架学者",在中文华人世界则有臧国仁、潘忠党等(杜涛,2014,页42-43)。[①] 他现已忘记借到臧国仁(1999)专书的具体时间,但清晰地记得是在中国青年政治学院图书馆里面的地下密集库。该库每周只开放一次。

至于他自己的框架研究旅途,基本上是独立研究。杜涛回顾来时路,除了博班业师李希光的研究旨趣影响他进入框架领域,以及中国青年政治学院的硕士生、本科生牺牲暑假时间帮忙整理资料、执行内容分析,未曾有其他"关键的人"起到决定性的引领性作用。

二、框外世界:中国媒介框架理论史的"中古'真空地带'"

本次访谈氛围特别轻松愉快,引发杜涛借题发挥之雅兴,试图借机谈谈一些"没有写到书里的内容",即《框中世界》专书之外的"框外世界"。

(一)两位源头学者:"一触即走"的贝特森与"批不动"的戈夫曼

框外世界之一是缺席的"最终解释者"。原本最可能成为理论集大成者的贝特森和戈夫曼,因种种原因未能在概念的终极解释上有所作为。作为概念提出者的贝特森,在杜涛的理解中,似乎是"一触即走",没有下那么大的功夫解释概念,"他对框架的理解就只是提到了它,没有做很深的阐释",就描述了"两个人在互相打斗,到底是闹着玩的还是真打的,它有一个什么样的信息"这样一个画面。

反倒戈夫曼真正有点下功夫,但是他又没有解释得很清楚,用吉登斯的话来说就是"虽然才华横溢"但"不愿充分而系统地阐发自己观点中的意涵"而导致"其中理论内涵有些无足轻重"(Giddens,1984;转引自:杜涛,2014,页60-61)。因此,可以说留下了一笔烂账,亦可谓其留下了很丰富的想象空间。

而后来的框架学者来自不同学科背景,各有不同研究重点和取向,导致通用概念的界定、共识达成愈加困难。

---

① 学者黄旦的贡献,在杜涛的专书中亦有提及。黄旦(2005a)重视"新闻社会学"取向的宏观层面分析,或称"新闻生产的研究",并将之归纳为"框架理论的中心问题"即"媒介怎样反映现实并规范人们对其理解"(页231-232)。此学术关怀与西方学者量化研究表明的"文本框架、框架效果研究占更多数"现实发展并不一致。见:杜涛,2014,页43。

（二）中古真空地带：既不时髦，又称不上历史

框外世界之二是杜涛在写书时未曾想到，但因受到本研究主题启发而意外萌生的灵感。

"我有一些感慨，可能跟你的研究主题有点接近吧"，杜涛说，"现在咱们在新闻传播学的研究过程中，有这么一个稍微有点偏颇的现象，就是媒介框架理论译介文本中的遗漏为什么这么多呢？"

杜涛反思，现有传播学研究译介要么翻译最新的、有很多人关注的前沿主题，要么翻译比较早的关于学科奠基人的故事、跨越 1940 到 1980 年代整个时间轴，偏偏 20 世纪 90 年代或者 2000 年前后的这部分的翻译较少。因为这个时间段不算时髦又称不上历史，以致于其翻译被很多研究者忽视、忽略。"但是"，杜涛说，"恰恰是在这个时间段（媒介框架研究）变化很大的""很多理论在这个阶段发展起来"，"很多重要的文章在我们国内华语世界从来没有见过"。

杜涛说，像是"人家恩特曼和迪·安格洛探讨的文章，我们国内从来就没有人提到过。包括文化框架的也是没人提到过"。译介遗漏造成的封闭使得大陆传播研究相对落后、滞后，"（读那个时候的框架文献）就感觉看谁写的都觉得耳目一新，（实际上是因为）我们在这块比较滞后"。

因而杜涛提倡，对于 1990—2000 年前后的媒介框架研究史"中古真空地带"，未来还需要再加强一些。

三、未来世界：框架理论典范继续发挥重要但非引领作用

框架理论有没有可能成为重要的理论典范？框架理论有无可能引领传播学科成为社会科学中的大师型学科？从预测的角度，杜涛的回答是："说它重要，是的。说它引领，实在是它无法承受之重。"

杜涛认为，第一，框架理论研究可以成为研究内容或传播文本引领性的范式；第二，在新媒体环境下，框架理论仍然是一种很重要的理论范式；第三，框架理论不能引领整个传播学科，乃因它没有最根本的重要性。

杜涛举例，框架理论在传播领域的主要解释力在于媒介内容。而国际顶级期刊前阵子都在探讨整个传播学科面临的重构问题，如在新媒体平台下，技术扮演了重要角色，受众的力量也越来越强大。

随着其他传播要素的重要性逐渐提升，内容的重要性似乎有些减弱，以专长内容研究的框架理论来带动整个学科是不现实的。而恩特曼的论文写于 1993 年，他再"牛"也不可能预测几十年后的天翻地覆变化。

　　杜涛续引学者喻国明（2014.2.13）的观点来回答这个问题，指出在新媒体时代，新闻传播学成为显学，就是因为国家的学科设置的时候没有提前安排好"网络学"学科，以致于适合"网络学"挂靠的新闻传播学科现在特别繁荣，谁都去研究社交媒体或新媒体。所以，如果说新闻传播学科能否引领社会科学，那是有可能的，但那也不是因为新闻传播学科有多"牛"，而是因为网络"牛"。

　　至于未来的框架研究，杜涛认为有必要做的是深刻探究几种不同的研究取径，比较何种操作在什么情况下更科学。杜涛个人感觉甘姆森的"话语包"做法更有道理，也曾读到潘忠党评价甘姆森的研究路径语焉不详，杜涛希望有学者能"搞清楚"并给未来的框架研究提供可行的分析法典范。

第十节　钩子：继往，开来

　　曲终人散，回头一瞥。又到了定制"钩子"承本节、启下节的论述的时候！然而，在此"钩子"出场之前，恐怕需给读者诸君先留白一小段断档式的无声的缄默。在黑暗中与剧中人同喜同悲过的观众会懂，散场灯亮起后，我们仍需要一点时间来自我消化，抽离出刚刚卷入光影世界里的情感，才能回到现实生活中由己及人也由人及己。

　　继往，读者诸君当悟到，本节说在前头的"丑话"所言非虚。确实的，这九个故事短的有点短，长的有点长（如 No. 甲. 臧国仁、No. 丙. 钟蔚文），有些深邃到一言难尽（如 No. 乙. 潘忠党的未言先止的生命故事，又如 No. 丙. 钟蔚文的绵延一生的研究哲学），有些浅显到不证自明（如 No. 戊. 周裕琼、No. 庚. 李东晓、No. 辛. 邵静的学经历均表明内容框架个案适合研究新手），有些无心栽柳了理论译介（如 No. 丁. 张洪忠），有些忠诚于理论梳理（如 No. 壬. 杜涛），有些执着于理论建构（如 No. 己. 肖伟），还有些参透了"框架无理论"（如 No. 乙. 潘忠党）……这些不同、不对等，妙就妙在无法复制。他们的成功无法复制，转弯无法复制，阶段性的小挫败也无法复制。所有的经历都因个性化、脉络化的时空特殊性而对后来者谈不上移植价值，但故事本身却令人热泪盈眶。他们只是做一日研究、撞一日钟、尽心力完成自己的本分志业而已，并不曾预料到自己的故事在他者眼中会有多么动人！

　　继往，读者诸君当见微知著。无论如今中外，无论什么样的社会环境，无论什么样的专业领域，一个已形成相当规模的社群总有好人坏人、君子小人等形形色色生态。反观此九个小型剧场，九位主角从事的行当都一样（做媒介框架研究),却并非"人人都像一个模子里造出来的",生活因此才"值得一过",学问也因此才值得一做(赵汀阳,2004,页230-231)。这九人穿梭在不同的生命际遇中,为不同的研究问题所诱惑,创造性地回应着不同的访问题目。即便只有少少的九种参差不齐的生命观、研究路,也已经能像一滴水一样折射出阳光的七彩,让我们从中看到社群的多样化、研究的多元化。

开来,下节将延续开篇时设计好的书写路线,将这九个框架研究故事嵌入到理论在华旅行的整体叙事中,以更全面、深刻地呈现已知部分的方方面面,最终为下章的资料分析、愿景展望等未知部分夯实推演基础。

第三编　典范反思篇

第八章 脉络反思:媒介框架理论在华旅行
"远山"的景别与景深

—— 每个故事都在有限的时空中有着不同的框架。你在讲故事的时候不可能只注重在写作。你的思绪会被整个民族、文化的历史所围绕。那些有点像"远山"。它是你非常深沉的一部分。(钟蔚文,2020 年 9 月 17 日)

—— 无论是哪一个人、哪一代人,都生活在某个社会当中,都活出了一幕幕生命故事,这些生命故事又是在某个历史序列当中演绎出来的……任何社会研究,如果没有回到生命故事、历史以及二者在社会中的相互关联交织之议题,都不算完成了智识探索的旅程。(Mills,1959/2016,p.4)

—— 我坚持讲述着这个一般领域的发展史话。它足够复杂的了。我将每一个专业的历史留给其他人去阐述。(Rogers,1994/1997)

行文至此,我们终于听懂,钟蔚文(No.丙)在本研究两轮访问共 6 个多小时的互动中的判准和预言。他判准本研究问题前提是"在整个研究社群里面有一段时期、有一些研究,它们的名字叫'框架研究'",而本研究好奇关键研究者"他们是谁""他们怎么做框架研究",除想看到"台上所展现的这些研究成果"外,更想知道"背后那些个长远的生命故事"。

第一节　"远山"祛魅：以"时空框架"透视研究生命故事

钟蔚文（No.丙）认为，尽管"每个人都有不同的故事"，但故事的模式是"平等"的，每个故事都"在有限的时空中有着不同的框架"。他为此预言，"你（本书作者）在讲故事的时候不可能只注重在写作"，而"你的思绪会被整个民族、文化的历史所围绕""那些有点像远山""它是你非常深沉的一部分"。

在钟氏预言的召唤下，我们不自觉地将景深拉远，远到影影绰绰浮现出1997年某个秋日，美国东南部阿巴拉契亚山脉的天光云雾。正当壮年的钟蔚文（No.丙）驱车穿梭在"蓝岭公路"的崇山峻岭间，耳畔仍然回荡着刚离开的美国南卡罗来纳大学"新闻媒体图景中的框架化"主题学术研讨会的热议，脑袋像汽车马达一样"转个不停"。

他叹惋初入学科的年轻人"很容易就进入帮派而内眷化、边缘化""忘记了起初真正要解决的问题"。他顿悟"原来美国人做框架研究本身是有框架的"……那么，华人呢？

华人学者做媒介框架研究，是否也如美国学者般地背负着巨大的、沉重的、云山雾罩一般的框架？是否每个研究社群、每个研究领域本身就会"被框框""被领域""被自己的方法跟理论"所局限？为什么会有这种局限？

在运用本研究设计的时空框架分析法解谜之前，我们拟以退为进，先后退一步，在民族、文化的宏大时空脉络中远观九个研究生命故事的全貌、关联及时代背景，把这九个平等故事合并为同一条整体宏观叙事线。如果说，前述九个生命故事的厚描是用显微镜和放大镜走近、走进每一个生命和研究故事，那么，接下来的整体叙事则是从故事与日常中凌空而起，借结构的巨擘用望远镜俯瞰、祛魅作为华人本土化的"远山"，以期有助后期展开的时空维度类目的录入标准研判及分析更具整体观。

第二节　西风东渐：媒介框架理论在华旅行的整体叙事

安土重迁的时代已成全球化当下的挽歌，可有身心俱在的"在华"？ 就地缘层面，最"在华"圈层通常锁定在"大陆、台湾、香港和新加坡的华人社会"（Tu，1991，p.12）；就精神层面，不论身在何方，只要能积极建设对"文化中国"的知识性理解，也是另种心灵意义的"在华"，这些知识分子在 1970 年代及以前主要集中在"台湾、香港、北美"等地，自 1980 年代起大陆亦随着国门开放后来居上（Tu，1991，pp. 22-23）。

如前文追述，在全球叙事线中，媒介框架思潮最早滥觞于西方，其理论旅行的起点可追溯至专著《公众舆论》（*Public Opinion*）（Lippmann，1922）。

一、西行漫记：媒介框架理论在英语学界的发轫（1922—）

1922 年，美国著名新闻记者和政论作家李普曼（Walter Lippmann，1889—1974）出版《公众舆论》专书，以"定义/看见""探照灯""头脑中的图景"等隐喻以及文化框架、阅听人框架概念雏形，暗示了新闻的本质实是主观框架而非客观镜像，公众阅听人固有认知框架决定了媒介效果有限而非全能。然而，此中蕴涵的媒介框架社会建构论思想，一度湮没于传媒业"新闻客观论"的主流价值观逾半世纪。

1952 年，英国人类学家贝特森（Gregory Bateson，1904—1980）在美国旧金山动物园观察猴子打斗时，意识到动物对打斗动机（是攻击抑或嬉戏）的判断源于彼此头脑中的"后设传播"（元传播），即各自认识事物的心理原则与主观过程。

贝特森据此提出"框架"概念并定义为"隐藏在（信息）背后的解释的原则"，后将认知领域的"心理框架"方法引入精神医学诊疗访谈实验室（Bateson，1954，March/1955/1972）。[①]

1974 年，贝特森的学生，出生于加拿大的美国社会学家戈夫曼将贝特森的动物传播思想、精神医学实践引入更广阔的人类社会文化脉络，定义框架是"经验的组织"（p. 11），为"个体面对社会所建立的思想架构"，具有"固定、调音、音调、逆换、复印"等多种机制，使框架理论得以思想启发、方法多元以及应

---

① 据罗杰斯（Rogers，1997）考证，格雷戈里·贝特森（Gregory Bateson）是英国著名遗传学家和生物学家威廉·贝特森（William Bateson）——于 1908 年发明"遗传学"一词，并重新发现和普及了现代遗传学奠基人 G. 门德尔的重要遗传学实验——之子，而格雷戈里（Gregory）便是以奥地利遗传学家格雷戈里·孟德尔（Gregor Mendel）的名字命名。年轻的贝特森一度抵制来自家庭要他继承生物学研究事业的压力，于 1930 年在剑桥大学获得人类学硕士学位，1936 年在新几内亚做实地研究时遇见人类学家玛格丽特·米德（Margaret Mead）并与之结婚，1950 年离婚后仍然作为同事继续一起工作。尽管成为生物学家并非贝特森（Bateson）的初心，继承其父的学科研究基因仍然深刻影响了他的学术志业。他的知识兴趣广涉心理学、精神病学、社会学、进化论以及在动物学和人类学的传播。见：Rogers，1994/1997；殷晓蓉 译，2005，页 78-79。上述跨学科背景或能解释为何贝特森能在 1952 年动物园之行中，从动物传播行为中敏锐地察觉框架现象，并从中提炼出对人类传播颇多有启迪的框架概念。

用广泛而渐为社会科学各领域注入不同发展机遇。

1970 年代后期,新闻与大众传播经典研究《做新闻:现实建构论》(Tuchman,1978)、《全世界都在看:新左派运动中的媒介镜像》(Gitlin,1980)最早将"框架"概念引进传播学界。两书都引用了戈夫曼(Goffman,1974)的社会学传统,明示"新闻/媒介是社会真实的建构过程",但前者(《做新闻》)多用"新闻框架"且认为新闻本身就是世界之窗的框架,后者则多用"媒介框架"且认为媒介当中有各种信息组合框架(即意识形态的过程)。[1]

1980 年代,美国波士顿学院社会学教授甘姆森(William A. Gamson,1934—2021)的政治话语、大众媒体和社会运动系列研究成果(Gamson,1981,1984,1988,1989,1992),如"建构论视角"(constructionist perspective)、"框架是中心思想"定义、"诠释包裹/话语包""签署矩阵"分析法(Gamson & Modigliani,1989,p.3-4),在媒介框架研究领域影响力甚大。[2]

1990 年代,框架理论逐渐普及且盛行于国际传播学界。美国得克萨斯大学奥斯汀分校的传播学者坦卡德(James W. Tankard Jr.,1941—2005)的"画框"隐喻,"截片、建筑、调色"三功能说,"框架是选择、强调、排除、详述新闻内容的中心思想"定义,"框架列表"分析路径等研究发现,是其间引用率甚高的代表性成果(Tankard, et al.,1991;转引自 Tankard,2001,p.100)。

1993 年,美国政治传播学者恩特曼(Robert Mathew Entman,1949—)在 JoC 发表全世界第一篇媒介框架后设理论(元理论)研究期刊论文《框架化:澄清破碎的典范》,引发框架理论业已陷入"分散的概念""破碎的典范"之争多年不衰,所提"框架是选择和强调"定义、"传播者、文本、接收者、文化"四位置、"问题定义(诊断)、因果诠释(归因)、道德评价(评估)、对策建议(处方)"事件议题等观点,至今仍是框架研究常引甚至必引的经典,恩特曼本人也一度与甘姆森同被众多传播学者认为是框架研究最重要学者(杜涛,2014,页 42-43)。

另有舍费勒、艾英格、梵·迪克、梵·高普等西方学者均在前文出现,其对

---

[1] 两书关于框架位置(在新闻本身还是新闻媒介当中)区别之观点引自潘忠党接受本研究访问时所分享。至于"新闻框架""媒介框架"两种提法,前文已有辨析,即传播学界素有混用"媒体"与"媒介"以及"媒介框架"(media frames;见 Gitlin,1980)与"新闻框架"(news frames;见 Gamson,1989)之传统,臧国仁(1999)也曾视上述两组名称为同义而交换使用(页 26,108)。

[2] 如前文所述,恩特曼(Entman,1993)在《破碎的典范》一文有关框架本质论述唯一引用的文献就来自甘姆森(Gamson,1992)。潘忠党(2006)也曾赞许甘姆森的方法最符合其所关注的框架概念及框架分析的核心命题。杜涛(2014)亦认可甘姆森和恩特曼是包括自己在内的诸多学者眼中,媒介框架研究领域最重要的两位关键研究者(页 42-43)。

媒介框架研究相继作出卓越贡献，惜限于与本研究的主题相关性而没有全部纳入本节简史，否则上述西行记列表可以无限地补充和延续下去。

二、东游记：媒介框架理论在华旅行简史（1991—）

简史不简。没有任何一个理论，没有任何一段理论史，能只在真空中生发和旅行。这是本书追溯史实时，无法脱离华人、华文、华语、台海问题、香港回归、中国改革开放等民族国家认同大叙事的根本原因。除了台湾政治大学、中国人民大学、清华大学、复旦大学、上海大学、四川社会科学院、浙江大学、深圳大学、暨南大学、香港城市大学、美国威斯康星大学等前文业已出现过的学术地标及任职其间的关键研究者，下文展开的框架理论在华史还将穿越到美国斯坦福大学、香港浸会大学、香港中文大学、新加坡南洋理工大学等多个中西文化交汇点及中转站，穿梭其间的还有与框架研究核心相关或间接相关的其他学者。后者（其他站点与其他学者）构成了本研究的"远山"。它们普遍联系，遥相呼应，帮助我们更广泛地了解一个世界范围内的中国传播学术社群的不均衡生长状况，也辅助我们更深刻地理解理论旅行的社会脉络与政经背景。

（一）美国斯坦福大学传播研究所：史前史的合适出发地

如同罗杰斯（Rogers，1994/1997）在起笔《传播学史：一种传记式的方法》时所言，1991—1992 年间他"身处一个合适的地方"（美国斯坦福大学）来开始一部合适的著作（p.1），本研究所选的中西传播学者交汇点也是美国斯坦福大学。

斯坦福大学分别于 1952、1955 年创建大众传播博士课程、传播研究所，是全世界第一批大众传播教学研究主力机构，启动了一直持续至今的传播学科学术研究典范，更哺育了全世界第一代传播学者。[①] 而其所培养的第一位华

---

① 在 20 世纪四五十年代，在施拉姆的力导下，全世界第一批大众传播教学研究组织的主力机构相继建立了大众传播博士课程，在衣阿华（Iowa，又译"爱渥华""爱荷华"）大学是 1943 年，在伊利诺伊（Illinois）大学是 1947 年，在威斯康星（Wisconsin，又译"威斯康辛"）大学是 1950 年，在明尼苏达（Minnesota）大学是 1951 年，在斯坦福（Standford，又译"史丹佛"）大学是 1952 年，它们通常都会随之创建一个传播研究机构，这批大众传播教学研究机构至今仍被公认为美国大众传播研究的一流大学学院。施拉姆不仅是传播学科的奠基人，是第一个将自己认作传播学学者的人，也是最早在大学中创办以"传播"命名的博士课程、培养了第一代传播学学者的人。见：Rogers，1994/1997；殷晓蓉译，2014，页 23-26。

人传播学博士,当系来自台湾的朱谦(Godwin C. Chu,1927—2006)。[1]

朱谦(美国斯坦福大学博士,1963届)学成后任教于南伊利诺伊大学时,教到同样来自台湾的华人研究生朱立(Leonardo L. Chu,1943—),随之推荐其先后到夏威夷东西方研究中心传播研究所(1974—1975)及香港中文大学新闻与传播学系工作(1974—1990),让朱立有机会参与并见证香港新闻传播学科自1927年创办至2006年其退休离港的"茁壮与繁荣"。

朱立于1974年在夏威夷初识施拉姆(Wilbur Schramm,1907—1987),其后在1977年当施拉姆担任港中大新传系首任"胡文虎讲座教授"期间有更亲近的交往,1986年夏接到施拉姆第一时间发函道贺其升等系主任等经历,此等机缘令其难忘且具历史意义(王彦,2017,页94,104-106;王彦,2018,页5)。

巧合的是,香港新闻传播学科从"筚路蓝缕"到"声誉鹊起"的腾飞期(1927—2006),与朱立个人学思旅程浓墨重彩的历史时段、与其恩师朱谦的生卒年(1927—2006)双双重合,似有暗喻某些关键学人的生命长度和深度即是一块里程碑(王彦,2017,页86-87)。

在此"里程碑"(1927—2006)时段里,朱立一度出走澳洲任教于昆士兰大学(1991—1994),几年后返港任香港浸会大学传理学院院长(1994—2002),履职期内曾邀时任政治大学传播学院副教授的臧国仁(No.甲)(1952—)(美国得克萨斯大学奥斯汀分校博士,1987届)[2]赴港访学(1995),并在该院传播系"教师论坛"发表英文专题报告《引介新闻框架理论》(Introducing the theory of news frame),面向香港师生引介新闻框架理论,更在此访学期间主笔完成《新闻媒体与公共关系(消息来源)的互动:新闻框架理论的再省》(臧国仁、钟蔚文、黄懿慧,1996),经审查通过后收入《大众传播与市场经济》(陈韬文、朱立、潘忠党主编,1997,页141-183)。

值得一提的是,无论是该书主旨(大众传播与市场经济)还是更早五年前完成的出版物《传播与社会发展》(朱立、陈韬文编,1992)与论文《"传播与国家

---

[1] 朱谦是美国斯坦福大学培养的第一位华人传播学博士(1963届),但并非华人在美国拿到传播学博士学位的第一人。据臧国仁(2021年8月4日,电子邮件)考证,他个人所知最早的华人传播学博士系1921年生于中国湖北、1947年抵美、1951年获美国爱荷华大学哲学博士学位的喻德基(Frederick Teh-Chi Yu)。喻德基生平详见Prabook网站,Frederick Teh-Chi Yu(born July 15, 1921),American journalism educator | World Biographical Encyclopedia(prabook.com)。

[2] 为便于读者更容易"看见"本研究受访者在总体叙事中的出场次序、年功资历、空间方位,每位受访者首次出场时都会标注出生年、毕业年、博士就读学校三项基础信息。

发展"典范之重认》(朱立,1992a,1992b),朱立对传播社会学的学术兴趣显然师承朱谦启迪颇多。朱谦则将此归功于斯坦福读博期间,传播学学科奠基人、业师施拉姆对传播与国家发展研究议题的贡献及引导(Chu,1974)。

施拉姆的爱荷华、伊利诺伊、威斯康星、明尼苏达、斯坦福门生遍布世界各地的传播研究高等学府,成为他全球学术版图野心的中流砥柱,也实现了其自1940年代起创办全世界第一批大众传播教学研究组织机构的"导航性计划"之初衷。

如臧国仁(No.甲)在美国得克萨斯大学奥斯汀分校的博论业师坦卡德、博班老师韦恩·丹尼尔森(Wayne Danielson,1929—2017)便都是斯坦福优秀毕业生中的佼佼者。丹尼尔森(斯坦福,1957届)与坦卡德(斯坦福,1970届)的博论研究聚焦的"词频效果""眼神接触"历经半个世纪后,迄今仍是认知神经学、传播科技、大数据领域的前沿热点,斯坦福的"Pioneer(先驱)精神"可见一斑。

确切地说,他们所学皆是源自此二人恩师施拉姆的"Pioneer精神",那种开疆辟土立基建业、自如驾驭人文与科学双领域、写作与教学研究及行政管理样样出色、"至少领先其他人十年",包括其"恒星般不可企及"的前瞻视野、多元才干与个人魅力(Tankard,1988,pp.11-16;Danielson,1974,p.30)。

同为施拉姆的得意门生而毕业于斯坦福的大众传播学程的麦库姆斯(Maxwell E. McCombs,1938—)博士(美国斯坦福大学博士,1966届),亦与媒介框架研究联系紧密,学术观点却与坦卡德(斯坦福,1970届)以及硕班学弟潘忠党(斯坦福,1985届)大相径庭。

麦库姆斯成名于1968年"教堂山镇研究"(Chapel Hill Study)提出的大众媒体"议程设置"概念及理论框架(McCombs & Shaw,1972),与合作者唐纳德·肖(Donald Shaw)、大卫·韦弗(David H Weaver)并称为"议程设置之父"(史安斌,2017,页13),却也因合流框架理论为"二级议程设置"(second-order agenda-setting)(McCombs,1997,p.37)之企图而备受争议(Mathes & Pfetsch,1991;Pan & Kosicki,1997;Weaver,2007;Scheufele & Tewksbury,2006;臧国仁,1999;张洪忠,2001)。

美国斯坦福大学不仅盛产杰出学生且云集俊彦师资。该校政治传播实验室主任、传播与政治科学系教授艾英格就是著名的"强调框架'反对党'",多年来"锲而不舍"地发文否定着"强调框架"概念。艾英格于1990年代初期通过政治议题电视框架研究提出"同等框架"(Iyengar,1991),廿年后与威斯康星大学麦迪逊分校传播学教授舍费勒联合撰文批判恩特曼的"强调框架"远不及

"同等框架"更接近框架本质,对恩特曼作了功罪各半的保留性评价(Scheufele & Iyengar,2012)。

也是在美国斯坦福大学,1980 年代,来自中国台湾和大陆的两代传播学人,就读于此地传播研究所的博士研究生钟蔚文(No. 丙)(1950—)(美国斯坦福大学博士,1985 届)和硕士研究新生潘忠党(No. 乙)(1958—)(美国威斯康星大学麦迪逊分校博士,1990 届)在电梯间相遇相识。钟蔚文(No. 丙)的另位博班学弟彼得斯(John Durham Peters,1958—)更因受华人同学的影响而拓展了地缘政治知识版图,聊发传播学科是"学术界的台湾——宣称代表全中国——实际上,却被孤立在一座小岛上"之奇思笑谈(Peters,1986,p.544)。

1985 年,钟蔚文(No. 丙)完成美国斯坦福大学传播学博士学位后返台任教于政治大学传播学院。受益于美国斯坦福大学的认知心理学训练及其传播研究所"Pioneer 精神"之影响,钟蔚文带领众多研究生开展有关记者、阅听人的知识结构与认知机制等与新闻基模与议题间的讨论,至 1980 年代末期已指导《新闻基模之研究——专家与生手知识结构差异之探讨》(梁玉芳,1990)、《议题涉入感对信息处理策略影响之研究》(吴雯雯,1991)两篇硕士学位论文毕业。

钟蔚文领导的研究小组还"无心插柳"启蒙了诸多慕名而来学习交流的编外成员。如前文提及的跨校旁听生、辅仁大学新闻研究所研究生张甄薇所著硕士论文《冲突性社会议题之新闻框架研究:以台湾政治反对运动为例(1960—1991)》(1992)即是最早以"框架"为题的未出版中文传播学文献。此硕论题中的"框架"二字并非阅读已出版文献而来,而是带着自 1991 年美国波士顿 AEJMC 会议而返的太平洋的咸鲜的风。

(二)太平洋的风,台湾海峡的风:正史奇缘

诚如前述,1991 年 8 月,钟蔚文(No. 丙)、臧国仁(No. 甲)与"坦克"教授(即臧氏博班业师坦卡德)在美国波士顿市 AEJMC(美国新闻与大众传播学会)年会上重逢。会上,"坦克"教授师生团队宣读的两篇媒介框架研究报告,给在场的钟蔚文、臧国仁留下了深刻印象且意犹未尽。

1991 年夏自美回台后,钟蔚文领衔次第成立"专家生手""认知类型""记者知识"等多个研究小组,探究"坦克"教授会上专文未尽的"框架"所涉内在机制以及究竟透过哪些步骤得知新闻文本"中心思想"等议题。

及至次年(1992)于加拿大 AEJMC 年会里,臧国仁专程向坦卡德讲述其与钟蔚文一年来的框架研究经验时,其有异于社会学视角的认知心理学取径令"坦克"教授为之惊奇。二人合作草拟的第一篇英文框架研究《寻找新闻框

架：它们的功能和结构》（In Search of News Frames：Their Function and Structure）（Chung & Tsang，1992）也是在此期间完成的，惜乎当时教学压力大且研究兴趣过于广泛，始终未集中精力修改、投稿，至今未公开发表。

1992 年自加拿大返台至 1990 年代末，钟蔚文接续成立"再现"小组，与臧国仁及研究社群成员一面探索记者的心理认知基模以及媒介框架研究，一面深耕社会建构典范在新闻再现领域的理论及应用，使框架理论的心理学、社会学两股思潮得以汇流于斯、相得益彰。教、学、研相长的 10 年间（1991—2002）产出多个高质且方向多元、凝练的研究成果，研究社群交流与期刊专书发表活跃丰富，拥有过整个 1990 年代的媒介框架"黄金时代"研究热潮又迅速沉寂。

1993 年，潘忠党（No. 乙）兑现了在美国威斯康星大学读博期间（1985—1990）与小两届学弟科斯基（G. M. Kosicki）约定合写"框架研究三部曲"承诺的第一部，《框架分析：一个关于新闻话语的取向》（Framing analysis：An approach to news discourse）（Pan & Kosicki，1993）。以毕业后第三年（1993 年）发表第一篇、第十五年（2005 年）发表了最后一篇、再加上在读期间相处三年计，这"三部曲"可谓"十八年磨一剑"，而引用率最高的仍是写得最早的第一部曲。

容我们在 1993 年略作停留。1993 年是华语、华文、华人传播学术社群、华人媒介框架研究等多个在华领域的重磅事件你方唱罢我登场的热闹非凡之年。1993 年，华语辩论最高赛事、后被誉为"世纪之辩""狮城舌战"的首届"国际大专辩论会"在新加坡举行，现场评审郭振羽（Eddie Kuo）（1940—）时任南洋理工大学传播学院创院院长（郭振羽，2020，页 20-23）。郭振羽自 1973 年离美抵新任教，先后出版一系列以新加坡的社会、语言、文化为研究对象的中英文学术著作，相继任新加坡国立大学大众传播系创系主任（1990—1995）、亚洲首本传播研究 SSCI 学刊 Asian Journal of Communication（《亚洲传播学刊》，AJC）联合创刊主编（1990—2010）、南洋理工大学传播学院创院院长（1992—2003）、南洋理工大学人文与社会科学学院创院（署理）院长（2003—2005）、新跃中华学术中心首任主任（2012—2016）等多所本埠重要学术机构的拓荒性要职，实谓传播与国家社会发展良性互动的"Pioneer 精神"治学典范。

1993 年，由郭振羽亲自面试并延揽麾下的创院首批师资人才汪炳华（Ang Peng Hwa）、郝晓鸣各从美国密歇根州立大学、密苏里大学这两大新闻传播教育重镇获博士学位。二人加盟南洋理工大学服务本埠多年，作为首任院长、主编郭振羽的"左臂右膀"，共同见证了所在的黄金辉传播与信息学院在短短 10 多年间从破土播种到跻身 QS 全球大学"传播与媒体"（Communication and Media)学科排行榜(2019)亚洲第一、全球第八的辉煌，堪称卓越亚洲传播研究与教育的"新加坡模式"乃至"新加坡奇迹"。为此立下开埠汗马功劳的汪、郝分别接力郭成为第二任传播学院院长(2003—2008)、第二任 AJC 主编(2010—2018)，前者(汪)还成功竞选 ICA 首位亚裔主席(2016—2017)。

　　1993 年，17 岁的香港少年李立峰(Francis Lee)入读香港中文大学新闻系大学部。李立峰大学毕业时(1997 年)正值香港回归，自美国斯坦福大学获传播学博士学位返港任教时(2003 年)遇"七一大游行"，升等香港中文大学新闻与传播学院院长(2017 年)才两年又逢"反修例运动"(2019 年)，一路走来亲历的每桩社会重要事件都是时代变迁的关键转折点。李立峰将这些现场转换为第一手的数据库与天然实验室，观察、思考、研究、著文、发声。早年读研时，他一度为系上教授李金铨、陈韬文、潘忠党(No. 乙)、苏钥机合作的香港回归媒介事件之内容框架研究打下手(Lee，Chan，Pan，So，2012，p. Ⅺ)。羽翼渐丰后，他凭借政治传播、社会运动研究杰出成就跻身 ICA 院士(2020)，将"求真"对象从新闻实务、学术研究拓展到法理正义领域，足可注脚其博班母校美国斯坦福大学的"Pioneer 精神"。

　　1993 年，台湾《中国时报》总主笔倪炎元(1957—2021)获台湾政治大学政治学博士学位。早在博士毕业前一年(1992 年)，他就已获聘至台湾铭传大学传播学院任教，正式从新闻业跨界到学术界。博士毕业 10 年后(2003 年)，倪炎元整理过往在媒体业、传播学界、比较政治教育背景等跨领域的思索与研究成绩结集成册，出版专著《再现的政治：台湾报纸媒体对"他者"建构的论述分析》(倪炎元，2003)。在尝试梳理论述分析领域的相关理论谱系时，倪公发现，纯就内容与主张而言，建基于福柯的批判观点、建基于功能语言学的观点两大类型的论述分析研究进路，二者实为两套"互不统属"、"互不重叠"、立场迥异的研究路径，相互之间"很少对话"，甚至"对彼此的研究成果与观点也大多视而不见"。然而，除了梵·迪克、费尔克劳夫、威廉·格林(William Glyn)、伊里斯·古斯克(Iris Guske)等极少数的先驱型学者，论述分析领域的多数普通研究者"都未尝意识其间的差异"(倪炎元，2003，页 77)。

　　倪炎元所见的论述分析之研究乱象，与本书探讨的媒介框架理论在华旅行命运何其相似！其一，与框架理论来源于现象学的社会学、认知心理学等两支学术渊源类似，论述分析也分别来自批判、功能两种语言学传统。其二，与媒介框架研究之"破碎的典范"相近，论述分析领域也是"理论梳理文献相当稀少"且"误读与困扰"不胜枚举。其三，与框架个案研究的高度同质化、低水平重复研究泛滥一样，论述分析应用研究也是"一个途径，各自表述"，具体表现在"框架理论、批判语言学、俗民方法学、日常语言分析、言语行动分析、意识形态分析、叙事学分析、符号学、考古学与系谱学等等诸多流派、理论可能南辕北辙的观点，都会冠上'论述分析'的字眼"（页 47）。

对于两个立场"鸡同鸭讲"、多种流派"各自表述"之学术奇观，倪炎元抱持宽容态度，认为"新兴研究领域"如论述分析本就"尚待开拓"、朝气蓬勃而难免众声喧哗，存在这种各自表述的情况"并不是坏事"，反倒预示着"一定程度的理论梳理工作倒是可以开始起步了"（页 47）。他还推测两个立场"鸡同鸭讲"的原因或为"语言学传统"与"地缘差异"。世人皆知，批判、功能这两套不同语言学观点的论述分析取径，分别在以英国为主的学术社群、以法国为主的学术社群中"被不同学科背景的学者所实践"，然而，是否因地理区隔而"拘限了他们彼此对话的机会与意愿"则"恐怕还要再作探讨"（页 78）。

为何选择不同研究取径？为何引用一些文献而忽略另些文献？是否不读原典，只读中文？是否只读懂或似懂非懂了一部分，而跳过了不懂的另一部分？除了"移花接木"（用两个学者的概念，再用另外两个学者的定义，最后再找国内一个学者的分析架构）、除了"大卤煮"（把内容分析跟框架分析、话语分析混在一起合用），还有什么别的误读误用套路？……上述论述分析和框架分析研究中共同存在的偏差式嫌疑及其背后的真相，显然是倪炎元所认为的知识史上的有趣问题。他自谦甘做"理论梳理的初阶"（尽管"所有寻求整合并开发分析架构的意图最终也不过只是一家之言"），预言了"研究立场跨学科，跨领域，没有定于一尊""没有任何一种分析架构具有普遍性与支配性""理论观点预设影响到分析材料选定"等假设以解释论述分析领域的典范破碎，并期待着后来研究进一步验证（页 80—81）。

再后来，很多很多年以来，倪炎元寻寻觅觅，直到进入学术世界 30 年后，他担任本研究提案口试主席时（2020 年 4 月 24 日），才终于第一次见到有人（本书作者）用这种方法（生命故事访问法）做这种研究（理论旅行的知识社会学考察），所解谜的正是他关心多年的这个有趣问题（理论为何误读？研究取径为何典范破碎？）。

倪炎元的论述分析 30 年学思旅程足以说明，框架理论旅行至中文世界、至传播学科的多重"误"，在西方传播理论的华人本土化现象中具一定代表性，也已构成具一定旨趣的研究问题。

1993 年，中国/华人框架学者崭露头角，国际框架研究佳作不断。是年 6月，大陆后起之秀、本研究受访者肖伟（No. 己）（1971—）、杜涛（No. 壬）（1971—）尚为初出茅庐的大学毕业生，张洪忠（No. 戊）（1969—）刚从大学专业生物领域转换跑道至广告业、初奠他毕生学术志业的旨趣,而台湾海峡对岸的政治大学框架研究小组团队已以中文发表首篇新闻框架研究专文《新闻的框架效果》(钟蔚文、臧国仁、陈韵如、张文强、朱玉芬,1993.06)与第二篇英文框架研究专文《新闻框架再思:框架能为现实做什么?》(News frames reconsidered:What does frame do to reality)(Chung & Tsang,1993.07)。两文分别于台北桃园机场"一九九三年中文传播研究与传播教育研讨会"、美国堪萨斯 AEJMC 年会,与国内和国际同行宣读分享。

　　夏去秋来,JoC 也于 1993 年刊登全世界第一篇媒介框架元理论研究期刊论文《框架化:澄清破碎的典范》(Framing:Toward clarification of a fractured paradigm)(Entman,1993),文中以"构建框架理论成为大师型理论""助推传播学科成为大师型学科"的"'双大师'学科振兴纲领"响应 JoC"反思传播学"专刊的领域破碎、领域未来之问,将媒介框架研究按"破碎""分散"与否划分成两个不同议题的历史阶段。

　　1994 年,钟蔚文(No. 丙)受任台湾中正大学电讯传播所创所所长,主办该所第一届"传播生态研讨会"。臧国仁主编出版政大新闻所"学"与"术"系列专书第一本(臧国仁,1994c),应邀投稿宣读两篇独著研究论文(臧国仁,1994a,1994b),分别将框架研究焦点扩大至"消息来源"议题、创建了框架理论视角的台湾公关研究"竞争性典范"(黄懿慧,2001,页 57)。

　　1995 年秋,臧国仁时任政治大学新闻研究所"在职进修计划执行长",应香港浸会大学传理学院院长朱立教授邀请赴任访问学人,先后通过不同学术发表和社群交流形式,向本港师生、读者引介媒介框架,如先后在该院传播系"教师论坛"担任主讲、主笔撰写论文《新闻媒体与公共关系(消息来源)的互动:新闻框架理论的再省》(臧国仁、钟蔚文、黄懿慧,1996)在香港"传播与经济发展研讨会"宣读等。两年后(1997 年)该文入编香港学者主编的《大众传播与市场经济》(陈韬文、朱立、潘忠党,1997)专书。

　　1996 年底,臧国仁父亲辞世。次年(1997)初,臧国仁受邀为国防部讲授"新闻框架"时,为全场军徽星光闪闪触景生情,想起甫才安葬军人公墓少将区的老父,哽咽无言。

　　1997 年 7 月,香港回归,主权从英国移交给中国。10 月,钟蔚文再度赴美,在南卡罗来纳大学(University of South Carolina)的"新媒体景观中的框架化"(Framing in the New Media Landscape)专题会议上宣读他与臧国仁合作的第三篇英文框架论文"向论述转:延伸框架概念"(Extending the concept of framing:The discursive turn)(Chung & Tsang,1997.10)。

1997 年 11 月，四川省社会科学院新闻研究所研究员林之达(1941—)应邀参加厦门大学主办的"中国传播学研讨会"，与台湾学者臧国仁因会结识，为两年后(1999 年)"邂逅"臧氏新著种下因缘。

也是在 1997 年，政治大学教授翁秀琪领衔麾下研究生主编之论文集《新闻与社会真实建构——大众媒体、官方消息来源与社会运动的三角关系》(翁秀琪、许传阳、苏湘琦、杨韶彧、叶琼瑜，1997)在台出版。该书详细整理 1990 年代以来议题建讲、议题传散、框架理论、消息来源及消息来源策略研究等大众传播理论的最新研究发展，涵括了 1980 年代以来台湾重要的社会运动，全景呈现了台湾媒体建构社会运动的实践探索和理论诠释。

还是在 1997 年，复旦大学新闻学院教师陆晔赴香港中文大学访学。时逢收录了臧国仁访港期间主笔框架论文《新闻媒体与公共关系(消息来源)的互动：新闻框架理论的再省》的专书《大众传播与市场经济》(陈韬文、朱立、潘忠党，1997)同步出版。

次年(1998 年)，此框架专文及臧国仁、钟蔚文、黄懿慧这三位台湾学者的名字，出现在陆晔所著的大陆第一篇框架研究论文《香港中文报纸中的中国内地新闻：新闻文本的框架研究》(1998)的参考文献中，令大陆传播学界首次接触到媒介框架理论。

同年(1998 年)，臧国仁专文《新闻报导与真实建构：新闻框架理论的观点》获得新成立不久的中华传播学会"年青教授论文奖"，与另篇宣读于政治大学广告系主办的"广告与公共关系教学暨学术研讨会"上的《消息来源组织与媒介真实之建构：组织文化与组织框架的观点》论文，以及前述已见刊于《广告学研究》的另两篇论文(臧国仁、钟蔚文，1997；臧国仁，1998a)，共同构成了撰写中专书(臧国仁，1999)的第三、四章。

1999 年，华人传播学界第一部框架理论后设研究专书《新闻媒体与消息来源——媒介框架与真实建构之论述》(臧国仁，1999)在台北出版，也在香港、澳门等地发行。时逢四川省社会科学院新闻研究所硕士新生张洪忠(No. 戊)(1969—)(中国人民大学博士，2005 届)借人在广东珠海的地利之便(按：珠海与澳门很近)，在硕班业师林之达的远程指导下，辗转购得藏书。这可能是大陆最早曲线"进口"的台湾媒介框架研究纸质专书，5 年后中国国家图书馆才开始收藏此书。

2000 年，政治大学教授蔡琰创立"新闻美学"研究群，吸引了同年秋天接下新闻系系务工作、久之学术与行政负荷渐重的臧国仁。结束了长达十余年的"专家生手""记者认知""新闻知识""再现"研究群合作关系之后，臧国仁的研究兴趣随新的"新闻美学"研究社群转入新闻访问、老人传播、叙事传播而渐渐淡出框架研究。原研究群则随着 2015 年前后钟蔚文的退休而转向"身体"研究旨趣。总体而言,2000 年之后的台湾传播学术社群,尽管依然有以黄惠萍、徐美苓、刘蕙苓等传播学者的媒介框架个案研究平分秋色,但整个传统媒介框架研究热,尤其是后设理论研究潮已趋冷却。

诚如上述,1990 年代可谓台湾框架研究的"黄金年代",体现在学者研究旨趣与时代需求相遇。自 1991 年波士顿 AEJMC 而返直至 1999 年的近 10 年间,钟蔚文与臧国仁这对黄金搭档组建研究小组也好、共同主持国科会专题计划也罢,或是召集专题研讨会或外出访学,或在研讨会发声或在期刊发文,源源不断地产出启发框架理论应用研究风潮的研究成果,其目的都在结合国际传播学界关切且已有研究成果之议题,继而探索适切台湾社会脉络的媒介理论,并将理论创造性地应用于新闻、广告、采访写作等教学研究领域。臧国仁勾连框架理论与公共关系进行交叉研究,受惠于钟蔚文从阅听人、新闻记者的专家与生手之比较展开探索新闻知识的本质,此均应验了国际传播学界认为框架理论有望成为"观察公共关系策略和阅听人反应的有用典范"之论断(Hallahan,1999,p. 205)。

2001 年 10 月,大陆本土框架元理论研究论文《大众传播学的议程设置理论与框架理论关系探讨》(张洪忠,2001)在《西南民族学院学报·哲学社会科学版》发表,作者将此文归功于研究所的专业训练与海外中英双语文献的补给。

该文次年(2002 年)即受人大报刊复印资料全文转载,多年来始终是中国知网引用率最高的媒介框架研究论文。张洪忠写作过程中遇到瓶颈时,一度往台湾写信求教,获赠台湾政治大学教授臧国仁、罗文辉分别越洋邮寄到成都的最新研究成果、数据。当年两岸平信往返周期长达数月,书资至今 20 年未还。

2001—2002 年间,香港城市大学英文与传播系的博士新生周裕琼(No. 戊)(1978—)(香港城市大学博士,2005 届),从传播学理论课堂上听到对框架理论的介绍,同时从任课教师祝建华处获赠上市不久的框架研究专书《新闻媒体与消息来源——媒介框架与真实建构之论述》(臧国仁,1999),为她后来开展框架研究播下一颗启蒙的"种子"。

2004 年,周裕琼赴美国华盛顿大学(西雅图)交换学习,与在地导师帕翠西亚(Patricia Moy)教授合作完成平生第一篇英文论文处女作《剖析框架过程——网络舆论与媒体报道之间的互动》(Parsing framing processes:The interplay between online public opinion and media coverage)(Zhou & Moy，2007)，先在 2006 年德国德累斯顿 ICA 年会框架研究专场宣读，后发表于 *JoC*。

　　7 年后，周裕琼的第二篇框架个案研究《策略性框架与框架化机制：乌坎事件中抗争性话语的建构与传播》(周裕琼、齐发鹏，2014)，获大陆传播学界权威期刊《新闻与传播研究》2014 年度优秀论文奖、深圳市 2015 年社科成果二等奖、全国新闻传播学优秀论文奖。

　　2006 年，香港首本华文传播研究学刊《传播与社会学刊》创刊。创刊号开篇研究论文《架构分析：一个亟需理论澄清的领域》(潘忠党，2006)提出"架构"一词来代替"框架"的原有译法，并引介华人传播学界初识"破碎的典范""分散的概念"之说。

　　2008 年，美国乔治·华盛顿大学传媒与公共事务学院教授恩特曼(1949—)应邀访华，在杭州浙江大学讲学现场结识该校传播研究所博士研究生李东晓(No. 庚)(1979—)(浙江大学博士，2010 届)，并成为李东晓的富布莱特访美项目在地导师。其媒介框架研究旨趣以及当天讲题美国政治丑闻研究，对李东晓后来选择媒体贪腐新闻报道框架个案研究为博论选题启迪甚大。

　　10 年后(2017 年)，已留校任教并升等为传媒与国际文化学院副教授的李东晓受中国国家留学基金委公费资助再次赴美访学，其在地导师是美国威斯康星大学麦迪逊校区传播艺术系教授潘忠党。她可能是大陆青年传播学者中唯一有机会先后近距离接触这两位世界级的媒介框架领域关键研究者的幸运儿。

　　2009 年整年的《纽约时报》与《华盛顿邮报》是上海大学影视艺术技术学院博士研究生邵静(No. 辛)(1982—)(上海大学博士，2012 届)的学位论文《美国报纸涉华报道的框架研究》(2012)的个案研究对象。在博论基础上修改而成的专著《媒介框架论：中国形象在美国报纸中的呈现》(邵静，2013)受浙江省哲学社会科学发展规划后期项目资助出版，后续申请国家留学基金委出国资助项目(2016)时所撰写的国家形象主题框架相关研究也是一举成功。

　　从汲汲无名的沪上博士生到蔚然有成的浙江外国语学院副教授(2018—今)，框架研究(尤其媒介内容框架研究)贯穿助力了邵静的学术起步之路。这在中外新闻传播高等学府的博论研究中尤有代表性，充分证明了内容框架研究是最适合传播科系研究新手的选题。

　　2012 年获中国人民大学新闻学博士学位的肖伟(No. 己)(1971—)(中国人民大学博士，2012 届)却创造了框架研究博论中的异数，选题新闻框架后设理论(而非个案)研究。盖因考博金榜题名时,肖伟已在暨南大学新闻与传播学院的新闻业务教研园地留校任教耕耘十年,决意借由读博来平衡自己的知识结构并加强新闻理论素养。

在导师、中国人民大学新闻学院教授杨保军的悉心指导下,肖伟遍读新闻理论重要专著及教材,除了善用在京图书资源优势,还特别委托在广州的家人通过暨南大学图书馆"石景宜先生赠书区"借出海外馆藏中的臧国仁(1999)框架专著。

这些读书笔记的结晶其后写成框架研究处女作《论欧文·戈夫曼的框架思想》(肖伟,2010)发表,在大陆框架研究高被引论文中排名前十(见表2-5)。最终成稿的博论聚焦本体研究,探讨内在主体能动性与外在社会结构限制的共同作用如何形成职业传媒组织的新闻框架,在此基础上出版双语专著《新闻框架论:传播主体的架构与被架构》(肖伟,2016)、*Epistemology of News Frame*(Xiao,2020)。

2014年,大陆第一部以文献综述为主的中文媒介框架后设理论专著《框中世界:媒介框架理论的起源、争议与发展》(杜涛,2014)面世。这是作者杜涛(No. 壬)(1971—)(清华大学博士,2010届)历经两次知难而退、第三度动工方才勉力完成的独立作品。

该书出版6年后(2020年)接受本研究访问时,现任中国社会科学院副教授的杜涛还补充了受本研究主题而启发延伸的新思考,即1990—2000年前后的媒介框架研究史因滞后而成为"中古真空地带",有待垦荒补白。

2016年,澳门地区框架后设理论中文研究成果实现零的突破。澳门大学传播系教授陈怀林主编出版框架应用研究合辑《笔尖上的中国:重大事件和国家形象的新闻框架分析》(2016)。陈怀林与博士生杨柳合作的恐怖袭击框架研究(陈怀林、杨柳,2015;Yang & Chen,2019)先后发表于国内、国际学刊,但其对媒介框架理论的后设思考更多倾注于两年前的独著研究论文《媒体框架分析法的变化趋向》(陈怀林,2014),文中梳理了近四分之一世纪以来的媒体框架研究的外在特征,对大中华地区的媒体框架研究前景持特别乐观的态度。陈怀林此一书一文与潘忠党(2006)文,在前文已被合称为香港与澳门地区的中文仅有之"两文一书"。

2017年,本书作者的博班"传播理论研究"课程(主讲教授:徐美苓)、"学术论文写作与发表研究"课程(主讲教授:臧国仁)之结课作业《沉默的框架:框架理论六十年的时间脉络与空间想象》(王彦,2017)发表于《浙江大学学报》(人文社会科学版)。该文梳理60年框架研究历史,发现框架概念原创者贝特森被理论史忽略而成为沉默者,分析其贡献与实际地位存在落差源于贝特森的跨学科身份、缺乏中层理论贡献以及"效果为王"的主流学科话语,最终提出"以文化规范为变量""以场域为单位""以媒介心理学为取径"的"三维框架研究模式"后设理论新主张。截至本书定稿(2023 年 10 月 25 日),该文在中国知网被引达 91 次,已可跻身前文"大陆媒介研究高被引论文一览"(表 3-2)前23 强。

2019 年,台湾政治大学玉山学者李金铨(1946—)结合其在美国明尼苏达大学、香港城市大学、香港中文大学等多所东西方高校的任教经验,以及遍及海内外多个学术会议对"框架分析满场飞"的见闻,批判有一批人不论研究什么都要"框架分析一番",既未交代为何要框架分析又未阐明框架分析了什么,俨然掌握框架分析法就如中国武侠"一剑走天涯"或如西谚所云"有锤子的人看什么都像钉子",导致框架分析只剩"形式的躯壳"而失去"理论分析的内核"(李金铨,2019,页 88-89)。

李金铨以框架分析、议程设置为例,说明理论贫瘠加误读误用混战之恶性循环,追问:传播研究为何缺乏"深邃的'范式'"引导(页 88-90)。

作为最早引介框架研究到中文传播学界的华人学者之一,臧国仁则无可奈何于传道初衷之"面目全非"。相当一部分"叶公好龙"的热情学术研究者误读、误引了他的著作,错误地将新闻文本内容直接当成新闻框架本身,仅少数研究能认识到"新闻框架不是新闻本身"而是"介于新闻文本和社会真实之间的媒体认知"(臧国仁,上课讲义,2016 年 2 月 27 日)。

无奈归无奈,臧国仁其实也没有太介意"误读"。他越来越认同诠释学重要著作《真理与方法》的中文译者在其序言里(页 xxviii)曾经提及,原书作者伽达默尔(Gadamer)对其翻译丝毫不感兴趣,反而提出了"不可翻译性"的"诠释学原理",因为"任何翻译都带有翻译者的诠释学'境遇'和理解'视域'",要寻求真正的客观的意义根本不可能。由此观之,所有的"读"都是"误读",根本没有"不误读"的"读法",乃因"每个读者都带有自己的诠释(意义再现)来读书"。以致要想不误读或正确客观地读书,乃是"实证主义才会有的概念了"(臧国仁,电子邮件,2021 年 8 月 16 日)。而他自 1990 年初投入框架研究时,就已走出实证主义,去拥抱建构论的世界了。

而其框架研究代表作《新闻媒体与消息来源——媒介框架与真实建构之论述》自 1999 年出版以来便未有再版。他甚至拒绝了大陆书商重出简体版的邀约,放任原著沉淀为历史尘埃,只因自认框架理论"已经过时"(臧国仁,电子邮件,2019 年 5 月 10 日)。

三、环球旅行地图：三层次学者、研究时差、文化中间人

如果说理论的误读、研究的典范破碎及其成因是知识史上有旨趣的话题，那么，前文所铺陈的媒介框架理论自西向东的扩散，无疑也是传播学史上富于意涵的旅途。

（一）择要呈现最关键人与事

从 1922 年李普曼带头启动"西行漫记"，1952 年起美国斯坦福大学传播研究所星河璀璨，一路跋涉到坦卡德、臧国仁师徒 1991 年美国波士顿 AEJMC 重逢的"东游记"开端，再穿越太平洋的风、台湾海峡的风，自波士顿经停台北中转香港而抵达大陆、接续弥散到大中华地区的角角落落。我们很难在简明地图上再现其中的所有枝枝蔓蔓，只能从前文两段主要旅行中选取最关键的人事择要呈现（见图 8-1）。

在图 8-1 的关键研究者中，受访对象几乎覆盖到迄今的全部媒介框架研究华人关键学者。而图中没有访问到的两位关键研究者，有大陆首篇媒介框架期刊论文作者、复旦大学新闻学院教授陆晔，台湾媒介框架个案研究专书主编、台湾政治大学退休教授翁秀琪两位。她们涉入框架研究相对不深，但犹可从公开文献及他人评述推论出其贡献及学思渊源，相对本研究而言信息量当已足够。如陆晔在文献中回忆：

> "（1997）年我去中大访问，那时候李金铨老师还在那里……CC（李金铨老师）在中大和回到明尼苏达大学之后陆续向我推荐的一些书……第一块内容是跟整个的新闻和社会建构有关的，这就是我们说的媒介社会学的这一块……李金铨老师他给的这些 readings 对我的帮助确实是非常的大。"（陆晔语；转引自：李红涛、黄顺铭，2020，页 142）

次年（1998 年），陆晔离港返沪，发表大陆第一篇框架研究《香港中文报纸中的中国内地新闻：新闻文本的框架研究》（陆晔，1998），文中引用到台湾框架研究《新闻媒体与公共关系（消息来源）的互动：新闻框架理论的再省》（臧国仁、钟蔚文、黄懿慧，1997）。后者（台湾框架研究）的发表机缘则源于臧国仁 1995 年赴港访学，次年（1996 年）在香港"炉峰学会：传播与经济发展研讨会"宣读此文，第三年（1997）收入香港学者陈韬文、朱立、潘忠党（1997）合编专书，第四年（1998）年为陆晔引用。至此，经由学者访学的旅行和理论文献的旅行，

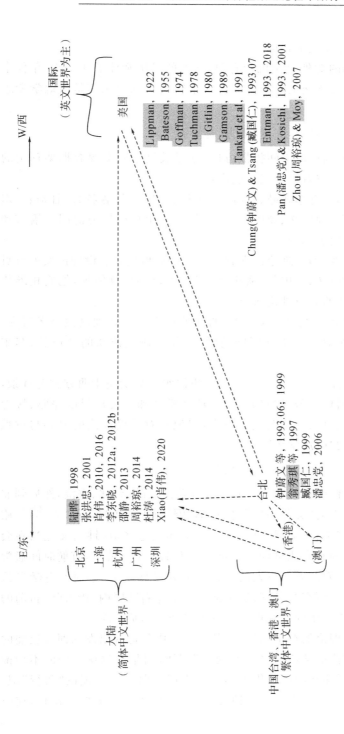

图 8-1　媒介框架理论在华旅行路线（1990—今）

* 1. 阴影标志非本研究受访作者。
2. 虚线表旅行路线，箭头代表航向，括弧代表偶然中转而非必经站。旅程按先后有"美国→台北→（香港）""美国→台北→中国大陆"等。
→中国大陆""台北→（澳门）→中国大陆→美国""中国大陆→美国"等。
3. 标注地名"美国""北京""台北"等皆受访者居住地、任教地、框架研究发表地。
4. 来源：本研究整理。

陆台港三地学者终在文献中相遇。

彼时，内地学界的对外交流机会有限，陆晔的经历确证了在1990年代中后期，香港作为中西文化交汇点和华人学术中转站对三地尤其是内地学者志业生涯的深远影响。

（二）关键研究者三层次：先驱、接力、应用

无论是按照从西到东的空间扩散方向，还是关键学者对媒介框架理论的贡献时间先后，关键研究者可分三个层次：

第一层，先驱学者，有李普曼、贝特森、戈夫曼、塔奇曼、吉特林、甘姆森、坦卡德、恩特曼、潘忠党、钟蔚文、臧国仁等，他们在原生理论情境的同一语言和话语体系不断创想、发展理论。

第二层，接力学者，即将理论译介到另个语言世界且对后设理论发展有贡献的在地学者，如钟蔚文、臧国仁、潘忠党、张洪忠、杜涛、肖伟等，他们相继使用中文进行媒介框架的后设理论研究。

第三层，应用学者。顾名思义，就是直接使用媒介框架理论做个案研究、但对后设理论发展相对而言不甚闻问的学者，如本研究访谈的周裕琼、李东晓、邵静等。

值得一提的是，此三种分类并非井水不犯河水。如受益于西方教育背景，潘忠党、钟蔚文、臧国仁就跨界"双肩挑"了英文学界和中文世界的先驱、接力任务；钟蔚文、臧国仁也做过个案应用研究，但他们对后设理论的追寻与贡献使他们区别于单一的"应用学者"。

（三）谁在把关理论旅行的语言文化时差？ 文化中间人

综览全图，媒介框架理论在华之旅正好覆盖到大陆、台北、香港，然后到北美，即前文引述最主力的"文化中国"之"在华"圈层（Tu，1991，pp. 22-23）。旅行的起点当选美国波士顿，即坦卡德、臧国仁师徒重逢之地（钟蔚文也当在会议现场聆听）。波士顿和台北机场间的距离约为12401.3公里，直航时间通常约20小时30分钟。而西方与华人的"研究'时差'"何止20小时？有学者认为，国内的新闻传播学研究"一般落后于国外5年左右""国内（指大陆）目前的研究重点正是国外前几年的研究重心"（杨小燕，2017，页33）。

然而，媒介框架理论的在华旅行，尤其是从大中华地区出发向西行反哺的旅行，并未全然复制传播学科的"'5年'时差"规律，而呈现忽快忽慢的不均衡态势。如果将有国际移动经历的华人学者发表英文研究视为理论"西行"记，那么，快如1991年自西方（美国波士顿）而返的台湾学者钟蔚文、臧国仁，仅以

两年时间，就携英文框架研究（Chung & Tsang，1993.06）再向西行（美国堪萨斯）。慢如后起之秀齐湘、周裕琼，与西方传播学界资深教授分别在 *JMCQ*、*JoC* 等两部国际旗舰期刊发表框架个案研究（Chyi & McCombs，2004；Zhou & Moy，2007）时，则比钟蔚文、臧国仁晚了 10 年以上。与钟蔚文、臧国仁、周裕琼随"理论的旅行"而国际移动的全球离散经历不同，齐湘只需就地取材。在美深造和任教的她，更主要的身份是西方学术体系的一分子，而非原生家乡台湾的一分子。

　　大陆的第一篇框架研究论文（陆晔，1998）与台湾政治大学"新闻专家生手"研究群的第一篇中文框架论文（钟蔚文等，1993.06）、与全球首篇媒介框架后设理论研究论文（Entman，1993）正好都时差 5 年。而在同年（1993 年）完成媒介框架研究英文处女作（Pan & Kosichi，1993）的"先驱研究者"潘忠党，却直到 13 年后（2006 年）才作为"接力研究者"发表中文框架研究（潘忠党，2006）。

　　在未来 10 年，媒介框架理论恐怕仍都处于"一个漫长的理论引介、推广和应用阶段"起步期（邵静，2013，页 185）。究其原因，杜涛认为是译介遗漏造成的封闭，使得大陆传播研究相对落后、滞后，以致于"看谁写的都觉得耳目一新"（杜涛，本研究，2020 年 7 月 23 日）。以张洪忠（No.丁）的框架研究《大众传播学的议程设置理论与框架理论关系探讨》（2001）为例。这篇基于读书笔记所作的文献综述、概念辨析类论文，并未作突破性的理论建构创新，却在对外学术交流不甚活跃的当时备受瞩目，不止为抄袭者觊觎，引用率至今也遥遥领先。

　　若没有林之达作为"文化中间人"（Cultural Intermediaries）的推介，张洪忠接触到媒介框架理论的时差、概率都会变得渺茫。在理论的跨语际旅行中，是学人、译者、编辑等"文化中间人"共同把关着准入的理论类型，决定着在地学者书架的陈列著作（Kuipers，2012）。在本研究的九个研究生命故事内外，也是多位"文化中间人"使理论旅行的某些中介机制变得"可见"而"清晰"（李红涛、黄顺铭，2020，页 133、142）。这些"文化中间人"是：

　　林之达之于张洪忠（No.丁）；

　　"坦克"（坦卡德）教授之于臧国仁（No.甲）；

　　祝建华之于周裕琼（No.戊），

　　恩特曼之于李东晓（No.庚）；

　　戴元光、彭增军之于邵静（No.辛）；

　　潘忠党（No.乙）之于周裕琼（No.戊）、李东晓（No.庚）、肖伟（No.己）；

李希光之于杜涛（No. 壬）；

陈韬文、李金铨、潘忠党之于访港时的陆晔……

这个名单还可待延长。这些亲身交往的"故事中的故事"情节有趣，细节生动，个中起承转合难以追究因果而唯有因缘可资解释。

第三节　景别，景深：中国媒介框架研究的"时空框架"分析

好了，到了"时空框架分析"出场的时候了。

行文至此，我们终于完成了九个"平等故事"先分述、再合一的整体宏观叙事。先借由"厚描"式的显微镜和放大镜，低入尘埃，细细端详"先驱""接力""应用"三类共九位框架研究关键学者，倾听他们各自所讲述的做框架研究的亲身经历。再换上有"远山"滤镜的望远镜，凌空而起，一览无余九个故事所并入的同一条连续性宏大时空脉络，俯瞰到在华之旅地图上星罗棋布着九位关键研究者彼此间亦有亲身交往的命运交叉路。就此先先后后、远远近近、高高低低、进进退退地反复移步换景，我们终于确信已建立致广大又尽细微的故事整体观，可以重新背负解谜故事框架的压力，启动原计划的"时空框架分析"类目录入及相应分析。

一、改装"时空框架分析"基模：空间维度有新解，时间维度可简化

最早应用"时空框架分析法"的传播研究，系以哥伦拜恩校园枪击案为个案研究对象，所设计分析类目则依新闻"五 W"要素转换成"个人""社群""地区""社会""国际"等五个空间维度，"过去""现在""未来"等三个时间维度（Chyi & McCombs，2004）。对应本研究的研究故事（而非新闻）个案，原新闻"五 W"空间维度需量体裁衣注入以下空间内涵新解。

1. "个人"空间维度：关键研究者的研究生命故事中的个人经历。

2. "社群"空间维度：关键研究者与所在单位的学术组织、研究社群的互动，包括课堂、讲座、研究群、项目计划等校园内群体性的教学研究活动。

3. "地区"空间维度：框架与一个更地理化的群体相联系，如陆、港、台等大中华不同区域，特指在本地区出版的著作、期刊论文、主办或参与的学术研讨会。

4. "社会"空间维度：研究成果具有社会或国家重要性，如台湾地区的解

严与框架研究兴起、大陆的新闻框架研究应中国改革开放春风而欣欣向荣等关联，或研究成果获社会认可、研究者学以致用到社会实践工作中。

5. "国际"空间维度：具有国际视野的学经历情节，如国外攻读学位、访学、与会等国际移动经历，或以英、法、德、日等非中文语言发表书面或口头研究成果。

以上"空间"维度的编码事件，以具体访问之实际交谈内容为准。如同时见证 1991 年美国波士顿市 AEJMC 的坦卡德团队的框架研究报告（Tankard et al.，1991，August），臧国仁记得，就录入；但钟蔚文不记得，则不录入。

至于时间维度的原创区分刻度"过去""现在""未来"，本应以自然发生的访问时间（2020 年）为当下的"现在"借此区分前后"过去"与"未来"。但由于本研究的可追述生命故事皆为过往，作此三刻度区分意义不大。遂简化为单个的"做框架"时间，记录下每位关键研究者的研究时间范畴以便展开时间维度的总结与比较。

具体时间以受访者自我定义为首要认定标准，如同样是本人不再做框架研究但有指导框架毕业论文，钟蔚文、张洪忠自认还在继续，则录入"一今"；臧国仁、周裕琼却认为早已离开，如此便录入具体终止年度。

若受访者自我认定模糊时，则以本研究推论为准。如潘忠党在访问中未提及启动合作研究的具体时间，只交代是读博期间约定了"三部曲"，本研究便设计研究成果首发时间、研究过程启动时间这两个时间自变量登陆。鉴于其框架研究首发时间维度是在毕业之后（1993 年）。同时，考虑到研究的过程性，保守起见，采毕业年（1990）作为其框架研究的起点（见表 8-1）。

二、编码，解码

（一）"做框架"时间：与导生学缘背景最相关

论开始时间，除 No. 甲臧国仁之外，至少八位受访者是在求学期间就被播下框架研究的"种子"，尽管他们中的部分人真正启动框架研究的时间是在毕业之后。除了 No. 乙潘忠党追忆是自己找到的独立选题，其他受访者都或直接或间接地受到"导生"学缘背景（即业师）的影响。

钟蔚文（No. 丙）最早（1987 年），当与其美国斯坦福大学专业训练的"Pioneer 精神"及课程内容有关。

潘忠党（No. 乙）次之（1990 年），多少也受益于其在读全美新闻传播研究重镇威斯康星-麦迪逊的前沿视野。

表 8-1 "关键研究者"研究生命故事"时间—空间"二维测量方法编码表

序	姓名生年	博士毕业之时空	"做框架"时间	空间之"个人"维度	空间之"社群"维度	空间之"地区"维度	空间之"社会"维度	空间之"国际"维度
No.甲	臧国仁(1952—)	美国得克萨斯大学奥斯汀分校博士(1987届)	1991.08—2002	1996年父辞世；1997年泪洒"国防部""新闻框架"讲座。	1991年起，参加臧蔚文"新闻专家生手""新闻媒介框架""再现""研究团队；1991年起，参加臧蔚文"新闻媒体系研究"使用与认知结构的结构、性质及功能""国科会"专题计划。	1993年6月，参加桃园机场"一九九三年中文传播研究与教育研讨会"；1995年，参加新闻教育六十周年庆学术研讨会；中文专著(1999)及期刊发表多篇(略)。	1999年，获选人"联合报文教基金"；1999年获"杰出新闻著作奖"。	1991年8月，参加美国AEJMC年会(Boston)；1993年7月，美国AEJMC年会(Kansas City)；1995年，香港浸会大学传理学院访学；1996年，香港"传播与经济发展研讨会"。
No.乙	潘忠党(1958—)	美国威斯康星大学麦迪逊分校博士(1990届)	1990—今*	父母皆为中学老师的"社会资本"；"时代红利"之社会公平。	2000年为复旦大学新闻学院作研究方法系列讲座；2010年在北京大学讲座。	2018年，参加香港城市大学第三届多闻论坛"(杭州)；2006年，中文期刊发表1篇。	/	英文期刊发表 Pan & Kosicki, 1993, Pan & Kosicki, 2001, Pan & Kosicki, 2005。
No.丙	钟蔚文(1950—)	美国斯坦福大学博士(1985届)	1987—今	儿时嗜书经验，对真实、知识两大谜题有思考；父母皆为老师。大学里读英诗沉迷，写硕论反思人生。	建立"新闻专家生手"研究群；贯通"新闻媒介框架"与"再现"研究主题。	出版中文专著《从媒介真实到主观真实看新闻，怎么看？看到什么?》(钟蔚文,1992)；期刊发表多篇(略)，期刊代表作《新闻事实的逻辑》(钟蔚文、翁秀琪、纪慧君、简妙如,1999)	/	1997年，参加美国南卡罗来纳大学"新闻媒体图景中的框架化"主题学术研讨会。参会论文《向论述转、延伸框架概念》(Extending the concept of framing; The discursive turn)(Chung & Tsang, 1997.10)系代表作。

续表

序	姓名生年	博士毕业之时空	"做框架"时间	空间之"个人"维度	空间之"社群"维度	空间之地区维度	空间之"社会"维度	空间之"国际"维度
No. 丁	张洪忠 (1969—)	中国人民大学博士(2005届)	1999—今	大学学生物，当过中学老师，在生物公司工作过，因六年广告公司工作经历而渐对传媒产生兴趣。	林之达的"理论门"；李东山的"方法课"；臧国仁、罗文辉的"越洋支援"。	2001年，发表期刊论文《大众传播学的议程设置理论与框架理论关系探讨》(张洪忠，2001)。	参加四川省社会科学院，四川大学，《华西都市报》报社联合开展的"评报小组"专业社会实践。	/
No. 戊	周裕琼 (1978—)	香港城市大学博士(2005届)	2001—2014	父母均为中学教师。	2000年，于复旦大学从潘忠党客座方法论训练；2001年，于香港城市大学祝建华教授课堂学生，表赠臧国仁新出框架书，2009、2012、2016年，香港中文大学访学三次。	2014年，发表《策略性框架与框架化机制：乌合事件中抗争性话语的建构与传播》(周裕琼、齐发鹏，2014)。	论文《剖析框架过程——网络舆论与媒体报道之间的互动》(Parsing framing processes: The interplay between online public opinion and media coverage)(Zhou & Moy, 2007)获深圳市社科成果一等奖。	2004年赴美国华盛顿大学(西雅图)交换学习；2006年参加德国德累斯顿ICA年会框架专场；2007年发表框架个案论文(Zhou & Moy, 2007)；2013年再赴美国华盛顿大学访学。
No. 己	肖伟 (1971—)	中国人民大学博士(2012届)	2008—2020	高中学理科，大学修工科，毕业工作一年后在家组影响下转到到新闻。	2008—2012，考博时获蔡雯热心引介，并得杨保军等指导博论，又遇恩主忠党指点迷津。	2010年，发表处女作论文《论欧文·戈夫曼的框架思想》；2016年，出版独著专书《新闻框架论：传播主体的架构与被架构》。	/	框架专书被出版社国际遴选入英中双语译出版，《新闻框架论》(Epistemology of News Frame, Xiao, 2020)。

续表

序	姓名 生年	博士毕业 之时空	"做框架" 时间	空间 之"个人"维度	空间 之"社群"维度	空间 之"地区"维度	空间 之"社会"维度	空间 之"国际"维度
No. 庚	李东晓 (1979—)	浙江大学博士（2010届）	2008— 2012	父亲是榜样：自认做学术是通过努力体面实现梦想的方式。	2004—2012年，业师李若晖帮助开启学术殿堂。	2012年，发表期刊论文《我国贪腐新闻的媒介框架及影响因素研究》(2012b)；出版独著专书《居间政治：中国媒体反腐的社会考察》(2012a)。	/	2009—2010，美国乔治·华盛顿恩特曼启发做框架研究个案研究；2017—2018年，美国威斯康星·麦迪逊大学访学，在地业师系潘忠党。
No. 辛	邵静 (1982—)	上海大学博士（2012届）	2009— 2016	出于对内向个性的认知，以及兴趣使然，而走上学术道路。	2008—2011年，业师戴元光指导博士；2016—2017年，美国圣克劳德州立大学业师彭增军的启迪与帮助。	2012年发表论文《媒介框架论：新闻传播中框架分析研究的现状、特点与走向》；2013年，出版独著专书《媒介框架论：中国形象在美国报纸中的呈现》。	/	2016年，以框架研究延伸课题申请到国家留学基金，赴美国圣克劳德州立大学访学，在地业师彭增军。
No. 壬	杜涛 (1971—)	清华大学博士（2010届）	2006— 今	工科学士，因在平顶山煤业集团宣传部门工作经历与新闻专业产生联系。	在硕班业师董广安的影响下关注新闻业务研究；受博班业师李希光研究旨趣影响进入框架领域；中国青年政治学院硕士生、本科生帮忙整理资料，执行内容分析。	2014年，出版独著专书《框中世界：媒介框架理论的起源、争议与发展》；2016年，发表期刊论文《儿童青少年肥胖：一个社会问题的媒介镜像》。	/	2009年，赴澳大利亚麦考瑞大学访学；2018年，赴英国埃克塞特大学访学。

*1. 本表排序按受访者自我认定的框架研究处女作发表时间先后。为区别于下文匿名编码"R1，R 2……"，本表的实名排序采用正字体"No. 甲，No. 乙……"。

2. 来源：本研究整理。

臧国仁（No. 甲）第三（1991 年），完全归功于 AEJMC 年会师生重逢的冥冥天意。

张洪忠（No. 丁）第四（1999 年），因了硕班业师林之达的中转引介。

周裕琼（No. 戊）第五（2001 年），她的中介者是香港城市大学的博班老师祝建华，也是所有大陆受访者中唯一获得境外（香港）博士学位的学者，而香港素来是学术中转站和大陆的对内对外窗口。

其余四位大陆本土博士的研究起点年依此是杜涛（2004 年）、肖伟（2006 年）、李东晓（2006 年）、邵静（2008 年）。他们不约而同地均在博士在读阶段接触到并对框架理论产生兴趣，其间的关键者无一例外有博论业师，足见指导教授对博士生的影响之巨，也足见框架理论之于博士研究的适切性。

论结束时间，有四位（潘忠党、钟蔚文、张洪忠、杜涛）自认始终在框架研究领域里从未离开。另五位给框架研究生涯画上了休止符，原因是不再产出框架研究亦不再关注框架领域，哪怕还会指导到框架研究毕业论文。譬如，臧国仁仍在与陈百龄共同指导本研究，却将自己的框架研究休止符画在了 2002年，且坚定地认为框架研究"已经过时"。

事实上，前述四位自认"从未离开"的受访者，基本也已不再产出框架研究，只是自称仍有关注此领域、指导到框架研究学位论文。足见是否结束之标准有异，狭义以研究成果产出为标准，广义则扩大到研究旨趣、学术活动的弱相关性。

（二）空间之个人维度：什么在影响、在决定、在连接学术与生命？

什么在影响学术之路的选择？有三位学者（潘忠党、钟蔚文、周裕琼）的父母都是教师，受家风影响而形成爱看书的个性，从而走上学术道路；一位学者（邵静）在承认环境作用的同时，也强调了个性的重要作用，如内向个性更适合静下心来治学。一位学者（李东晓）提到社会制度的公平保障作用，学术于她而言是可以通过努力体面实现梦想的方式。

什么在决定新闻传播学科的吸引力？三位学者（张洪忠、杜涛、肖伟）均由理工科大学专业跨行而来。有趣的是，引发他们跨专业兴趣的都是社会机构的新闻宣传部门（广告公司、平媒集团宣传部、出版社等），足见新闻传播专业技能的通识性和渗透性。

什么连接框架研究与个人生命？一位学者（臧国仁）谈到曾任军职的父亲辞世，令他应邀为"国防部"担任"新闻框架"讲座，曾因全场数百颗少将以上军衔之星光熠熠而清然。

（三）空间之社群维度:研究群、导生关系纽带强,研讨会连接弱

两位台湾受访者(钟蔚文、臧国仁)的社群活跃度很高。他们定期召开"新闻专家生手""新闻媒介框架""再现"研究群,依托"新闻媒介使用与认知结构关系研究""传播知识的结构、性质及功能"等诸个"国科会"专题研究计划,强化社群连接的固定纽带。

另一支强社群纽带来自导生关系,如六位大陆学者(张洪忠、周裕琼、杜涛、肖伟、李东晓、邵静)的本校业师、海外在地业师均在其框架研究起步之路,起到或直接或间接的给力帮扶作用。

其他临时性的弱社群关系来自研讨会(如潘忠党主讲短期研修班启发到莘莘学子)、私人通信(如张洪忠对台写信求资料)等渠道。

（四）空间之地区维度:中文社群地区联动紧密,重期刊而轻研讨

几乎每位受访者都有中文在地发表。不同的是,早前,仅两位美国博士、中国台湾教授(钟蔚文、臧国仁),美国博士、任教于美国和中国香港的教授(潘忠党),香港博士(周裕琼)或有参与国际研讨会作框架研究报告,或有国际旗舰期刊英文发表的记录,而其他六位大陆学者没有。此或与大陆的非英文学术语言及科研考核体系重期刊发表、轻研讨会报告与国际能见度有关。

（五）空间之社会维度:学院派独大,杰出研究者之社会能见度更高

仅三位受访者有社会贡献记录,当可说明媒介框架研究的学院派倾向。

社会贡献中,有两位是获奖记录。臧国仁获"联合报文教基金会"1999年"杰出新闻著作奖"。周裕琼获深圳市社科成果一等奖。

另一位是社会实践记录,即张洪忠读硕期间参与四川省社会科学院、四川大学、《华西都市报》报社联合开展的"评报小组"专业社会实践,在评报工作中多次用到框架理论而备受夸奖。

（六）空间之国际维度:国际学缘帮助外文发表,大陆开放度上升

两位(潘忠党,周裕琼)有国际期刊发表经历,他们的共同特征是全英文博士学位教育背景。钟蔚文、臧国仁亦有美国全英文博士学位却没有国际期刊发表,而据两人检讨,此与个人治学习惯(钟氏多述而少著)、工作负荷(臧师其时教学工作与中文写作升等任务繁重)有关。

早前,仅海归博士有国际研讨会发表经历(钟蔚文,臧国仁,周裕琼)和期刊发表经历(潘忠党,周裕琼),余下本土博士(李东晓、邵静、肖伟、杜涛)则仅有访学经历而无外文发表记录,显示了语言与文化的适应与驾驭需要时间沉淀,国际发表的基本功很难一蹴而就。所幸,随着大陆的开放,借助对外政策的制

度性优势,本土博士(肖伟)的中文著作英译版(Xiao,2020)也开始走向世界。

三、中国媒介框架研究的框架化:空间接力,地缘政治,在思想中,在研究里

审视表 8-1"关键研究者"之研究生命故事"时间—空间"二维测量方法的编码与译码,钟蔚文的声音从符码间浮起,"做框架研究本身是有框架的,那其实是研究社群经常有的现象""研究社群本身就有一个很大的框架在那""为什么我们自己做研究、做框架研究,但是我们自己却有一个非常沉重的框架呢"(钟蔚文,本研究,2020 年 8 月 24 日)。

他说的是 1997 年美国人做媒介框架研究的框架化循环。那么,中国呢?

(一)空间接力框架:从国际学缘、意见领袖到研讨会的跨地区社群传播

框架研究是如何从一个空间接力到另个空间?是"空间接力"框架关注的对象。在台湾地区,"国际"维度、强关系的"社群"维度发挥了重要作用,具体体现在钟蔚文、臧国仁等海归学者的国际学缘在先驱研究成果及学者方面的接触可得性,以及研究群和"国科会"研究计划输出的人力、财力双重保障。

而在大陆,在 2006 年潘忠党的中文期刊论文发挥转译引介作用之前,研究成果多通过社群意见领袖(而非正式出版的白色文献流通)传播,"社群"与"地区"维度在此发挥着频繁、高质、随机的中介作用。

此外,在台湾、香港、大陆等地举行的多个高质量研讨会促进了思想的砥砺并也形成研究成果的扩散网络。如前文记录之"臧国仁→林之达→张洪忠""臧国仁→朱立→陆晔""臧国仁→祝建华→周裕琼"等接力路线,皆可验证香港始终是其间最重要的开放港口中转站。

(二)地缘政治框架:开放型、封闭型分布不均匀

为何媒介框架研究在大中华地区的分布如此不均匀? 在政治、经济、文化、宗教等常态化解释元素中,本案最突出的是政治元素;或更确切地说,是地缘政治。

由于台湾解严与中国改革开放的时间差,导致两岸学人的国际化时间有先后、程度有深浅,直接影响到框架研究成果的生产、接受与传播,而在香港及其他海外华人地区则几乎是无时差同步状态。此观察与多位学者(俞旭、朱立,2001;吴文虎,1994;苏钥机,1995;金兼斌,1999)所提,大陆传播研究之"封闭型"特征结论十分接近。

（三）时间框架：思想中的框架 v.s. 研究里的框架

您从何时开始又是何时结束"做框架"的？如前文解码分析，"时间"框架的开端因人而异，也随"空间接力"框架、"地缘政治"框架而变。

受益于学术开放福利的"国际""社群"维度，资深海归博士学者（钟蔚文，臧国仁，潘忠党）身兼两职，既是英文世界里的第一代先驱研究者，又是将其引介发扬到中文世界的第二代接力研究者。

大陆的本土博士学者（张洪忠，杜涛，肖伟，李东晓，邵静）借光"地区""社群"维度，或中转委托或直邮求助境外最新研究，亦步亦趋，求知若渴，中生代偏向接力（理论的引介）而新生代热衷于应用（个案研究）。

又因理论跨语言、跨文化旅行的时滞，中国媒介框架后设理论研究引介西方偏多，生产新知与西方直接对话较少。拥有两篇国内外权威旗舰期刊的年轻海归博士周裕琼（No.戊）就是有代表性的例子，其两篇均为框架个案研究。而上述地区发展不平衡现象之根源，如前分析，皆因"地缘政治"框架之牵制。

至于做框架研究的"结束时间"，本研究九位受访者自各自代表作出版后均无专研新作产出，但对自己是否还在框架研究里的认知却有差异。有四位（潘忠党、钟蔚文、张洪忠、杜涛）自认始终在框架里，视框架为常人理论，将举凡有框架思想指导的建构论取径研究、学生论文指导工作都纳入框架研究，哪怕并非以"框架"为名。另五位采认狭义的框架观，便给自己画上了休止符而宣称"不做框架很多年"。二者区别显然在于背后的研究指导哲学。

至于后者（如自认已经离开框架研究领域的臧国仁、周裕琼、肖伟、李东晓、邵静），则持相对狭义的研究观，多以是否在做框架研究且有成果产出为其考核指标，是为"思想中的框架"和"研究里的框架"之分歧。

四、结论：中国媒介框架研究的框架

本书开篇时，我们立下的目标是期待着交货"一个情深意长、行云流水的动人故事"（萧小穗，2016，页 x）。我们最终做到的是：一边借由陈韬文、邵培仁、李岩、刘海龙 4 位"智者"中间人的推荐名义，向 14 位"关键研究者"受访候选人中的大陆、香港地区以及其他海外学者发起"研究生命故事访问"邀约，一边由本研究直接邀请与访问者有在台博班师生学缘的台湾学者，最终邀到臧国仁、潘忠党、钟蔚文、张洪忠、周裕琼、肖伟、李东晓、邵静、杜涛 9 位学者完成线上常规访问 8 次和补充访问 1 次，访得总录音时长 25 小时，累积逐字稿 41.2 万字、单份书面研究小传 2.3 万字，平均每人 5 万字。

中国媒介框架研究的框架,在这三章研究发现中徐徐展开。上上章"简笔"勾勒了 14 位目标邀访者的群像轮廓,包括 9 位受访者的学经历旅程,系统性地覆盖到媒介框架理论研究在华之旅的主要地理区间,也拼接成中国/华人传播学界框架研究关键学者的代表性群像。

他们的框架研究处女作出版时间排序,正好与他们的教龄、年资、框架研究成就呈正相关,而"框架研究代表作"和"学术人生代表作"之间既有重合亦有分叉或分歧,且随着个人学思旅程的转弯可能性不断回溯延展。

访问未及的 5 位学者婉拒原因涉及研究领域自我认定、研究对象自我认知、时间分配、资历、个性等。

上一章"厚描"了九个受访的关键研究者的研究生命故事,九个故事如同九个小型章回剧场。剧场启幕于"中古时代"1990 年代的开端,台湾学者钟蔚文、臧国仁与后者博班业师"坦克"教授的西行美国重逢,随他们的返台之旅一路向东,忽而回溯到 10 年前北中国改革开放潮中的潘忠党出国记,忽而穿越到 10 年后南中国的张洪忠、周裕琼求学记,再 10 年后肖伟、李东晓、邵静孜孜伏案于框架研究博论。

又 10 年后的 2020 年夏末新冠疫情全球大流行期间,杜涛在腾讯线上会议室的深度受访现场侃侃而谈,补白呼吁媒介框架理论的"传播学科中古史'真空地带'"。至此,始于"传播学科中古时代"的系列连续剧终闭环于"中古时代"议题,大幕徐徐落停。

本章则视媒介框架理论在华旅行时空框架为研究景深拉长后的"远山",综合提炼访谈所得,追溯中国台湾、大陆、港、澳及其他海外华人地区的媒介框架研究嬗变起伏、来龙去脉,解析框架研究如何在这三地生根又如何消失(或没有消失)。首先,组装"时空框架分析法"对研究生命故事进行编码和译码,接着再叙理论"西风东渐"的整体叙事,自"西行漫记"英语学界的发轫(1922—),到"东游记"在华旅行简史(1991—),从美国斯坦福大学传播研究所出发,穿越太平洋的风、台湾海峡的风,进入在华正史奇缘,将关键研究者分为先驱、接力、应用三层次,而理论的中转得益于"文化中间人"。

最后,本节总结出中国/华人媒介框架研究的框架,一是"空间接力"框架在台湾地区是"国际""社群"维度发挥重要作用,而在大陆多通过"社群""地区"维度作用;二是开放型、封闭型的"地缘政治"框架差异导致媒介框架研究在大中华地区分布不均匀;三是"时间"框架因人而异,也随"空间接力"框架、"地缘政治"框架而变。

在本节结论,我们将"简笔""厚描""远山"合并再现在时空框架分析基模

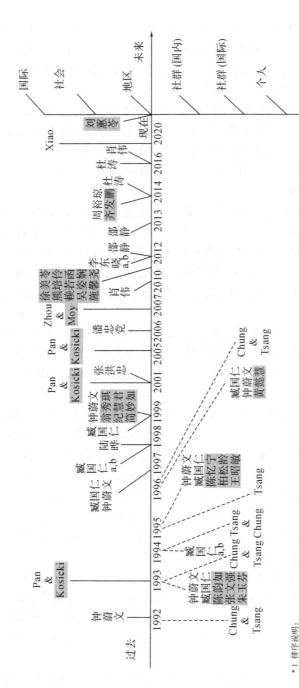

图 8-2 时空框架分析基模中的在华旅行"关键研究者"

*1. 排序说明:

(1)姓名书写顺序:作者名横写表合著,竖写表独著;按纵坐标国际/英文发表时间先后,竖排序按纵坐标国际/英文发表时间先后;竖排序按纵坐标国际/英文发表时间先后,竖排序按纵坐标国际/英文发表时间先后;

(2)坐标序:横排序按受访者主要框架研究发表时间先后,中文发表目上而下排序;

(3)同年发表序:不同语言,按发表语言(英文/国际偏上,中文/地区偏下)排序;相同语言,按出版时间先后排序。

2. 英文名缩写说明:"a,b"指同年同位作者发表两篇;Pan系"潘忠党","钟蔚文","Tsang系"臧国仁",Zhou系"周裕琼","Xiao系"肖伟"。

3. 虚实线说明:期刊或会发表按实线,分布在横轴上方;研讨会发表属社群交流,分成国内、国际两类,按虚线分布在横轴下方。

4. 来源:时空维度类目取自"二维测量基模"(Chyi & McCombs, 2004, p.25)。

中（图 8-2）。横轴上方的期刊发表数据展示了"空间接力"框架"国际""社群""地区"等不同维度的作用。横轴下方的"社群"项，主办和参加会议的全部是台湾框架学者，再次验证了"社群"维度、"地缘政治"框架在台湾学术进步的重要作用。

从过去看到未来（图 8-2），我们渐渐看清，这一个个关键研究者以及这一代代热血学人，都"生活在某个社会当中"，"活出了一幕幕生命故事"，这些生命故事又都是"在某个历史序列当中"，"在生命故事、历史以及二者在社会中的相互关联交织之议题中"，在被整个民族、文化的历史所围绕的氛围中，演绎完成了"智识探索的旅程"（以上均出自本章之初所引 Mills，1959/2016，p.4）。

坚持着讲述"一般领域的发展史话"的美国已故传播学者罗杰斯，谦称要将大众传播、人际传播、组织传播等每一个专业领域的历史"留给其他人去阐述"（1994/1997，序）。那么，谁来补白传播学科"中古史"真空地带？媒介框架理论能否如我们领域的其他专业领域、专业理论一般，找寻到各自发展？且听下章分解。

第九章 理论反思:传播研究与教学
的典范异动

— "一个好的范例超过很多理论"(项飚,2020;转引自:项飚、吴琦,2020,页274)。

— 如果您对中国进行研究,请将它带到更高水平,使其他外国学者能够使用和学习,从而使它成为全球关注的话题和理论。……我鼓励中国学者进行更多的比较研究,并要考虑到背景,这将有利于中国和西方互相理解(哈筱盈,2022;转引自:周树华、哈筱盈、钟布、沈福元,2022,页2)。

— 社会科学研究的站台上挤满了等待社会科学"爱因斯坦"的人们。遗憾的是,他们不仅等不到人,而且根本等错了站(Giddens,n.d.;转引自方孝谦,课堂讲义,2015年春)。

还有什么不是框架呢?理论是框架,即框住看世界的视野;方法是框架,指框住解决问题的工具箱;研究是框架,框住了思考的角度、景深与发现。世界无穷无尽,研究者的思考却能如取景镜头一般,将研究问题从无序的现实中框出来。就是说,人,研究者本身也是框架。

本书上一章的简笔、厚描、远山分节叙议,是绘画手法也是编导技艺——归根结底还是一种"框架"——框定了或壮美或旖旎或幽深的沿途风光。浮光掠影间,蒙太奇淡入淡出,大时代集体记忆与旅人往事小确幸忽而交叉、忽而平行、忽而重叠,令人倍觉浮生若梦、如露亦如电。

这种基于文献、口述和想象的历史叙事框架既如风景观光片又如舞台剧,九个关键研究者化身历史演员，在时光剧场讲述自己的故事。观众们能"看到"台前的风光和剧情，却未必"看见"幕后的肌理，即影响到理论旅行及知识生产的政治、经济、文化之社会脉动。

这种历史叙事框架又犹如以研究、写作为自变量的天然实验室。研究者和写作者分别"使用"着新型的生命故事访问研究法、新型的叙事写作方法，而先驱性（pioneer）尝试往往无法预先检验效果，不到收工时刻实难反思研究工具、写作策略"好用"与否。

有鉴于此，本章将在前文框定的理论在华旅行历史叙事的总体面貌基础上，通过第一、二节针对六个访谈问题和全部研究问题的响应以及第三节的方法论反思，进一步深入检讨，以期重塑媒介框架理论的知识边界与内核。

第一节　对框架理论的唯一共识："没那么重要"

本研究前章提出的半结构式访问题目系以"前世—今生—未来"三个时间维度为主题，切分成"说出您的框架研究生命故事""框架理论在中国传播学术社群的中文旅行""框架理论典范建构与传播学科振兴"三个主题，每个主题之下再依次对应一到两个小题（详见表3-2）。

关于Q1"能否从头谈谈您的学术与人生？"、Q2"您是在何时、何地、何种机缘之下，开始、终止研究框架理论？其间有何关键的人、难忘的事、代表作及核心观点？"这两问，上章第二节研究生命故事已给出重头答卷，此处不再重复赘述，本节拟从Q3答起。

一、关于Q3作"数据脱敏"处理的说明

考虑到研究生命故事的个体独特性，上一章按框架研究处女作发表时间排序实名呈现（如表4-1编码"No. 1. 臧国仁"）无可争议，但Q3关于"中国传播学术社群"的观察及建议交流若有涉及不在场人事之臧否、截然相反观点之碰撞甚至价值观方法论之冲突，为保护受访者免受"误读""误伤"，也为尊重不同观点的平等性，对Q3的回答引述宜作"数据脱敏"处理。

"数据脱敏"又称"数据去隐私化"或"数据变形"，指在保留数据原始特征、不降低安全性的条件下，按需进行敏感信息内容的变换。具体的方法有"替换"（以虚构数值代替真值）、置乱（重新随机分布）、偏移（通过随机位移改变数字数据）等（陈天莹、陈剑锋，2016）。

此类风险在邀请受访者签署附录二"访谈同意书"时即已预见，如第一、三、四条目列出受访者得以"公开身份方式"分享其有意愿公开的内容，同时对于"不慎触及""不愿回答的问题"可以"拒绝回答"并"随时选择退出"。

然而此类拒绝、退出情事未在本研究实际执行中发生，仅在 Q3 访问时略有策略性回避或以匿名为交换条件的选择性作答。

为了遵循求真、和谐、平等的研究伦理，有关 Q3 答案整理后采"置乱"数据脱敏法，即打乱消息来源原序号而以 R1、R2 等乱序匿名重新编码；Q4、Q5、Q6 等非敏感问题的答案仍以实名呈现。

二、"没那么重要"：九个回答对框架理论的唯一共识

作为访问者与受访者一对一、九个受访者之间背靠背的学术访问，谈的又是媒介框架研究这样原本就众声喧哗、百花齐放的高热度议题，来自不同受访者之间的响应千人千面、南辕北辙，几乎是一定的。本研究最终得来的对 Q3、Q4、Q5、Q6 的九份回答经验数据印证了这种离散性。唯一能达成的共识只有框架理论其实并没有那么重要。九人一致认为，框架理论对传播学科发展的意义起不了决定性作用，这等于或直接或间接地否定了 1993 年恩特曼所提传播学科"双大师振兴纲领"。

（一）这个世界会好吗？——中国传播学术社群的渐变光谱与比较视野

Q3 问：能否分享您对中国传播学术社群的观察，有何建议？

答案的总体评价色彩可分为较为肯定（R3、R5）、较为负面（R1、R6、R7、R8）、正负面皆有（R2）、没有意见（R4、R9）三类。需特别注意的，一是评价单位并非全然相同。由于各人观察立场和角度不同，或以大中华地区的华人传播学术社群作为比较单位，或只聚焦于大陆、台湾、香港等单个区域的学术社群，相应的评价引述可更细致地分类。二是"没有意见"并不等同于满意或肯定，而是没有在访问中发表意见。至于未发声之因，有受访者以"卑不谋尊"自谦，婉言对整个中国传播学术社群"轮不着我建议"（R4），亦有完全避而不谈（R9）。撤除第三类以"没有意见"之名来表态弃权的声音，能见的意见分布在正负两极及之间，形成了肯定、肯定否定综合、否定等三类混搭式光谱。

1. 肯定意见：发展快、国际化、学理化

针对大陆的华人传播学术社群，有信心地满满认定"整体还是比较乐观的""那么多聪明人，大家共同去做这么一些研究，总体形势肯定是看好"（R5）。

有温和地肯定，中国传播学"在进步"也"走过很多弯路"，但未因典范之模糊而踟蹰不前，反倒在探索往复中"慢慢实现范式更替"（R2）。

还有积极地肯定近 20 年来，中国传播学术社群"转型很快"，量化研究、社会网络分析等新型方法在每个学校"都很常见"，期刊论文水平之高有些"已经超过国外论文"，跟国际学界的差距"不像别的学科那么大"，慢慢形成学术规范共同体，学术共同体社群也"已成体系"，总体而言"要比二十年前进步很多"（R2）。

其间，在学术评价共识的形成中，海内外学术开放互动、领军人物的带动等助力均功不可没（R3）。这一方面受惠于潘忠党、祝建华等海外名师通过编辑丛书、研究方法工作坊等途径引入新思，以及喻国明、张国良等国内名师积极建设，是"引进来、走出去"的良性互动结果（R3）。

另一方面则受益于中国新闻史学会、国际中华传播学会（CCA）、多闻雅集（香港城市大学大陆青年传播学者访问项目）等机构化、体制性的提升，以及《新闻与传播研究》《国际新闻界》《新闻大学》等学术期刊的高水平论文发表（R3），而篇幅较长、学理性强的研究在《新闻记者》等期刊的见报率也越来越高（R5）。

就国际化程度而言，海归博士到不同高校任教则能促进科研能力的"代际提升"。大陆高校越来越看重 SSCI 发表，对国外学术背景比较熟悉的、经常发英文论文的年轻海归学者"到哪儿都特别受欢迎"（R5）。

2. 负面意见：结构、着急、脱节、功利、帮派、官僚……

有负面意见或直接表态"看不起"（R8），以毫不客气的"扫荡式"批评直抒胸臆（R6），或婉转表达对大陆传播学术社群"比较失望""没什么建议""不想产生任何评价"（R1）。

当今世界躁动、万物媒介化，传播现象本身正在步入时代舞台的中央，看似成为社会的主流，传播学科"显得""好像"很重要，但其实传播学本身——无论国内还是国外传播学界——"贡献并不大"，不像其他学科那样能够"提出任何土生土长的有价值的像样的理论"。方法和理论（尤其是理论）的乏力，使得传播学在可预见的未来"绝不可能成为主流"，反而极有可能被其他社会学科整个"吃"下来。对，是别的学科"吃"掉了传播学科，而不是传播学科把别的学科给"吃"了（R8）。

客观上，一则有结构性的管制因素，导致很多研究在大陆无法开展（R1）。

二是整个大环境比较"着急"，具体表现在"非升即走"的人事制度压力，各种基金、课题、发表的竞争角逐，不断推陈出新的研究主题热。譬如，前一阵子的"建设性新闻"研究热潮，就有编辑提醒要抓紧时间，过了这个时段就可能比较难发了。树欲静而风不止，让学者很难"坐冷板凳""想沉下心就能沉下心"，即便"看好某个理论可能成为典范"也无暇顾及深研。同理，大师型学者也必须具备很高的素质、很多的知识才能渐渐有成就而被认可，然而我们的环境"并没有提供大师的土壤"(R2)。

三是"卡方人"与"绿眼罩人"之争依然存在，学术前沿与业界脱节。期刊品位的学理化、"长文"化趋势是一把双刃剑，剑的一面是理论建构的发展，另一面则是跟不上业界的发展。尤其现今新媒体发展太快，学界探讨的问题往往是业界已经不关注或其已关注更新的东西去了(R5)。

主观上，首先是功利主义盛行。不管在大陆还是在台湾、香港、其他华人地区，有的时候做研究"纯粹不是真的在做研究"而"只是一个功名""只是一个头衔"(R7)。也因功利导向导致很多人"不做研究"，只以短平快文章发表为目的，一味地追求业绩而放弃了真正的学术努力，更勿论"认真下去好好做学问"的理想状况(R1)。

在过去不功利的时代里，"没有人逼你发表""教授天天在一起讨论""反而可以自己去探索去读""爱读书、爱做研究的人可以进入新环境，尝试新东西，几年没有发表一篇也可以忍受"，学术环境自在宽松。现今却"不会这样了"，由于"做研究的 paper 要分、要点数"，很多老师顾忌传帮带会稀释个人业绩，而越来越"不喜讨论""不爱谈问题""不带学生做研究"，功利化内卷现象日益严重(R7)。

其次，学术帮派/关系主义盛行。国内高校行政有"到处去拜码头、搞关系"的风气，学者为学术成果发表而"搞关系"亦屡见不鲜(R8)。"到一个学科之后，就很容易进入帮派"的问题不仅局限于传播学科，也不只是华人学术社群，而有其普遍性，在"各国""各个学科"都属常见(R7)。

再次，官僚主义盛行。学术服务行政活动违背了为共同体服务之初衷，"服务服务着就被异化了""慢慢开始为自己服务了"。譬如那些"大佬"要么"一年至少发表五六十篇的自己作第一作者论文"，其实"就是研究生写的""还好意思挂第一作者"；要么"把别人抓过来搞国家重大课题""把别人的成果占为己有"；惜乎这种"大佬""到处都是""到处去演讲"(R8)。

上述各种主客观负面特征导致传播学界表面繁荣，但其总体水平"也就只有这样子了"，"这些年也没搞出啥好东西来"，"表面上看好像越来越规范了，好像越来越繁荣了，其实真的没有做啥东西出来，当然这都是我们共同的耻辱了"(R8)。

所谓"共同"当然不止中国，还有全世界。整个国际传播学界"也没做出什么东西出来"，"不断地给世界制造一些无意义的东西，然后自己煞有介事的"，远不及其他行动研究"能够给世界带来一些实实在在的改变"（R8）。

3. 比较视野：港台略早于大陆

放眼世界范围，有受访者提到交往过的优秀中国／华人传播学者多来自港台，对大陆学者则不予置评，因为"大陆的状况比较复杂"，"大陆不是说没有很好的学者"，"大陆是有很好的学者，新闻传播学界甚至就有好学者，但是他们很有可能写作、研究课题、表达都体现了大陆语境"（R6）。

由于"文化接近"以及"都是从西方学知识"，为不同华人地区的传播研究创造了切磋交流的诸多角度。又由于海峡政经地缘政治对正式书籍出版文献的长期阻隔，陆港台三地学者多只能在期刊文献、会议等学术场合中相遇。

相较之下，港台学者由于"起步较早""教师或研究者中具有西方背景的比较多""很容易和西方的研究接触"，其"研究深度""理论的使用"包括"和西方接轨的内容""文献综述"都更"规范"一些；也有一些大陆学生前往港台深造后"回来发展得都还不错"（R5）。

大陆学者的优势则是"对国内的政治更了解""对国内的文化也更了解"，所以大陆传播学者的传媒改革研究比外来学者"更接地气"，其所写文章更容易在大陆"引起共鸣""为大陆学术社群所接受"，而港台的文章难免"总让（大陆）人感觉隔靴搔痒"（R5）。

但总体而言，无论就规范性还是学理性，港台的水平"比较高"且更"值得大陆这边去学习借鉴"（R5）。

（二）中国／华人如何做框架研究？——新"二八法则"vs. 新"破裂的范式"

Q4 问：能否分享您对中国媒介框架研究的观察，有何建议？

针对此问题，前文已散见多处综述和摘述。此处查漏补缺拟作全面汇总，可分为好评、差评、无甚关注三类。如前引框架定义在西方、华人传播学界引用率的"二八法则"（接近 20% 的作者创造 80% 的引用率），此法则在华人框架研究中亦有体现，即，受好评的高质量研究数量少，差评研究的比例高，基本也符合"二八法则"的分布规律。

1. 好评：臧（1999）、潘（2006）后设研究经典，"特殊国情"个案发现不俗

好评中，臧国仁（1999）专书与潘忠党（2006）论文是受访者公认的华人框架研究经典文献（见 No. 丁，张洪忠，2020 年 7 月 16 日；No. 戊，周裕琼，2020 年 9 月 8 日；No. 己，肖伟，2020 年 7 月 19 日；No. 辛，邵静，2020 年 7 月 6 日；

No. 壬,杜涛,2020 年 7 月 23 日),钟蔚文(No. 丙,2020 年 7 月 30 日)更盛赞潘忠党的框架研究做得"有突破性"。

大陆的两位后设理论专研学者(No. 己,肖伟,2020 年 7 月 19 日,No. 壬,杜涛,2020 年 7 月 23 日)英雄所见略同,在中国框架研究的"特殊国情"上达成共识,一是研究发现特殊,即中国的特殊体制、意识形态导致所得研究发现往往跟西方差异颇大;二是研究质量不俗,框架分析法设计新颖,理论导向鲜明,做得有规范性。

2. 差评:误读、低质、短效等"破裂的范式"

差评中,一是误读严重。臧国仁(No. 甲,2020 年 5 月 7 日)曾经提及前文提到的"面目全非""叶公好龙""框架过时",即相当一部分热情学术研究者误读、误引了其专著,将新闻文本内容直接当成新闻框架本身(臧国仁,上课讲义,2016 年 2 月 27 日;臧国仁,电子邮件,2019 年 5 月 10 日)。

二是低质研究泛滥,研究取向单一。潘忠党(No. 乙,2020 年 7 月 30 日)将"中国知网"发表分为无甚逻辑关联的三类"破裂的范式"。第一类是硕博士生、业界或学界业界两栖从业者匆匆所就三五页的短文"随想式写作"。第二类是以框架之名但实际上完全不在乎如何界定框架,就急于展开所谓经验考察的"内容分析式的有名无实个案研究"。第三类是脱离经验研究情境的"空中楼阁式的后设理论脉络探究"。

张洪忠(No. 丁,2020 年 7 月 16 日)和邵静(No. 辛,2020 年 7 月 6 日)则发现,大多数框架个案研究是把框架理论作为内容分析的装点、一个静态的结果与视角,尽管其方法设计或极多元。"唯一的变化"就只是研究对象已从文字框架一家独大扩展到新媒体框架、生产框架。

三是短效化,应用学者一触即走,长跑型研究寥寥。就研究而言,自臧国仁(1999)、潘忠党(2006)之后,对该理论的探索热度就缩减很多,理论本身没有形成太多创新点,远不像议程设置理论那样不断提出新问题、不断创新完善层次属性(No. 丁,张洪忠,2020 年 7 月 16 日)。

受访前自称"临时抱佛脚"恶补文献的邵静(No. 辛,2020 年 7 月 6 日)则惊讶地发现,高引来源仍然是她 10 年前读博时的那些,未有大师级人物出面定论共识,足以说明它(框架研究)依然是未被遗忘然却也未到大师级火候的理论。

就治学风格而言,西方框架专研学者多有终生笔耕不辍于框架研究的典范,反观中文框架学者鲜有长期、持续做框架研究(No. 己. 肖伟,2020 年 7 月 19 日)。

本研究访问到的周裕琼(No. 戊)、李东晓(No. 庚)、邵静(No. 辛)三位应用研究学者就是其间典型。她们不约而同地宣称，自从完成个案研究后都不再关注媒介框架研究(No. 戊，周裕琼，2020 年 9 月 8 日；No. 庚，李东晓，2020 年 7 月 4 日；No. 辛，邵静，2020 年 7 月 6 日)。

(三)框架与(重要)理论(典范)的距离："双大师振兴纲领"遭一致否定

Q5 问：框架理论有无可能成为重要理论典范？传播学科有无可能成为社会科学研究重要学科/学科？若可，是否框架理论引领之结果？若不可，为何？

这一问三环相扣：前两环的意见多有相左，而最后一环的意见高度一致：认为框架理论已经成为、能够成为、不可能成为重要理论典范者均有，认为传播学科已经成为、可能成为、不可能成为社会科学重要学科者均有。但无论上述两环答案为何，传播学科的命运都绝非框架理论引领之结果。

1. 是重要理论且是理论典范：本问题讨论的前提

本问题讨论的前提，需得认同框架理论是重要理论且是理论典范。关于第一点"重要理论"通常无甚非议，而第二点"理论典范"的共识并不易。李东晓(No. 庚，2020 年 7 月 4 日)认为框架理论已是"里程碑式的理论"，其重要性体现在吸引了众多研究去阐释它，才有了理论生命力蓬勃的"乱"及其里程碑地位。但不管多重要，框架理论"连典范都不是"。

而李东晓只认同框架理论归属的更高层次建构论为典范，反复强调"框架研究视角比这个理论本身更重要"，坚称"我倒不承认［框架研究是］典范"。

周裕琼(No. 戊，2020 年 9 月 8 日)认同框架是一个理论，但不看好其可能成为恩特曼(Entman, 1993)期待的"大师型"理论。她认为，框架理论只是一个有用的普通理论、跨领域的研究方法而已。

杜涛(No. 壬，2020 年 7 月 23 日)曾在恩特曼的范式和迪·安格洛的科学研究纲领两种说法之间徘徊，最终更赞同迪·安格洛把框架研究视为科学研究纲领的说法，认为后者更能尊重框架理论的多元发展现状和多取向进路。

潘忠党(No. 乙，2020 年 7 月 30 日)的否定来得最彻底。他指控，框架其实连理论都不是！并不存在什么"框架理论"，更勿论框架理论典范，而只存在来自现象学社会学、认知心理学等两大传统的"框架理论的视角"(framing theoretical perspectives)。但他肯定，框架研究会"继续作为一个比较活跃的研究领域而存在"。

那么，到底框架理论是否"理论"？是否"理论典范"？何谓"典范"？

本研究前文第二章已根据文献讨论定义典范是"科学共同体所认同和共享的价值信条、解谜规则、典型范例"。因框架理论将新闻研究典范翻篇至建构论而符合"价值信条"和"解谜基础"内涵,又据恩特曼(Entman,1993)提议其有望成为传播学科乃至社会科学领域的理论建构与应用之表率的"典型范例",在此基础上可推论,本问讨论之前提应是访问双方相互同意框架理论符合任一层面的"典范"意义,但仍须进一步确认是否"重要典范"。也就是说,只有在双方都承认"框架理论已经是典范"的基础上,才有后续"框架理论是/否'重要'典范"的讨论空间。

2. 不是重要理论典范:反观框架理论与"公共领域"理论的距离

提到"重要理论典范",至少有三位关键研究者(No. 甲,臧国仁,2020 年 5 月 7 日;No. 丁,张洪忠,2020 年 7 月 16 日;No. 庚,李东晓,2020 年 7 月 4 日)的第一联想是德国哲学家尤尔根·哈贝马斯(Jürgen Habermas)于 1962 年以德文所书的"公共领域"(public sphere)理论。该理论自 1989 年译介到英文国际学术界后即赢得世界性声誉,堪称社会科学各学科"家喻户晓"之"大师型理论"。

几乎没有哪个宏观社会科学概念能够绕过"公共领域",框架理论亦然。早在 1999 年,臧国仁的框架后设研究专书即曾引述"公共领域"概念,试图说明新闻情境乃是"社会议题"彼此竞争以呈现语言或符号意义的场域,亦是社会势力(如消息来源组织)相互论辩的公共论坛,借此强调"新闻真实"产生的背景乃奠基于"自由发表意见、平等近用媒体、理性批判对话"的公共空间原则。如是重要学理背景与意涵,却是传统新闻学极少眷顾的哲学意境,仅有早期"报业制度四理论"略及但无法相提并论(No. 甲,臧国仁,2020 年 5 月 7 日)。

20 年后,臧国仁指导的博士论文《"公共领域"的意见扩大与深化——探索当代"弱公共领域"的运作逻辑》(卢安邦,2018)继续使用了"议题框架"为分析单位,透过大数据捕捉各场域意见流动、串联以及论述深化等现象,探讨当代科技环境对作为"弱公共领域"(指日常生活里无数非正式讨论机制的决策单位)的"网络公共领域"带来的影响。其所述不但与臧书(1999)前后呼应,研究所得更补足并增强了框架(尤其议题框架)在新时代媒介现象之时空意涵,有"重要学术延伸价值"(No. 甲,臧国仁,2020 年 5 月 7 日)。

张洪忠(No. 丁,2020 年 7 月 16 日)则以"公共领域"理论为例,指出"重要理论典范"所需同时满足的三要素特征:一是理论建构学者本身有影响力;二是理论概念内涵、逻辑自洽清晰;三是现实解释力穿透力强大,有明确研究对象，能在社会、业界和学界社群促成一种交流氛围。以此为标准，他认为框架理论更接近于"一种研究视角"（No.丁，张洪忠，2020年7月16日；No.庚，李东晓，2020年7月4日）、"众多传播理论取向之一"（No.己，肖伟，2020年7月19日），而远非重要理论典范。

其他受访者的观点，均可引张洪忠（No.丁，2020年7月16日）谓之重要理论典范"三要素"标准作为脚注。以第一点"理论建构学者本身有影响力"为准，几乎没有受访者能枚举媒介框架理论研究领域有可媲美哈贝马斯之于"公共领域"或麦库姆斯之于"议程设置"的重量级学者。

对照第二点"理论概念内涵、逻辑自洽清晰"，模糊、混沌、破碎却是绝大多数受访者对框架理论的总体印象。如肖伟（No.己，2020年7月19日）自谦尽管已经出版中英双语专书，却始终"无法触及、说清框架的本质"，以致于只能在研究过程中"把框架这个概念给泛化了"，唯此方能自圆其说。

而框架理论本身的问题则是"还不够成熟"，其内涵尚有较多模糊、混沌，所谓"破碎的范式"还没有"被主流"。但所幸这种模糊、混沌、破碎暂不会影响学界用这个理论进行各种各样的研究，这种未完成也为理论的进一步发展留出空间。又如邵静（No.辛，2020年7月6日）也认为媒介框架理论在内容与应用上远远不够深刻，没有层次感。

至于第三点"现实解释力穿透力强大，有明确研究对象，能在社会、业界和学界社群促成一种交流氛围"，受访者亦无一例外将此作为分析标准，尽管观点相去甚远。正面观点如肖伟（No.己，2020年7月19日）反思，大家之所以不用相近的"中心思想""新闻图式"等其他概念，而对"框架"概念情有独钟，正可说明框架理论具有"非常强的对现实的一个解释能力"。

负面看法则如李东晓（No.庚，2020年7月4日）诟病框架理论的研究对象不明确，指出"公共领域在不同的学科都是关注公共领域的问题"，"对象比较一致"，而"框架理论在不同学科关注的问题不一样"；前者（公共领域）是"可以具象化的东西，比如说咖啡馆，比如说广场"，但是后者（框架）在她看来"最重要的就是视角，从戈夫曼开始，甚至从贝特森开始"。

杜涛（No.壬，2020年7月23日）则从解释范围切入，指出框架理论在传播领域"主要解释力在于媒介内容"，因此它作为传播文本内容研究的引领性是顺理成章的。但在"技术力量"和"受众角色"甚嚣尘上、内容研究有所削弱的新媒体环境下，仅凭单一框架理论继续带动整个学科，显然"不够现实"。

3. "唱红"与"唱衰"：关于传播学科重要性的几类极端意见

传播学科有无可能成为社会科学研究重要学科？——"这是一个学术管

理领域的问题,而非学术研究者的事情",潘忠党(No. 乙,2020 年 7 月 30 日)接受访问时如是定性,并坦言作为一个没有行政职务的纯粹学者,他关心的是"怎么做一项一项的研究"而非学术管理。

回到问题本身,他肯定传播学科"既然它涉及最基本的人类社会的构成元素和过程,显然,它是一门重要的学科"。但他否认传播学科会成为最重要的大师型社会科学学科,因为其他学科也在关心着人类社会,所以每个社会科学学科都同等重要。从这个角度来说,本研究或该自我反思,是否提了一个错误的问题?

万幸世界上只有一个潘忠党,其他受访者回答此问时尚不会跳到问题的后设层面去质疑问题的正当性。多数受访者反而表现了鲜明立场,或唱红或唱衰。也有个别受访者或根据不同标准(使用频率、适用效果)作出相对审慎的区别性分析,或以发展性的眼光看待传播学科的整体走向而非当下选择了特定立场。

在"唱红"传播学科的观点中,张洪忠(No. 丁,2020 年 7 月 16 日)和杜涛(No. 壬,2020 年 7 月 23 日)都提到了喻国明(2014.2.13)发表在《解放日报》上的时评《传播学何以成为热门学科?——兼谈当前社会观察与治理逻辑的创新视角》观点,即传播学科有可能甚至已经成为社会科学研究重要学科。但是,这个重要性并非传播学科自身决定更非框架理论引领之结果,而是由于传播科技繁荣、互联网转型契机、全新的信息逻辑和大众理论及范式转型,甚至突如其来的新冠疫情全球大流行。

尤以"网络学"由于国家学科规划未提前设置等历史原因,现今只能先挂靠在新闻传播学科,导致其他学科研究各自本体对象时都须经过互联网并经过传播学科。肖伟(No. 己,2020 年 7 月 19 日)也有类似看法,认为互联网正在推动传播学科"逐渐地成为一个重要的学科"。

但是,张洪忠(No. 丁,2020 年 7 月 16 日)强调,时代契机是背景和现实,更是机遇和挑战,一切取决于"传播学科能否解释其他学科解释不了的互联网现象"。若思考、解释样样乏力,做不到"人无我有""人有我强",像"遗老遗少一样抱残守缺",那么"一定会被淘汰"。

另些观点则从规范性、经典型角度去审视学科前景。承上述及之传播科技与互联网研究正红火的现象,周裕琼(No. 戊,2020 年 9 月 8 日)、李东晓(No. 庚,2020 年 7 月 4 日)却都悲观地认为传播学科"主要还是研究传播现象""依然边缘""没有成为重要学科""也谈不上有什么地位"。

在"唱红"与"唱衰"之间,亦有零星立场不那么鲜明、温吞而积极的意见。

如邵静(No.辛,2020 年 7 月 6 日)肯定,传播学虽然"走过很多弯路"但总体有在"在进步",在探索往复中"慢慢实现范式更替"。

钟蔚文(No.丙,2020 年 9 月 17 日)则从 20 年前起就觉得传播的本质是在"真实世界、心理世界跟文本世界这三个世界间的交错地带""好几个框架的交界之处"。从这个意义来说,传播学科跟其他社会科学学科原本是一家,没有孰轻孰重之分,一样重要。

4．共识："双大师振兴纲领"遭一致否定

恩特曼的论文写于 1993 年,距今已经过去近 30 年,而所谓"双大师"理想至今没有实现,有受访者认为,这就足以说明"他的提法有问题"(No.庚,李东晓,2020 年 7 月 4 日;No.辛,邵静,2020 年 7 月 6 日)。

"时间已经说明了一切",邵静(No.辛,2020 年 7 月 6 日)仅凭借第一直觉断言,"(我们等恩特曼的愿景)等了那么多年,等得都有点不耐烦了"。

如今传播科技、受众角色已经日新月异到擅长内容研究的传统框架理论解释疲态的地步,"恩特曼他再牛也不可能预测这几十年后的天翻地覆变化"(No.丁,杜涛,2020 年 7 月 23 日)。

铺陈全部观点进一步印证了这种直觉,如底下的八类所示:

(1)框架不是理论(No.乙.潘忠党,2020 年 7 月 30 日);

(2)框架理论不是理论典范(No.庚,李东晓,2020 年 7 月 4 日);

(3)框架是理论/典范,但不算重要(大师型)理论/典范(No.甲,臧国仁,2020 年 5 月 7 日;No.丁,张洪忠,2020 年 7 月 16 日;No.戊,周裕琼,2020 年 9 月 8 日;No.己,肖伟,2020 年 7 月 19 日;No.辛,邵静,2020 年 7 月 6 日);

(4)框架理论是重要(大师型)理论典范(No.壬,杜涛,2020 年 7 月 23 日);①

(5)框架理论没有重要到可以决定传播学科的命运(No.丁,张

───────────

① 第(3)条"框架理论是重要理论,但不是理论典范"与第(5)条"框架理论是重要理论典范,但没有重要到可以决定传播学科的命运"这两条观点看似自相矛盾,实际上追溯到各自原生语境便有合理之处。如第(3)条的原话语境是"在元理论(后设理论)层面,与恩特曼的范式相比,更赞同迪·安格洛把框架研究视为科学研究纲领的说法,提倡尊重理论的多元发展现状和多取向进路",此言并非完全否定理论典范之意,而只是表态二者之间选择更倾向于研究纲领之说;第(5)条的原话语境是"在新媒体环境下,框架理论仍然是一种很重要的理论范式"。两段原话分别是在不同比较情境下的观点延伸,即相对"理论典范"更认同"研究纲领"、相对"很重要的那些理论范式"框架理论还不够重要。故此处同时摘录这两条记录。

洪忠,2020 年 7 月 16 日;No. 壬,杜涛,2020 年 7 月 23 日;No. 己,肖伟,2020 年 7 月 19 日);

　　(6)传播学科是重要(大师型)学科(No. 丁,张洪忠,2020 年 7 月 16 日;No. 壬,杜涛,2020 年 7 月 23 日;No. 己,肖伟,2020 年 7 月 19 日);

　　(7)传播学科是边缘学科,不是重要(大师型)学科(No. 戊,周裕琼,2020 年 9 月 8 日;No. 庚,李东晓,2020 年 7 月 4 日);

　　(8)传播学科跟其他社会科学学科一样重要,社会科学不存在最重要(大师型)学科(No. 乙,潘忠党,2020 年 7 月 30 日;No. 丙,钟蔚文,2020 年 8 月 24 日,2020 年 9 月)。

　　综上,九位受访者即便背靠背、坠入无知之幕也能够达成的共识是,框架理论对传播学科发展的意义起不了决定性的重要作用。这几乎等同于直接对1993 年恩特曼所提传播学科"双大师振兴纲领"直接齐声喊话:

No Way(没戏;没门)!

第二节　是理想,还是空想? 学术生产的"三无"后设反思

Q6 问:您心目中理想的框架研究典范之概念、理论以及方法为何?

一、无完美:不存在的"理想"

　　这可能又是一个错误的问题! 关于题目中"理想的"这个定语,潘忠党(No. 乙,2020 年 7 月 30 日)从问题的后设层面反击,"我不知道什么是理想的方法""任何的研究都是有缺陷的,所以,在我脑子当中的话,只有好的与不怎么好的,还有是垃圾的研究,而没有什么理想的研究"。

　　在"大部分是垃圾"的框架研究领域,在潘忠党眼中算得上"比较好的研究"只有(1)社会学家甘姆森提出"话语包"概念并建立起签署矩阵(signature matrix)路径,考察各种不同类型文本(不止媒介文本),(2)政治学家杜克曼所做的把框架效果跟公共商议、民主协商、舆论形成过程结合起来的一系列研究。

　　甘姆森的"话语包"也得到杜涛(No. 壬,2020 年 7 月 23 日)的认可,但他

认同潘忠党曾在一篇文章里评价甘姆森的研究路径语焉不详。杜涛认为，理想的框架研究典范或可在"搞清楚"甘姆森路径的基础上深挖。

同时期求学于美国斯坦福大学的钟蔚文（No.丙，2020年8月24日）看似更能理解潘忠党对"理想"的吹毛求疵。钟蔚文反思，"知识要跟着环境改变"，人也一样，研究也一样。做研究最重要的能力"不是讲一堆理想"，而是"要知道这个世界是怎样"，然后，第一"求生存"，第二"求发展"。

二、无定法：不存在的媒介框架研究之"理想典范"

两位受访者觉得各式框架典范大同小异，谈不上最理想之说。如周裕琼（No.戊，2020年9月8日）觉得不管是"package"（包裹）、"paradigm"（典范）、"template"（模板）还是"schemata"（基模）其实没多大差别，给学生上课时她介绍框架"就是一套话语的工具""一个 package（包裹）""一个打包的工具"，可以通过各种方式把想做的东西用一个巧妙的方式说出来而已。

相比多半"零散而不成系统"，甚至"都不是框架研究"，"而是议程设置研究"或内容分析的大多数框架研究，周裕琼心目中最精彩、最经典、真正的框架研究，是《框架化作为媒介效果理论》（Framing as a theory of media effects）（Scheufele，1999）一文能联系原本分散在各领域的文献，"通过 building（建构）、setting（设置）讲得一清二楚"。

又如李东晓（No.庚，2020年7月4日）也没觉得谁特别"典范"，臧国仁（1999）高中低三层次跟梵·迪克的新闻话题结构没什么区别，恩特曼的四个框架位置跟臧国仁的中层次框架也是异曲同工。看似大相径庭的不同模式／典范，实际上"理论建构的背后东西是一样的"，无非就是"换了一个说法""用的概念不一样而侧重点不一"而已。

所以，她认为不存在、也没什么必要建立理想、完整、通用的模式／典范，框架它就是一个框，什么都可以往里面装。框架给她最大启发，就是通过建构论视角去关注议题，在视角层面（而非操作／模式／典范层面）给予启发。

肖伟（No.己，2020年7月19日）认为，要有理论追求，但未必要定性框架理论。肖伟辨析戈夫曼的经验组织论、恩特曼四功能说、坦卡德的中心大意都不够理想，只有潘忠党的"思言行"比较接近框架本质。

肖伟反思，理想框架典范不重要，甚至连定义和命名也不怎么重要，而应倡导"研究多元化"，不囿于"量化或质化取径"，毕竟无论框架概念如何模糊，都不太影响大家使用框架做研究。

三、无止境:"理想理论典范"之分析标准及其与现实的距离

张洪忠(No.丁,2020 年 7 月 16 日)赞赏"臧国仁专著那般提供过程化的可操作、可分析的方法"堪称典范。惜乎臧国仁"过程化互动范式"之后至今就再无华人传播学者有此建树,遑论定调理想典范。

张洪忠谦称无法为理想典范定调,但理想的理论之分析标准不会变,首先应有"一套严谨的概念体系和逻辑框架",其次"理论本身要有能解读新现象的延展性",最后"理论要实用、有生命力、对现实当有最强的解释力"。

张洪忠所述标准与臧国仁(No.甲,2020 年 5 月 7 日)所见略同。臧国仁发现,框架研究兴衰实与时代脉络扣连甚深,无论是其原先擅长的载体(纸本)、文本(书写文字)形式、研究途径(专注于文本的抽绎过程)都已与过往迥然不同,未来势必改弦易辙地找到能探究跨媒介/材现象的研究方法与理论,针对框架机制如何转换、其转换如何影响了传播内容之变动、而阅听众面对这些转换与变动又如何解读其意(如早期框架研究所为),此皆新时代之后起重要传播研究议题,值得正视并探寻求索。此展望恰好呼应了张洪忠所称之理论的"解读新现象的延展性"和"实用、有生命力、对现实当有最强的解释力"之理想特性。

同样秉持循序渐进观点的还有邵静(No.辛,2020 年 7 月 6 日)。在她看来,只要理论持续性地蓬勃发展,待有脸书框架、生产框架、人工智能框架等各式"新东西"注入活力,定能"慢慢形成【理论】自己【与时俱进】应该有的样子"(注:括号字为本书所加)。

由此,综上"无完美""无定法""无止境"等"三无"学术生产后设反思,我们重新认识了理论、理想研究典范以及理想的理论典范。借由层层递进的推论,逐渐看清理想、空想之间一线之遥的危险真相后,我们或能理解潘忠党(No.乙,2020 年 7 月 30 日)、钟蔚文(No.丙,2020 年 8 月 24 日)看似过于理想化的观点:

现实无理想,现实只能无限接近却永远无法抵达理想的彼岸。好研究是一个无止境接近理想的动态过程,没有理想的研究,只有无限接近理想的好研究、更好的研究。

四、最后一里路:向"典范"转

鉴往知来。华人传播学者汪琪(2016)曾说,一位优秀的驾驶员"不但要向

前看，也必须不时地看看后视镜"，因为"回到历史"可帮助我们了解"为何世界是今天的样貌"以及我们"要怎样才能到达目的地"（页38）。本节集中响应根据六个访问题目的对谈所得，既有"后视镜"的经验分析亦有"向前看"的理论蓝图。

然而，当我们对照本研究的研究问题（如下RQ1、2、3）时却发现，访问所得仍然无法直接回答全部研究问题。

> RQ1. 你是谁？——概念澄清。
>
> RQ2. 你从哪里来？——历史考察。
>
> RQ3. 你到哪里去？——典范反思。

关于RQ1，框架理论"你是谁"的概念澄清，文献和访问已经帮助我们整理了"破碎的范式"之散乱面貌及背后成因，但回到此问题本身时仍难给出直接答案。确切地说，是无法直接写出马上就能广为接受的公认终极定义。也就是说，接受的过程性与定义的准确性共同构成了此问的挑战。

关于RQ2，框架理论"你从哪里来"的历史考察，前文第四章的研究生命故事已经画出了西风东渐、自大洋彼岸旅行到大中华地区后不平衡发展的奇缘地图，算是行文至此唯一能直接、明确回答的研究问题。

关于RQ3，框架理论"你到哪里去"的典范反思，则自1993年恩特曼发表全世界第一篇媒介框架期刊论文至今争鸣不断，本研究深访所得的经验数据更呈现出关键研究者从现实研究"无完美""无定法"到理想追求"无止境"的认知差异。媒介框架理论能否成就研究典范？具体样貌与原因为何？

在获取访问经验数据的研究中间站稍作休息后，本研究便要继续在下一节跋涉最后一里路，探索研究问题过滤聚焦的典范谜题之终极答案。

第三节　大师型理论、大师型学科如今安在？
时代框架下的典范提议

承上节，本章的最后一里路拟向"典范"转，转到哪里？回到亚里士多德（Aristotle，n. d.），李普曼（Lippmann，1922）普及的常人哲学，库恩（Kuhn，1962）推动的典范转移革命之路，还是贝特森（Bateson，1955），戈夫曼（Goffman，1974）前赴后继的框架概念学理化、社会学化之旅？抑或从钟蔚文（1992）、臧国仁（1999）、潘忠党（2006）开始，甚至从坦卡德（Tankard，et al.，

1991)开始的媒介框架理论在华之旅？它们确是媒介框架研究在不同时代的代表作,然其之于"典范"的典型性和影响力远远不及恩特曼(Entman,1993)《框》文。

《框》文所提"恩特曼之问"指涉了"大师型理论""大师型学科""双大师学科振兴纲领",是驱动本研究解谜的主要动力。然而自 1993 年发表时起至今近 30 年来,与"恩特曼之问"引发"破碎的典范""分散的概念"争鸣至今不断的众声喧哗相较,此问内涵的"双大师学科振兴纲领"在国际传播学界无人问津,框架理论之于传播学科的决定性作用、大师型地位也被本研究受访者一致否定。

"大师型理论"如今安在？"大师型学科"如今又安在？新时代的情境中,恩特曼当年规划的媒介框架理论研究典范如何与时俱进？

一、重访 *JoC*:期刊语境框架对《框》文的至深影响[①]

为探索恩特曼行文脉络,下文追踪《框》文发表地 *JoC*,溯源其所在"领域的未来"专刊(下文简称"未来 1993",区分 1983、2008、2018 年的其他三个同类反思传播学专刊),以期厘清期刊语境框架《框》文间的联系。

(一)"躁动 1983"专刊[②]:批判学派交锋行政研究,重构知识边界

重访"未来 1993"专刊,但见两位责任编辑在"编者手记"(Editor's Note)中如此写着:

> "本辑及秋天陆续有来的另一辑专刊,均致力于集体性勘探传播学界及未来。此时距离《传播学刊》的经典专刊'领域的躁动'(*Ferment in the Field*)(注:下文简称"躁动 1983")正好 10 年……是时候重新审视这个领域了!"(Levy & Gurevitch,1993,p.4)

被 10 年后的这两位责编高度评价为"经典"的"躁动 1983"专刊,时任 *JoC* 主编乔治·格伯纳(George Gerbner)在给专刊作者发出的征稿信中,请求响应四分之一世纪前美国学者伯纳德·贝雷尔森(Bernard Berelson)谓之

[①]   本节有关 JoC 期刊语境对恩特曼原典影响至深之论述,已刊于《浙江大学学报(人文社会科学版)》,见王彦,2022。

[②]   原文"Ferment"在大陆有译"躁动"(王金礼、秦艺丹,2016),也有译"酵母"(邱林川,2018);而在台湾则称"骚动",如台湾中华传播学会 2016 年年会主题"骚动 20,创新启航"。本书沿用"躁动"译法,采大陆与台湾两地的最大通约数。

传播研究和传播学科"地位边缘""正在萎缩""边界模糊""濒临解散"之支离破碎指控（Berelson，1959）。格伯纳本人则是"钟情于批判学派和社会运动"的"传播学经验研究专家"，在美国传播学界"有一定争议"，但在亚非拉和欧洲地区享有"从零开启了这个（指批判学派）研究领域"的盛名（Sjovaag & Moe，2009，p.132；邱林川，2018，页56）。

最终，该刊登载的来自10个国家、41位作者的35篇论文，在此前"彼此毫无交流"的情况下，就有8篇不客气地驳斥贝雷尔森"萎缩说"错误。另有半数以上不约而同地试图重构传播研究边界，修正原有的行为科学取向正统传播研究（注：统称"行政研究"），呈现后来居上的文化研究与批判研究等两支非正统研究取径（注：统称"批判学派"）（王金礼、秦艺丹，2016，页47）。

其中，"批判"（critical）一词在长达368页的专刊中以高达456次成为最高频词汇，支持者"批评经验研究日益为权贵服务"，反对者则"指责批判学者自说自话"，二者交锋不可谓不激烈（邱林川，2018，页57）。

批判学派在"躁动1983"专刊对行政研究的大力冲击，不仅"扭转"了整个传播学术界的研究方向，而且"重构"了传播学科集大成建制学者施拉姆的"传播研究知识想象"，令其庆幸在有生之年目睹了"亲手创办的传播学行政研究与批判学派全面交锋"（McChesney，2007；Schramm，Chaffee & Rogers，1997/王金礼译，2016，页135-137）。

（二）"未来1993"专刊：在破碎与连贯之间的"两个半"学科支流

"未来1993"专刊征稿时，曾经抛出"普适性典范缺席""学界脱离业界""没有核心知识且学科地位边缘""研究内容及方法持续碎片化"以及"媒介效果研究有待明朗"五个"破碎"命题，追问行为科学、人文研究和传播政策全部"两个半"研究支流的整合之道，其核心直指传播研究建制的正当化议题。

脱颖而出的48篇论文对其多有回应，最终依据各自论述重点被分配到"传播研究的学科地位""新方向和新议程""连接传播学界与公共政策""受众与机构""搜索有用的理论"五个栏目（Levy & Gurevitch，1993，p.5）。

《框》文虽然分配到媒介效果分支领域的"受众与机构"栏目，但其文关怀旨趣远不只此。该文于"破碎"中求索"连贯"之道，不仅内容面面俱到响应了全部"破碎"五问，行文灵感且颇受命题发问方式之启迪，可谓受JoC及其"领域的未来"专刊思想影响至深。

如其文开门见山地称"有潜力的研究典范仍是东一点、西一点地十分碎片化""传播学科由于缺乏核心知识而在社会科学界地位低下"（p.51）以及对框架理论作为"通论"的假说（pp.55-58）注脚了第一、三、四命题有涉"普适典范"

"核心知识""学科地位"等边缘化、碎片化问题。

特别值得注意的是,恩特曼对第四问"意识形态和方法论战争使传播学领域持续碎片化"持保留意见,认为碎片化是整个社会科学领域的共性问题,而非单个传播研究领域的个性问题。

又如全文第三部分所提框架应用及理论争辩所涉四大领域,既驳斥了第二命题谓之"学界脱离业界",其"受众自主性研究"应用领域则又响应了第五命题对"媒介效果研究"的强调。

统览《框》全文,如果说 JoC 学刊以"破碎"五问对恩特曼投之以桃,那么恩特曼所撰《框》文则建构了"双大师"学科振兴纲领报之以李,即提议媒介框架理论作为"大师型理论"来引领传播学科在整个社会科学界树立其"大师型学科"主导地位。

(三)"交叉 2008"专刊:打破边界,走出孤岛,对抗破碎化和专业化

前述两期专刊对研究边界的重塑、对学科振兴的呼吁,使传播学科的自我意识日渐明确,传播研究的疆域逐渐稳固,传播学者只专注于重复自身熟悉的方法和问题,"只为彼此写作"而"对其他领域和其他学者兴趣缺缺"的内眷化现象也随之出现(Herbst,1993,p.143)。

这点表现在文献交叉引用中就是"很少有人被他引""更少被其他学科引用",以致于相比其他相关学科遭受着更多的"知识贸易逆差的苦恼""进口远远多于出口"。传播学科成了"知识的贫民窟"和"不连贯的孤岛",其边界日趋僵化,知识创新也日渐停滞(Beniger,1993,p.19;Berger,1991,p.102)。

孤岛现象成为"交叉 2008"(全称"认识论与学科的交叉"(Epistemological and Disciplinary Intersections)专刊的核心议题。时任专刊编辑迈克尔·普福(Michael Pfau)邀来的 11 篇文章,分从人类学、经济学、公共卫生、社会学、心理学等相关学科审视其与传播学科的交叉,发现不只"隔行如隔山"更也"同行如隔山"。一些"只为本学科特定细分领域而写作"的现象屡见不鲜,其成果连本学科其他分支领域学者都不大闻问,更勿论其他相关学科领域的学者了。

究其原因,一是破碎化和专业化带来的认识论与方法论局限,二是研究所提问题的性质几均局限于狭窄的传播旨趣,鲜有学者对传播以外的问题发生兴趣,自然无法输出其他相关学科感兴趣的研究成果(Pfau,2008,p.597)。

至于解谜之道,早已明示在专刊题目"认识论与学科交叉",即"以跨学科的方式""特定的认识论方法"互通有无,尽管其知易而行难。现任 JoC 学刊主编、阿根廷学者卫思博(Silvio Waisbord)整整花了一年多时间,才"基本完成"了突破单一传播领域议题、加强与其他领域对话的研究论文改革(邱林川,

2018，页 56）。

（四）"躁动 2018"专刊：多元、对话、有机研究，以及亚裔学人崛起

"躁动 2018"专刊（*Ferments in the Fields*，全称"多领域的躁动"）源于 2015 年，时任 *JoC* 学刊副主编邱林川与友人在同去马克思墓地的路上，触景生情，围绕 *JoC* 学刊论文"缺乏马克思主义批判精神""日益专业化和主流化""与社会现实脱节"等问题展开讨论，萌生向主编卫恩博提议"再编一次酵母专刊"的念想（按："酵母"译自原文"ferment"，与本书译法"躁动"同义，译法说明见前文第 10 条脚注）。

与 35 年前的首期"酵母/躁动"专刊"*Ferment in the Field*"（1983）相比，"躁动 2018"专刊定名"*Ferments in the fields*"（多领域的躁动）多出了复数"s"，代表"传播研究已更多元"（邱林川，2018，页 53-55）。

多元则体现在这份专刊的作者分布的全球化。总共 21 篇原创论文的 37 位作者共来自 12 个国家且仅 15 位来自美国，创下四期专刊驻美学人最低占比记录。

在组稿团队中，时任香港中文大学教授的邱林川是四期专刊首位华人责编、*JoC* 创刊以来首位华人副主编，起到了举足轻重作用。而在国际传播研究学术社群，新加坡南洋理工大学教授汪炳华当选国际传播学会首位亚裔主席（2016），陈韬文（2014）、祝建华（2018）、邱林川（2019）、李金铨（2019）、汪炳华（2020）、杨国斌（2020）、李立峰（2020）、黄懿慧（2021）等来自中国香港、中国台湾、美国的亚裔华人学者先后当选 ICA 会士，亦标志着亚洲传播研究的崛起、亚裔尤其是华人学者的学术话语权提升。

多元也体现在研究的广度与精度。"躁动 2018"专刊中，广义批判学派与媒介效果、政治传播及组织研究学派平分秋色。议题涉及批判学派与行政研究、主流传播学界中日益稀少的批判声音、政治经济学与媒体文化研究领域的"马克思归来"新唯物主义转向、数码媒介环境带来的挑战，以及传播、实践与有机的传播研究知识分子等。

多元更体现在实践的生机与有机。来自人际传播、组织传播、传播政策领域的学者，达成了坚定立足于"现实生活场景中"并以实际行动"重振"研究的共识（Gallois, Watson & Giles, 2018, p. 313；Just & Puppis, 2018, p. 327）。有学者论证传播学本质上是为"让传播作为社会实践（praxis）"发展出"知识生产的根本论述"（Craig, 2018, pp. 289-296）。

再者，上述多元对话延伸了"有机知识分子"论点，即传播研究未来发展"恐将以有机化为归趋"，有赖于各领域传播学者学以致用，通过与"社会问题"

"社会需求""社会群体"的"有机化"来协助解决当今世界的种种现实危机(邱林川,2018,页 60-61)。

如是现实危机被恩特曼视为"世界的躁动"。恩特曼应"躁动 2018"专刊之邀撰文《破碎民主中的框架化:数字技术对意识形态、权力、级联网络启动的影响》(Framing in a fractured democracy: Impacts of digital technology on ideology)(Entman & Ushes,2018),指出当可通过传播学科尤其是媒介框架研究"领域的躁动"媲美"世界的躁动"(pp.299-300)。

此时距离《框》文首发的"未来 1993"专刊已四分之一世纪,旧文所指"大师型理论""大师型学科"蓝图实现了吗？ 时间给出了答案:不止尚未实现,而且任重道远。

(五)"伟大思想"今安在？JoC 专刊语境中的"召魂""还魂"

行文至此,我们大致明了 JoC 学刊自 1983 年起每隔 10 或 15 年先后推出四期"反思传播学"专刊之传统,其动机一则回顾"学科近年发展",二则关注"学术发展中的问题",三则定位"学科在外部社会发展中所扮演角色"(邱林川,2018,页 53)。

1. 哲人其萎乎？ 贝雷尔森的"挽歌"与"解散令"

专刊背后的研究生命故事因缘交错。"躁动 1983"专刊源于时任 JoC 主编格伯纳敏锐察觉到部分传播学人(如施拉姆)对美国行为科学家贝雷尔森四分之一世纪前"引用率很高的挽歌"(much-cited lament)的不满,而广发英雄帖邀一众顶尖学者来辩。

格伯纳约稿信中谓之"指控",又称"贝雷尔森挽歌",指贝雷尔森(Berelson)在 1958 年美国公共舆论研究学会发声并于次年发表于《舆论季刊》的消极论断,断言传播研究"正在萎缩"(withering away)(Berelson,1959,p.1)。

"贝雷尔森挽歌"赖以立论的依据,一是研究队伍的断层,自其文发表的 1959 年前溯一二十载,在"已被接受的学科史"(received history)书写中,为传播研究贡献卓著的库尔特·勒温(Kurt Lewin)、哈罗德·拉斯韦尔(Harold Lasswell)、保罗·拉扎斯菲尔德(Paul Lazarsfeld)、卡尔·霍夫兰(Carl Hovland)四大传播学科"伟人"(giants)纷纷正在或已经离开这领域,与之媲美的"伟大的思想"(great ideas)和"创新性思想"(innovating ideas)却尚未涌现;

二是研究机构的凋零,各教学研究部门的组织扩张已经减速、停滞多有时日,如贝雷尔森本人所在的大学传播学委员会就正濒临"解散"(dissolution),

"贝雷尔森挽歌"也因此一度被解读为"解散令"，尽管解读者对此一笑置之。

三是研究内容的贫瘠，其思想性苍白到不能启发他人思考、吸引他人追随，纵有新领地也毫无新的突破，而只是不断地重复前人一度投入而今不屑的工作（pp.4-6）。框架理论若有灵，读到此处应心有戚戚焉，实因昨日传播研究之"贫瘠""苍白""重复""不屑"也正是媒介框架研究领域今日之写照。

2. 从边缘到中心：学科自信下的显学迷思

有解读者一面承认，在"承受着贝雷尔森著名解散令的鞭打"而"痛苦不堪"的近四分之一世纪以来，传播学科确处于"智识关怀和学术权力的边缘"；另一面则宣布信息时代已来，社会议题高度聚焦于传播现象，传播研究者聚光于舞台中央，原先处于地位边缘的传播学者早已反转地位而"幸运至不可思议"（Garnham，1983，p.314）。——像不像框架研究?!——这种并不完美（甚至算不上合格）但很有生命力，同时经历着最好和最坏的时代，一路走来同时穿越了无数鲜花和臭鸡蛋的矛盾感与荒诞感，堪称传播学科和框架研究的共同命运。

类似的学科合法性自信，自"贝雷尔森挽歌"发声起即与之锲而不舍地唱着反调，至今逾60载仍如影随形。尤其自1997年新闻学与传播学忝列中国教育部一级学科以来，在互联网、新媒体、大数据对世界影响"日益主流化"的当代，以网络研究为代表的传播研究已被越来越多学者归类为社会科学研究"显学"①（祝建华语；转引自：喻国明，2014.2.13，页11；朱鸿军、苗伟山、孙萍，2019，页29）。

吊诡的是，上述忙碌状况实际上与贝雷尔森批判之实质——能否提供启发他人思考、吸引他人追随的伟大思想——完全无关。任何领域的地位从来不是取决于研究者是否忙碌而取决于其"知识贡献能否获知识共同体的认同"（王金礼、秦艺丹，2016，页48）。

从"贝雷尔森挽歌"对传播研究的"过去、现在、将来"任何发展阶段都如"幽灵"（ghost）般地阴魂不散来看，其核心关切"传播研究身份合法性""传播研究的知识目标、知识角色"等严肃追问迄今犹未有圆满响应（Whitney，1985，pp.134-143）。

3. "破碎框架"：历届"反思传播学"专刊不变的关切

60多年前就被断言已随四大"伟人"远逝而萎缩的"伟大思想"如今安在？

---

① 所谓显学，常指"与现实联系密切""引起社会广泛关注"的学问，反之隐学则是"离现实较远""不那么为世人瞩目"的学问（喻国明，2014.2.13）。

从 *JoC* 四期专刊一再追问和响应看来,新的传播思想随时代语境而变,而"破碎框架"堪称历届反思传播学专刊语境的不变关切。

如"躁动1983"专刊追问"贝雷尔森挽歌"(1959)所警醒之传播研究支离破碎萎缩论,其后搭建了传播学行政研究与批判学派全面交锋的对话平台,进而重构传播学知识边界。

"未来1993"专刊在社会科学研究领域普适性典范破碎的非常时期,合力呈现行为科学、人文研究以及传播政策研究的两个半研究支流,召唤连贯的传播学科振兴纲领。

"交叉2008"专刊察觉"隔行如隔山""同行也如隔山"的传播知识边界僵化、研究领域窄化之内眷化趋势,指出问题在于过度的"破碎化"和"专业化",出路则是深化认识论并加强学科交叉。

最后,"躁动2018"专刊直面"日益专业化和主流化"而"缺乏马克思主义批判精神""与社会现实脱节"的真空地带,呼吁多元、对话、有机的传播研究来协助解决当今世界的种种现实危机,亚裔传播学人在其间作出应有的贡献。

如果说前两期专刊(1983,1993)的意图是将传播研究从社会科学中"召魂"出来以明晰传播学科边界,那么,后两期专刊(2008,2018)某种程度上是觉醒到过犹不及而奋起拨乱反正,复"还"传播学科之"魂"到社会科学领域,共同创造多元研究气候。

在此往复过程中,传播研究、理论以及学科的建制正当化要求如同钟摆般地在专业化与窄化僵化间、在破碎与连贯间来回摇荡。

二、超越恩特曼:时代框架下的传播研究新典范提议

回到媒介框架研究无可回避的逻辑起点,恩特曼及《框》文(1993)。恩特曼浸淫于框架讨论多时,自然对一甲子挥之不去的"贝雷尔森的挽歌"(1959)耳熟能详,更受1983年以降的"边界""破碎""多元"等专刊关键词影响至深,及至1993年应邀作《框》时言必称"破碎"实不足为奇。

(一)移步换景:从"破碎的范式"到"破碎的时代"

多年来,传播学界上空如"贝雷尔森的幽灵"般挥之不去的,还有以框架理论为代表的外学科舶来理论且"理论入住后就不再外迁"之情状。唯恩特曼(1993)《框》文反客为主,尝试自主建构的框架理论研究典范对外输出。

惜乎此宏志却与"人类传播史上许多瑰丽的篇章、深刻的思想"一起"深深隐匿于时间与空间的迷雾之中",成为我们时代被遗忘的角落(Schramm,

1997/王金礼译,2016,页 3)。这遗忘并非个别学者的个人误读,而已演变成整个学术共同体对原典学术意义和理论影响力的忽视。

再检视前述"悲观的读者"框架(Scheufele, 1999;D'Angelo, 2002;潘忠党,2006),它们或则避社会科学领域的理论普遍破碎之重而就传播理论学科核心知识匮乏之轻,或则避传播学科命运之重而就媒介框架理论前景之轻。其共性硬伤是没有回溯发表地框架和时代框架,也没有深耕《框》文之学科振兴纲领宗旨,以致于无法理解 JoC "召魂""还魂"期刊框架和"破碎"语境对《框》文的至深影响。

《框》文的反思传播学职志、"双大师"学科振兴纲领路遭遇"悲观的读者"框架挑战多年,恩特曼从未澄清。无意恋战或与其学术旨趣已随"期刊框架"同步生长有关?

见证 JoC 自 1983 年起便在"召魂""还魂"两极钟摆间平衡学科建制化与过度建制化的难题,恩特曼得以里里外外移步换景地做框架研究,也努力透过传播学科"领域的躁动"媲美"世界的躁动"。他与美国乔治·华盛顿大学同事尼基·厄舍(Nikki Usher)重新评估信息传播过程的产生、分发(distributed)、吸收及相应行动后指出:

"传播学界框架研究的典范破碎依旧,整个民主社会、整个新媒体时代也都'碎'了!"(Entman & Ushes, 2018, pp.299-300)

此时代之破碎非彼学科之破碎,而是恩特曼借用美国的众多经验资料证明的左右翼政治极化、社会断裂/破碎等现实问题,以及传统主流新闻机构的衰落、社交媒体的成熟、精英阶层分化、数字化高地、传播方式转型等新兴现象(见下说明)。

(二)升级"级联模型":让"领域的躁动"媲美"世界的躁动"

承上破碎与躁动,有鉴于美国处于"瞭望世界"有利位置,美国的民主碎片化现实问题既不容小觑又具典型代表性,恩特曼的对策是化简为繁,以政治传播框架为切入点,修正升级"级联网络启动模型"(cascading network activation model),探索适用于新时代语境的媒介框架理论驱动研究模板。

1. "级联 2004/2012":"瀑布式"的官僚结构

"级联"指碎片化民主时代为促进诠释基模的扩散,将各种思想、符号、人联系在一起的多级网络。该模型在 2004 年、2012 年分别推出时,数字技术尚未勃兴,主流新闻机构一家独大,思想流动的主要形式是如瀑布般自上而下,框架的等级制自精英(包括总统、白宫、内阁等最高行政机关,以及国会议员、前官员专家、游说者等精英人士)、主流媒体(包括新闻记者、新闻机构、以及新闻文本等制度化网络)、底层公众这三级。

最强级影响路径自顶层左右翼精英往下,先流向"主流媒体",再流向"独立、困惑、冷漠"的"无党派公众"。次强级影响路径与其相反是由"公众"自下而上,先逆流至"主流媒体"再至两党"精英"。最弱级影响路径,则分别由基层党人直接逆流至同党精英。

2. "级联2018":"喷泉式"的扁平结构

到"躁动2018"专刊时,社交媒体渐趋成熟、传统主流新闻机构相对衰落,种种变迁倒逼着传播模式转型。恩特曼研究发现,数字技术的成熟催生了平台、算法、数字分析、意识形态媒体、流氓行动者[①]五个重要的新数字化的"泵阀"(pump-values)。

这五个泵阀改变了现实社会信息控制、政治权力分配,重塑了"框架分发"(frame distribution),修订"级联网络启动模型"因此势在必行(Entman & Ushes,2018,p. 298)。相对原型的自上而下"瀑布式"的官僚结构,新的"级联模型"转向更为扁平、民主、复杂、多元的"喷泉式"结构。

具体的变化,一有作为"平台"的意识形态媒体削弱了主流媒体、传统记者的影响力,也使原本单向垂直的框架分发转向动态的双向流动。借由数字科技平台的公共性,所有公民实现了个体间的弱级流动路径、与精英阶层的中级流动路径、与意识形态媒体的中级流动路径、与主流媒体的大规模互动中弱级流动路径等更多样化、多元化的信息流动。

二有左右翼党派的回音壁效应,主流媒体机构在20世纪构建的公共领域"碎片化"和"政治极化"现象迄今只增不减。"共和党基层公众"由于其保守主义个性,更易受本党右翼精英及意识形态媒体影响。"自由主义媒体"因自由主义个性而与本党左翼精英更倾向于保持距离感,"民主党基层公众"则对主

---

① 其一,平台(platform)指推特、脸书等社交媒体,还包括谷歌、博客软件、新闻聚合器、维基等网站企业;其二,算法(algorithms)指通过一系列计算和有序步骤将输入转化为输出的计算机程序,虽然为人所创造,但其后续决策是自动化的,因此具有极强的不可预测性;其三,数字分析(digital analytics),指可以监视线上情绪、测试和完善沟通、量化意见和参与度的后端技术,所得分析结果可服务于某些组织和专业人士;其四,意识形态媒体(ideological media)指福克斯新闻、广播访问、CNN等线上媒体平台,它们以不受旧规范约束的政治立场和意识形态冲击了保守的媒介生态系统;其五,流氓行动者(rogue actors),指黑客、假新闻创建者、机器人等具有技术支持的新闻生态破坏者,传播错误信息、摧毁集体行动、愚弄公众。详见:Entman & Ushes,2018,pp. 300-303。

流媒体更抱持开放心态、能够从主流媒体积极汲取信息。

三有数位能力"可供性"（affordance）、数字技术"过滤泡"成双刃剑，既令议程设置更民主化，又能居间公众意见。

其一，正面强化作用。算法可以放大框架的力量，让社交媒体上与"亲特朗普"框架互动的民众看到更多相近信息，使精英、媒体、公众之间的联系更加紧密。具有公众意识的行动者则能反过来挑战精英框架，精英阶层也拥有更多路径去针对性地操纵公民意见。

其二，负面扭曲作用。不透明的算法对用户点击率的量化分析，可能会刺激人们忽视细节，进而弱化主流媒体的故事和框架、降低新闻质量。流氓行动者也会通过传播错误信息、制造假新闻，来污染公民之间或公民与媒体之间的信息交流路径。

（三）超越恩特曼：后疫情时代的新框架理论典范再出发

自 1980 年起在 *JoC* 发表 10 余篇研究论文迄今 40 载，恩特曼作为 *JoC* 资深作者、也作为世界知名的政治传播学者和媒介框架关键研究者，曾先后撰写空难新闻框架研究（Entman，1991）、澄清破碎典范的框架后设理论（元理论）研究（Entman，1993）、框架理论与议程设置及启动效应的概念修正后设理论（元理论）和实证研究（Entman，2007）以及碎片化民主时代的新框架模式建构（Entman & Ushes，2018）四篇框架研究论文。从后设理论（元理论）研究的"破碎的范式"、"双大师"学科振兴纲领（1993），到框架应用"级联模型"的数字科技时代升级（2004，2012，2018），恩特曼思考层层递进，始终积极响应 *JoC* 的反思传播学语境，专注于框架研究典范建构的自我超越。

今天我们如何超越恩特曼？本研究的社会情境虽同处恩特曼的级联模型升级后的数字科技时代，但随着新冠疫情的发生，以及中国和其他国家与美国在政治经济形态上的差异，当下研究面临着越来越复杂的事件性、政治经济不确定因素，而不得不配合"世界的躁动"对框架研究"领域的躁动"同步展开后设理论（元理论）反思。

有鉴于恩特曼前后两代"级联模型"均奠基于左右翼两党极化的美国政治环境，全球普适的新框架模型仍得兼容通论型的基础研究，我们续而参考臧国仁（1999）创建的框架研究模型加以完善整合。

在数字科技尚未勃兴、建构主义初露荷角的 2000 年前后台湾社会，臧氏（1999）从"新闻媒体系社会意识形态主要供输系统"（Hall，1982；Gitlin，1980；Tuchman，1978）观点出发，基于（1）新闻媒体、（2）消息来源、（3）社会环境（表达意见的公共领域）、（4）事件或议题四元素，重塑新闻产制过程中的框架竞争与意义共构的"新'共构模型'"(页320)。

　　而在后疫情时代的框架场域(图9-1)中,臧国仁(1999)原"共构模型"的单一"新闻媒体"元素应可更新成平台更多元的线下"主流机构"、线上"意识形态媒介"共生,且其居于整个场域的核心位置。场域上端从事记者、编辑、美术设计等从业资质不再只是原模型的专业"新闻记者"专利,而是也能开放准入门槛给网站小编、用户等普通"传播者"。

　　至于原模型的"消息来源(公共关系)"元素则从原先的单一人际渠道,扩容至算法、数字分析中介的人机互动。原模型的"事件或议题"元素,则因级联模型升级后的扁平化、民主化而更受制于外部环境,故而扩充成"事件(政经/社会情境)"。

　　在这个"新'共构模型'"框架场域中(图9-1),后疫情时代和数字技术的"世界的躁动",作为"事件(政经/社会情境)"元素的历史性阶段,也可以被其他历史性阶段替代。

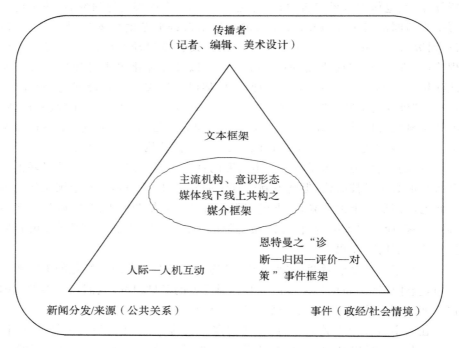

图9-1　新"共构模型":对恩特曼"级联模型"之后设理论反思*

* 来源:修改自臧国仁教授远程指导所绘原图。

　　同理，框架研究在此间亦不局限于文本的讨论、语言的分析，而应纳入其他社会成员、社会情境的嬗变及其引发之联动。唯此，"领域的躁动"方能始终保有媲美"世界的躁动"的开放性、互动性以及发展性。

三、"神入—神出"：面向教学及未来的传播研究典范

　　此"最后一里路"时逢新闻传播教育在华人社会自 1920 年代发轫至今百年整，全球疫情的大流行更"进一步凸显媒体与传播议题的重要性"（汪琪，2021，页 173）。此刻，再回首本书开篇"好理论，最实用"（Lewin，1951，p. 169）引语，我们不禁关切甫才创建的"新'共构模型'"实用性如何？

　　综合前文的文献积累、访问经验数据及分析基础，下文将继续植入系统论的视角，将整个华人传播学术社群视为系统分析单位，从系统各要素之"神入""神出"内外动态平衡，探讨传播理论如何成就面向教学及未来的研究典范。

（一）同源不同派：三地传播学术社群的前世与今生

　　前文已从典范之异同，将中国传播研究区分为"港台及海外研究""大陆特色"等两类系统。不论是文献爬梳或是访问所得经验数据，都证实了二者在学术规范、研究质量等诸多方面元素差异甚大。

　　除了研究，学术社群的教育、服务职能又是表现如何？

　　"学术社群"又名"学术界"或"科学共同体"。借用库恩（Kuhn，1962）的"科学革命"观点以及本研究前文对"典范"的定义推论，所谓"学术社群"就是由认同和共享同样的价值信条、解谜规则、典型范例的学术从业人员所组成的团体，一般会根据不同专业领域再分成子社群。

　　顾名思义，中国传播学术社群即是在传播学科从事研究、教学、社会服务等学术工作的中国/华人及社群，大多活跃于大陆、台湾、香港以及其他海外华人地区的教育、研究、政府或企业机构的传播相关专业部门，尤以陆、港、台高等教育机构的传播科系院所学术交流活动最为频密、成果丰硕而最具代表性，下文的分析亦围绕此地理区间和行政单位范围展开。

　　据陈韬文、罗文辉、潘忠党（2003，页 4）考证，陆港台三地同源，大众传播（新闻）学术（教育）皆以美国为师，均受媒介"市场化""商业化""美国化"的影响。正如大众传播媒介来自西方，三地的传播（新闻）学术（教育）也于 20 世纪初从西方先传进大陆，后在 1949 年"中国政权易手时"传至香港和台湾，渐渐在三地发展成不同流派。

　　流派之一，大陆传播学术社群自 1949 年新中国成立以来就承受意识形态

压力,直到 1970 年代末期改革开放才逐步开放新局面,近年来处于"意识形态与市场化的双重压力"之下(俞旭、朱立,2001,页 6-7)。

流派之二,香港的传媒和学术界一直在市场竞争中运作,自 1990 年代中期后"媒介商业化"趋势更盛,1997 年香港回归后的一系列大事件则增添了"一国两制"社会的现实考验(页 7-9)。

流派之三,台湾的传媒教育在国民政府迁台初期以培养宣传系统干部为任,直到 1980 年代末解除戒严、开放报禁才迅速进入"民主化进程中的自由主义"阶段,及至 1990 年代进入发展最蓬勃时期(页 9-11)。

尽管走过的学术社群"前世"之路不尽相同,但同根、同文、同源的三地在"今生"仍有诸多相似、相近,如都要面对"媒介市场化""新闻专业化"挑战,学科建设与院系建设均方兴未艾,课程受欢迎程度也水涨船高(页 45)。

以上三地长期所受不同表现形式的"政治困扰",也间接在本研究访问所得研究生命故事体现。媒介框架研究在台湾的"黄金时代"、在大陆的"春风吹又生"、在港澳及其他海外地区的"星星之火",无不与各自在地的民主解严、改革开放、市场商业化等政治经济环境息息相关。尤以前文分析的时空框架分析基模呈现出的中国媒介框架研究在"个人""社群""地区""社会""国际"的不同涨落的框架,正是三地传播学术社群发展不均衡的重要表征。

(二)想象传播学:舶来理论的"神出—神入"教学典范

自 1920 年代西方新闻传播教育舶来中国社群至今的整一百年以来,大陆、台湾、香港的传播理论教学领域一直在勉力追寻能够得心应手处理舶来理论转译成中文、华语、母文化的跨文化教学法,试图捕捉到文化使者型模范教授的清雅风姿。

但在寻寻觅觅之间,却屡次失望地发现,传播理论课教学之讲授内容"常与本土(或华人)社会脱节"(见汪琪、沈清松、罗文辉,1999 之讨论;转引自:臧国仁,2009,页 244)或"毫无互动",导致学生更熟知"他国文化之传播特色"而轻忽了"本国传播理论之在地意涵"。我们逐渐明白,要实现理论教学本土化,要先澄清其根本问题:如何扭转教学典范?

在台湾、香港、澳洲三地各校任教主讲"传媒理论""比较传媒制度""国际传播""大陆传媒发展""海峡两岸暨香港传媒"等课的朱立忖思,"文化上的不同"有益于"刺激实践和思考"和"促成学理发挥"。

朱立推崇人文社会教学典范多元化,做法是在尊重学术自然发展规律、三地不同政经体系和想象的基础上,特别注重"社会学"和"史"的叙事,教导学生避开"媒介中心主义"和"本位主义",引导"以社会看媒介"而非"在媒介看媒介"（朱立，2018；转引自：王彦，2018，页 6-14）。

与朱立一样，李金铨（2019）的教研生涯亦长达 40 年，也是"在中国文化熏陶下长大"又"接受西方社会科学专业训练"（页 1）。他清楚地看到"向西方学习"是必经之路（页 7），提出"局外人/局内人"观点互相渗透、互为主观的观点（页 18-23），倡导捕捉"时间（历史）"与"空间（全球）"如何影响事物的"常与变"及其变化的"同与异"（页 45）。

李金铨（2019）绘制的会通中西路线是一条注定要"靠几代人不懈努力"的"漫长的学术道路"，即先精通西方主流典范"旧学"，到一定程度后"深刻反省哪些对母社会与母文化是适合的、哪些是不适合的"，进而各个击破传统旧典范的破绽并催生"传播研究'引导性的深邃范式'"之"新学"（页 217）。

任教于政治大学传播学院时，臧国仁（2009）反思以往的"传播理论"课中"教材未能统一""在地传播现象未受重视""偏重陈述性知识"等现象，假设"世间没有任何'传播理论'实体"而尝试翻转课堂，由师生共同建构"临时性之'传播理论'实体"。

臧国仁的具体教学策略包括，教师建立讨论氛围，训练学生的"叙事智能"，由学生自主开展课堂报告"讨论各专书或单一理论之起源（撰写者）、章节安排、重要概念"并将其关联至"台湾日常现象"，以便连接"理论知识"与"在地化情境"，同时习得"程序性知识"与"情境知识"，发展"独立思辨、主动省察的后设能力"，最终建立也能适用于"未来其他进阶课程的""与传统不同之学习途径"的"理论观"（页 241-248）。

陈韬文任香港中文大学新闻与传播学系系主任时，主张以"范例"问题带动的"实践观"（陈韬文、苏钥机，1996）。在"学与术并重""思考和表达能力兼具"的新传人才培养理念主导下，该系以中文《大学线》、英文 Varsity（大学）两份月刊作为学生实务训练园地，营造"真实的工作环境"，鼓励学生在"真境"中寻找范例问题的答案（页 230），教师从旁协助学生时重在"发现盲点""点明重要原则"，尤其是"带出理论性及原则性的东西"（页 231），令师生共同收获"充足和深刻的思考与实务训练"（页 234）。

本书完稿之际，适逢上海交通大学媒体与传播学院召集"传播学基础课程教学研讨会"，聚焦中国传播学基础课程教学与教材的发展。会上，后起之秀、南京大学新闻传播学院副教授卞冬磊（2021 年 12 月 18 日）则从界定传播知识、应对传播技术日新月异的挑战、经典传播学著作的阅读等视角，分享"传播学概论"课上的学术阅读课型组织经验。①

借用前文提及政治学者石之瑜(1995)原创的单向度"神入"华人研究脉络的"中国直觉"学科认同方法论,上述"以社会看媒介""局外人/局内人""程序性知识/在地化情境""知识边界/技术挑战/读典新用"等诸种后设教学理念,均践行着先"神入"西方旧典范、再"神出"改良而成本土新典范的演进过程。

借由"神入—神出"舶来理论、"神出—神入"在地情境、真境的互动,我们得以想象传播学并使舶来理论因地制宜而为"我"所用,最终达到"训练专家型新闻/传播工作者擅于使用'程序性知识'之特色、懂得利用情境展现其'陈述性知识'"的"从生手到(准)专家"的"大学教育训练过程"(臧国仁,2009,页244)。

以上传播教学典范个案多次验证了"好理论,最实用"。好理论能超越"虚有其表的技艺"而为世界的躁动、领域的发展注入"方向"和"动力"(Buchan,1967;转引自:Sadison,1967,p.158/汪琪、沈清松、罗文辉,2002,页2)。

好学者则是那些能将本土化个案"带到更高水平",在全球层面进行媒介社会学"比较研究",有利于"中国和西方互相理解",积极促进经典理论有机循环的关键研究者与教育者(哈筱盈,2022;转引自:周树华、哈筱盈、钟布、沈福元,2022,页2)。

(三)理论的超越:媒介框架理论在华旅行作为教学案例

再回到本研究开篇立志整合建构框架理论新典范,对话"理论的本土化"与"理论的旅行"等后设理论讨论不难发现,前文所作的媒介框架理论在华旅行故事所经历的天涯之远,一路穿越了萨伊德(Said,1978,1983)最初预言的"简化的理论""被编码化的理论""被体制化的理论"等异化形态,也因中国/华人社群的政治社会赋予重新诠释而再获活力,先后实现了从"共构模型"(臧国仁,1999)到"新'共构模型'"的"理论的超越"(Said,2000),完全可作为教学案例引入任一"传播理论"课堂。

以台湾政治大学传播学院教授徐美苓的"传播学的想象"课程(2017)为例。该课是一门典型的传播理论课程,着重"主要的理论内涵""研究问题及其时代对话""相关发展应用""反思与评论"四个分析重点,探讨20世纪以降的主要传播理论流变。课纲以领域区分成十大单元,框架理论与两级传播、议题设定、议题建构等传播理论一起被纳入"从政治传播、传播科技的发展审思人

---

① 卞冬磊(2021年12月18日)。《"传播学概论"课上的学术阅读》,上海交通大学媒体与传播学院"传播学基础课程教学研讨会"发言。"腾讯会议室"线上线下。

际与大众传播的影响"单元。

这样的安排暗示了:其一,框架理论就是传播理论之一(而非特殊地位的"大师型理论");其二,所谓"时代对话"与前文分析"时代情境""时代框架""时空框架"殊途同归,皆表明了理论之树长青的本土化与在地性;其三,以领域区分课程内容设计,与其他视传播为过程的"传播者""信息""效果"等元素进行的知识分类大相径庭,足见学术社群对传播理论所涉本体论认知分歧之大。

容我们再澄清一遍,传播社群迄今并无大师理论,正如社会科学也无大师学科,每个理论、每个学科都是平等且同样重要。而框架理论的在华旅行本土化也不过是"理论的旅行"驿站之一,既非唯一亦非终点。

而有人正是因为没有想清楚这一点,才会误会本研究的初衷就是"把框架看得很大"(R8),或者不假思索轻信了社会科学如自然科学一般存在着"爱因斯坦"式的大师级学者、存在着"相对论"一样的大师型理论。对于这些人,吉登斯(Anthony Giddens)曾在社会科学领域的上空俯瞰过他/她们,并投去同情的目光:

> "社会科学研究的站台上挤满了等待社会科学'爱因斯坦'的人们。遗憾的是,他们不仅等不到人,而且根本等错了站。"(Giddens,n.d.;转引自方孝谦,课堂讲义,2015 年春)

第十章　研究反思：
研究即框架，研究者亦框架

> —— 要当好学者，就必须写好论文；而要写好论文，就必须做好研究（肖小穗，2016：lii）。

> —— 写得相关吗？
> 写得有启发吗？
> 写得好玩吗？
> 写得美吗？（Czarniaswska，2004，p.136）。

> —— 任何想着寻根的人，应该去种树算了（Spivak，1987；转引自：周蕾，1995，页109）。

终于走出开篇时那片烟波渺远的"迷雾森林"，走进生命故事研究与叙事型学术写作实验室、处理封存43.5万字访问经验数据文本，再走上"剧场"前台，走到了与大庭广众分享旅途喜、乐、得、失的时候！

研究是森林也是河流。研究之河有"遥远的上游"和"未知的下游"亦"永远都没有停止流动的一天"。借由不断省思，研究才能"日日新，苟日新"（钟蔚文，2020年9月17日）。

前文曾援引《中庸》第二十七章"致广大而尽精微"展望本文研究，既兼顾理论旅行大视野与研究生命小焦点，又能在框架概念的纵深细微处有所建树，最终反哺于理论建构这个广大职志。具体而言，就是"开发一个丰富的世界"，在这个世界里"构建起足够复杂、开放的架构"，透过这个架构看到社会的"方方面面""多姿多彩""错落有致"而见"人生百态"（肖小穗，2016：xxxvii）。论文书写则是另一种行动和形式意义上的"致广大"——"致广大的读者"——读者群包括学界同侪、社会公众等。通过"致广大的读者"，研究者/作者成为"传播者""叙事者""沟通者"，转换已有文献和逐字稿等"学术文本"成为广大读者可阅读理解的"社会/文化文本"，重新建构起研究成果与学界、与社会、与文化的"紧密联系"（lii-liii）。与此同时，由于世人"常把书写归为创作"，总难免误解"创作与研究难以兼得"。而事实上，我们无法割裂研究与写作，研究与写作本是一家，欲当好学者"必须写好论文"，欲写好论文"必须做好研究"（lii）。

尤其在这趟以深度访问和研究生命故事为重点的学术旅程中，执行访问时照顾不及之处只能在写作时略为补强，写作本身文不达意之处则只能寄希望于本节省思复盘功过，以助未来的研究写作进一步精进。

第一节　省思研究："生命故事访问法"好用吗？

生命故事访问法作为一种研究工具，什么时候可以用呢？如前文检讨，本研究总设计乃基于"信息观"视角赋予生命故事访问法以正当性，即，假设该研究工具当适用于当前已有的"白色"文献不足、研究者本人解释力不逮而无法信效度均高地解答问题的研究。当本研究也遇到类似的困境，遂邀约框架理论"关键研究者"出场讲述研究生命故事，补足"灰色"文献，可用作解谜的有效外援。那么，这个工具"好用"吗？

也好用。也不好用。

好用表现在，前文解析"时空框架分析基模"、解答六个研究问题的研究发现与结论部分显示多位受访者对同一问题颇有共识，足可分析经验数据汲取饱和，研究问题得到充分解答，实现效度。又由于多重证据来源的"人—方法—文本"三角检正模式保驾护航，研究信度也有基本保障。毫无疑问，不论从效度还是信度，本研究访问已达合格。

不好用表现在，对照前文所拟研究设计的更高目标在于创造如"与友人间共享咖啡"一般通体舒畅、氛围舒适、分享故事、共构意义的"常民智慧环境"（Kenyon，2002，pp.44-45），总体而言，先后总达 25 小时的访问收获丰硕，交谈如沐春风，却也仍有伦理未满、"舒畅"难求等意犹未尽之惑、之憾。

一、"事后诸葛亮"："信息观"先行，后知后觉"生命"自变量

中国成语"事后诸葛亮"原系贬义，比喻事后自称有先见之明的人；近年来也用作中性词，指研究前人事迹的人。本节借用后者（中性义）来检讨直到访问执行完成后方才意识到，由于"信息观"先行的研究理念，本研究一开始未意

识到"生命"才是中介研究质地的重要自变量。

（一）中国媒介框架研究的框架化："种树的人"以及本土化"远山"

龙生九子，各个不同。原本同生同根同源的西方媒介框架理论旅行"东游"到华人传播学术社群以后，为何未能均衡生长？为何本研究所得九个框架研究生命故事各个不同？如果同根同源更接近于一棵"树"的命运，那么，是什么导致了这九棵媒介框架理论与研究"东方之树"的不同？中国古谚"橘生淮南则为橘，生于淮北则为枳"强调同一物种会因环境条件不同而发生变异。本研究接近收官时亦有口试委员纪慧君教授提示，"种树的人"或为多果之因，中国"本土化"或是待解谜的"远山"，而本研究中当有"很重要的东西"，这些东西包括"不同的研究者对同一理论有不同诠释""不同生命故事的人拿到种子后会长成不同的树"等创见（纪慧君，本研究，2021 年 10 月 20 日）。[①] 综上，劳动者（种树的人）与环境条件（社群学养土壤及远山）作用均不可忽视。

如本书九个生命故事中的九类框架研究，理应归因于受访者（劳动者/种树的人）本身的教育背景和学思历程（环境条件/学养土壤/本土化远山）。如果说，前文所提林之达、杨保军、戴元光、彭增军、李希光、祝建华、陈韬文、李金铨等"文化中间人"是中介着理论与研究的准入类型、把关着传播教育的传承内容的"播种者"，那么本研究的九位关键研究者则是在中国本土化的"远山"中掌舵理论旅行转译机制的"种树的人"。

有什么比学术研究更能赋予学者以成就感？钟蔚文（No. 丙）的答案是：为人师。他享受被学生超越的喜悦、享受教学，尽管"虽然，也许，你教了什么，他/她不知道，你也不知道"，但是"有一件东西可能会像基因一样往下传递"，那就是"你教的学生"（钟蔚文，2017；转引自：钟蔚文、王彦，2017，页 33）。在中国媒介框架研究的框架化过程中，也是个人视野与旨趣、研究社群互动，尤其是师生学缘代际传承尤其起到关键作用。

钟蔚文（No. 丙）的故事"我这辈子恐怕都在关心框架的问题"演示了常人哲学迷思中的知识、真实、框架等三类"知识框架"如何主导了一位学者自幼至老的毕生的精神追寻。钟蔚文成年后赴美留学的斯坦福传播研究所星河璀璨、以"Pioneer 精神"为校训、于 1980 年代风行 AI 研究和认知心理学研究，直接影响了他博士毕业任教十余年间，领导着"专家生手""认知类型""记者知识""再现"等多个研究群，筚路蓝缕，为在地及国际传播学术社群贡献着虽无

---

① 纪慧君系台湾淡江大学文学院大众传播学系暨研究所教授。本书感谢纪教授同意授权使用此口试时所提意见。

"框架"之名但行"做框架"研究之实的拓荒性发皇。其认知取径的框架研究成就之创新性令坦卡德、里斯等西方学者也为之"惊奇"。

在钟蔚文领导的研究社群中倍觉"成长难以计量"几等同"又读了一个博士学位"的臧国仁（No.甲），一方面从那几年（1991—1995）的研究群互动中收获丰硕，全然颠覆了跟随业师"坦克"（坦卡德）教授以实证研究为主的研究生阶段学习内涵，另一方面仍延续着师承自"坦克"（坦卡德）的新闻学、媒介社会学研究旨趣。连杜涛（No.壬）都读出了他们之间"似乎有点儿什么联系又说不清"的暧昧（本研究，2020年7月23日）。连张洪忠（No.丁）都叹惋自臧国仁1999年框架专书中的"过程化互动范式"面世以来，华人媒介框架研究的后设理论突破尚"未有来者"（本研究，2020年7月16日）。

这本华人传播学界第一部框架理论后设研究专书《新闻媒体与消息来源——媒介框架与真实建构之论述》（臧国仁，1999）在长时期的"研究典范常态化"僵局之时给当破而未破的"新闻客观论"旧典范以临门一脚，取而代之以"媒介框架理论""社会建构论典范"等新的发展方向，成为两岸公认的"及时雨""向导员""教科书"（苏蘅，2000，页275）。这不仅冲击了海峡两岸传播学界对新闻真实的传统思考，甫出版就引起海峡两岸迅速、持久、畅销、长销的热烈关注，在大陆洛阳纸贵、一书难求。

大陆传播学术社群的学者们或从图书馆特别书库，或通过其他人际渠道辗转读到臧书。据本研究考证，最早曲线"进口"到该书首印纸版或为四川省社会科学院的林之达、张洪忠（No.丁）师徒。两年后，受益于大陆良师的理论方法系统训练、台湾学者臧国仁与罗文辉"越洋支持"最新研究，张洪忠在读书笔记的基础上发表了大陆首篇本土框架后设理论（元理论）研究论文《大众传播学的议程设置理论与框架理论关系探讨》（张洪忠，2001）。若干年后他回想框架研究梦开始的地方，硕班入学伊始途经珠海时，在跨省长途电话中听着林师之达遴选书单而购得澳门上市的台版书，醒悟"可能老师的视野也决定了学生的视野"（张洪忠，2020年7月16日）。

跟张洪忠（No.丁）一样，在读研究生期间因业师影响走上框架研究之路、而后成长为该领域关键研究者的后起之秀，占本研究受访对象一半以上。如肖伟（No.己）、李东晓（No.庚）、邵静（No.辛）、周裕琼（No.戊）、杜涛（No.壬）的框架研究启蒙也分别源于各自博班业师：

肖伟（No.己）承认其业师杨保军的研究写作旨趣是她的"帕瓦罗蒂小手帕"，直接影响到她选后设理论探索"新闻框架论"为题并延续其著述风格。与其他几位选择内容框架个案研究作为博论学位论文题目的更年轻受访者

(No. 庚. 李东晓;No. 辛. 邵静;No. 戊. 周裕琼)不同,肖伟在读博前的十年新闻业务教学研究经验,使她自觉"非常有必要"加强新闻理论素养,此领悟又恰与业师毕生研究旨趣高度一致,聚焦于新闻框架的后设理论(而非个案)研究由此成为不二选择。

李东晓(No. 庚)偏好功能型的框架应用研究,也擅用中层次/议题框架法,此取径正源自她的访美求学期间的在地业师、美国政治传播学者恩特曼的那篇著名论文中所创想的框架四功能分析法(1993)。与二度访美时的在地业师潘忠党的现实问题导向研究旨趣接近,李东晓的学术兴趣也多是基于"社会问题""中国社会的特殊性"去提出具体的"有意义、有价值的研究问题",而对"漂浮在高处"的"玄妙"理论敬而远之(李东晓,2020 年 12 月 1 日)。

邵静(No. 辛)也是在其博班业师戴元光的指导下,将外媒涉华报道文本作为内容框架个案,既同时满足"方法鲜明""理论扎实""视角前沿"这三大博论要求,又相较于其他研究方法更"不需要求人""便于独立完成"而格外适合研究新手。在博论研究基础上后续收获的省部级后期资助课题立项、博论研究专著出版、国家留学基金委访问学者项目等连锁丰收,给邵静"带来蛮多好处"(邵静,2020 年 7 月 6 日)。内容框架研究结合热门时政议题伴生的学术推进之路,在大陆青年传播学者中具一定普遍性。

周裕琼(No. 戊)的博士学位论文题目并非个案框架研究,而只是将个案研究作为其在美交换学习课程作业、与在地业师 Moy 发表第一篇 *JoC* 国际学刊英文论文的无心插柳之作。她做框架研究的种子,当从博班老师祝建华手中接过藏书(1999)的那一刻种下、决定了(周裕琼,2020 年 9 月 8 日)。再后来,周裕琼与自己指导的硕士研究生在大陆新闻传播学研究权威期刊上合作发表第二篇框架个案研究论文,则是另一段薪火相传、研究本土化的佳话。

杜涛(No. 壬)在读博期间并未从事框架研究,尽管其业师李希光的团队框架研究给他早早种下框架研究"种子",但他做框架研究的方式却有一腔孤勇。直至毕业后耗时四年厚积薄发,杜涛才让这"种子"生根发芽,独立研究写作完成大陆首部媒介框架元理论研究专书《框中世界:媒介框架理论的起源、争议与发展》(2014)。这颇具胆识的学术道路选择或与杜涛早在读硕前多年新闻宣传实务工作中业已形成稳定的理论研究旨趣——不打算"追逐热点"也无意重复增加"已经海量"的框架个案研究,唯将研究范围圈定在理论梳理整合——而比一直养在象牙塔深闺的应届生更具独立作业能力有关。

潘忠党(No. 乙)跟杜涛(No. 壬)相似的是,也是在读博期间发想媒介框架研究，实际发表也非读博期间，而始于博班毕业（1990 年）以后与学弟 Kosicki 在七年内合作完成国际学刊英文发表的"框架研究三部曲"（Pan & Kosicki，1993，2001，2005）。不同于杜涛的框架研究兴趣多少受到业师李希光影响，潘忠党的框架研究纯系相对独立的个人选题发现，尽管其总体治学路径与博班业师麦克劳德（Jack McLeod）教授一脉相承。麦克劳德擅发表研究论文，长于提问代替回答，喜欢"用经验的方法发掘解答现实中的问题（而非天马行空的形而上之学）"。这些学术基因遗传到门生潘忠党的职业生涯中也是相似的：至今没有太多独著，始终对问题、对现实（而非形而上的理论追寻）更感兴趣（王永亮、成思行，2004，页 279）。

又如前文分析，或以空间扩散方向，或以理论贡献时间先后等环境条件（本土化远山），或按"时空框架"基模区分，可将九个关键研究者（种树的人）分成三类。第一类，潘忠党（No. 乙）、钟蔚文（No. 丙）、臧国仁（No. 甲）等既是"先驱学者"又是"接力学者"，既参与原生土壤又引领移植再生的理论之树耕种，跨界"双肩挑"了英文学界和中文世界的先驱、接力任务。此先驱性、接力性学术成就归功于他们在美国一流传播学府取得博士学位的西学教育背景，也与 1990 年代的台湾因"解严"而逐步开放、活跃的"社会""国际""社群"等空间维度交流，而辐射影响力至西方学界与其他华人地区息息相关。

而在大陆地区，尽管媒介框架研究是时代"改革春风"的产物，但由于"中国特色"的"封闭型"土壤根深蒂固，"研究起步较晚"且长期服膺"政策性和实用性的社会科学研究文化"导向，体现在媒介框架研究中亦是"选题""研究方法""体系和风格"和"学术规范"等均与海外典范"有很大差异"（陈韬文，1992；苏钥机，1995；潘忠党、朱立、陈韬文，1997；苏钥机等，2013；郝晓鸣 语，2016 年 9 月 17 日／转引自陈韬文、程晓萱，2017，页 27）。不论理论之苗是来自西方还是对岸台湾，到了大陆传播学术社群之后都是"住进来以后就不再搬出去"。在大陆框架研究领域"种树的人"几乎全部是"接力学者"（No. 丁，张洪忠；No. 己，肖伟；No. 壬. 杜涛）和"应用学者"（No. 戊，周裕琼；No. 庚，李东晓；No. 辛，邵静），近 20 年来未有"先驱学者"，也鲜少"走出去"就框架后设理论研究与国际学术社群交流。这与海外尤其是台湾框架研究的黄金年代形成鲜明对照，再次印证"南橘北枳"自然法则。

随着中国的开放，海外的信息差优势在削弱，大陆新生代研究力量逐渐崛起。如中国传播学术社群唯一一部以理论建构为主的英文框架后设理论专著——*Epistemology of News Frame*（Xiao，2020）——就系肖伟（No. 己）所著，诞生在大陆。此书的出版，如前文所述，正受惠于大陆新闻出版界的国际视野与对外合作交流政策。

（二）当"信息观"遮蔽"生命观":用对工具,问错问题

若有"种树的人"和"本土化'远山'"的"先见之明",本研究当扭转"信息观"至"生命观",为"框架研究生命故事"的问法作足脚注,上穷碧落下黄泉地讲明是"种树的人"和"本土化'远山'"左右着理论旅行后的千树千貌。唯此,才能使受访者充分理解"说出您的故事"的必要性。

然而,由于研究启动时的"信息观"先行视野局限,本研究一开始是视既有"白色"文献和研究生命故事共构的"灰色"传播思想史为真正的历史事件和完整的文献谱系。故,所列访问提纲"说出您的框架研究生命故事""框架理论在中国传播学术社群的中文旅行""框架理论典范建构与传播学科振兴"三个主题呈现出很强的信息导向,拟导向框架研究故事、理论本土化、学科典范建构三个书写方向。

其中,原设想研究生命故事书写方向的作用应是,栩栩如生地临摹出访问对象隐秘的思想、生命的故事、内在的精神,在"简笔"勾勒的研究群像、"厚描"的九个研究故事等具象图之外继续晕染出抽象的民族历史"远山"下的前因后果、离合与悲欢。至于此三方向三者之间有否/如何有机联系——如框架研究故事与理论本土化之间关系为何,理论本土化与学科典范建构之间的逻辑张力,"理论之树""播种者""种树的人"以及"本土化'远山'"之间的遥遥相望——却在设计研究伊始未能先知先觉预见。

为此,当在研究执行过程中有受访者持相反意见,认定"个人的经历、个人的思想、心路历程、思想转折"是属于"另外一个范畴的问题"而一问三不答时(如 No. 乙潘忠党,具体对谈情境详见下文),访问者无法及时给出令人信服的对抗性论述、受访者亦不愿妥协而使对谈一度陷入僵局,也使得原先期待获得的生命故事资料无功而返。

为此,本研究需为下文实录的尴尬时刻向相关的当事受访者道歉,本研究与写作中若有任何不当之处当归作者文责自负。特别是访问时疑似话不投机片段,起初坦然以为不过系因受访者学术兴趣、生活习惯迥异而起的偶然事件,至此反思时方才顿悟,全因研究者未问对问题。"生命故事"法作为研究工具,唯有"生命"本身就是中介研究质地的重要自变量时,才是可用、好用的。可惜,本研究虽然用对了工具,却没有问对全部问题。

二、伦理冲突:当受访者守口如瓶,当访问者"因言贾祸"

研究生命故事访问之初衷,原系设想讲述者与聆听者坦诚相见,彼此充分

信任且慷慨地交换研究故事及生命体验，是一段互通有无、共同进步的美好沟通过程。倘若上述条件并不充分，譬如，当访问内容触及讲述的禁区。

以潘忠党（No. 乙）为例。如前所述，潘氏的谈兴主要集中在框架研究学理分析，其间多次明确地表示其他议题如研究生命故事议题"跟我们谈的学术的话题相距比较远，那是另外一个时代的事情""我们探讨的就是【有关】框架分析研究的问题"。

访问者（本书作者）不甘心在研究生命故事任务上空手而归，于是旁敲侧击，提及多个与其有交集的学界同侪姓名及事迹以期激发叙旧热情，孰料其依然兴趣缺缺，或表示"我不了解""我不认识""我没读过他/她那篇""我没有太多的可讲的""我自己对谈我个人没有什么兴趣，不太愿意谈""我想这个问题我也不想回答，因为我不知道""我忘了"，或推脱"我觉得你要去问问臧国仁老师，臧国仁老师他清楚得很"（潘忠党，2020 年 7 月 30 日）。

终于结束围绕学术人生一问三不答的尴尬对谈后，话题转入研究故事：

例 1：潘忠党（No. 乙）访问（2020 年 7 月 30 日）的摘录

问：关于学术人生这部分我们就先谈到这里可以吗？ 那进入您的框架研究，您刚才已经说起框架研究的起源是您跟您的同学 Kosicki，比您高两届。 他后来去那个 Ohio University 去教书了，对吧？

潘忠党：Ohio State。

问：Ohio State。 州立大学。 就是源于您跟他合作，当时想写一个三部曲，当时是一个什么样的情境，触动您对这个领域产生兴趣呢？ 它的开始？ 就是您对这个框架研究产生兴趣，最早的可以追溯到什么时候？

潘忠党：呃……

【潘忠党足足沉吟 12 秒钟，然后才发声】(156:16-156:28)

我想的话，就是说，我把我对框架的理解，对于目前英文世界里面和中文世界里面，对于框架研究的我的观感、分析、批判讲完之后，其他的东西都可以略去，因为其他都没有任何意义。

问：嗯。 但是对我这个研究还蛮有意义的。 潘老师，我刚才的开场白里就讲到，我只看到了台面上的，但是不知道背后这个思想转弯的地方，我想那个应该是比较关键的。

比如说您刚才反思了一下，为什么您那本书只写了 40%，您给出那三条理由就很有启发，所以这是为什么我们把这个过去……

潘忠党（打断道）：那个都是在一个什么场景下，就是说分享我对框架分析的研究这个领域的一些看法，在这个大的情景下。

问：然后穿插一些故事？

潘忠党：对。

问：所以其实您已经回答了这个问题了，我可以这样理解吧？

潘忠党：对，我已经回答你了。

因为要谈什么个人的经历、个人的思想、心路历程、思想转折，我觉得那是属于另外一个范畴的问题，那是一个我不愿意触及的范畴、我不愿意袒露的内容。

问：理解。

事实上我在正式开始访问之前，我的导师臧国仁老师就提醒过我，他说你一定会碰到不愿意接受访问以及不愿意回答一些问题的人，他说你不要感到沮丧或者挫折，他说这只是大家不同的生活习惯。

潘忠党：对。是的。

在前文已经谈及多个外人均被其避重就轻无意触及的情况下，访问者此处继续提起潘氏博班同学及研究合作者科斯基，潘忠党的反应竟不像之前那样机敏迅速否定，而是足足沉吟、沉默了12秒钟（156：16-156：28），方才发声表态，除了"对框架的理解""对于目前英文世界里面和中文世界里面，对于框架研究的我的观感、分析、批判"外，"其他的东西都可以略去""因为其他都没有任何意义"。如今回想，访问者此段对话的表现多有冒失。

省思一：缺乏"同理心"，破坏谈话氛围。同理心（empathy）可谓"跨越时空或任何经验差距的理解"或"以新的价值重新审视过程"（Shuman，2007：180）。这就要求在访问者做到"感同身受"之外还要"随机应变"，尤其当受访者无法配合、表示勉强时，能尊重其意愿、重新调整访问目标、为之改变原有对谈策略。而实际上，在本访问过程中，访问者求成心切，对潘忠党一次又一次的"不了解""不愿意谈"等婉拒之言置若罔闻，而愈挫愈勇地持续"进攻"潘忠党的谈话禁区，察言观色同理能力堪忧。

以潘忠党长达12秒钟的沉吟、语气较重的"没有任何意义"表述看来，回答这个问题绝非舒适的体验，而是极尽克制之后再一次婉转却坚定地拒绝。访问者此时只好以"其实已经回答""生活习惯不同"借口下台阶，所幸潘忠党立即会意,积极配合双重肯定,"对,我已经回答你了""对,是的",制造共鸣,传递友善,给足面子,让交流气场迅速回温到原先只谈学理议题时的专注、庄重、从容。

省思二:违背"所有权""正当性"等叙事资格伦理。谁有资格说故事? 当仁不让应是亲身经历者或目击者。而本研究访问时多次提及众多不在场的"他人"(others)(Shuman,2010),实已触犯重要访问伦理,即"谁"有资格讲述/再述故事、故事讲述之"情境"权力以及讲述故事过程有无正当性(legitimacy)(de Fina & Georgakopoulou,2019:3)。

此类案例不仅在学术研究中偶有,日常对话交谈中更常见,具体表现在"有些发言者性喜分享亲身经历或听闻,却常不经意地在交谈互动中提及众多不在现场之'他人',从而如上述事件之因言贾祸或惹事上身甚至引发龃龉"(臧国仁、蔡琰,2017,页278)。难怪被盘问者意识到不仅将被触及隐私细节,而且正在连累到"被非议"的无辜他人时,多半会越来越戒备、不耐烦、惜字如金而讷于回应。

三、可遇不可求:志同道合,"舒畅"访问的首要前提

何谓/可有"舒畅"的学术访问? 恐是难觅标准答案而只有个体特别体验的问题。以本研究遇到的三位应用研究学者周裕琼(No.戊)、李东晓(No.庚)、邵静(No.辛)为例,她们不是觉得后设理论研究没有意义、不够实用而敬而远之,就是畏难而力不能及。回答理论性较强的问题时,往往不是直抒胸臆直接回答,而是先请访问者解释问题意涵、介绍具体文献及其他受访者的已有相关信息作为参考。如此一来二往,对谈的顺畅度自然受到影响,交流的思想深度也因人而异。当然,此类状况绝非水平差异所致,而完全取决于对谈双方是否思考着一样的问题。

因为思考着一样的问题,深耕后设理论研究的关键研究者皆能对答如流。他们分享了"框架无理论,但有视角"(No.乙.潘忠党),"框框是有层次的,语言的背后还有社会文化""传播的本质是在好几个框架的交界之处"(No.丙.钟蔚文),"基模不是框架,文本不是框架,文本背后的中心思想才是;内容分析也不是框架分析法,而是框架法的解构工具;议程设置更不等同于框架理论"(No.丁,张洪忠),"长跑型的华人框架研究者寥寥"(No.己,肖伟),"对1990—2000年前后的媒介框架研究史中古真空地带还需要再加强一些"(No.壬,杜涛)等观点。这些深刻的洞见对本研究思考向度产生着深远影响。

又如钟蔚文(No.丙)曾在2014年世新大学公开演讲以及2020年接受本

研究访问时两度提到令他"舒畅"到终生难忘的一次学术访问。

　　"读研究所时,我曾困惑与统计和方法之间如何连接?有没有一本书能综合统计和方法?……多年以后,在一次逛书店时,我无意间发现真的有这么一本连接统计和方法的书! 我专门跑到密歇根大学去会见书的作者。作者欣喜不已,读书人最高兴知道有人跟他思考着一样的问题。"(钟蔚文语;转引自 钟蔚文、王彦,2017,页 33;钟蔚文,本研究,2020 年 8 月 24 日)

　　显而易见,问题设计、情境、倾听、响应、个性契合等常民访问技艺固然样样重要,但基于学术之特性,研究旨趣上的志同道合往往起着决定性作用。而这样的受访对象与访问机缘,往往是可遇而不可求。

　　再回到本研究。在本研究全部受访者中,杜涛(No. 壬)与研究者的框架研究取径最为接近,同样关心着华人传播社群的媒介框架研究与后设理论史,也都对框架理论的未来持积极态度,更在框架领域长期关注、深研而非一触即走,甚至所读文献与对文献的臧否观点都非常接近。

　　这些相似性令双方一见如故,整个访问过程如"朋友间共享咖啡"般地愉悦到"通体舒畅"(Kenyon,2002,pp. 44-45)。

例 2:杜涛(No. 壬)访问(2020 年 7 月 23 日)的开头摘录

　　【正式与杜涛教授开始访问前,曾有一段电话中的预热对谈。杜涛在电话中提到其博论业师李希光教授对其研究旨趣的影响,以及臧国仁、钟蔚文、翁秀琪、许传阳等台湾传播学者在媒介框架理论研究中的贡献和启发。正式访问就从续接这些问题开始。】

　　问:我们现在就开始访问吧,杜老师。

　　杜涛:好的。

　　问:我之前已经跟您介绍过我们三个问题了,一个关于您自己的研究生命故事,还有对框架的见解,还有对我们中国传播学科的见解,就是这三个方面。

　　今天非常感谢您电话里很坦诚地把它当成访问,跟我已经透露好多真诚的信息。我这边概述一下(之前电话访问摘要):

　　您做框架研究主要跟您的博导李希光有关系,他也做过框架方面的东西。

　　您的框架这本书写下来以后觉得难度大，写完后觉得还是一个很混沌的领域，出版了都仍然有一种壮志未酬的感觉。——以至于您觉得框架到现在都很难下一个大家都同意的抽象的定义，而只能在实际操作层面上不同的位置、不同的层面去这样解析它。您跟我透露过。

　　现在，我们国内做框架的人比较少，您认为跟现在的媒体环境的转变是有关系的，您说是因为这个新媒体，还有传统媒体的式微，而大多数人做框架是做文本框架，这个时候文本不流行、不是主流之后，导致整个框架的应用也开始衰落。

　　您透露了这么几个信息。然后，其他，您说想在下午，我们现在访问的时候，再进一步地展开。

　　杜涛：好的，我先对我的说法作一点微调。

　　问：好，这样很有必要，怕有误读。

上面这段开场白简单、直接、富于激情，访问者回顾的电话预访问内容表述清晰，杜涛快速认可并沟通微调。两人虽素昧平生，初次线上相见，已如老友重逢般地亲切自然，也如老同事般高效合作，体现出较高的默契度和信任感。

谈及学术人生与研究故事，杜涛也如对挚友般知无不言、言无不尽，全盘托出，但也偶在话后叮嘱哪些秘辛因"可能会伤害到别人""不适宜公开"而请求本研究代为脱敏处理（杜涛，2020 年 7 月 23 日）。

例 3：杜涛（No. 壬）访问（2020 年 7 月 23 日）的框架中译名讨论摘录

　　问：您认同他"架构"的提法吗？ 潘忠党他不是在论文里提出"架构"吗？

　　杜涛：架构这个东西我觉得在我的文章里面，那几个概念对我来说都视为同义词。框架化、架构，我没感觉出来有什么本质性的差别……如果让我，就刚才你跟我说话这段，就这一小段时间我考虑一下这个问题，没准我会同意"架构"，因为"架构"作为动词来说不会有什么歧义。

　　这个词比较中性，可以有选择、重组、强调，怎么做都可以，甚至可以扭曲，都可以作为"架构"。你说"框架"给人感觉就是框选什么东西，或者是突出某个东西这个感觉，而"架构"灵活多了，"架构"我想怎么做就怎么做，我甚至可以歪曲它，也叫架构。

问：但是，"框架"它是由"框"和"架"两个字组成的，那个框就是定出一个 border（边界），然后架就是重新去架构。框架就是"定框"加"架构"两个字。"架构"呢，如果说这样倒推过去，它少了一个框的感觉……已经把"框"丢掉了，然后就只是弄一个架构，受到有些学者蛮激烈的批评。

杜涛：架构的话，就感觉到有点操纵、有点 maneuver 的意思。

问：对。

杜涛：框架好像只是选择，实际上现在生活中两种情况都有，也有是框选的意思。

问：其实想来想去还是框架好。我为了简单化，因为我们是要突出一个概念，如果说还要再给它生出另外一个词的话，然后强调说它是一个概念，一词两意，就会让这个原本很模糊的概念，或者是原本就很容易混淆这样一种现象更复杂了，动词一个，名词一个。

杜涛：你说了一通，最后说的一段话说服我了，因为我对这个问题没有特别深入地思考过，刚才最后一段话说服我了。你觉得框架这个概念本来就比较复杂，你再弄出一个动词跟它不一样的，只会添乱。到最后你这说法说服我了，我觉得你说得有道理，你说的是对的，你添了词汇之后，反而容易添乱。

问：而且他把那个"框"字弄丢了，关键是，后来的架构里面没有框了。好的，那谢谢杜老师！……我这样显得很不专业，我居然（在访问中）反过来说服您。其实我应该多听您讲，我们多交流。好，谢谢。谢谢。

以上这段学术味儿很浓的对谈，短兵相接，你来我往，聚焦于"frame"中译名的推敲。若光读逐字稿而不知访问情境，读者可能会误以为这是一个参与者角色对等的学术沙龙，因为双方有意见交换、相互说服，最终令杜涛频频表示"最后说的一段话说服我了""我觉得你说的有道理"（杜涛，2020 年 7 月 23 日）。

而访问者却也当场省思到，这不够合理。一般而言，传统的访问过程应以受访者为谈话主角，访问者不应"反过来说服"受访者而应该"多听"受访者的讲述，访问者如此热切地"输出"观点实有喧宾夺主之嫌，于是立即道歉"我这样显得很不专业"。

然而偶尔为之的"不专业""越界"之情事，正是学术访问之魅力所在。有别于常民智慧环境，学术访问共同建构的专业智识语境，能令访问双方神逸出常民方法论之外，不知不觉进入观点平等、身份平等的"学术沙龙""学术咖啡"时间，不知不觉地从学术人生往事，从戈夫曼、吉登斯、贝特森、恩特曼、甘姆森到麦库姆斯，历数在国际英文传播学界有亮眼框架研究业绩的华人学者大名，最终落脚于传播史与框架研究史的"中古真空地带"。

这一路访谈的每一个议题对双方来说都因各自思考已久而能脱口成章，一唱一和宛如交响乐中此起彼伏之美妙和弦，以致于畅谈近三小时、过饭点而浑然不觉。直到接近尾声时，访问者与杜涛仍意犹未尽，依依惜别珍重再见。

第二节 省思写作：诗的世界在每一个故事里等待[①]

由于既是对理论又是对人的复合型研究，本书写作在信、达、雅的规范基础上兼顾"学术性"与"人味儿"双重特性：在学理探讨的逻辑推演部分极尽严谨、思辨、批判，同时在纪实叙事的"非虚构写作"部分竭尽体现"人之独特性"，传递"符合人性与社会性的普遍道德与美感"，最终"实现人文价值"（Polkinghorne，1988）。

唯此学术味儿、人味儿双管齐下，从"叙事取径""故事写法""历史诗学"与"后设叙事"四个面向纳入"素富人文底蕴之叙事论"以增进其"人味儿"（臧国仁、蔡琰，2020年1月），也唯此从技艺的层面精益求精，兼顾"精妙言语的表达"与"精彩故事的讲述"，写得"引人入胜"，写得"令人凝神"（周树华，2022；转引自：周树华、哈筱盈、钟布、沈福元，2022，页2），本研究才有信心把关键研究者"做框架"的故事、纠结、转弯的地方都讲出来、讲清楚，最终才可能推动整个理论往深处走。

然而，与上述自我期许和愿景展望略显违和的是，早在邀约访问时，潘忠党（No.乙）却在第一次回邮中直言不讳地对"诗意"泼了一盆冷水：

> "有言在先，有些问题我可能回答不能令你满意，我对你诗意盎然的论题也颇有疑虑。"（潘忠党，电子邮件，2020年7月15日）

谁预设了访问对象需回答得令邀访者"满意"？如何先知"不能令你满

---

① 此题改编自政治学者刘瑜所作书评《诗的世界在每一个角落等待》。见：刘瑜，2012。

意"? 又为何"诗意盎然"令他感觉"疑虑"而非诗性之美? 何谓"诗意"? 潘忠党并未主动解释这些迷惑,却借由前文研究故事"人生无故事,框架无理论"间接地表达了对古典信息典范(而非叙事典范)的认同,同时忠告,升华框架研究视角成理论或是本研究一厢情愿的浪漫想象。

而当本书终于落笔为安,方如"事后诸葛亮"一般后知后觉到"生命"作为自变量的重要性。假使当初及时解释清楚"种树的人"之于"理论之树"的关键意义,潘氏的态度和答案会不会不一样? 无法重来。追悔此前无意识的"信息观"先行之问已晚矣。

再试从内容、观念转换到形式角度,潘氏所指"诗意盎然"是指书写表达风格吗? 潘氏作为成熟的学者,绝不至于偏狭到按照他欣赏的某个"组织学术经验的方式"、某个"论证说服的方式"来为本研究指定另一种不怎么诗意的写法。因为,在学术共同体,写作素来是公认的创造性劳动,无人会糊涂到认为存在写作上的"正确模式"并冒险去"为优秀论文订制一个正确的模式",也"不希望看到学术殿堂内只充斥一种声音和一种学术风格"或"千篇一律的八股文章",而更欣赏"有创见和有个性的学术书写"(肖小穗,2016:xlix)。

尽管百思不得其解,却碍于礼貌不便追问,直到完成对研究主体内容书写的当下,再回首这第一封信,蓦地顿悟到潘氏谓之"诗意"既是忠告更是"预言",此"诗意"与本书最终成文呈现"学术性"与"人味儿"实不违和。最终,本书确实谱成了九首歌、一支曲。

一、九歌:以诗证史,写得美吗?[①]

物换星移,社会变迁,生活更迭,时代不同了! 滥觞于第二次世界大战期间的"古典传播典范"以"信息观"为主,应战争信息实证、流动需求而生。如今近 70 年过去,信息传统套用于新世纪的数字时代沟通互动行为已显疲乏,处理质性研究文本力有不逮。信息典范由此转换到"叙事理性"(Fisher,1987)、"向叙事转"(赵毅衡,2008)新取径。"叙事"取径的重心不在"研究步骤是否严谨"或"研究材料是否正确",而在:

　　　　"写得相关吗?"
　　　　"写得有启发吗?"

---

① 此题借用自《楚辞》中的篇名《九歌》,原意系屈原根据江南民间祭祀创作的乐歌。本书仅以"九歌"中的数字巧合,指代所研究的九个研究生命故事,并无特别追古怀今之隐喻。

　　"写得好玩吗？"

　　"写得美吗？"(Czarniaswska,2004,p.136)

（一）历史的诗学"叙事论"

　　上述"叙事"取径自 1980 年代起影响社会科学领域近四十载，业已多面向大大增进学术作品的可读性。从"后设叙事"出发，学术写作是践行"有条理地诠释序列事件"，且从研究资料、受访者所述中"演绎出值得分享之学术发现"，从故事中"找到人生展望与理论方向"，此行为本身具"重要人文意涵与价值"；另一方面，学术写作的"故事写法"多样化且表现力佳，如第一人称"自传式写作"能彰显"与读者间的互动""厚描"与"显现"(ephphany，指对重要事物之顿悟，参见 Ellis，Adams，& Bochner，2011)，能以故事方式述说生命中的关键事件、转折点等重要时刻(臧国仁，2021，页 110-116)。

　　在众多已经领悟到"说故事"妙用而纷纷融入"叙事论"典范的诗学、政治、教育等学科中，历史学科当属先锋。历史学者们早在半世纪前就已率先"跨越'虚构'与'非虚构'之鸿沟"，"开启'纪实叙事'"，"透过'叙事论'"来探究历史之真实性"。

　　借由叙事典范，史学家写历史就如同文学家"写小说一样"，或如诗人"用写诗的方式处理素材"。这种"用不同的风格和形式写作"来处理题材的创作方式，被称为"历史的诗学"(a poetics of history)(White，1975)。

　　众所周知，历史学者余英时(1930—2021)擅"诗言志"创作传统，延伸"以诗歌证史"方法论到研究中。效仿陈寅恪以元稹和白居易的诗来理解唐代历史、著述《柳如是别传》来谈论明清时代士大夫的心灵历史(心史)之治学路径，余英时也"花了相当多的力气"去笺注和解释陈寅恪晚年诗作，以图揭示其同时期"心态""观念""所思所想"(葛兆光 语；转引自：何欣洁，2021 年 9 月 6 日)。

　　余英时的耶鲁大学历史系同事、英裔美国籍学者史景迁(Jonathan D. Spence)(1936—2021)亦以"诗人史家"之名享誉西方出版界。得名于"历史景仰司马迁"[①]的史景迁创造了"结合中国传统纪传和英国叙事"的新型文体，强调叙事、文笔流畅且注重人物描写(庄秋水，2021 年 12 月 29 日)。有中国学者(乐黛云)解读史景迁历史诗学书写中的"远山"是"西方问题"，其方法论系借由中国作为"他者"来实现"不同文化间的交叉、联系"并彰显"这种联系对于

――――――――――

　　① 司马迁是中国西汉的著名史学家、文学家，建立了纪传体历史书写范式。

人类历史发展的意义"（佚名，2021年12月27日）。①

（二）钟蔚文的"讲古"碎碎念

上述"历史的诗学""以诗歌证史"对本研究启发甚大。本研究跨界于历史与传播，主要经验数据来自43.2万字的九个研究生命故事访问逐字/自传稿。早在访问中，钟蔚文（No. 丙）就以诗性的语言，对本研究书写"讲古"（台语："讲故事"）之道碎碎念：

> "你的问题是，在整个研究社群里面有一段时期，有一些研究称他们用的名字叫'框架研究'，他们是谁，那些人怎么做的。"
>
> "这些故事模式是平等的，因为每一个人都有不同的故事。但是你的研究不是探讨怎么做框架研究，你的研究严格讲起来重点是故事，讲每个人的生命故事是什么。生命故事在这个有限的时空、在每一个名字上面有框架。"
>
> "今天看我的框架研究的时候，它不可能跟我过去的生命割裂开来。它不是迷雾，它是人生的现实。你今天谈故事的时候，你不可能只注重在写作。可是后面你的人生又被整个民族、文化的历史所围绕，那些有点像远山，它是你非常深沉的一部分。"（钟蔚文，2020年9月17日）

我们惊讶地发现，钟蔚文（No. 丙）对本研究邀访提纲的阅读理解与潘忠党（No. 乙）截然相反，二者分别处于"故事—研究"认知光谱的极端。前者（钟蔚文）认为生命与研究密不可分、也不必分，后者（潘忠党）则坚持人生是人生、研究是研究，而人生故事没有必要出现在研究访问中。

这导致他们的生命故事书写不得不采取不同策略，前者（钟蔚文）的生命故事自述从头贯穿到尾，而后者（潘忠党）只能凭借外界建构的"另一个潘忠党"管中窥豹，以维持故事间的体量、内容、结构平衡。

（三）九歌

最终呈现的九个故事如九首歌，各有不同的主题和旋律：

> 臧国仁（No. 甲）："框架研究与我的生命历程紧密结合"
> 潘忠党（No. 乙）："人生无故事，框架无理论"

---

① 转引自：佚名（2021年12月27日）。《逝者｜著名历史学家史景迁教授逝世：在西方书写中国历史》，载"学人 Scholar"；https://mp.weixin.qq.com/s/n5NcsO4nOziKOmD_1ISpHA。

钟蔚文（No.丙）："我这辈子恐怕都在关心框架的问题"

张洪忠（No.丁）："他不知道他曾帮我完成第一篇学术论文"

周裕琼（No.戊）："框架是个话语工具"

肖伟（No.己）："新闻框架论：十年学步旅程"

李东晓（No.庚）："框架它就是一个框"

邵静（No.辛）："内容框架研究特别适合学术新手"

杜涛（No.壬）："框外世界：中古'真空地带'"

1. 读题

仅看高度凝练的题名就知道，这九个故事和而不同、各有侧重。

第一类，就"故事—研究"认知光谱进行区分，臧国仁（No.甲）、钟蔚文（No.丙）、张洪忠（No.丁）的研究生命故事最有亮点，不是坦承"框架研究与我的生命历程紧密结合""我这辈子恐怕都在关心框架的问题"，就是念念不忘"他（臧国仁）曾帮我完成第一篇学术论文"。

潘忠党（No.乙）处于另一个极端，"人生无故事，框架无理论"，秉持着传统的"信息观"，将框架研究信息以外的话题画出访问范围之外，人生往事不提，对框架理论也不认同，而只在框架分析视角的层面对媒介框架研究领域展开后设分析探讨。

第二类，就学术关怀而言，杜涛（No.壬）与本研究最为接近，都特别关注后设理论与史，欣赏优秀个案研究，也都对华人社群特别关心，其分享"框外世界：中古'真空地带'"对本研究与框架领域、传播领域的发展启发甚大。由于交谈内容非常凝练，杜涛的故事书写篇幅除了开篇十行扼要介绍跨专业的生平经历，余下的篇幅编排高度紧凑，由从"煤"的世界跨专业到"媒"的世界的做框架研究及"框中世界"专书内容，到有感而发"框外世界"之"中古真空地带"思考，最后对理论走向的未来世界作预测。其学理讨论的思辨浓度高、有效信息量大，所提观点成为本研究未来可资发展方向。

第三类，就个人学术志业阶段而言，周裕琼（No.戊）、肖伟（No.己）、李东晓（No.庚）、邵静（No.辛）均在读博期间开始做框架研究，框架代表作不是学位论文就是课程作业。

一方面，她们都把框架研究当成志业生涯的"十字路口"或"一个墓碑"，有幸经过，不思停留，离开后也不再关心其理论发展。即便毕业任教后仍然指导到框架研究学生论文，她们也不认为自己还在框架研究里。这种阶段性、驿站式的特性，为"十年学步旅程"标题一语中的。

　　另一方面，她们中的三位应用学者以内容分析为主的个案研究，对理论本质的理解"框架是个话语工具""框架它就是一个框""内容框架研究特别适合学术新手"，在当下媒介框架研究的学生化、年轻化队伍中尤有代表性。

　　值得注意的是，第三类的四位"驿站"型受访者都是女性学者，第一第二类或将框架研究、或将传播研究作为毕生志业的五位受访者都是男性学者。性别对治学的影响，是超出本研究范畴的另一个有趣而重要的议题。

　　2. 作文

　　承上钟蔚文（No. 丙）的故事"平等"之提示，平等并非千篇一律、千人一面，而是赋予每个故事同等重要的意义和地位。

　　出于表达力和可读性的考虑，本研究在书写研究故事时追求形散神不散，不拘泥于语言形式，更不只是逐字稿的简单压缩、截取、拼接，而是在至少通读每次访问逐字稿五遍以上后，完全消化了原访问的原叙述脉络、精神后，再将故事主角的"自我意识""记忆"连接到本研究后设关怀的框架理论在华旅行史，重新组织语言进行"讲古"。

　　也就是说，每个故事都是平等的，但每个故事又是不一样的。

　　（1）讲古

　　臧国仁（No. 甲）的自述《遥想从事"新闻（媒介）框架研究"的始末：生命故事的自述与追忆（1991—2002）》经本研究转录后，为配合整体叙事，改题为"框架研究与我的生命历程紧密结合"。新文以时间为顺序，从1990年代初再次相遇"坦克"（坦卡德）教授、初闻框架研究说起，到与钟蔚文、陈百龄、陈顺孝、陈忆宁等政大同侪一起拓荒、发皇台湾框架研究，同时期"专家生手""媒介框架""再现"研究三足鼎立。2000年前后，台湾的传统新闻媒介框架研究热潮渐退，臧国仁也在出版框架专书后淡出框架研究。他认为，旧的框架理论典范已经过时，新的框架研究犹需探讨如何能够突破单一媒材的传统分析方式。

　　潘忠党（No. 乙）的故事"框架研究与我的生命历程紧密结合"由以生命故事为主题的"学术即自传，学术即谋生""框架研究三十年"两部分构成。首先交代潘忠党"不谈人生"的态度来自"简单到不值一提""复杂到难以言说"的自我认知以及"人生是人生""研究是研究"的传统"信息观"思维。

　　但由于潘忠党对中国媒介框架研究的特殊意义，同时也背负着诸多其他知情者了解潘忠党及其研究的如饥似渴，本研究通过出版物、学术交流场合、访问中的交叉叙事等多渠道消息来源，分成江湖"建构"的潘忠党"传说"、潘忠党"自述"解构两部分，自述在叙事层次灵感来自高尔基的《童年》《在人间》《我的大学》自传三部曲，最终再现更立体的多面人生。

　　钟蔚文（No. 丙）是一个从童年起就沉迷于学思的"学痴"，所以他的故事"我这辈子恐怕都在关心框架的问题"便以他毕生关心的"知识""真实""框架"这几个谜题展开。

　　此外，张洪忠（No. 丁）故事"他不知道他曾帮我完成第一篇学术论文"由学术人生"拖欠二十年的书资：从未谋面的臧国仁帮忙完成第一篇学术论文""中国媒介框架研究之我思""中国传播、框架理论、传播学科振兴之我见"三部分组成。

　　这也是周裕琼的（No. 戊）"框架是个话语工具"、肖伟（No. 己）的"新闻框架论：十年学步旅程"、李东晓（No. 庚）的"框架它就是一个框"、邵静（No. 辛）的"内容框架研究特别适合学术新手"、杜涛（No. 壬）的"框外世界：中古'真空地带'"其他五个故事的"标准化"编排方式。当然，具体分块内容中的底色、经历、观点因人而异，此处无须全部重复赘述。

　　最后，鉴于质性研究中研究者本身就是工具的具身性，本着忠诚于研究者、研究对象、研究工具、研究过程的求真精神，本研究在此还需特为可能存在的钟蔚文（No. 丙）访问实境与文字再现之间的误差向读者致歉。钟蔚文的声音清朗有共鸣，富于音乐美。钟蔚文的思考精确，表达精确，说出的每一句话都像直接用声音在写作。钟蔚文的话语中那种水到渠成的洗练、流畅，无法复制，很难效仿，更拙于简化、压缩。本书实不知如何提炼原文，才不至于过滤掉其原话如"莎士比亚"诗般壮美的神韵。

　　（2）穿越

　　本研究除了在访问聆听过程中与受访者建立交往，也为受访者之间的人际连接牵线搭桥。本研究除了讲述各自独立的九个故事，也让人物在故事之间相互穿越、相互查验事实。于是，读者才能"未见其人而先闻其声"，先是钟蔚文（No. 丙）在臧国仁（No. 甲）的自述中出现，然后有潘忠党（No. 乙）在钟蔚文（No. 丙）的故事里作为美国斯坦福大学传播研究所的硕士新生跑进1980年代的校园电梯，与钟蔚文相识。而在大洋彼岸，邵静（No. 辛）的框架研究观点（邵静，2013，页 24）被杜涛（No. 壬）引用到次年出版的新著（杜涛，2014，页 185）上，两人"英雄/美人所见略同"。而对周裕琼的（No. 戊）、肖伟（No. 己）、李东晓（No. 庚）等大陆年轻学者来说，在求学、访学的机缘中见到潘忠党（No. 乙）"跃然纸下"，甚至有幸面对面"与大师对话"，是弥足珍贵的经历和回忆。更多的时候，由于台海地缘政治的阻隔，内地学子们只能从各种藏书、学术活动渠道中见到"跃然纸上"的臧国仁（No. 甲），借由文献神交。

　　最终，九个不同的研究生命故事如同九个不同声部，合力演奏了一曲跌宕起伏、荡气回肠的华人媒介框架研究交响乐。在磅礴的主旋律中，我们俯瞰到历史巨流、时代的回声、故事的轮廓。在婉转幽深的和弦中，情节起承转合，浮现多年前的光影变化、枝枝蔓蔓。

而那些学思转弯、情绪起伏，若非经由本研究访问，可能永不会被想起或说起，甚而从此湮没于历史的星河，化为沧海桑田间一粒尘埃、一缕青烟。因此，就史料价值而言，本研究的贡献是抢救性的。就写作目标而言，本研究所采的"学术性"与"人味儿"非虚构写作法，堪称另一种美学意义上的对"真"的重视与再现，与也将"真"作为终极目标的古典"信息观"传统异曲同工。

二、"人味儿"：有情有义，借"我"树魂，赋予"愿景权数"

传统学术写作多使用第三人称的全知全能观点，以凸显"理性""旁观""中立"的学术特质，代表其见解乃属"学术社群集体之眼"而非撰者个人独有观点（王宜燕，2006）。亦有建言认为，学术作品与其一味"机械的记录"，不如"给文本一个灵魂和关怀"，把作者"自己的愿景也写进去"，反倒能够"增加一定的厚重感"。本书就作了这样的尝试，借作者"我"的视角为研究树魂。如开篇时对探险之旅跃跃欲试的"我"：

　　"此刻我正敲打出本书开篇的第一段文字，与哒哒键盘音一起发出声响的还有窗外冷雨滴答。伏案的书桌正位于陋室窗前，窗外天光影暗沉混沌，氤氲秋冬不散的是中国江南的雨。每当我抬头透过窗框观察自然界万物在雨中喧闹生长，计算机屏幕框中不同学术观点的喧哗交锋似在耳畔回荡。每当我将视线收回，凝视框中文本节节生长时，都会不禁扪心自问：

　　正对我的屏幕框中的符号世界与窗框外的雨中世界，有什么关联？

　　不同框中的世界与框外的世界有何区别？

　　是什么在决定框里、框外？"

　　……

　　"雨打窗棂，将我从符号世界拉回现实世界，提醒写作进度停摆多时，叩问我再续框架理论研究的想象与热情来自何方？"

　　……

　　"窗棂迷思像窗外的雨幕，绵密，神秘，吸引着我向框架理论史之迷雾森林深处前去。"

……

　　"这注定是一趟冒险之旅。这也注定是一个艰巨的任务。而现在，我们就要出发。"

　　又如，终于厘清研究问题、做好研究设计，准备提着研究方法工具箱出发寻找答案时，又忐忑又期待的心情：

　　　　"在正式执行研究之前，我们不知上述问题答案为何，也不知研究旅程会有几多艰辛，但我们期待着最后交货的会是：
　　　　'一个情深意长、行云流水的动人故事'（萧小穗，2016，页 x）。"

　　再如，故事讲完，曲终人未散之际，仍觉疑问尚在、意犹未尽时，如评书人般耍宝预告：

　　　　"且听下章分解。"

　　如上演示，"我"在文中出现，每次都起着承上启下、导游不同研究过程、与读者对话的功能。借由"我"的串联，"学术性"写作和"人味儿"写作得以自然切换，学理世界与"我"的灵魂展开"有情有义"的互动。对此，钟蔚文（2002）早有隐喻，"做学问本质上也是追寻'我'和真实的互动"（页 31）。高世名（2021年 9 月 17 日）进一步明确，"有情有义"的知识需要"身心具足的思考"，将情感表达落实到生命经验的测量与演练中。如本研究张洪忠（No. 壬）故事"他不知道他曾帮我完成第一篇学术论文"所传达的正是超出 20 年未还书资所能解释的"有情有义""情义无价"。

　　那么，学术作品的灵魂在哪里？有学者提出，赋予学术作品灵魂的路径之一是"给它一个'愿景权数'"——权数即位置——有意识地把不同要素的位置在整体中描述出来，因为定位的背后往往有着主观的"愿景"和"关怀"（项飙、吴琦，2020，页 165）。

　　本研究也正是透过"时空框架"赋予研究生命故事、赋予"个人""社群""地区""社会""国际"等分析单位以立体的值。这赋值令故事不再只是平行个体，而是在分析网络中相互连接的九个位置。有的位置更接近核心，有的位置相对边缘，有的位置比较宏观，另的相对微观，而这不同愿景权数构成的整体绝非伦理判断的结果，而是实证描述后的各就各位。这再一次有力证实了"叙事论"与古典"信息观"传统的终极目标实也异曲同工。

第三节　省思局限：解构"理想的框架研究"

潘忠党（No. 乙）解构"理想的框架研究"访问题目时说，现实里"任何研究都是有缺陷的"，"只有好的、不怎么好的、垃圾的研究"，而"不存在理想的研究"（2020 年 7 月 30 日）。钟蔚文（No. 丙）也认为做研究最重要的能力"不是讲一堆理想"，而是"要知道这个世界是怎样"，然后，第一"求生存"，第二"求发展"（No. 丙，2020 年 8 月 24 日）。诚哉斯言。

省思本研究全程，除前述访问发生触犯叙事伦理之情事，另有局限如下。

一、空间局限

空间局限表现在线上访问空间与地域代表空间的双重局限。

于 2019 年底突然暴发的"新冠疫情"持续三载。除了与访问者同在浙江杭州定居的李东晓（No. 庚）、邵静（No. 辛）得能约在咖啡馆面对面，其余 7 位跨省、跨国的关键研究者均只能改为线上 Zoom、腾讯会议室、微信视频等空间进行。"社交媒体不能替代人际传播"，前者的界面传播特性对副语言的捕捉有一定影响（王彦，2014 年 5 月 21 日）。

另又由于各种原因，两位澳门学者没有接受邀约，澳门框架研究没有"被代表"，最终只能借由公开文献及他人评述中作推论。

二、访问局限

访问局限表现在案头文献、问题设计、对谈沟通等研究执行现场多有遗憾。早在 2020 年春，本研究执行方法步骤二"前导性预测"时，就预设过后续访问中可能发生的问题。

其一，问题设计可能欠精度。如"你在何时、何地、在何种机缘下开始和中止框架研究？""框架理论在台湾、大陆、香港的研究状况如何？"等访问题目，系从难度适中考量出发，让所有受访者都有话可说而特意设计得相对笼统，却也可能因此只能获得笼统的答案。

欲得有精度的答案，须提有精度的问题。精度或来自西方原典，或来自受访者的框架研究论著，从考古学、系谱学的角度精读出他们分别使用西方哪家的理论、哪些被放大、哪些被忽略、哪些被误读，再对不同人发问有针对性的具体问题"为什么你在这里引用他/她的框架定义，而不是别人"，使之暴露出来的不求甚解、以讹传讹，才是真正有趣、有精度的知识史情节。

考虑到所有的机构性访问在多数情境下都是"明知故问"，本研究仍然保留了前导性预测中一度受质疑的原访问题目，借此观察并比较不同受访者之认知差异。又因案前工作准备时间有限，兼及考虑有精度的针对性发问可能引发的心理戒备或沟通冲突，本研究未再更进一步充分精读受访者原著，也未增加设计新的个性化问题。

其二，受访者友善开放度未必如人意。本研究遴选的受访候选人中，"一辈子在做框架"的极少，愿意敞开心扉谈生命史的当也不会多，而各人的生命史中多半只有很短一段跟框架研究有关。若受访者在交流中发现自己或被归类为"误读者"，恐怕对访问者就不会友善，以上种种都可能导致访问得到的答案补不上"前世今生"这样的"大哉问"的空。

对于访问过程中不太愿意"敞开心扉"的受访者，尽管事先早有心理预期，却也因访问者经验欠缺而错误地采取了声东击西、穷追不舍、过犹不及的冒失沟通策略，由此导致的叙事伦理憾悔详见前文检讨。

以上局限唯可弥补的就是在访问结束后的写作过程中，重访、精读受访者代表作，并在初访时建立的友谊基础上，透过邮件、微信线上等渠道，与受访者展开针对性的沟通以期补足所需信息。

其三，则如前文反思，后知后觉在生命故事研究中的"生命观"须优于"信息观"，未向受访者解释清楚生命故事在研究中的必要作用，导致沟通失策。此处不再重复赘述。

三、信效度局限

同理前文"关于 Q1、Q2 略，Q3 作匿名脱敏处理的说明"所述，访问中"涉及不在场人事之臧否，截然相反观点之碰撞，甚至价值观方法论之冲突"，导致部分受访者不愿意公开身份及全部访问内容。因此，转录的 43.2 万逐字稿经验数据无法全部公开给读者，也就无法与本研究再现的受访者群像与观点交叉检验信效度。

本研究唯一的补访专场，系出追问钟蔚文（No. 丙）说出研究生命故事之目的。作为臧国仁（No. 甲）自述重点追忆之美国波士顿 AEJMC 会议、在台的政治大学框架研究小组活动的共同亲历者和见证者，钟蔚文在第一次受访（2020 年 8 月 24 日）时，却完全没有提及上述事件，无论受访者如何提示均表示"忘了""不记得了"。第二次补访（2020 年 9 月 17 日）时，本研究特意将访问题目设计精确到了多年前的枝枝蔓蔓、点滴细节：

题 1. 关于您的生命故事：框架研究在台旅行，关键的人，难忘的事。

（1）您是如何开始框架研究的？

是始于斯坦福的"Pioneer"精神、始于您早在 1980 年代中期以后便已触及认知心理学视角的相近研究？

是始于您返台任教后，带领研究生开展有关记者、阅听人的知识结构与认知机制等与新闻基模与议题间的讨论，至 1980 年代末期已指导两篇硕士学位论文毕业？

是始于您与臧老师于 1991 年，在美国波士顿 AEJMC 年会偶遇坦卡德（Tankard）教授报告框架研究的方法问题？ 可记得还有谁同行？

还是始于自 1992 到 2002 年间，您领衔臧老师、百龄师、陈顺孝师、黄懿慧师、陈忆宁师等的"专家生手研究小组"，共同专注于认知和媒介真实建构研究领域？

您是否同意"专家生手"研究群也叫"框架研究"小组？ 1990 年代中期，您还在"专家生手研究小组"以外另行组成了"（媒介）再现研究小组"，是同一套人马吗？ 个中逻辑为何？

回顾来时路，您是否想过当时为何做认知基模的研究，而那个研究如何转化成为新闻框架研究？ 跟您现在做的身体研究如何连结？ 这中间经历了怎样的学思心路转变？ 为何这样转变？

（2）您是如何、为何结束框架研究的？

不幸的是，如此具体的提示，各种旁敲侧击，苦苦追问和等待，等来的也只有钟蔚文（No. 丙）再一次的"忘了""不记得了"。

两次访问先后历时 4 小时 52 分、3 小时 30 分，近 9 小时的交流时间中，钟蔚文（No. 丙）格外陶醉于学思、心路、精神层面的旅行，一些思考转弯的时刻，譬如顿悟到美国人做框架也有自己的框架是在蓝岭山脉间的驾驶途中，决定要做专家生手研究是在一次实务界工作坊结束后的下车瞬间。

而臧国仁（No. 甲）的记忆重点却在钟蔚文（No. 丙）盲区的程序性事务、与他人有所连接的时刻。譬如臧国仁记得（钟蔚文已经忘了）钟蔚文在政大行政大楼五楼会议室宣读报告时，讲到最后冷不防地推倒代表框架对读者可能影响的道具积木，震动全场。臧国仁对 1991 年听取博班业师"坦克"教授团队报告的 AEJMC 年会期间的那天,至今记忆犹新。钟蔚文却连是否参加过都已忘得一干二净。

　　本研究动用前述"信效度三角检证法",邀约当初与钟、臧二人共同参会的第三人蔡琰教授协助佐证。蔡琰记住的却只有钟蔚文与当年同住室友的"恶作剧":早上一觉醒来,发现原本挂在酒店标准间双人床之间墙上的画框,神不知鬼不觉地被置放在了地上。

　　蔡琰的证言[①]更接近于一个预言:框架(画框)理论将从此地出发,随钟蔚文和臧国仁东游到东方,先落地于台北,接续开枝、散叶、生根到整个中国传播学术社群。

第四节　余论:一个好的范例超过很多理论

　　开篇时,我们曾推崇勒温(Kurt Lewin)金句"好理论,最实用"(Lewin,1951,p.169),现在我们也同意项飙所言"一个好的范例超过很多理论"(项飙、吴琦,2020,页274)。中国作为案例一度被嘲笑"没有方向""没有动力",而只知"徒劳无功"地将头脑"浪掷在一些虚有其表的技艺上面"(Buchan 语,转引自 Sadison,1967,p.158/汪琪、沈清松、罗文辉,2002,页2)。针对此国族刻板成见,本研究与时俱进建构疫情下"新共构模型"研究范例,还发现媒介框架理论在华旅行研究个案亦可转化为理论课教学范例。

　　再回首开篇时,"我"向框架理论史之"迷雾森林深处"前去时,原以为森林深处有答案、可"寻根",未曾想最终却只能靠九个研究生命故事的访问所得去"种树"、去建构答案。这一路反客为主的奇幻解谜旅程,正应了当代印裔美国学者加亚特里·查克拉弗蒂·斯皮瓦克(Gayatri Chakravorty Spivak)的戏言"任何想着寻根的人,应该去种树算了"(Spivak,1987;转引自:周蕾,1995,页109)。

　　本书基本上也是关于传播思想史上真正的"种树的人"、当代华人媒介框架研究重要学者的一部故事合辑。自西方英语学界发轫媒介框架思想(Lippmann,1922)至今逾百年,自1990年代落地在华至今30年,媒介框架理论得益于"先驱研究者""接力研究者""应用研究者"和"文化中间人"的薪火相传,虽毁誉参半却也蔚有成就。他们在共同的"本土化'远山'"脉络之中,作为

---

　　① 　本书封面彩图亦出自蔡琰教授赐绘。敬致谢忱。

不同的"种树的人",浇灌出不同形貌的"理论之树"研究华章。

本研究的切入角度选在"理论的旅行"理论的"通道—条件—改造"分析工具,考察媒介框架理论的在华旅行通道、重构条件、话语改造,再现"理论的异化""理论的体制化""理论的超越""理论的有机化"之中国个案。此个案正是传播学科在世界范围跌宕命运的写照:很多人经过,很少人停留;因地缘政治时空框架而在不同国家、地区间分布不均;虽不完美但很有生命力,随际遇已从原先学科地位边缘反转至时代舞台中央。

本研究借此抛砖引玉,为几代中国/华人学者念兹在兹的"在地经验、理论知识、区域研究"愿景树立范例(李金铨,2019,页 124)。此范例一方面能在全球空间的学术对话体系中贡献中国故事与中国理论以回应西方理论,助力"整个传播研究的国际化(而非美国化)"(李金铨,2022,页 i)。另一方面亦能从时间轴考古单个传播理论的概念化、操作化、本土化之范例,激发其他也正面临"过时""退休""解散"危机的社会科学理论的"古早"思考:

理论之树何以长青? 人文社会科学研究如何与世界互动?

本研究的回答是,保持持续的批判意识,使理论有机、思想有机,让理论和思想服务于现实,让"领域的躁动"与时俱进"世界的躁动"。

本研究力所不能及之处,也是未来可建议开拓的方向。受限于研究精度及研究者自身语文历史素养,本研究未采大体量、多语种比较研究,而仅"神入"在华本土个案。待机缘成熟,团结到志同道合的海内外学者通力合作,或可将研究范围拉长到整个传播学科"中古真空地带"及媒介框架理论全球旅行的跨境比较,积极推动经典理论的有机循环。

参考文献

中文部分

[1] 艾弗雷特·罗杰斯.传播学史——一种传记式的方法[M].殷晓蓉,译.上海:上海译文出版社,2005.(原书:Rogers E M. History of communication study: A biographical approach[M]. New York: Free Press,1997.)

[2] 白莉.国际传媒之人权与责任叙事:比较中美报纸以何框架看待叙利亚难民危机之内容分析[D].台北:台湾政治大学,2016.

[3] 柏松龄.性别与框架:以台大女研社播放 A 片为例[D].嘉义:台湾中正大学,1996.

[4] 蔡琰,臧国仁.老人传播:理论、研究与教学实例[M].台北:五南图书出版有限公司,2011.

[5] 蔡怡怡.高龄画家创造力之研究——以 Csikszentmihalyi 创造力系统模型探析[D].台北:台湾师范大学,2015.

[6] 车文博.当代西方心理学新词典[M].长春:吉林人民出版社,2001.

[7] 陈秉璋.社会学理论[M].台北:三民书局,1985.

[8] 陈芳明.革命与诗[M].台北:印刻文学生活杂志出版股份有限公司,2016.

[9] 陈怀林,杨柳.标识和框架对热点事件舆论的影响——以澳门的"大陆游客潮"为例[J].新闻与传播研究,2015,(7):35-50.

[10] 陈怀林.笔尖上的中国——重大事件和国家形象的新闻框架分析[M].澳门:澳门大学出版社,2016.

[11] 陈怀林.媒体框架分析法的变化趋向[M]//洪浚浩,编.传播学新趋势.北京:清华大学出版社,2014:929-952.

[12] 陈家刚.协商民主[M].上海:三联书店,2004.

[13] 陈蕾.传播学学科核心范式的演化进路：一种新的学科史解读视角[J].国际新闻界,2013,35(7):70-77.

[14] 陈蕾.试论范式概念在传播学研究中的方法论前景[J].国际新闻界,2012,34(11):46-53.

[15] 陈露遥.中文学院邵静博士——浙江外国语学院"浙外学人"之"博士名片"专栏[EB/OL].（2019-03-02）[2020-03-12]. https://www.zisu.edu.cn/info/1168/14470.htm.

[16] 陈娜.学术研究的根要扎在现实中,要接地气——访美国威斯康辛大学传播艺术系教授潘忠党[J].今传媒,2010,(8):4-6.

[17] 陈姵如.脸书引言框架对科学新闻理解之影响[D].台北:台湾政治大学,2014.

[18] 陈顺孝,康永钦.记实避祸的报导策略：传播者与社会情境互动的本土研究[R].台北:中华传播学会,1997.

[19] 陈顺孝.新闻控制与反控制："记实避祸"的报导策略[M].台北:五南图书出版股份有限公司,2003.

[20] 陈韬文,程晓萱（编）.数字时代华人传播学术期刊的发展与挑战[J].传播与社会学刊,2017(41):1-40.

[21] 陈韬文,罗文辉,潘忠党.新闻传播教育对新闻人员的影响：大陆、台湾和香港的比较研究[J].传播研究集刊,2003,(8):i-iii,1-49.

[22] 陈韬文,苏钥机.以范例问题带动的新闻实务教育——从《大学线》月刊说起[J].台大新闻论坛,1996,1(4):224-250.

[23] 陈韬文,朱立,潘忠党.大众传播与市场经济[M].香港:炉峰出版社,1997.

[24] 陈韬文.香港传播研究的回顾与前瞻[M].朱立、陈韬文.传播与社会发展.香港:香港康和出版制作公司,1992:417-442.

[25] 陈韬文.中国传播研究的发展困局:为什么与怎么办[J].新闻大学,2008,(95):1-7.

[26] 陈天莹,陈剑锋.大数据环境下的智能数据脱敏系统[J].通信技术,2016,49(7):915-922.

[27] 陈向明.社会科学质的研究[M].台北:五南图书出版有限公司,2002.

[28] 陈晓开.新闻编辑的解题表现——专家与生手的比较[J].新闻学研究,1997,(1):237-268.

[29] 陈晓开.新闻编辑的专家与生手解题表现研究[D].台北:台湾政治大学,1995.

[30] 陈阳.框架分析:一个亟需澄清的理论概念[J].国际新闻界,2007,29(4):19-23.

[31] 陈韵如.新闻事件的意义建构与受众认知关系之研究——从受众推论看新闻框架之影响[D].台北:台湾政治大学,1993.

[32] 陈至.《人民日报》"走转改"专题报道的新闻框架研究[J].新闻知识,2013,(6):22-24.

[33] 戴元光,邵培仁,龚炜.传播学原理与应用[M].兰州:兰州大学出版社,1988.

[34] 戴元光.传播学研究理论与方法[M].上海:复旦大学出版社,2008.

[35] 丹尼斯·麦奎尔.麦奎尔大众传播理论[M].崔保国,李琨,译.北京:清华大学出版社,2006.(原书:D McQuail. McQuail's Mass Communication Theory[M]. London:Sage Publications Inc,2000.)

[36] 邓天颖.新闻框架与国家形象——《时代周刊》涉华报道研究(1998—2002)[D].保定:河北大学,2003.

[37] 翟惠生.媒介融合与讲好中国故事[J].中国编辑,2015,(2):4-6.

[38] 杜骏飞.框架效应[J].新闻与传播研究,2017,(7):113-126.

[39] 杜涛.儿童青少年肥胖:一个社会问题的媒介镜像[J].中国青年社会科学,2016,35(1):57-63.

[40] 杜涛.框中世界:媒介框架理论的起源、争议与发展[M].北京:知识产权出版社,2014.

[41] 杜涛.新闻评论:思维与表达[M].北京:知识产权出版社,2013a.

[42] 杜涛.影响力的互动——中国公共政策传播模式变化研究[M].北京:中国社会科学出版社,2013b.

[43] 段善策.作为新闻的框架:从贝特森到梵·迪克[J].东南传播,2010,(7):84-86.

[44] 高芳.简析框架理论[J].青年记者,2008,(17):31-33.

[45] 高世名.开始一种艺术生活——中国美术学院2021级新生开学第一课[EB/OL].(2021-09-17)[2022-03-12]. https://www.bilibili.com/video/BV1JQ4y1k7kD/.

[46] 高彦梅.语篇语义框架研究[M].北京:北京大学出版社,2015.

[47] 格雷戈里·贝特森.心灵生态学导论[M].殷晓蓉,译.北京:北京师

范大学出版社,2023.(原书:Bateson, G. Steps to an ecology of mind: Collected essays in anthropology, psychiatry, evolution, and epistemology [M]. Chicago,IL:University of Chicago Press, 1972/2000.)

[48] 关信恒.东南亚"一带一路"新闻中的政经框架分析研究——以菲律宾、马来西亚与新加坡为例[D].台北:台湾政治大学,2019.

[48] 郭冬阳.框架理论在我国新闻传播领域的应用研究——基于对国内文献的量化分析[D].桂林:广西师范学院,2014.

[49] 郭恒祺.消息来源与议题类型之关联性研究——以84年"台中市卫尔康餐厅大火"报导为例[D].台北:台湾政治大学,1998.

[50] 郭庆光.传播学教程[M].北京:中国人民大学出版社,1999.

[51] 郭若虚.图画见闻志[M].王群栗,点校.杭州:浙江人民美术出版社,2013.

[52] 郭亦乐.党报经济新闻报道框架研究[D].广州:暨南大学,2017.

[53] 郭贞.传播理论[M].台北:扬智文化事业股份有限公司,2016.

[54] 郭振羽.杏坛听雨:郭振羽学术随笔[M].新加坡:八方文化创作室,2020.

[55] 韩晓玲,陈中华.框架理论及其在话语分析中的应用[J].外语与外语教学,2003,(9):1-3.

[56] 何翔.新闻传播框架理论研究[D].乌鲁木齐:新疆大学,2009.

[57] 何曼卿.两岸财经报道的竞局框架——以戒急用忍政策为例(1989—2003)[D].台北:台湾政治大学,2003.

[58] 何欣洁.诗歌证史、治学如棋与"侨居鹦鹉":余英时纪念论坛"敬思想史的传薪者"侧记[EB/OL].(2021-09-06)[2022-03-12].https://theinitium. com/article/20210906-taiwan-yu-ying-shih/?fbclid = IwAR22xuysFyaYvX97T98i1fFDJUvIR3Yu40qR-CpqEQINxqUSv4XLAjwyiCI.

[59] 洪浚浩.传播学新趋势[M].北京:清华大学出版社,2014.

[60] 胡晋翔.大众传播与社会运动——框架理论的观点[D].台北:台湾政治大学,1994.

[61] 胡适.进一寸有进一寸的欢喜:胡适谈读书[M].北京:中国华侨出版社,2014.

[62] 胡翼青,吴雷.谁是批判学派:对传播研究范式二元框架的批判[J].

当代传播,2012,(3):4-7.

[63] 胡翼青.传播学:学科危机与范式革命[M].北京:首都师范大学出版社,2004.

[64] 胡翼青.传播学科的奠定:1922~1949[M].北京:中国大百科全书出版社,2012.

[65] 胡幼慧.质性研究:理论、方法及本土女性研究实例[M].台北:巨流出版社,1996.

[66] 黄旦.传者图像:新闻专业主义的建构与消解[M].上海:复旦大学出版社,2005a.

[67] 黄旦.舆论:悬在虚空的大地?——李普曼《公众舆论》阅读札记[J].新闻记者,2005b,(11):68-71.

[68] 黄冠雄.ICA 和 AEJMC 会议焦点透视和趋势展望[J].潮,2014,(1):4-11.

[69] 黄惠萍.媒介框架之默认判准效应与阅听人的政策评估——以核四案为例[J].新闻学研究,2003,(77):67-105.

[70] 黄敏.隐喻与政治:《人民日报》元旦社论(1979—2004)隐喻框架之考察[J].修辞学习,2006,(1):15-23.

[71] 黄仁宇.黄河青山:黄仁宇回忆录[M].张逸安,译.北京:生活·读书·新知三联书店,2001.

[72] 黄仁宇.万历十五年[M].北京:生活·读书·新知三联书店,1997.

[73] 黄仁宇.万历十五年[M].北京:中华书局,1982.

[74] 黄雅兰.以 communication 的汉译看传播研究在中文世界的知识旅行[J].新闻与传播研究,2019,(9):57-74.

[75] 黄懿慧.90 年代台湾公共关系研究之探讨——版图发展、变化与趋势[J].广告学研究,2001,67(4):51-86.

[76] 黄郁琲.记者查证之判断历程研究[D].台北:台湾辅仁大学,2000.

[77] 纪慧君.建构新闻事实:定位与权力[D].台北:台湾政治大学,2003.

[78] 纪志贤.小说的框架:沈从文《边城》研究[D].台北:台湾政治大学,1999.

[79] 贾国飙.新闻框架研究——中国主流媒体新闻框架的一般性分析[D].北京:中国人民大学,2004.

[80] 江冠明.接近另一种真实的过程——台湾小众媒体与社会运动的发展关系[J].台湾评论,1993,(5):35-41.

[81] 江静之.从论述角度探析广电新闻访问者的现实与理想[M].台北:秀威出版社,2009a.

[82] 江静之.广电新闻访问之机构情境与访问设计[J].新闻学研究,2009b,(99):119-168.

[83] 江静之.新闻访问个案(四):广播新闻访问之问句句型[M]//臧国仁,蔡琰.新闻访问:理论与个案.台北:五南图书出版有限公司,2007:157-194.

[84] 江静之.寻找理想的广电新闻访问者:论述角度之探析[D].台北:台湾政治大学,2005.

[85] 蒋勋.寂寞沙洲冷——香港中文大学"博群大讲堂"[EB/OL].(2016-11-24)[2017-03-12].https://www.youtube.com/watch?v=XcE9_Q50FXE.

[86] 教育研究院.心理学名词(第二版)[M].台北:元照出版社,2016.

[87] 金兼斌.传播研究典范及其对我国当前传播研究的启示[J].新闻与传播研究,1999,6(2):11-23.

[88] 康斯坦丁・P.卡瓦菲斯.伊萨卡岛[J].黄灿然,译.少年,2021,(6):4.(原书:Kavafis C P. (1911). Iθ? κη / Ithaka.)

[89] 康永钦.记实避祸的新闻处理策略之研究[D].台北:台湾政治大学,1997.

[90] 可汗(Muhammad Khalil Khan).巴基斯坦脸书上的恐怖主义:政府、军方和新闻媒体的框架互动研究[D].杭州:浙江大学,2017.

[91] 李东晓.2020年度《中国新闻传播学年鉴》优秀论文获奖者说(4)——社会与传播学术前沿[EB/OL].(2020-12-01)[2021-03-12].https://mp.weixin.qq.com/s/EJFNufrzHYbPFj1My22 M3g.

[92] 李东晓.编织"疾/痛":抑郁症话语生产中的医学、媒体与患者[M].杭州:浙江大学出版社,2021.

[93] 李东晓.感官的延伸:新媒体的无障碍传播[M].北京:社会科学文献出版社,2020.

[94] 李东晓.居间政治:中国媒体反腐的社会学考察[M].北京:中国传媒大学出版社,2012a.

[95] 李东晓.听见看见:影视媒体的无障碍传播研究[M].杭州:浙江大学出版社,2013.

[96] 李东晓.我国贪腐新闻的媒介框架及影响因素研究[J].社会科学论

坛,2012b,(7):206-216.

[97] 李东晓.中国贪腐丑闻的媒介呈现与新闻生产研究——媒介社会学的视角[D].杭州:浙江大学,2010.

[98] 李奉儒.质性教育研究之基础[M].黄光雄,主译.质性教育研究:理论与方法.嘉义:涛石文化事业有限公司,2001:5-68.

[99] 李红涛,黄顺铭."驯化"媒介社会学:理论旅行、文化中间人与在地学术实践[J].国际新闻界,2020,42(3):129-154.

[100] 李华君.政治公关传播:形象塑造、公众沟通与媒介框架[M].武汉:华中科技大学出版社,2013.

[101] 李慧馨.新闻词汇与情绪关联性之研究——以犯罪新闻为例[D].台北:台湾政治大学,1996.

[102] 李金铨."国际传播"国际化[M].台北:联经出版社,2022.

[103] 李金铨.传播研究的典范与认同[J].传播研究与实践,2014,4(1):1-21.

[104] 李金铨.传播纵横:历史脉络与全球视野[M].北京:社会科学文献出版社,2019.

[105] 李金铨.大众传播理论[M].台北:三民书局,1981.

[106] 李希光,Brad Thompson,于家娣,等.新闻构架与国家利益——中美体关于中国驻南使馆被炸和学生示威报道的比较分析[J].国际新闻界,2000,22(1):15-25.

[107] 李希光,刘康,熊蕾,等.妖魔化中国的背后[M].北京:中国社会科学出版社,1996.

[108] 李希光.谁在设置我们的国际冲突报道框架——一些媒体国际冲突报道议题设计与框架选择分析[J].中国记者,2002,(9):16-18.

[109] 李艳红.政治新闻的模糊表述:从中国大陆两家报纸对克林顿访华的报导看市场化的影响[J].新闻学研究,2003,(75):169-199.

[110] 李勇忠,李春华.框架转换与意义建构[J].外语学刊,2004,(3):24-29.

[111] 李泽厚.美的历程[M].北京:人民文学出版社,1981/2021.

[112] 李子甜,徐美苓.《人民日报》雾霾新闻框架建构(2011—2017)[J].新闻学研究,2020,(142):59-109.

[113] 梁美娜,肖伟,胡丹.5.0时代的创艺体验:报刊电子编辑实验教程[M].广州:暨南大学出版社,2012.

[114] 梁美珊,庄迪澎.图解传播理论[M].台北:五南图书出版有限公司,2013.

[115] 梁玉芳.新闻基模之研究——专家与生手知识结构差异之探讨[D].台北:台湾政治大学,1990.

[116] 林芳玫.女性与媒体再现:女性主义与社会建构论的观点[M].台北:巨流出版社,1996.

[117] 林丽.越-英-汉时事新闻框架语义研究[M].北京:时事出版社,2017.

[118] 林丽云.依附下的成长？台湾传播研究典范的更迭兴替[J].中华传播学刊,2002,(1):103-137.

[119] 林珍良.新闻言说结构对信息处理策略影响之研究[D].台北:台湾政治大学,1994.

[120] 刘海龙."传播学"引进中的"失踪者":从1978—1989年批判学派的引介看中国早期的传播学观念[J].新闻与传播研究,2007,(4):29-35,95.

[121] 刘海龙.大众传播理论:范式与流派[M].北京:中国人民大学出版社,2008.

[122] 刘海龙.中国传播学70年:知识、技术与学术网络[J].广州大学学报(社会科学版),2019,(5):106-114.

[123] 刘蕙苓.解析文化创意产业的媒体神话——Van Gorp框架化分析取径[J].传播与社会学刊,2021,(58):99-133.

[124] 刘蒙之.人类不能不传播——格雷戈里·贝特森及其学术思想[J].理论界,2009,(9):164-165.

[125] 刘强.框架理论:概念、源流与方法探析——兼论我国框架理论研究的阙失[J].中国出版,2015,(8):19-24.

[126] 刘强.框架理论:概念、源流与方法探析念——兼论我国框架理论研究的迷误[EB/OL].(2015-05-27)[2020-03-12].http://www.artanthropology.com/show.aspx? id=1744&cid=7.

[127] 刘涛.情感抗争:表演式抗争的情感框架与道德语法[J].武汉大学学报:人文科学版,2016,(5):102-113.

[128] 刘涛.元框架:话语实践中的修辞发明与争议宣认[J].新闻大学,2017,(2):1-15.

[129] 刘瑜.诗的世界在每一个角落等待[J].法制资讯,2012,(Z1):

106-107.

[130] 刘瑜.送你一颗子弹[M].上海:上海三联书店,2010.

[131] 刘郁青.新闻写作连贯性之研究[D].台北:台湾政治大学,2001.

[132] 刘泽江.新闻框架理论探析[J].大学时代,2006,(3):24-25,10.

[133] 卢安邦."网络(networked)公共领域"的意见扩大与深化——探索当代"弱公共领域"的运作逻辑[D].台北:台湾政治大学,2018.

[134] 陆晔,潘忠党.成名的想象:中国社会转型过程中新闻从业者的专业主义话语建构[J].新闻学研究,2002,71(4):17-59.

[135] 陆晔.香港中文报纸中的中国内地新闻:新闻文本的框架研究[J].新闻大学,1998,(2):45-48.

[136] 吕理杰.台湾 K 歌产制框架研究[D].台北:台湾政治大学,2007.

[137] 罗伯特·默顿.社会理论和社会结构[M].唐少杰,齐心,译.南京:译林出版社,2016.(原书:Merton R K. Social Theory and Social Structure[M]. New York:The Free Press, 1968.)

[138] 罗文辉.创新传播研究的追寻:陈韬文的学术理念[J].传播与社会学刊,2012,(20):1-10.

[139] 马费成,李志元.新文科背景下我国图书情报学科的发展前景[J].中国图书馆学报,2020,46(6):4-15.

[140] 马海群.论知识管理与图书情报教育改革[J].图书馆建设,2002(5):7-8+17.

[141] 马伟林.框架理论与意义识解[J].外语与外语教学,2007,(10):18-21.

[142] 孟柯.法国驱逐吉普赛人:震撼二零一零年法国政治与社会的新闻之框架研究[D].台北:台湾政治大学,2011.

[143] 米歇尔·巴顿.质的评鉴与研究[M].吴芝仪,李奉儒,译.台北:桂冠图书股份有限公司,1995.(原书:Patton M Q. Qualitative Evaluation and Research Methods[M]. Newbury Park:Sage Publications Inc,1990.)

[144] 米歇尔·福柯.知识考古学[M].谢强,马月,译.北京:生活·读书·新知三联书店,2003.(原书:Foucault M. L'archéologie du savoir[M]. Paris, FR:Gallimard Press,1969.)

[145] 倪炎元.再现的政治:台湾报纸媒体对"他者"建构的论述分析[J].

台北：韦伯文化出版社，2003.

[146] 聂静虹，李磊磊，王博.承前启后：新闻评论之架构效果探究[J].新闻与传播研究，2013，(3)：64-75.

[147] 聂静虹，王博.多元框架整合：传统媒体都市集体行动报道方式探究——以番禺垃圾焚烧事件为例[J].新闻大学，2012，(5)：58-64.

[148] 聂静虹.论政治传播中的议题设置、启动效果和框架效果[J].政治学研究，2012，(5)：111-123.

[149] 欧文·戈夫曼.框架分析：经验组织论[M].杨馨，姚文苑，南塬飞雪，译.北京：北京大学出版社，2023.(原书：Goffman E. Frame analysis：An essay on the organization of experience[M]. Cambridge，MA：Harvard University Press，1974.)

[150] 潘霁.文化框架：美国主流媒体中的"中国制造"[M].上海：复旦大学，2018.

[151] 潘艳艳.框架语义学：理论与应用[J].外语研究，2003，(5)：14-18，80.

[152] 潘忠党，朱立，陈韬文.当前传播研究的课题与挑战[M]//陈韬文、朱立、潘忠党.大众传播与市场经济.香港：炉峰学会出版社，1997：7-22.

[153] 潘忠党.架构分析：一个亟需理论澄清的领域[J].传播与社会学刊，2006，(1)：17-46.

[154] 潘忠党.依然在仰望星空[M]//王怡红，胡翼青.中国传播学30年.北京：中国大百科全书出版社，2010a：726-730.

[155] 潘忠党.学为问，学而知不足[M]//王永亮，成思行.传媒论典——与传媒名家对话.北京：中央编译出版社，2010b：275-286.

[156] 彭家发.新闻客观性原理[M].台北：三民书局，1994.

[157] 邱林川，黄煜，冯应谦.传播学大师访谈录[M].香港：香港中文大学出版社，2016.

[158] 邱林川.多元、对话与有机的传播研究：基于2018年JoC新酵母专刊的反思[J].国际新闻界，2018，40(2)：53-61.

[159] 邱宜仪."名人政治"的新闻框架——马英九不同从政时期新闻报导之比较[D].台北：台湾政治大学，2007.

[160] 邵静.《纽约时报》和《华盛顿邮报》的涉华报道研究[D].上海：上海大学，2011.

[161] 邵静.媒介框架论:新闻传播中框架分析研究的现状、特点与走向[M]//邵培仁,等.媒介理论前瞻.杭州:浙江大学出版社,2012:83-97.

[162] 邵静.媒介框架论:中国形象在美国报纸中的呈现[M].北京:中国社会科学出版社,2013.

[163] 邵培仁.传播学[M].北京:高等教育出版社,2000.

[164] 邵培仁.媒介理论前瞻[M].杭州:浙江大学出版社,2012.

[165] 邵志择.新闻学概论[M].杭州:浙江大学出版社,2003.

[166] 施祖琪,臧国仁.再论风格与新闻风格——以《综合月刊》为例[J].新闻学研究,2003,(77):143-185.

[167] 施祖琪.新闻风格影响因素探析——以《综合月刊》为例[D].台北:台湾政治大学,2001.

[168] 石之瑜.大陆问题研究[M].台北:三民书局,1995.

[169] 史安斌,周庆安.新闻构架、符码与制造同意的艺术——美国媒体"十六大"报道综合分析[J].国际新闻界,2003,25(2):12-16.

[170] 苏蘅.新闻背后的社会——阅读《新闻媒体与消息来源》[J].新闻学研究,2000,(63):273-275.

[171] 苏惠君,臧国仁.新闻访谈之"施惠语言"(patronizing speech)——记者与消息来源之语言互动[J].中华传播学刊,2004,(6):105-155.

[172] 苏惠君,臧国仁.新闻访问个案(三):施惠语言[M]//臧国仁、蔡琰.新闻访问:理论与个案.台北:五南图书出版有限公司,2007:109-156.

[173] 苏惠君.施惠语言(patronizing speech)在新闻访谈中的运用——再论记者与消息来源之互动[D].台北:台湾政治大学,2004.

[174] 苏湘琦.媒介对不同政策性议题建构的理论初探—以"彰滨工业区开发"和"黑名单开放"为例[D].台北:台湾政治大学,1994.

[175] 苏钥机,王海燕,宋霓贞,等.中华传播研究的现况:谁做甚么和引用谁[J].传播与社会学刊,2013,(23):31-80.

[176] 苏钥机.学术边陲地区的传播研究发展——中国社会的启示[M]//臧国仁,主编.中文传播研究论述:1993年中文传播研究暨教学研讨会论文汇编.台北:台湾政治大学传播学院研究中心发行,三民书局总经销,1995:39-55.

[177] 孙彩芹.框架理论发展35年文献综述——兼述内地框架理论发展11年的问题和建议[J].国际新闻界,2010,32(9):18-24.

[178] 孙建军,李阳,裴雷."数智"赋能时代图情档变革之思考[J].图书情报知识,2020,(3):22-27.

[179] 孙秀蕙.环保团体的公共关系策略之探讨[J].广告学研究,1994,(3):159-185.

[180] 谈婕.北京雾霾事件框架分析[J].新闻传播,2013,(7):160.

[181] 托马斯·库恩.科学革命的结构[M].程树德,傅大为,王道还,译.台北:远流出版社,2017.（原书:Kuhn T S. The structure of scientific revolutions [M]. Chicago, IL: Chicago University,1962.）

[182] 汪立荣.从框架理论看翻译[J].中国翻译,2005,(3):27-32.

[183] 汪琪,沈清松,罗文辉.华人传播理论:从头打造或逐步融合[J].新闻学研究,2002,(70):1-15.

[184] 汪琪.本土研究的危机与生机[M].上海:华东师范大学出版社,2016.

[185] 汪琪.如果没有了你:新闻传播教育的新局面与旧挑战[J].传播研究与实践,2021,11(2):173-177.

[186] 汪子锡.警察与传播关系研究[M].台北:秀威出版社,2009.

[187] 王辰瑶.嬗变的新闻[M].北京:中国传媒大学出版社,2009.

[188] 王金礼,秦艺丹.重塑传播研究的知识边界——美国《传播学刊》专刊"领域的躁动"的思想史解读[J].现代传播:中国传媒大学学报,2016,(8):47-53.

[189] 王雷,申从芳.框架理论在新闻报道中的应用[J].东南传播,2009,(5):137-138.

[190] 王玲宁.国内新闻框架研究现状述评[J].中州学刊,2009,(9):253-255.

[191] 王培培.近年新闻传播领域框架理论研究综述[J].青年记者,2009,(21):53-54.

[192] 王文科.质的研究问题与趋势[M]//中正大学教育学研究所.质的研究方法.高雄:丽文书局,2000:1-23.

[193] 王西龙.你是不是如同我的母亲——致宝马事件里的农妇[J].天涯,2004,2:46.

[194] 王晓升.论学术表演[J].江海学刊,2016,(2):15-22.

[195] 王晓升.西方马克思主义意识形态理论[M].北京:社会科学文献出版社,2009.

[196] 王彦.沉默的框架:框架理论六十年的时间脉络与空间想象[J].浙江大学学报(人文社会科学版),2017,47(6):197-215.

[197] 王彦.华人传播研究与教育的叙事转向——访台湾政治大学传播学院教授臧国仁[J].中国传媒报告,2015,(2):112-123.

[198] 王彦.框架的竞合——美国VOA中文台对中国反恐法的电视访问研究[R].南京:南京大学"第十三届中国传播学大会",2016[2016-10-15].

[199] 王彦.框架研究的框架化:"破碎的范式"三十年与"领域的躁动"四十年[J].浙江大学学报(人文社会科学版),2022,52(11):129-146.

[200] 王彦.收复"失声"已久的文化框架[N].社会科学报,2019-05-16(6).

[201] 王彦.收复文化框架:范高普转型启示录[EB/OL].(2020-01-19)[2020-03-12].https://mp.weixin.qq.com/s/nTKY5dhnADfvdw-BDYaVwA.(按:"范高普"即本书中"梵·高普")

[202] 王彦.香港新闻传播学界的成名与想象(1927—2006)——专访台湾政治大学名誉教授朱立[J].国际新闻界,2017,39(5):85-108.

[203] 王彦(编).中国大陆传播的教学与研究[J].传播与社会学刊.2018,(45):1-18.

[204] 王彦.中国恐怖主义事件新闻的媒体框架研究:中欧比较的视角[R].北京:北京大学首届"中欧对话:媒介与传播研究"暑期班研讨会,2014[2014-07-10].

[205] 王怡红.论"communication"的基本含义与理解[M]//黄旦,沈国麟.理论与经验——中国传播研究的问题及路径.上海:复旦大学出版社,2013:11-27.

[206] 王怡红.论传播学的关系价值研究——一个提升传播学科质量的可能途径[J].传播与社会学刊,2010,(12):175-198.

[207] 王宜燕."研究者"的脉络化观点:再思考学术研究报告何以自"我"设限?[R].台北:中华传播学会,2006[2006-07-13].

[208] 王昭敏.阅听人对电视广告隐喻理解之研究[D].台北:台湾政治大学,1996.

[209] 威尔伯·施拉姆,斯蒂芬·查菲,艾弗雷特·罗杰斯.美国传播研究的开端:亲身回忆[M].王金礼,译.北京:中国传媒大学出版社,2016.（原书:Schramm W,Chaffee S H,Rogers E M. The Beginnings of Communication Study in America: A Personal Memoir [M]. Thousand Oaks, CA: Sage Publications Inc, 1997.）

[210] 韦路,谢点.全球中国形象研究的知识版图——基于 SSCI 期刊论文(1998—2015)的文本挖掘[J].浙江大学学报(人文社会科学版),2017,(1):95-105.

[211] 翁时秀.基于理论旅行视角的人文地理学中想象地理研究反思[J].地理,2018,73(2):261-275.

[212] 翁维薇,臧国仁,钟蔚文.新闻访问个案(一):追问[M]//臧国仁,蔡琰.新闻访问:理论与个案.台北:五南图书出版有限公司,2007:33-64.

[213] 翁维薇.新闻访问之追问研究——以模糊及回避回答为例[D].台北:台湾政治大学,2000.

[214] 翁秀琪,许传阳,苏湘琦,等.新闻与社会真实建构——大众媒体、官方消息来源与社会运动的三角关系[M].台北:三民书局,1997.

[215] 沃尔特·李普曼.公众舆论[M].阎克文,江红,译.上海:上海人民出版社,2006.（原书:Lippmann W. Public opinion[M]. New York: Hartcourt, Brace and Company, 1922.）

[216] 吴飞.重温戈夫曼的互动理论[EB/OL].(2015-04-24)[2020-03-12].http://www.aisixiang.com/data/87111.html.

[217] 吴文虎.对中国大陆传播学研究的思考[J].暨南学报(哲学社会科学),1994,16(2):127-135.

[218] 吴雯雯.议题涉入感对信息处理策略影响之研究[D].台北:台湾政治大学,1991.

[219] 夏倩芳,张明新.新闻框架与固定成见:1979—2005 年中国大陆主流报纸新闻中的党员形象与精英形象[J].新闻与传播研究,2007,(2):29-41,95.

[220] 项飙,吴琦.把自己作为方法——与项飙谈话[M].上海:上海文艺

出版社,2020.

[221] 萧小穗.学术研究与论文书写[M]//萧小穗,黄懿慧,宋韵雅.透视传播与社会——《传播与社会学刊》创刊十周年文集.香港:中文大学出版社,2016:vii-iv.

[222] 肖开容.诗歌翻译中的框架操作:中国古诗英译认知研究[M].北京:科学出版社,2017.

[223] 肖伟.报刊电子编辑教程[M].广州:暨南大学出版社,2006.

[224] 肖伟.当代新闻编辑学教程[M].广州:暨南大学出版社,2008.

[225] 肖伟.论欧文·戈夫曼的框架思想[J].国际新闻界,2010,32(12):30-36.

[226] 肖伟.新闻框架论:传播主体的架构与被架构[M].北京:中国人民大学出版社,2016.

[227] 谢君蔚,徐美苓.基因改造食品的新闻框架分析[M]//科学传播论文集,2010,(2):155-191.

[228] 谢君蔚,徐美苓.媒体再现科技发展与风险的框架与演变:以基因改造食品新闻为例[J].中华传播学刊,2011,(20):143-179.

[229] 徐美苓,熊培伶,赖若函,等.是减害还是加害?爱滋新闻论述中的毒瘾者框架[J].台湾社会研究季刊,2011,(81):79-128.

[230] 许传阳.大众传播媒介与社会运动:一个议题传散模式的初探——以宜兰反六轻设厂运动之新闻报导为例[D].台北:台湾政治大学,1992.

[231] 许良荣,李田英.科学史在科学教学的角色与功能[J].科学教育月刊,1995,4:15-27.

[232] 许舜青.新闻写作历程初探[D].台北:台湾政治大学,1994.

[233] 颜无心.被中国人奉为大师的黄仁宇,为何不被美国学界承认?[EB/OL].(2018-06-26)[2020-03-12].https://user.guancha.cn/main/content? id=22987&page=0.

[234] 杨丽华.林纾翻译研究:基于费尔克拉夫话语分析框架的视角[M].北京:中国社会科学出版社,2015.

[235] 杨柳.《纽约时报》反伊战运动报道框架研究[M].北京:世界知识出版社,2013.

[236] 杨韶彧.从消息来源途径探讨议题建构过程——以核四建厂争议为例[D].台北:台湾政治大学,1993.

［237］杨素芬.文本类型对阅读的影响：以新闻体与小说体为例［D］.台北：台湾政治大学，1995.

［238］杨同卫，路文涛.国内外医患冲突研究综述［J］.中国医学伦理学，2006，19（1）：46-48.

［239］杨小燕.议程设置理论的演进及其在中国的发展［J］.东南传播，2017，（3）：29-34.

［240］杨怡珊.新闻记者之社会智能与消息来源互动策略之人际关系研究［D］.台北：台湾政治大学，2002.

［241］姚乐野，刘春玉，任家乐.图书馆史书写中的"大历史"和"小历史"——以清末民国时期图书馆事业档案为视角［J］.中国图书馆学报，2018，44（2）：61-71.

［242］尧里昂.气候变迁之框架分析：中国、美国及南非的组织比较［D］.台北：台湾政治大学，2019.

［243］叶方珣.新闻访谈之"语用技巧"分析：以前提概念为例［D］.台北：台湾政治大学，2007.

［244］叶琼瑜.从媒介策略角度探讨消息来源之议题建构——以公视立法争议为例［D］.台北：台湾政治大学，1994.

［245］叶斯逸.由叙事理论角度分析媒介对"二二八事件"的报导［D］.台北：台湾政治大学，1998.

［246］易中天.书生意气［M］.昆明：云南人民出版社，2001.

［247］意公子.苏东坡人生最后一首诗［EB/OL］.（2021-12-29）［2022-03-12］.https://www.ixigua.com/7051469789704749582

［248］余英时.犹记风吹水上麟——纪念钱穆先生［EB/OL］.（1990/2016-08-30）［2020-03-12］.https://kknews.cc/culture/ggxbrm.html.

［249］俞明瑶，臧国仁，钟蔚文.新闻访问个案（二）：新闻访问之立足点［M］//臧国仁，蔡琰.新闻访问：理论与个案.台北：五南图书出版有限公司，2007：65-108.

［250］俞明瑶.新闻访谈提问之立足点研究［D］.台北：台湾政治大学，2003.

［251］俞吾金.意识形态论［M］.北京：人民出版社，2009.

［252］俞旭，朱立.改革的困局：中国大陆新闻教育变革探讨（1976—2000）［J］.新闻学研究，2001，（68）：23-52.

［253］喻国明.传播学何以成为热门学科？——兼谈当前社会观察与治理逻辑的创新视角［N］.解放日报,2014-02-13(11).

［254］喻靖媛,臧国仁.记者与消息来源互动关系与新闻处理方式之关联［M］//臧国仁.新闻"学"与"术"的对话.台北:三民书局,1995:201-236.

［255］喻靖媛.记者及消息来源互动关系与新闻处理方式之关联性研究［D］.台北:台湾政治大学,1994.

［256］臧国仁,蔡琰.旅行叙事与生命故事:传播研究取径之刍议［J］.新闻学研究,2011,(109):43-76.

［257］臧国仁,蔡琰.新闻访问:理论与个案［M］.台北:五南图书出版有限公司,2007.

［258］臧国仁,蔡琰.叙事传播:故事/人文观点［M］.杭州:浙江大学出版社,2019.

［259］臧国仁,蔡琰.叙事传播:故事/人文观点［M］.台北:五南图书出版有限公司,2017.

［260］臧国仁,蔡琰.学术论文如何写得有"人味儿":有关"叙事论"之初探［R］.新竹:第三届"人文创新工作坊",2020［2020-01-17］.

［261］臧国仁,施祖琪.新闻编采手册与媒介组织特色［J］.新闻学研究,1999,(60):1-38.

［262］臧国仁,汪琪.台湾地区传播研究的回顾与展望［R］.台北:1993中文传播研究暨教学研讨会,1993-06.

［263］臧国仁,钟蔚文,黄懿慧.新闻媒体与公共关系(消息来源)的互动:新闻框架理论的再省［M］//陈韬文,朱立,潘忠党,主编.大众传播与市场经济,香港:炉峰学会,1997:141-183.

［264］臧国仁,钟蔚文,黄懿慧.新闻媒体与公共关系(消息来源)的互动:新闻框架理论的再省［R］.香港传播与经济发展研讨会,1996.

［265］臧国仁,钟蔚文,杨怡珊.新闻工作者的社会智能:再论记者与消息来源之互动［J］.新闻学研究,2001,(69):55-93.

［266］臧国仁,钟蔚文.框架概念与公共关系策略——有关运用媒介框架的探析［J］.广告学研究,1997,(9):99-130.

［267］臧国仁.新闻媒体与消息来源的互动——系统生态学的观点［R］.嘉义:台湾中正大学电讯传播所1994传播生态学学术研讨会,1994a［1994-07-29a］.

[268] 臧国仁.从系统生态学理论看传播生态:以公共关系为例[R].嘉义:台湾中正大学电讯传播所1994传播生态学学术研讨会,1994b[1994-07-29b].

[269] 臧国仁.翻转大学"上课"模式:"以学习者为主体"的课程研究与教学实例[M].台北:五南图书出版有限公司,2023.

[270] 臧国仁.抚今思昔·几番风雨梦中情:追忆与厦门大学传播所结缘之一、二事[M]//谢清果.华夏传播研究.北京:中国传媒大学出版社,2019.(2):21-25.

[271] 臧国仁.关于传播学如何教的一些创新想法与作法——以"传播理论"课为例[J].课程与教学,2009,12(3):241-264.

[272] 臧国仁.消息来源组织与媒介真实之建构:组织文化与组织框架的观点[J].广告学研究,1998a,(11):69-116.

[273] 臧国仁.新闻报导与真实建构:新闻框架理论的观点[J].传播研究集刊,1998b,(3):1-102.

[274] 臧国仁.新闻媒体与消息来源的互动——系统理论的观点[J].国科会研究汇刊——人文与社会学科,1995a,5(2):264-284.

[275] 臧国仁.新闻学与术的对话(Ⅲ):新闻工作者与消息来源[M].台北:台湾政治大学新闻研究所发行,三民书局总经销,1995b.(注:此系政大新闻所"学"与"术"系列专书之第三本)

[276] 臧国仁.中文传播研究论述——1993中文传播研究暨教学研讨会论文汇编[M].台北:三民书局,1995c.

[277] 臧国仁.新闻媒体与消息来源——媒介框架与真实建构之论述[M].台北:三民书局,1999.

[278] 臧国仁.新闻学与术的对话[M].台北:台湾政治大学新闻研究所发行,三民书局总经销,1994c.(注:此系政大新闻所"学"与"术"系列专书之第一本)

[279] 臧国仁.学术期刊论文之书写、投稿与审查:探查"学术黑盒子"的知识炼结[M].台北:五南图书出版有限公司,2021.

[280] 臧国仁.遥想从事"新闻(媒介)框架研究"的始末:生命故事的自述与追忆(1991-2002)[J].新闻界,2023(05):81-96.

[281] 曾建勋,郭红梅.基于知识组织的机构规范文件构建方法研究[J].中国图书馆学报,2021,47(1):61-75.

[282] 张芬芬.研究者必须中立客观吗:行动研究的知识论与几个关键问

题［M］//台湾当局课程与教学学会.行动研究与课程教学革新.台北:扬智出版社,2001:3-32.

［283］张宏杰.历史的局外人:在文学与历史之间游荡［M］.北京:东方出版社,2018.

［284］张洪忠.大众传播学的议程设置理论与框架理论关系探讨［J］.西南民族学院学报·哲学社会科学版,2001,22(10):88-91.

［285］张洪忠.大众媒介公信力理论研究［M］.北京:人民出版社,2006.

［286］张洪忠.中国传媒公信力调查［M］.南京:南京师范大学出版社,2010.

［287］张洪忠.转型期的中国传媒公信力［M］.南京:南京师范大学出版社,2013.

［288］张洪忠.资本影响下的中国传媒业［M］.北京:北京师范大学出版社,2014.

［289］张靓蓓.十年一觉电影梦:李安传［M］.北京:人民文学出版社,2013.

［290］张克旭,臧海群,韩纲,等.从媒介现实到受众现实——从框架理论看电视报道我驻南使馆被炸事件［J］.新闻与传播研究,1999,(2):2-10＋94.

［291］张隆栋.大众传播总论［M］.北京:中国人民大学出版社,1993.

［292］张梅.分裂的图景:住宅议题新闻的框架研究［M］.桂林:广西师范大学出版社,2015.

［293］张明新.后SARS时代中国大陆艾滋病议题的媒体呈现:框架理论的观点［J］.开放时代,2009,(2):131-151.

［294］张琬榆.亚里斯多德论"悲剧"［D］.台中:台湾东海大学,2012.

［295］张文慧,王晓田.自我框架、风险认知和风险选择［J］.心理学报,2008,(6):633-641.

［296］张文强.态度对新闻阅读之影响［D］.台北:台湾政治大学,1992.

［297］张文强.态度对新闻阅读之影响［J］.新闻学研究,1995,(50):125-156.

［298］张晓东.框架理论视野下的道德叙事［J］.全球教育展望,2005,34(4):46-49.

［299］张晓莺.论框架理论与媒介形象之建构［D］.广州:暨南大学,2008.

［300］张咏华,殷玉倩.框架建构理论透视下的国外主流媒体涉华报

道——以英国《卫报》2005 年关于中国的报道为分析样本用[J].新闻记者,2006,(8):15-18.

[301] 张甄薇.冲突性社会议题之新闻框架研究:以台湾政治反对运动为例(1960—1991)[D].台北:台湾辅仁大学,1992.

[302] 章倩萍.新闻记者的认知策略之研究[D].台北:台湾政治大学,1994.

[303] 赵鼎新.社会与政治运动讲义[M].北京:社会科学文献出版社,2006.

[304] 赵国俊.我国图书情报与档案管理学科发展中的分化与整理[J].情报资料工作,2013,(3):11-16.

[305] 赵立兵,文琼瑶.超越危局:新闻业应立足于公共生活——美国威斯康辛大学传播艺术系教授潘忠党学术专访[J].新闻记者,2017,(12):14-21.

[306] 赵汀阳.论可能生活——一种关于幸福与公正的理论(修订版)[M].北京:中国人民大学出版社,2004.

[307] 赵雅丽.传播有什么意义[J].中华传播学刊,2011,(6):3-24.

[308] 赵毅衡.“叙述转向”之后:广义叙述学的可能性与必要性[J].江西社会科学,2008,(9):31-41.

[309] 赵毅衡.当说者被说的时候:比较叙述学导论[M].成都:四川文艺出版社,2013.

[310] 郑为元.高夫曼(Erving Goffman)新探日常生活戏剧观的评论家[M]//叶启政.当代社会思想巨擘.台北:正中书局,1992.

[311] 钟蔚文,陈百龄,陈顺孝.从信息处理典范到体会之知:专家研究典范的变迁[J].思与言:人文与社会科学杂志,2006a,44(1):101-130.

[312] 钟蔚文,陈百龄,陈顺孝.数位时代的技艺:提出一个分析架构[J].中华传播学刊,2006b,(10):233-264.

[313] 钟蔚文,王彦.传播教育者要警惕“训练无能”——台湾政治大学传播学院名誉教授钟蔚文谈治学与从教[J].新闻记者,2017,(12):29-33.

[314] 钟蔚文,翁秀琪,纪慧君,等.新闻事实的逻辑[J].国家科学委员会研究汇刊:人文及社会科学,1999,9(4):575-589.

[315] 钟蔚文,臧国仁,陈忆宁,等.框架理论再探:以台大女研社 A 片事

件为例[C]//翁秀琪,冯建三.政治大学新闻教育六十周年论文汇编.台北:三民书局,1996:181-224.

[316] 钟蔚文,臧国仁,陈忆宁,等.框架理论再探:以台大女研社A片事件为例[R].台北:政治大学新闻教育六十周年庆学术研讨会,1995.

[317] 钟蔚文,臧国仁,陈韵如,等.新闻的框架效果[C]//臧国仁.中文传播研究论述——"一九九三中文传播研究暨教学研讨会"论文汇编,台北:三民书局,1995:243-256.

[318] 钟蔚文.从媒介真实到主观真实——看新闻,怎么看?看到什么?[M].台北:正中书局,1992.

[319] 钟蔚文.谁怕众声喧哗?兼论训练无能症[J].中华传播学刊,2002,(1):27-40.

[320] 周葆华.大众传播效果研究的历史考察[D].上海:复旦大学,2005.

[321] 周俊.马克思主义新闻学研究70年(1949—2019)[J].新闻与传播研究,2019,(8):5-23.

[322] 周蕾.写在家国以外[M].香港:牛津大学出版社,1995.

[323] 周树华,哈筱盈,钟布,等.主编解疑:走出SSCI期刊发表的迷宫[J].传播与社会学刊,2022,(60):1-22.

[324] 周文彰.狡黠的心灵:主体认识图式概论[M].北京:中国人民大学出版社,1991.

[325] 周翔.文化维度和中国互联网的构形化——对香港、新加坡、美国和英国报纸新闻报道的跨文化研究[EB/OL].(2008-06-28)[2020-03-12].http://www.ilf.cn/Theo/110247_2.html.

[326] 周鑫."热血"论述的框架分析:以财经杂志人物报导为例[D].台北:台湾政治大学,2014.

[327] 周裕琼,齐发鹏.策略性框架与框架化机制:乌坎事件中抗争性话语的建构与传播[J].新闻与传播研究,2014,(8):46-69.

[328] 周裕琼.当代中国社会的网络谣言研究[M].北京:商务印书馆,2012.

[329] 朱鸿军,苗伟山,孙萍.学科建制下的规范化:新中国新闻与传播学方法研究70年(1949—2019)[J].新闻与传播研究,2019,26(10):21-35+126-127.

[330] 朱立,陈韬文,编.传播与社会发展[M].香港中文大学传播与传播

学系.香港:香港康和出版制作公司,1992.

[331] 朱立."传播与国家发展"典范之重认[J].新闻学研究,1992a,(46):111-129.

[332] 朱立."传播与国家发展"典范之重认[M]//朱立,陈韬文,编.传播与社会发展.香港:香港康和出版制作公司,1992b:41-61.

[333] 朱强.国外图书馆的发展趋势及其启示[J].国家图书馆学刊,2015,24(5):12-15.

[334] 朱永生.框架理论对语境动态研究的启示[J].外语与外语教学,2005,(2):1-4.

[335] 朱玉芬.新闻结构对情感及兴趣之影响[D].台北:台湾政治大学,1995.

[336] 朱蕴儿.大陆配偶新闻报导之框架网络研究(2003—2014)——反思民族主义的媒体建构[D].台北:台湾政治大学,2016.

[337] 庄秋水.作为一种方法的史景迁[EB/OL].(2021-12-29)[2022-03-12].http://m.eeo.com.cn/2021/1229/516771.shtml.

英文部分

[338] Anderson J A. Communication Theory: Epistemological Foundations[M]. New York, NY: Guilford Press, 1996.

[339] Andrew Rojecki R, Entman R M. The Black Image in the White Mind: Media and Race in America[M]. Chicago, IL: University of Chicago Press, 2010.

[340] Ang P H. Communicating with power in a volatile, uncertain, complex, and ambiguous world[J]. Journal of Communication, 2018, 68(1): 1-5.

[341] Atkinson R. The Life Story Interview[M]. Thousand Oaks, CA: Sage Publications Inc, 1998.

[342] Babbie E R. The Practice of Social Research[M]. Belmont, CA: Wadsworth Publishing Company, 1998.

[343] Bakhtin M M. Speech Genres & Other Late Essays[M]. Austin, TX: University of Texas Press, 1986.

[344] Baran S, Davis D. Mass Communication Theory: Foundations, Ferment, and Future[M]. Nelson, CA: Nelson Education, 2011.

[345] Bartlett F C. Remembering: An Experimental and Social Study [M]. Cambridge, UK: Cambridge University Press, 1932.

[346] Bateson G. A theory of play and fantasy: A report on theoretical aspects of the project of study of the role of the paradoxes of abstraction in communication[J]. Psychiatric Research Reports, 1955, (2): 39-51.

[347] Bateson G. A theory of play and fantasy[M]//Bateson, G. Steps to An Ecology of Mind: Collected Essays in Anthropology, Psychiatry, Evolution, and Epistemology. Chicago, IL: University of Chicago Press, 1972: 183-198.

[348] Bateson G. A theory of play and fantasy. A. P. A. Regional Research Conference, March, 1954[R]. Mexico City: 1954.

[349] Beniger J R. Communication——Embrace the Subject, Not the Field[J]. Journal of Communication, 1993. 43(3): 18-25.

[350] Bennett W L, Entman R M. Mediated Politics: Communication in the Future of Democracy[M]. New York, NY: Cambridge University Press, 2012.

[351] Berelson B. Content Analysis in Communication Research[M]. New York, NY: Free Press, 1952.

[352] Berelson B. The State of Communication Research[J]. Public Opinion Quarterly, 1959, 23(1): 1-2.

[353] Berger C R. Communication theories and other curios[J]. Communications Monographs, 1991, 58(1): 101-113.

[354] Berger P L, Luckmann T. The Social Construction of Reality [M]. Garden City, NY:Doubleday Press, 1966.

[355] Berkowitz D A. (Ed.). Social Meanings of News: A Text-reader[M]. Thousand Oaks, CA: Sage Publications Inc, 1997.

[356] Borah P. Conceptual Issues in Framing Theory: A Systematic Examination of A Decade's Literature[J]. Journal of Communication, 2011, 61(2): 246-263.

[357] Bourdieu P. (R Nice. trans.). Distinction: A Social Critique of the Judgement of Taste[M]. Cambridge, MA: Harvard University Press, 1984.

[358] Brosius H B, Eps P. Prototyping through key events: News se-
       lection in the case of violence against aliens and asylum seekers in
       Germany[J]. European Journal of Communication, 1995, 10(3):
       391-412.

[359] Bryant J, Miron D. Theory and research in mass communication
       [J]. Journal of Communication, 2004, 54(4): 662-704.

[360] Buonanno M. News-values and fiction-values: News as serial de-
       vices and criteria of "fictionworthiness" in Italian V fiction[J].
       European Journal of Communication, 1993(8): 177-202.

[361] Cacciatore M A, Scheufele D A, Iyengar S. The end of framing
       as we know it… and the future of media effects[J]. Mass Com-
       munication and Society, 2016, 19(1): 7-23.

[362] Campbell J A. Darwin and the origin of species: The rhetorical
       ancestry of an idea[J]. Communications Monographs, 1970, 37
       (1): 1-14.

[363] Cappella J, Jamieson K. Spiral of Cynicism: The Press and the
       Public Good [M]. New York, NY: Oxford University
       Press, 1997.

[364] Chaffee S H, Hochheimer J L. The beginnings of political com-
       munication research in the United States: Origins of the "Limited
       Effects" Model[M]//Rogers E M, Balle F, Eds. The Media
       Revolution in America and in Western Europe. Norwood, NJ:
       Ablex Press, 1985: 267-296.

[365] Chu G C. Communication and national development——The con-
       tribution of Wilbur Schramm[C]//Steven H Chaffee, Ed. Con-
       tributions of Wilbur Schramm to Mass Communications Research
       [J]. Journalism Monographs, 1974, (36): 17-23.

[366] Chung W W, Tsang K J. In Search of News Frames: Their
       Function and Structure. Unpublished Manuscript, 1992.

[367] Chung W W, Tsang K J. Extending the Concept of Framing:
       The Discursive Turn[R]. Columbus: Conference on "Framing in
       the New Media Landscape", 1997-10.

[368] Chung W W, Tsang K J. News Frames Reconsidered: What

Does Frame to Reality[R]. Kansas City: Association for Education in Journalism and Mass Communication (AEJMC) convention, 1993-08.

[369] Chung W W, Tsang K J, Chen P L, Chen S H. Journalistic Expertise: Proposal for a Research Program[R]. Jerusalem, Israel: the International Communication Association (ICA) Convention, 1998-06.

[370] Chyi H I, McCombs M. Media salience and the process of framing: Coverage of the Columbine school shootings[J]. Journalism & Mass Communication Quarterly, 2004, 81(1): 22-35.

[371] Cohen I B, Newton I, Franklin B. Franklin and Newton: An Inquiry into Speculative Newtonian Experimental Science and Franklin's Work in Electricity as an Example Thereof[M]. Cambridge, MA: Harvard University Press, 1956.

[372] Collingwood R G. The Historical Imagination[R]. An Inaugural Lecture Delivered before the University of Oxford, 1935-10-28.

[373] Craig R T. Communication theory as a field[J]. Communication Theory, 1999, 9(2): 119-161.

[374] Craig R T. For a practical discipline[J]. Journal of Communication, 2018, 68(2): 289-297.

[375] Czarniawska B. Narratives in Social Science Research[M]. London, UK: Sage Publications Inc, 2004.

[376] D'Angelo P. News framing as a multi-paradigmatic research program: A response to Entman[J]. Journal of Communication, 2002, 52(4): 870-888.

[377] D'Angelo P, Lule J, Neuman W R, et al. Beyond framing: A forum for framing researchers[J]. Journalism & Mass Communication Quarterly, 2019, 96(1): 12-30.

[378] Danielson W. Wilbur Schramm and the Unreachable Stars: The Technological Papers[C]//Steven H Chaffee, Ed. Contributions of Wilbur Schramm to Mass Communications Research[J]. Journalism Monographs, 1974, 36: 24-30.

[379] Davis D K. News and politics[M]//Swanson D L, Nimmo D D,

Eds. New Directions in Political Communication: A Resource book. Newbury Park, CA: Sage Publications Inc, 1990: 147-184.

[380] de Fina A, Georgakopoulou A. The Handbook of Narrative Analysis[M]. Malden, MA: John Wiley & Sons Inc, 2019.

[376] Dickens C. A Tale of Two Cities [1859][M]. London, UK: Gawthorn, 1949.

[381] Druckman J N. The implications of framing effects for citizen competence[J]. Political Behavior, 2001a, 23(3): 225-256.

[382] Druckman J N. On the limits of framing effects: Who can frame? [J]. The Journal of Politics, 2001b, 63(4): 1041-1066.

[383] Ellis C, Adams T E, Bochner A P. Autoethnography: An overview [J]. Historical Social Research/Historische Sozialforschung, 2011: 273-290.

[384] Ellis C, Bochner A. Autoethnography, personal narrative, reflexivity: Researcher as subject[M]//N K Denzin, Y S Lincoln, Eds. The Handbook of Qualitative Research (2nd. Ed.). Thousand Oaks, CA: Sage Publications Inc, 2000: 733-768.

[385] Entman R M. Scandal and Silence: Media Responses to Presidential Misconduct[M]. New York, NY: Polity, 2012.

[386] Entman R M. Cascading activation: Contesting the White House's frame after 9/11[J]. Political Communication, 2003, 20 (4): 415-432.

[3877] Entman R M. Framing bias: Media in the distribution of power [J]. Journal of Communication, 2007, 57(1): 163-173.

[388] Entman R M. Framing US coverage of international news: Contrasts in narratives of the KAL and Iran Air incidents[J]. Journal of Communication, 1991, 41(4): 6-27.

[389] Entman R M. Framing: Towards clarification of a fractured paradigm[J]. Journal of Communication, 1993, 43(4): 51-58.

[390] Entman R M. How the media affect what people think: An information processing approach[J]. The Journal of Politics, 1989, 51 (2): 347-370.

[391] Entman R M. Media framing biases and political power: Explaining slant in news of Campaign 2008[J]. Journalism, 2010, 11 (4): 389-408.

[392] Entman R M. Projections of Power: Framing News, Public Opinion, and U. S. Foreign Policy[M]. Chicago, IL: University of Chicago Press, 2004.

[393] Entman R M, Matthes J, Pellicano L. Nature, sources, and effects of news framing[M]//Wahl-Jorgensen K, Hanitzsch T, Eds. The Handbook of Journalism Studies. New York, NY and London, UK: Routledg, 2009: 175-190.

[394] Entman R M, Page B I. The news before the storm: The Iraq war debate and the limits to media independence[M]//W L Bennett, D L Paletz, eds. Just deserts: The News Media, U. S. Foreign Policy, and the Gulf War. Chicago, IL: University of Chicago Press, 1994.

[395] Entman R M, Rojecki A. Freezing out the public: Elite and media framing of the U. S. anti-nuclear movement[J]. Political Communication, 1993, 10(2): 155-173.

[396] Entman R M, Usher N. Framing in a fractured democracy: Impacts of digital technology on ideology, power and cascading network activation[J]. Journal of Communication, 2018, 68(2): 298-308.

[397] Erikson E H. Identity Crisis[M]. New York, NY: Norton & Company, 1975.

[398] Erikson E H. Petrology of the composite Snoqualmie batholith, central Cascade Mountains, Washington[J]. Geological Society of America Bulletin, 1969, 80(11): 2213-2236.

[399] Erikson E H. The nature of clinical evidence[J]. Daedalus, 1958, 87(4): 65-87.

[396] Fairclough N. Analysing Discourse: Textual Analysis for Social Research[M]. London, UK: Routledge, 2003.

[400] Fairclough N. Critical Discourse Analysis: The Critical Study of Language[M]. New York, NY: Longman Publisher, 2013.

[401] Fairclough N. Media Discourse[M]. London, UK: Edward Arnold Publisher Ltd, 1995.

[402] Farr R. Theory and method in the study of social representations [M]//G M Breakwell, D V Canters, Eds. Empirical Approaches to Social Representations. Oxford, UK: Clarerdon Press, 1993.

[403] Ferree M M, Gamson W A, Rucht D, et al. Shaping Abortion Discourse: Democracy and the Public Sphere in Germany and the United States [M]. Cambridge, UK: Cambridge University Press, 2002.

[404] Fink E J, Gantz W A. content analysis of three mass communication research traditions: Social science, interpretive studies, and critical analysis[J]. Journalism & Mass Communication Quarterly, 1996, 73(1): 114-134.

[405] Fisher W R. Human Communication as Narration: Toward a Philosophy of Reason, Value, and Action[M]. Columbia, SC: University of South Carolin Press, 1987.

[406] Fiske J. Television Culture[M]. New York, NY: Routledge, 1987.

[407] Fiske S T, Taylor S E. Social Cognition (2nd ed.)[M]. New York, NY: McGraw-Hill Book Company Inc, 1991.

[408] Foucault M. Discipline and Punish: The Birth of the Prison[M]. Alan Sheridan, trans. New York, NY: Vintage Inc, 1977.

[409] Foucault M. Power/Knowledge: Selected Interviews and Other Writings, 1972-1977 [M]. New York, NY: Pantheon Books, 1980.

[410] Freud S. Psycho-analytic notes on an autobiographical account of a case of paranoia (dementia paranoides) [M]//Freud S, Strachey J. The Standard Edition of the Complete Psychological Works of Sigmund Freud, Volume XII (1911—1913): The Case of Schreber, Papers on Technique and Other Works. 1958: 1-82.

[411] Fuchs C, Qiu J L. Ferments in the field: Introductory reflections on the past, present and future of communication studies[J]. Journal of Communication, 2018, 68(2): 219-232.

[412] Gadamer H G. Truth and Method[M]. New York: Crossroad Press, 1988.

[413] Gallois C, Watson B M, Giles H. Intergroup communication: Identities and effective interactions[J]. Journal of Communication, 2018, 68(2): 309-317.

[414] Gamson W A. A constructionist approach to mass media and public opinion[J]. Symbolic Interaction, 1988, 11: 161-174.

[415] Gamson W A, Modigliani, A. Media Discourse and Public Opinion on Nuclear Power: A Constructionist Approach[J]. American Journal of Sociology, 1989, 95: 1-37.

[416] Gamson W A. News as framing: Comments on Graber[J]. American Behavioral Scientist, 1989, 33(2): 157-161.

[417] Gamson W A. Talking Politics[M]. New York, NY: Cambridge University Press, 1992.

[418] Gamson W A. The political culture of Arab-Israeli conflict[J]. Conflict Management and Peace Science, 1981, 5(2): 79-94.

[419] Gamson W A. What's News: A Game Simulation of TV News (chap. 2: News Frames.) [M]. New York, NY: The Free Press, 1984.

[420] Gamson W A, Modigliani A. The changing culture of affirmative action[J]. Research in Political Sociology, 1987, 3(1): 137-177.

[421] Garnham N. Toward a theory of cultural materialism[J]. Journal of Communication, 1983, 33(3): 314-329.

[422] Geertz C. Agricultural Involution: The Process of Ecological Change in Indonesia[M]. Berkeley, CA: University of California Press, 1963.

[423] Gerbner G, Siefert M. Ferment in the field [Special issue[J]. Journal of Communication, 1983, 33(3): 1-368.

[424] Gibson W. The future is already here-it's just not evenly distributed[J]. The Economist, 2003, 4(2): 152.

[425] Giddens A. The Constitution of Society[M]. Cambridge, MA: Polity Rress, 1984.

[426] Gitlin T. Media sociology[J]. Theory and Society, 1978, 6(2):

　　　　205-253.

[427] Gitlin T. The whole world is watching: Mass media in the making and unmaking of the new left[M]. Berkeley, CA: The University of California Press, 1980.

[428] Goffman E. Frame analysis: An essay on the organization of experience [M]. Cambridge, MA: Harvard University Press, 1974.

[429] Gregory D. Geographical imaginations[M]. Cambridge, MA: Blackwell Publishing Ltd, 1994.

[430] Habermas J. Strukturwandel der. Offentlichkeit: Untersuchungen zu einer Kategorie der bürgerlichen Gesellschaft (in English: The Theory of the Public Sphere: The Structural Transformation of the Public Sphere)[M]. Frankfurt, Germany: Suhrkamp Verlag Publishing, 1962.

[431] Hall S. The rediscovery of "Ideology": Return of the repressed in media studies [M]//T Gurevitch, M Bennet, J Currna, J Woollacott, Eds. Culture, Society and the Media. London: Methuen Publishing Ltd, 1982: 56-90.

[432] Hallahan K. Seven models of framing: Implications for public relations[J]. Journal of Public Relations Research, 1999, 11(3): 205-242.

[433] Hayano D M. Auto-ethnography: Paradigms, problems, and prospects[J]. Human Organization, 1979, 38(1): 99-104.

[434] Henderson Karla A. dimensions of choice: a qualitative approach to recreation, parks, and leisure research[J]. Journal of Leisure Research, 1991, 24(3): 296-298.

[435] Herbst S. History, philosophy, and public opinion research[J]. Journal of Communication, 1993, 43(4): 140-45.

[436] Herr P M, Sherman S J, Fazio R H. On the consequences of priming: Assimilation and contrast effects[J]. Journal of Experimental Social Psychology, 1983, 19(4): 323-340.

[437] Hertog J K, McLeod D M. A multiperspectival approach to framing analysis: A field guide[M]//Reese S D, Gandy Jr O H,

Grant A E, Eds. Framing Public Life: Perspectives on Media and Our Understanding of the Social World. Mahwah: Lawrence Erlbaum Associates, 2001: 141-162.

[438] Horkheimer M. Traditional and Critical Theory[M]. Connerton P, Ed. Critical sociology: Selected readings, Ringwood, Australia: Penguin Books, 1937/1976.

[439] Hovland C I, Janis I L, Kelley H H. Communication and Persuasion: Psychological Studies of Opinion Change[M]. New Haven, CT: Yale University Press, 1953.

[440] Huang R. 1587, A Year of No Significance: The Ming Dynasty in Decline [M]. New Haven, CT: Yale University Press, 1981.

[441] Iyengar S. American Politics and Political Economy Series. Is Anyone Responsible? How Television Frames Political Issues [M]. Chicago, IL: University of Chicago Press, 1991.

[442] Just N, Puppis M. Moving beyond self-castigation: Let's reinvigorate communication policy research now! [J]. Journal of Communication, 2018, 68(2): 327-336.

[443] Kahl C H, da Fonseca L H, Witte E H. Revisiting creativity research: An investigation of contemporary approaches[J]. Creativity Research Journal, 2009, 21(1): 1-5.

[444] Kahneman D, Tversky A. Choices, values, and frames[J]. American Psychologist, 1984, 39(4): 341-350.

[445] Kahneman D, Tversky A. Prospect theory: An analysis of decision under risk[M]. MacLean L C, Ziemba W T, Eds. Handbook of the Fundamentals of Financial Decision Making: Part I (Vol. 4), Singapore: World Scientific Publishing, 2013: 99-127.

[446] Kahneman D, Tversky A. Prospect theory: Analysis of decision under risk[J]. Econometrica, 1979, 47(2): 263-291.

[447] Katz E, Peters J D, Liebes T, et al. Canonic Texts in Media Research Are There Any? Should There Be? How About These? [M]. Cambridge, MA: Polity Press, 2003.

[448] Kenyon G. Guided autobiography: In search of ordinary wisdom

[M]//G D Rowles，N E Schoenberg，Eds. Qualitative gerontology：A contemporary perspective（2nd. ed.）. New York，NY：Springer Publishing，2002：37-50.

[449] Kinder D R，Sanders L M. Mimicking political debate with survey questions：The case of white opinion on affirmative action for blacks[J]. Social Cognition，1990，8(1)：73-103.

[450] Kuhn T S. The Structure of Scientific Revolutions[M]. Chicago，IL：University of Chicago Press，1962.

[451] Kuipers G. The cosmopolitan tribe of television buyers：Professional ethos，personal taste and cosmopolitan capital in transnational cultural mediation[J]. European Journal of Cultural Studies，2012，15(5)：581-603.

[452] Lasswell H D. The structure and function of communication in society[J]. The Communication of Ideas，1948，37(1)：136-139.

[453] Lazarsfeld P F. Remarks on administrative and critical communications research[J]. Zeitschrift für Sozialforschung，1941，9(1)：2-16.

[454] Lee C C，Chan J M，Pan Z，So C Y，et al. Global Media Spectacle：News War Over Hong Kong[M]. New York，NY：State University of New York（SUNY）Press，2012.

[455] Leehy M. Introduction[M]//D Cohn-Sherbok，M Irwin，eds. Exploring Reality. London，UK：Allen & Unwin Publishing，1987.

[456] Levy M，Gurevitch M，Eds. Special issue—The disciplinary status of communication[J]. Journal of Communication，1993，43(3)：4-5.

[457] Lewin K. Field Theory in Social Science[M]. New York，NY：Harper & Row Publishing，1951.

[458] Liang X. A plea for clarification—Dr. Scheufele explicates framing theory[J]. Wave，2014，(1)：18-25.

[459] Lippmann W. Public Opinion[M]. New York，NY：Hartcourt，Brace and Company，1922.

[460] Littlejohn S. Theories of Human Communication[M]. Belmont，

CA: Wadsworth Publishing, 1989.

[461] Markus H, Zajonc R B. The cognitive perspective in social psychology[M]//G Lindzey, E Aronson, Eds. The Handbook of Social Psychology (3rd ed.). New York, NY: Random House, 1985: 137-230.

[462] Mathes R, Pfetsch B. The role of the alternative press in the agenda-building process: Spill-over effects and media opinion leadership[J]. European Journal of Communication, 1991, 6(1): 33-62.

[463] Matthes J. What's in a frame? A content analysis of media framing studies in the world's leading communication journals, 1990-2005[J]. Journalism & Mass Communication Quarterly, 2009, 86(2): 349-367.

[464] McChesney R W. Communication revolution: Critical junctures and the future of media[M]. New York, NY: New Press, 2007.

[465] McCombs M E, Shaw D L. The agenda-setting function of mass media[J]. Public Opinion Quarterly, 1972, 36(2): 176-187.

[466] McCombs M. New frontiers in agenda setting: Agendas of attributes and frames[J]. Mass Communication Review, 1997, 24 (1/2): 32-52.

[467] McCormack C. Storying stories: A narrative approach to in-depth interview conversations[J]. International Journal of Social Research Methodology, 2004, 7(3): 219-236.

[468] McQuail D, Windahl S. Communication Models for the Study of Mass Communications[M]. New York, NY: Longman Publisher, 2015.

[469] Mills C W. The Sociological Imagination[M]. New York, NY: Oxford University Press, 1959.

[470] Mills C W. The Sociological Imagination[M]. Beijing, China: Communication University of China Press, 1959/2016.

[471] Mishler E G. Research Interviewing[M]. Cambridge, MA: Harvard University Press, 1986.

[472] Moscovici S. The phenomenon of social representation[M]//R M

Farr, S Moscovici, Eds. Social Representations. Cambridge, MA: Cambridge University Press, 1984.

[473] Pan Z, Kosicki G M. Framing analysis: An approach to news discourse[J]. Political Communication, 1993, 10(1): 55-75.

[474] Pan Z, Kosicki G M. Framing and the understanding of citizenship[M]//S Dunwoody, L B Becker, G M Kosicki, et al., Eds. The Evolution of Key Mass Communication Concepts. Cresskill, NJ: Hampton Press, 2005: 167-207.

[475] Pan Z, Kosicki G M. Framing as a strategic action in public deliberation[M]//S D Reese, O Gandy, A Grant, Eds. Framing Public Life: Perspectives on Media and Our Understanding of the Social World. Mahwah, NJ: Lawrence Erlbaum Associates Publisher, 2001: 35-65.

[476] Pan Z, Kosicki G M. Priming and media impact on the evaluations of the president's performance[J]. Communication Research, 1997, 24(1): 3-30.

[477] Peters J D. Institutional sources of intellectual poverty in communication research[J]. Communication Research, 1986, 13(4): 527-559.

[478] Peters J D, Simonson P. Mass Communication and American Social Thought: Key Texts, 1919-1968[M]. Lanham, MD: Rowman & Littlefield Publisher, 2004.

[479] Pfau M. Epistemological and disciplinary intersections[J]. Journal of Communication, 2008, 58(4), 597-602.

[480] Policastro E, Gardner H. From case studies to robust generalizations: An approach to the study of creativity[M]//R J Sternberg, Ed. Handbook of Creativity. Cambridge, MA: Cambridge University Press, 1999: 213-225.

[480] Polkinghorne D E. Narrative configuration in qualitative analysis [J]. International Journal of Qualitative Studies in Education, 1995, 8(1): 5-23.

[480] Polkinghorne D E. Narrative Knowing and the Human Sciences [M]. Albany, NY: State University of New York Press, 1988.

[481] Potter J. Representing Reality: Discourse, Rhetoric and Social Construction[M]. London, UK: Sage Publications Inc, 1996.

[482] Potter W J, Cooper R, Dupagne M. The three paradigms of mass media research in mainstream communication journals[J]. Communication Theory, 1993, 3(4), 317-335.

[483] Reese S D. Finding frames in a web of culture: The case of the war on terror[M]//D'Angelo, Jim Kuypers. Doing News Framing Analysis, New York, NY: Routledge, 2010: 33-58.

[484] Reese S D. Framing public life: A bridging model for media research[M]//Reese S D, Gandy Jr O H, Grant A E, Eds. Framing Public Life: Perspectives on Media and Our Understanding of the Social World. Mahwah, NJ: Lawrence Erlbaum Associates, 2001: 7-31.

[485] Reese S D, Gandy Jr O H, Grant A E, Eds. Framing Public Life: Perspectives on Media and Our Understanding of the Social World [M]. Mahwah, NJ: Lawrence Erlbaum Associates, 2001: 7-31.

[486] Reiss Jr A J. Trained incapacities of sociologists[M]//T C Halliday, M Janowitz, Eds. Sociology and Its Publics: The Forms and Fates of Disciplinary Organization. Chicago, IL: University of Chicago Press, 1992: 297-315.

[487] Richardson L. Fields of Play: Constructing An Academic Life [M]. New Brunswick, NJ: Rutgers University Press, 1997.

[489] Riker W H. The Art of Political Manipulation[M]. New Haven, CT: Yale University Press, 1986.

[490] Roeh J. Journalists as storytelling: Coverage as narrative[J]. American Behavioral Scientist, 1989, 33(2): 162-169.

[491] Rogers E M. History of Communication Study: A Biographical Approach[M]. New York, NY: Free Press, 1994.

[492] Rogers E M, Dearing J W. Agenda-setting research: Where has it been, where is it going? [J]. Annals of the International Communication Association, 1988, 11(1): 555-594.

[493] Roller D E, Roller D H D B. The Development of the Concept of Electric Charge: Electricity from the Greeks to Coulomb[M].

Cambridge，MA：Harvard University Press，1954.

[494] Said E W. Traveling theory reconsidered[M]//Reflection on Exile and Other Essays. Cambridge，MA：Harvard University Press，2000：436-452.

[495] Said E W. Orientalism[M]. New York，NY：Pantheon Books，1978/1995.

[496] Said E W. Traveling theory[M]//Said E W. The World，the Text，and the Critic. Cambridge，MA：Harvard University Press，1983：226-247.

[497] Sandison A. The Wheel of Empire：A study of the Imperial Idea in Some Late Nineteenth and Early Twentieth-century Fiction [M]. London，UK：Macmillan & Co. Ltd，1967.

[498] Schank R C，Abelson R P. Scripts. Plans，Goals and Understanding：An Inquiry into Human Knowledge Structures[M]. Hillsdale，NJ：Lawrence Erlbaum Associates Publisher，1977.

[499] Scheufele B. Framing-effects approach：A theoretical and methodological critique[J]. Communications，2004，29(4)：401-428.

[500] Scheufele B T，Scheufele D A. Of spreading activation，applicability，and schemas：Conceptual distinctions and their operational implications for measuring frames and framing effects[M]//P D'Angelo，J A Kuypers. Doing News Framing Analysis：Empirical and Theoretical Perspectives. New York，NY：Routledge，2010：110-134.

[501] Scheufele D A. Agenda-setting，priming，and framing revisited：Another look at cognitive effects of political communication[J]. Mass Communication & Society，2000，3(2-3)：297-316.

[502] Scheufele D A. Framing as a theory of media effects[J]. Journal of Communication，1999，49(1)：103-122.

[503] Scheufele D A，Iyengar S. The state of framing research：A call for new directions[M]//Kenski K，Jamieson K H，Eds. The Oxford Handbook of Political Communication Theories. New York，NY：Oxford University Press，2012：1-26.

[504] Scheufele D A，Tewksbury D. Framing，agenda setting，and

priming: The evolution of three media effects models[J]. Journal of Communication, 2006, 57(1): 9-20.

[505] Schramm W. Communication research in the United States[M]// W. Schramm, Ed. The Science of Huamn Communication. New York, NY: Basic Books, 1963: 1-16.

[506] Schramm W L, Ed. Mass Communications: A Book of Readings Selected and ed. for the Institute of Communications Research in the Univ. of Illinois[M]. Illinois, IL: University of Illinois Press, 1949.

[507] Schutz A. Collected papers I: The Problem of Social Reality [M]. The Hague, UK: Martinus Nijhoff Publishing, 1962.

[508] Shen F, Edwards H H. Economic individualism, humanitarianism, and welfare reform: A value—based account of framing effects[J]. Journal of Communication, 2005, 55(4): 795-809.

[509] Shen F. Chronic accessibility and individual cognitions: Examining the effects of message frames in political advertisements[J]. Journal of Communication, 2004a, 54(1): 123-137.

[510] Shen F. Effects of news frames and schemas on individuals' issue interpretations and attitudes[J]. Journalism & Mass Communication Quarterly, 2004b, 81(2): 400-416.

[511] Shoemaker P J, Reese S D. Mediating the Message in the 21st Century: A Media Sociology Perspective[M]. New York, NY: Routledge, 2013.

[512] Shuman A. Entitlement and empathy in personal narrative[M]// M. Bamberg, Ed. Narrative: State of the Art. Amsterdam: John Benjamins Publishing Company, 2007: 175-184.

[513] Shuman A. Other People's Stories: Entitlement Claims and the Critique of Empathy[M]. Urbana, IL: University of Illinois Press, 2010.

[514] Sinderman P M, Brody R A, Tetlock P E. Reasoning and Choice: Explorations in Political Psychology[M]. Cambridge, MA: Cambridge University Press, 1991.

[515] Sjovaag H, Moe H. From fermentation to maturity? Reflections

on media and communication studies: An interview with Todd Gitlin, Jostein Gripsrud & Michael Schudson[J]. International Journal of Communication, 2009, (2): 130-139.

[516] Smith M J. Contemporary Communication Research Methods [M]. Belmont, CA: Wadsworth Publishing Company, 1988.

[517] Snow D A, Benford R D. Master frames and cycles of protest [M]//Morris A, Mueller C M, Eds. Frontiers in Social Movement Theory. New Haven, CT: Yale University Press, 1992: 133.

[518] So C Y, Chan J M, Eds. Press and Politics in Hong Kong: Case Studies from 1967 to 1997[M]. Hong Kong Institute of Asia-Pacific Studies, HK: The Chinese University of Hong Kong, 1999.

[519] Tankard J W, Israel B. PR goes to War: The Effect of Public Relations Campaigns on Media Framing of the Kuwaiti and Bosnian Crises[R]. Chicago, IL: Association for Eductaion in Journalism and Mass Communication (AEJMC) Convention, 1977-08.

[520] Tankard Jr J W. The empirical approach to the study of media framing[M]//Reese S D, Gandy Jr O H, Grant A E, Eds. Framing Public Life: Perspectives on Media and Our Understanding of the Social World. Mahwah, NJ: Lawrence Erlbaum Associates, 2001: 95-106.

[521] Tankard Jr J W. Wilbur Schramm: Definer of a field[J]. The Journalism Educator, 1988: 43(3), 11-16.

[522] Tankard Jr J W, Hendrickson L, Silberman J, et al. Media Frames: Approaches to Conceptualization and Measurement[R]. Boston: Association for Education in Journalism and Mass Communication (AEJMC) Convention, 1991-08.

[523] Tewksbury D, Scheufele D A. News framing theory and research [M]// Bryant J, Oliver M B, Eds. Media effects. New York, NY: Routledge, 2019: 33-49.

[524] Thomas H. Research Methods and Data Analysis in the Social Sciences[M]. Boston, MA: Pearson Publisher, 1997.

[525] Thompson D R. Framing the news: A methodological framework

for research design[R]. Boston: Association for Education in Journalism and Mass Communication (AEJMC) Convention, 1991-08.

[526] Tonnies F. Gemeinschaft and Gesselschaft [Community and Society] (CP Loomis, Trans.)[M]. New York, NY: Harper Publisher, 1887.

[527] Tsang K J. A Theory of Social Propinquity: A General System Approach to International News Research[R]. Montreal, Canada: Association for Education in Journalism and Mass Communication (AEJMC) Convention, 1992-08.

[528] Tsang K J. Introducing the Theory of News Frame[R]. Hong Kong: The Faculty Forum of the Communication Department, Hong Kong Baptist University, 1995-09.

[529] Tsang K J, Chung W W. Journalistic Expertise: A Cognitive Science Approach[R]. Sidney, Australia: Information Systems Division, the International Communication Aussociation (ICA) Convention, 1994.

[530] Tu W M. Cultural China: The periphery as the center[J]. Daedalus, 1991: 1-32.

[531] Tuchman G. Making News: A Study in the Construction of Reality[M]. New York, NY: Free Press, 1978.

[532] Tversky A, Kahneman D. The framing of decisions and the psychology of choice[J]. Science, 1981, 211(4481): 453-458.

[533] Valkenburg P M, Semetko H A, De Vreese C H. The effects of news frames on readers' thoughts and recall[J]. Communication Research, 1999, 26(5): 550-569.

[534] Van den Broucke J. de mentaliteit is van plastiek. Autoethnography: subjectivity and experimental strategy in the social sciences [M]//Jakob Van den Broucke, Ed. de mentaliteit is van plastiek, Self-Published: In collaboration with TopoCopy, 2019: 1-19.

[535] van Dijk T A. News as Discourse[M]. Hillsdale, NJ: Lawrence Erlbaum Associates, 1988.

[536] van Dijk T A. News Analysis: Case Studies of International and International News in the Press[M]. Hillsdale, NJ: Lawrence Erlbaum Associates, 1987.

[537] van Gorp B. Strategies to take subjectivity out of framing analysis[M]//P D'Angelo, J A Kuypers, Eds. Doing News Framing Analysis: Empirical and Theoretical Perspectives. New York, NY: Routledge, 2010: 84-109.

[538] van Gorp B. The constructionist approach to framing: Bringing culture back in[J]. Journal of Communication, 2007, 57 (1), 60-78.

[539] van Gorp B. Where is the frame? Victims and intruders in Belgian press coverage of the asylum issue[J]. European Journal of Communication, 2005, 20(4): 484-507.

[540] van Gorp B, van der Goot M. Sustainable food and agriculture: Stakeholder's frames[J]. Communication, Culture & Critique, 2012, 5(2): 127-148.

[541] van Gorp B, Vercruysse T. Frames and counter-frames giving meaning to dementia: A framing analysis of media content[J]. Social Science & Medicine, 2012, 74(8): 1274-1281.

[542] Wang G, Kuo E C. The Asian communication debate: Culture-specificity, culture-generality, and beyond[J]. Asian Journal of Communication, 2010, 20(2): 152-165.

[543] Wang Y. Framing and Identity: How Mainland China and Taiwan Media Represent Terrorist Attacks in China? [R]. Kuala Lumpur: 2016 International Conference on Communication and Media(i-COME), 2016-09.

[544] Wang Y. Counter-terrorism, or Being Terrorist? Animation News Framing of the China's Counter-terrorism Law[R]. San Diego: The Conference of the International Communication Association (ICA), 2017-05.

[545] Wang Y. On the Prehistory of Framing Theory (1955-1973)[R]. Leicester: The Conference of the International Association for Media and Communication Research (IAMCR), 2016-07.

[546] Wang Y, Guo Q. Did "Xi-Ma Meeting" Affect Election in Taiwan? Valence Issue and Political Ambivalence in the 2016 Taiwan Election[R]. Salt Lake City: The National Communication Association 104th Annual Convention: Communication at Play (NCA), 2018-11.

[547] Wartella E. The history reconsidered[M]//Dennis E E, Wartella E, Eds. American Communication Research: The Remembered History. Mahwah, NJ: Lawrence Erlbaum Associates, 1996: 169-180.

[548] Weaver D H. Thoughts on agenda setting, framing, and priming [J]. Journal of Communication, 2007, 57(1): 142-147.

[549] White H. Metahistory: The Historical Imagination in Nineteenth-Century Europe[M]. Baltimore, MD: Johns Hopkins University Press, 1975: 1-42.

[550] Whitney D C. Ferment and the Field[J]. Communication Research, 1985, 12(1): 133-143.

[551] Wolfsfeld G. Media, protest, and political violence: A transactional analysis[J]. Journalism and Communication Monographs, 1991, 127.

[552] Xiao W. Epistemology of News Frame[M]. London, UK: Routledge, 2020.

[553] Yang L, Chen H. Framing terrorist attacks: A multi-proximity model[J]. International Communication Gazette, 2019, 81(5): 395-417.

[554] Zaller J R. The Nature and Origins of Mass Opinion[M]. New York, NY: Cambridge University Press, 1992.

[555] Zhou X. Cultural dimensions and framing the Internet in China: A cross-cultural study of newspapers' coverage in Hong Kong, Singapore, the US and the UK[J]. International Communication Gazette, 2008, 70(2): 117-136.

[556] Zhou Y, Moy P. Parsing framing processes: The interplay between online public opinion and media coverage[J]. Journal of Communication, 2007, 57(1): 79-98.

附　　录

附录一　访谈大纲

壹、(初次)访谈大纲

一、研究主题与访问题目

类	研究主题	访问题目
一	过去： 说出您的研究生命故事	1. 能否从头谈谈您的学术与人生？
		2. 您是在何时、何地、何种机缘之下，
		2.1. 开始、终止研究框架理论？
		2.2. 其间有何关键的人、难忘的事、代表作及核心观点？
二	现在： 框架研究的中国本土化	3. 能否分享您对中国传播学术社群的观察，有何建议？
		4. 能否分享您对中国媒介框架研究的观察，有何建议？
三	未来： 典范建构与传播学科振兴	5.1. 框架理论有无可能成为重要理论典范？
		5.2. 传播学科有无可能成为社会科学研究重要学科？ 若可，是否框架理论引领之结果？若不可，为何？
		6. 您心目中理想的框架研究典范之概念、理论以及方法为何？

二、若明确接受访谈请妥适填写：关键研究者基本资料

序	项目	您的答案	填写示范
1	姓名		
2	现居地		中国台湾/中国香港/大陆
3	籍贯		中国山东省/中国台湾台南
4	性别		男/女
5	教职起点机构（年）		台湾辅仁大学（1985）
6	现任职机构		台湾政治大学/复旦大学
7	现职称		教授/副教授
8	是否退休（退休年）		是（2017） 否（预计2024）
9	您的框架研究处女作（年）		《新闻媒体与消息来源——媒介框架与真实建构之论述》（1999）
10	您的框架研究代表作（年）		同上
11	您的学术人生代表作（年）		同上
12	其他		

贰、补访（No. 贰. 钟蔚文）大纲

题1. 关于您的生命故事：框架研究在台旅行，关键的人，难忘的事。

（1）您是如何开始框架研究的？

是始于斯坦福的 Pioneer 精神、始于您早在 1980 年代中期以后便已触及认知心理学视角的相近研究？

是始于您返台任教后，带领研究生开展有关记者、阅听人的知识结构与认知机制等与新闻基模与议题间的讨论，至 1980 年代末期已指导两篇硕士学位论文毕业？

是始于您与臧老师于 1991 年，在美国波士顿市 AEJMC 年会偶遇坦卡德（Tankard）教授报告框架研究的方法问题？可记得还有谁同行？

还是始于自 1992 到 2002 年间，您领衔臧老师、百龄师、陈顺孝师、黄懿慧师、陈忆宁师等的"专家生手研究小组"，共同专注于认知和媒介真实建构研究领域？

您是否同意"专家生手"研究群也叫"框架研究"小组？1990 年代中期，您还在"专家生手研究小组"以外另行组成了"（媒介）再现研究小组"，是同一套人马吗？个中逻辑为何？

回顾来时路，您是否想过当时为何做认知基模的研究，而那个研究如何转化成为新闻框架研究？跟您现在做的身体研究如何连结？这中间经历了怎样的学思心路转变？为何这样转变？

（2）您是如何、为何结束框架研究的？

题2. 关于框架研究：您对框架研究演变至今的看法？

题3. 关于我的博论：您对提案有何建议？能给推荐什么书单？您怎么看我的博论现有的已完成的前三章中有相当大篇幅的文献综述为框架理论在台的旅行？您作为亲历者、见证者，有何感想或补充？

附录二　访谈同意书(空白模板)

尊敬的＿＿＿＿＿＿＿＿＿教授：

感谢您阅读此信,请容我先自我介绍。

我是在"浙江工业大学"(杭州)任职副教授的王彦,目前也在台湾政治大学传播学院修读博士学位,撰写博士论文"(媒介)框架理论的前世、今生与未来:华人传播学术社群的追古溯今"(题目暂订),共同指导教授为陈百龄与臧国仁,目前正进行资料搜集步骤。

本研究之旨在于整理、挖掘、补遗框架理论在中国传播学术社群之集体记忆,还原具有强烈时代感的本土历史现场,期能丰富其在全球发展的整体情貌。具体研究方法和程序,是邀请中国传播学术社群的框架理论关键研究者如您参与访谈。

素知阁下是中国媒介框架研究的重要学者,博学洽闻,识见渊博,因而冒昧来信敬邀您支持本研究并接受本人访谈。以下是业经指导教授同意之访谈相关要项:

壹、本访谈内容系以分享框架研究者之研究历程生命故事、共同探索并反思框架研究之特定历史事件,期能合力展望理论建构的未来蓝图等为核心要旨;

贰、每次访谈时间约为1～3小时,全程将征求您同意后录音或录像,访谈地点尊重您的选择,如需访谈超过一次亦请协助;

参、访谈过程若触及您不愿回答的问题,可以拒绝回答亦可随时选择退出;

肆、访谈结束后,将誊录缮写访谈逐字稿并敬呈请您审核、确认;

伍、访谈生成的资料及结果仅供本人之博士论文及未来会议或期刊发表、出版专书等相关学术用途。

承上,希盼您同意分享您的框架研究生命故事,当能确保及提高本研究的质素。依台湾政治大学《学位论文研究伦理审查规定》,以下所列请您同意:

1. □本人同意接受访谈。

2. □本人同意对访谈内容进行录音或录像。

3. □本人同意以公开身份方式,引用本人访谈内容与其他提供的相关数据。

4. □本人明确受访时间为＿＿＿月＿＿＿日（星期＿＿＿）＿＿＿时＿＿＿分始，受访媒介为＿＿＿＿＿＿＿。

衷心感谢您的大力协助与真诚分享！

受访者（签名/盖章）：＿＿＿＿＿＿＿＿＿＿＿＿＿
日期：公元＿＿＿＿＿＿＿年＿＿＿＿月＿＿＿＿日

附录三 研究个案省思笔记(空白模板)

(受访者代号＿＿＿＿＿,＿＿＿＿＿＿＿＿＿＿＿活动/演讲)

访谈日期		访谈地点	
访谈次数编号		访谈时间	
归类主题		编码员	

一、记录内容摘要

二、受访者状况描述(语言、非语言行为,对受访者的印象及感受,与受访者的互动过程,印象最深刻的事件)

三、研究者对访谈执行过程的检讨

四、其他

附录四　本书图、表索引

图　录

表　录

谢　　辞

感谢所有的人。尤其是我的两位共同指导教授，陈百龄博士、臧国仁博士。百龄老师和臧老师陪伴我度过漫长的学位研究历程中，几乎所有诗意的、失意的（绝大多数时候是失意）的艰难时刻。其中殊为重大的选题、提案、审查、口试等关键节点，幸有二位护航闯关，关关难过，关关过。有您们做我的导师，是这读博七年来、做框架研究十年来最感幸运、骄傲、快乐的事。衷心谢谢！

本书的雏形是我的博士学位论文。感谢我的博论提案口试和学位考试委员老师。台湾铭传大学传播学院院长倪炎元教授、中国文化大学大众传播学系王毓莉教授、台湾淡江大学文学院纪慧君院长/教授三位校外委员，以及校内本院（台湾政治大学传播学院）的江静之教授、陈百龄教授、臧国仁教授。感谢您们不弃，共克疫情时艰，亲临云口试现场，费神费力批阅近四十万字符的超长原稿，以真知灼见上上下下左左右右发问，令拙作从任一角度日臻圆满。

论证此书前身、恐怖主义框架个案博论研究的过程中，我一度异动于美、英、马来西亚等国作 ICA、IAMCR、i'COME 国际研讨会发表，也辗转于台、港、新三地交换学习。孙秀蕙教授的学术志业导论课，朱立教授、邱林川教授的陆台港传媒研究课，徐美苓教授、李立峰教授的理论课，王石番教授、方孝谦教授、陈志铭教授、方念萱博士、林季平博士、罗文辉教授的方法课，冯建三教授的传播政治经济学课，高朗教授的政治沟通课，与苏钥机教授的面访，与李金铨教授的云聚，与郭振羽教授的"半月谈"，与郝晓鸣教授的"一周一会"，以及陈雪华博士引荐的"语言与沟通中心"，雀跃了身心，开阔了视野。

最感恩莫过于不厌其烦与我一次次长谈前身研究的三位在地业师，他们是：本院苏蘅教授（中国台北），香港中文大学新闻与传播学院陈韬文教授（中国香港），南洋理工大学黄金辉传播与信息学院 Ang Peng Hwa（汪炳华）教授（新加坡）。谢谢三位前任指导老师！

感谢我的访问对象，中国媒介框架研究领域的九位关键研究者：本院钟蔚文教授、臧国仁教授（中国台北），美国威斯康星大学麦迪逊校区艺术学院传播艺术系潘忠党教授（美国），北京师范大学新闻传播学院张洪忠院长／教授（北京），深圳大学传播学院周裕琼教授（深圳），浙江大学传媒与国际文化学院李东晓教授（杭州），暨南大学新闻与传播学院肖伟博士（广州），浙江外国语学院中国语言文化学院国际文化传播系邵静博士（杭州），中国社会科学院大学新闻传播学院杜涛博士（北京）。感谢您们大力提携后进，毫无保留地分享毕生所学所思、授权公开学术用途。您们的研究与故事构成了本书的主线。没有您们，我不可能毕业，本书不可能出版。

感谢我的四位"智者"中间人：香港中文大学新闻与传播学院陈韬文（Joseph Chan）教授（中国香港），浙江大学传媒与国际文化学院邵培仁教授、李岩教授（杭州），中国人民大学新闻学院刘海龙教授（北京）。尤以邵老师、李老师、Prof. Chan（陈教授）分别是我本、硕、博求学阶段的恩师，感念您们乐见成就学生，甘做本研究的金牌邀请函。也谢谢刘主编"举贤不避不亲"，您与我仅有香港、杭州两面之缘却从不吝相助，足可证基于"神交"的学术江湖之情义无价。

感谢我的两位同龄"线人"：中国社会科学院新闻与传播研究所陈雪丽博士、暨南大学新闻与传播学院王明亮博士。谢谢你们热心牵线，帮忙加速联系到部分受访者。

感谢多位同侪友人不约而同地引荐给我同一位编辑（唯"缘分天注定"可解释！），使我得以辗转结识浙江大学出版社的李海燕老师。她的明快、专业，使本书得以出版，也令我的第一次出书经验充满被启蒙的喜悦。

感谢审校本书期间，周葆华教授热情接收我到复旦大学新闻学院访学，与我合作研究浙江省高校"教师专业发展"项目，启发我在本书基础上拓展视野到经典传播理论在华旅行40年。人生如寄！回想我们的初识也正源于一次旅行，2017初夏飞往美国圣地亚哥ICA年会的同一趟航班。

当博生学涯的小船历尽千帆、风雨、彩虹，驶过壮丽的海洋，抵达毕业、出版的此岸，我怎能忘怀最初的彼岸那一个个平凡的小码头？

感谢南京大学潘祥辉教授！谢谢你做我学术上的伯乐、生命中的贵人。老潘，如果我们不曾相识，如果不是你当年那句"他们（海外高校）是要做品牌的，他们是想招到真正人才的"振奋我心，如果不是你把臧师的框架研究专著推给我必读，今天我会是在哪里？后来我会遇见什么人、做着什么样的研究？而当年我若熄灭理想的风帆，与政大失之交臂，今天就不会存在这段学缘、这本书。

感谢浙江大学韦路教授在 2012 年,在他自己也还是一枚"青椒"时,领队在杭高校青年教师同坐高铁去南京,共襄宁杭双城传播学者交流盛举。这段识于微时的欢乐同行,刷新了我最短途的跨省出行纪录,成就我后来做框架研究的漫长学术旅行的"史前"起点。

感谢北京大学许静教授创办首届"中欧对话:媒介与传播研究"2014 年暑期班。2023 年 11 月,当年暑期班同学、现任教于新疆大学的布玛丽亚木·买买提,与我重逢在广州的中国新闻史学会年会。她仍记得那年夏天我指着地图一角说"希望有一天我也能把框架理论疆域作一个小小突破"(我已经忘了!)。我们相视一笑,为学术理想永远年轻。

感谢政大传院"人老传播研究群",无论我浪迹到天之涯海之角,总以每周一度的研究生活仪式忠诚守候,做我求学途中最珍贵、最温暖的情感归属与精神家园。这个由蔡琰、臧国仁学术伉俪教授联袂创建于 2000 年、主持至亭亭芳龄二十的研究群,于 2020 年因两位老师退休而暂停摆,而成为我们心中永远的敬与传奇。哈啰,伙伴们! 当我翻开《群英会》[①]的目录,浅诵着你们亲切的名字:臧信芝、张煜麟、黄芮琪、蒋与弘、刘忠博、卢安邦、王楠、罗彦杰、黄晓琪、孙祎妮、黄心宇、许嘉坪、陈瑜、许胜钦、杜赛男、王玮娜、尹崇儒……与各位的"缘·聚·乐·忆",无数个高谈阔论、推杯换盏的闪亮的日子,又扑面回到眼前来。我是如此想念你们!

感谢"群主"琰师! 您优雅地老去的风度,四两拨千斤过日子的练达,偶尔绽放的神秘慧黠微笑,总令我倾倒。谁能想到,本书写到口述史料无法自洽的尾声时,是您出场作"第三方检证"才圆了叙事(见本书第十章第三节最后两段)。谁又能想到,您随手涂鸦的窗框画作,竟无心插柳地成为本书的绝佳切题封面彩图。它实在与我日夜伏案的书桌窗台框中风景如出一辙! 对老天爷这种种完美安排,您依然只是神秘、慧黠一笑,仿佛在说:天机不可泄露。

感谢博班同窗"战友"戴海波、周瑄、陈大可、赵希婧、王喆、田诗薇、吴岱芸、刘倩、孙群、黄茂勇的砥砺共进。从险过资格考、领域考到勇闯评鉴关、国际关至毕业关,从高雄、嘉义的中华传播学会发表到骑行台中、宜兰、基隆,我们终于打完这"美好的一仗"! 政大传图玻璃窗上印着的两行箴言正诉说着我

① 《群英会:新闻美学/老人/人老传播群"荣退"志念(2000—2020)》系内部发行小册,由臧国仁作卷首语"缘·聚·乐·忆",由蔡琰作跋《老橡树笑了》并设计封面,由 41 位研究群伙伴分别亲撰参加研究群活动的生命故事。该书付印于 2020 年 1 月 30 日,仅赠阅每位参撰故事的朋友。

们的故事："学习时，像狗一样拼命；玩乐时，如绅士般悠闲。"

除前文已提到的老师们，这里还要另外感谢康庭瑜、翁秀琪教授开放本硕课堂作我导论作业观察素材，感谢张玉佩教授担任我的专业领域笔试委员。

特别感谢我的硕士学业导师徐枫教授、我的本科毕业论文导师徐敏老师和班主任俞虹老师。感谢您们视教育为终生保修事业，在我离校多年后仍长在我的左右，目送着我穿行一个又一个里程碑。

大学毕业那年，我来到命中注定的浙江工业大学。初至此地时，我涉世未深。在此地工作的 20 多年间，我常遇见有情有义的君子，他们长在我的左右，辐射着友情的温暖。此地给我自由探索的多元空间，容我从校报编辑、对外记者、行政秘书、研究员、专任教师等跨领域一路历练，直到渐渐蜕变成熟，直到确认学术作为志业。谢谢浙江工业大学！

尤其感谢老同事罗永彬、罗文婧父女来做最慷慨的房东，令本书得以在东新桥最优越的房子，在如诗、如画、似梦、似幻的天然框中风景里完成。门前银杏林和大草坪的满泄阳光，屋后枇杷树的沙沙耳语，楼畔京杭大运河的古桥流水，四季轮转，晨晨昏昏，框里框外的每一个晴、雨、雾、雪天，都已到书里来。

还得感谢浙江省社会科学联合会、浙江省之江青年学社来做我的福地。因有董希望主任、刘东处长两位伯乐的无私精诚奉献，促成一届届"经典与当代"研讨、一次次基层调研采风的思想火花碰撞，才令本书视野更开阔、格局更高远，得以今日所见之更佳样貌面世。

最后，我想把这十年劳作结晶献给我挚爱的家人。这十年奇幻旅程中最难忘的盛宴来自 2017 年元月 NTU 的一场博士毕业露天派对。派对主人黄翠娘（WEE，Chui Neo，Janet）博士是个美丽的娘惹，坦承弥补母亲不识字的遗憾是她边工边读攻下最高学位的最大动力。我被她澎湃的真情击中，想起自己也曾立志"为祖母而读书"。我的祖母张合娥（1929—2022）女士也不识字，却深谙"为中华之崛起而读书"，从小就叫我好好学文化，将来做国家人才。家是我敢梦、敢飞的力量源泉。家的亲情永在。

最后的最后，谨以此书致敬一个远去的人——已在天国的倪炎元（1957—2021）教授。倪老师是我的提案口试主委。2020 年 4 月 24 日口试现场初逢君，他对知识的爱，朗朗的笑声，纯挚热忱的个性，感染到所有人。他坦言进入学术界 30 年"从来没见过用这样的方法探讨这样的问题，你是第一个"，赞赏提案本中的西方文献整理令他"惊艳"，看好本研究"当有功力在华人框架研究部分继续深耕"，"把它写出来，你就更上一层楼"。然而，还来不及完成让他

"惊艳"到底的博论,他却因病遽逝。长歌当哭。倪老师,请原谅我写得太慢!
我后来所写的每一个字,都凝视着您的期待。

王　彦

2023 年 9 月 18 日